변증법의
생존론적 토대

변증법의 생존론적 토대

허라이(賀來) 저 | 권혁률(權赫律) 옮김

한국어판 서문

마르크스의 풍부한 사상 이론체계에서 변증법은 철학적 품위로 넘치는 영역이다. 오늘날 마르크스에 관한 논의는 대개 『자본론』을 중심으로 한 수고 등 정치경제학 비판이론에 집중되어 있고, 현대 자본주의에 대한 비판과 사회주의, 공산주의에 대한 논의가 보다 주목을 받고 있는 실정이다. 하지만 이러한 "우세 dominance" 이론적 담론은 모두 변증법을 그들의 "암묵 Tacit"적 사고방식과 철학 방법론의 근거로 삼고 있는바, 변증법을 떠난다면 이러한 것들은 모두 심층적인 철학적 토대를 상실하기에 견실한 이론적 버팀을 획득하기 어렵다. 따라서 마르크스철학의 변증법에 대한 깊이 있는 해석은 마르크스의 전반 이론적 체계를 전면적이고 체계적으로 파악하며 마르크스사상의 심층적인 이론 성질과 지취를 이해하는 데에 특수하고도 중요한 의의가 있다.

마르크스의 변증법에 대해 적확하고 깊이 있는 이해는 역사와 현실 이중의 어려움이 수반된다. 이는 이 과제 자체가 지니고 있는 근본성과 기초성이 야기한 것이다. 철학사에서 변증법은 헤라클레이토스, 플라톤 이래로 기나긴 변천의 역사에서 여러 가지 부동한 이론적 형태를 경과했다. 그렇다면 이 기나긴 역사적 변천 속에서 마르크스철학의 변증법은 어떠한 역사적 지위를 차지하는가? 마르크스철학의 변증법은 과연 어떻게 철학사의 어떠한 이론적 곤경을 해결함으로써 중대한 이론적 기여를 한 것인가? 어떻게 마르크스철학의 변증법과 철학사상 기타의 변증법적 형태, 특히 헤겔의 변증법과

6

의 계승과 초월의 관계를 인식할 것인가? 당대 복잡한 이론적 배경 속에서 마르크스철학의 변증법은 과연 어떠한 이론 해석의 역량과 사상적 계시성을 갖는가? 어떻게 이러한 이론 해석의 역량과 사상 계발성을 이해하고 설명할 것인가? 이러한 문제는 모두 근본적으로 철학적 토대성과 관련되는 이론과 제로서 이에 대한 해답은 철학 발전사의 내적 논리에 천착함과 동시에 개방된 당대 철학적 시야를 갖출 것을 함께 요구한다. 그밖에 또 하나의 중요한 원인은 바로 마르크스가 타계한 후에 그 변증법의 이론적 유산에 대한 해석 문제에서 겪은 우여곡절이다. 제2국제이론가의 "정통적인 해석"에서 구소련의 "연공(聯共, 볼셰비키) 당사" 및 그 영향 아래 형성된 변증법 해석의 틀(이러한 해석의 틀은 중국 마르크스주의 철학 연구에 심원한 영향을 끼쳤음), 그리고 서양 마르크스주의자들이 제공한 다양한 변증법 해석 모식에 이르기까지의 전반 과정에서 복잡다단한 사회와 정치적 요소 때문에 마르크스철학의 변증법은 아주 복잡한 면모를 보였다.

　　지난 세기 70년대 말에 시작된 중국 개혁개방의 심화에 따라 중국의 마르크스철학 연구는 날로 활발하고 포용적인 모습을 드러내게 되었다. 변증법을 포함한 마르크스철학의 일련의 중대한 문제와 영역에 대한 재인식, 해석과 반성은 중국 철학 연구자들의 중요한 주제가 되었다. 이 책은 바로 이러한 새 시대 배경하의 산물로서 당대 철학의 시야에 입각하여 마르크스철학이 철학 발전사, 특히 형이상학본체론과의 관계 속에서 마르크스철학 변증법을 통해 전통적 형이상학본체론을 극복하고 "구체적 존재"를 재해석하려는 근본적인 문제가 지니는 중대한 변혁의 의의를 천명하고자 한다. 이 책은 "변증법의 생존론적 토대"라는 표현으로 그 실질을 개괄했다.

　　필자의 짧은 소견으로 한국의 마르크스주의 연구는 지난 세기부터 복잡하고 곡절적인 과정을 겪은 것으로 알고 있다. 지난 세기 80년대와 90년대 이후에 이르러서 한국의 마르크스주의 연구는 점차 지하에서 공개화되고 점차 정규적인 궤도에서 전면 발전의 광활한 전제와 새로운 기회를 맞이하게 되었다. 『마르크스-엥겔스 전집』 MEGA에 관한 한국 연구자들의 번역과 연구, 마르크스정치학 이론자원을 활용한 당대 자본주의 및 그 새로운 변화, 새로운 추세에 대한 고찰과 반성 등등은 모두 주목할 만한 성과를 거두었다. 필자는 이 책의 한국어 번역판이 중국 마르크스주의철학, 특히 마르크스주의 철학 변증법의 연구 상황에 대한 한국 연구자들의 이해를 도우며 한중 양국의 마르크스주의 철학 연구자들 간의 교류의 강화에 일말의 적극적인 추진 역할을 했으면 하는 기대감을 갖는다.

이 자리를 빌려 특히 이 책의 한국어 번역자 권혁률 교수에게 감사를 드리고자 한다. 권혁률 교수는 길림대학교 외국어대학의 교수로서 중국 내 한국어 교수와 연구 영역의 유명한 학자이다. 노고를 마다하고 소중한 시간과 정력을 들여 졸작을 번역하는 과정을 통해 나는 깊은 감동을 받았다. 권 교수는 현재 한국 한양대학교 공자아카데미에서 길림대학교 대표원장을 맡고 있다. 한국 연구자들에게 중국 마르크스철학변증법연구의 성과를 소개하는 이 책의 번역을 계기로 한중 학술과 문화의 교류를 추진, 심화시키는 사업에서 권 교수의 더욱 큰 기여가 있을 것으로 굳게 믿어 마지않는다.

허라이(賀來)
2023년 10월 2월 장춘의 길림대학교에서

차 례

제1부

마르크스철학변증법의
진실한 토대의 탐구와 확립

운명과 관련된 중대한 과제

제1장

변증법의 진실한 토대에 관한 탐구와 확립의 현실 및 이론적 동기

1. 변증법은 왜 "마술법"의 취급을 받는 것일까: 변증법의 진실한 토대에 관한 탐구와 확립의 현실적 동기

변증법은 전반 서양의 철학세계, 특히는 마르크스철학의 가장 중요한 이론적 성과의 하나이다. "고대 그리스의 철학가들은 모두 타고난 자발적인 변증론자들로서 그중 가장 박식한 인물인 아리스토텔레스는 이미 변증법적인 사유의 가장 주된 형식을 연구했다."[1] 그 이후로 기나긴 변천과 발전의 여정을 거쳐 독일의 고전철학, 특히는 헤겔의 철학 속에서 변증법은 체계화를 거쳐 개념화의 차원에까지 이르게 되었다. 마르크스는 서양철학 전통의 전승자와 혁신자로서 선배들의 이론적 자양분을 충분히 흡수한 토대 위에 변증법의 새로운 형태를 확립함으로써 변증법을 참신한 이론적 경지와 수준으로 승화시켰다.

중국의 철학경전에서는 "변증법"이란 개념을 찾아볼 수 없다. "변증법"이란 낱말이 최초로 중국에 알려진 것은 "철학"개념과 마찬가지로 일본을 경유하였는바, 즉 서양어를 일역한 "dialektik"가 그 유래이다.[2] 그리고 변

---

[1] 《馬克思恩格斯選集》第3卷, 北京: 人民出版社, 2012, p.394.

증법에 관한 여러 가지 사상내용과 이론적 주장 역시 근대 이래 관련 학자들이 서양으로 부터 번역, 유입한 것이다. 변증법이 보편화의 개념으로 자리 잡게 된 것은 마르크스주의가 중국에 유입된 후 마르크스철학이 인심에 날로 침투된 결과이다.

중국에 유입된 변증법은 중국 사람들의 이론지식과 현실 생활에서 심상치 않은 특수한 지위를 차지하게 되었다. 변증법은 철학 영역에서 중요한 현학이 되었을 뿐만 아니라 기타 학과의 연구에도 직접적인 영향을 끼치게 되었던바, 단순한 사상, 이론, 학설의 범주를 초월하여 사회에 광범위하게 침투되었고, 정치생활 영역에서도 중국 사람들의 생활운명과 극히 내재적이고도 복잡한 연관을 맺게 되었다. 당대 중국인의 철학적인 사유에서 변증법보다 보급률과 지명도가 더 높은 개념은 찾아볼 수 없다고 할 정도이다. 심지어 철학에 완전한 문외한일지라도 이 개념에 관해서만은 상당히 숙달할 정도이어서 일상의 대화 가운데서도 곧잘 이 "변증법"이란 개념을 들먹이는 상황이었다. 그러니 전문적인 철학 연구자에게 있어서는 더 이상 췌언이 필요 없는 것이다.

변증법은 중국인에게 익숙한 철학개념과 철학언어로 자리매김했는데, 이는 서양의 철학, 특히는 마르크스철학이 중국에서 광범위한 전파와 보급이 이루어졌음을 표명하며 사람들의 이론사유 수준의 향상에도 결코 간과할 수 없는 적극적인 역할을 일으켰다. 하지만 21세기의 오늘날, "변증법" 개념이 중국에 유입된 이래의 이론적 운명을 총결하고 반성한다면 오히려 다음과 같은 깊은 사색을 자아내지 않을 수 없다. 즉 마르크스가 창조한 활발한 생명력으로 충일되었으며 반성과 비판적 정신의 위대한 이론이 왜 지금처럼 속되고, 교조화 및 공식화의 처지로 저락되었는가? 왜 사람들을 구속하는 이론적인 교조와 독단적인 권력의 담론이 되었는가? 왜 사람들을

---

2) 賀麟:《黑格尔哲學講演集》, 上海: 上海人民出版社, 1986, p.652.

자유로 인도하는 데에 취지를 둔, 해방의 취지로 충일된 사상학설이 속되고 계략적인 "마술법" 격으로 추락했는가?

변증법이 "마술법"으로 추락되었다는 점은 변증법이 중국에서 겪은 특수한 운명에 대한 일반인들의 아이러니컬한 개괄이다. 이는 변증법이 아무런 조건의 제한과 구속도 없는 "궤변"이었다는 사실에 대한 형상적인 표현으로서, 환언한다면 자의적이고도 얄팍한 실속에 초점이 맞추어져 있었다는 것인 바, 즉 자신의 실제 용의에만 봉사하는 궤변에 불과했다는 것이다. 하지만 "궤변의 본질은 사물을 고립적으로 간주하고 편파적이고 추상적인 판단에 철저히 의지하는 것인데 이러한 판단만이 개인의 그때그때의 특수한 상황하의 이익을 보장할 수 있기 때문이다."[3] 역사상 인류가 의외의 재난을 당할 때마다 "마술법"으로서의 변증법은 언제나 예외 없이 지원자의 역할을 수행해왔다는 점을 우리는 분명하게 기억하고 있다. 오늘날 투쟁의 수단으로써 자기의 의지를 실현할 시점에서 변증법 속의 모순적인 투쟁성은 즉각 전례 없는 지위로 추대되어 결국 "투쟁철학"으로 승격했으며, 내일 통일이 필요할 시점에 이르면 모순의 동일성은 또 즉각 전례 없는 각광을 받게 되어 변증법은 일시에 "동일철학"이 되어 버릴 수도 있는 것이다. 오늘 전통의 부각이 필요할 때 "역사"와 "전통"은 즉시 무상의 영예를 누리게 되고 이와 동반하여 "현대", "개방"과 "서양의 문명"등은 가장 무자비한 타기를 받을 것이지만, 내일 "현대"와 "발전"이 필요할 시점에 이르면 "전통", "역사" 등은 즉시 헌신짝처럼 버려질 것이 뻔하다…… 이러한 현상은 모두 "변증법"에서 그 근거를 찾고 있는데 "변증법"을 들먹거리는 사람들은 영원히 진리를 장악하고 있는 "오뚝이"로서 시기나 장소를 막론하고 언제나 "정확한 입장", "정확한 관점"의 소유자로 군림한다. 오늘은 동쪽이 정확했지만 내일은 서쪽으로 변할 것이고 오늘의 정확한 것이 내일이면 곧장 착오적인 것으로 탈바꿈되는

---

3) [德]黑格尔:《小邏輯》, 北京: 商務印書館, 1980, p.177.

데 그것은 모두 "진리"라는 이름으로 진행되고 그 근거는 모두 "변증법"에서 찾게 된다. 시기나 장소를 가리지 않고 통용되는 "만능"의 "변증법"은 지고무상의 권위를 획득하게 되었을 뿐만 아니라 수시로 높은 지위에 군림하는 최고의 "담론권"을 획득하게 된다. 그리하여 시기나 장소를 가리지 않고 수시로 등장하며 매번 모두 "진리"의 대표자로 등장하며 설사 그 "진리"에 자아모순을 내재하고 있을지라도 여전히 "변증"적인 해석에 의해 원만한 해결을 가져올 수 있다. 그 허울 좋은 입발림 소리의 배후에는 헤겔이 지적했던 바와 같이 "당시 특수한 상황 속의 이익"이 숨어 있다.

변증법이 "마술법"으로 추락된 것은 그 나름의 특수한 이론적 운명일지도 모른다. 이는 중국인의 생존운명과 불가분의 내재적 연관이 있다. 근대 이래 학자들은 "서세동점"이 중국 전통문화와 중국 사회 발전에 가져다 준 거대한 영향을 여러 시각에서 분분히 검토하기 시작했다. 하지만 이 토론의 장에 변증법이 결여되었는데 "서세동점"의 산물로서 변증법이 중국 문화와 사회 발전에 일으킨 문화적 반응이 간과되었던 것이다. 전술한 간략한 회고에서 알 수 있는바, 중국에서 변증법의 운명은 그 나름의 대표적, 전형적 사례로서 깊이 있는 반성과 분석이 필요한 영역이다.

중국에서 겪은 마르크스변증법의 우여곡절한 운명의 원인은 극히 복잡한바, 그에 대한 반성 또한 단지 단일한 시각에서 출발할 것이 아니라 반드시 학리, 사회, 정치 등 여러 분야에 걸쳐야 하고 또 여러 학과(가령 사회학, 비교문화학, 사회심리학 심지어는 지식고고학 등)의 방법과 성과를 활용해야 할 것이다. 이러한 방대한 업무에 대해, 필자는 오직 학리적 각도에서 변증법의 "마술법"으로의 추락은 그 이론적 토대의 은폐, 망각과 지극히 중요한 연관이 있다는 점, 환언한다면 변증법이 "마술법"으로 추락하여 용속화, 교주주의의 수렁에 빠져버린 가장 근본적인 원인은 그것이 시종 뿌리 뽑힌 상태에 처해 있으므로 이론상 중대한 결함을 내재했기 때문이라는 점만 밝히고자 한다. 변증법이 "마술법"으로 추락하는 비운을 철저히 벗어나기 위한 극히 중요한 하나의 작업은 바로 이론상에서 마르크스변증법의 진실한 이론적 토대를 확립하여 변증법과 마술법의 계선을 갈라 양자를 근본적으로 구별 짓는 것이다. 그리하여 사람들로 하여금 진정한 변증법은 변증법으로 귀속시키고 변증법에 속하지 않는 것은 변증법의 명의를 도용하지 못하도록 해야 한다.

본고에서 강조하는 변증법의 이론적 토대는 두 개 차원의 기본적인 의미가 포괄된다. 첫째, 이는 변증법을 하나의 이론적인 체계로 간주하기에 내재된 "본체론 허락"까지 포함한다. 퀴인(Quinn)은 무릇 모든 이론적인 체계는 언제나 일종의 "본체론 허락"이 동반된다고 주장했다.[4] 변증법은 특수한 이론적 담론으로서 역시 특수한 본체론적 허락을 내포하고 있으며 늘 그 본체론허락과 동시에 등장하고 동시에 현시한다. 이는 변증법을 포함한 모든 이론적 체계가 공유한 내재적 본성이다. 둘째, 더욱 중요한 한 방면인데 이론의 본성상 변증법은 일종의 형식논리로서 도구적인 방법론과 중대한 차별이 있으며 지식적인 인식론과도 본질적으로 부동한 이론형태이다. 변증법은 진리적 내용, 즉 본체와 불가분의 "귀속식 논리"로서 이론적인 본성에서 본체성 이론의 일종인바, 상응되는 본체론적 토대는 여전히 동일체의 양면으로서, 양자는 모두 완전 통일된 것이다. 혹자는 양자가 동시에 등장시켜, 즉 "변증법"은 그 본체론적 내용의 내재적 전개이고, "본체론"은 피동적으로 변증적 이해를 거친 본체론이며, 이로써 변증법이 뿌리내리고 생성하는 자체의 캐리어와 근거를 구성하게 되고, 변증법은 바로 자신이 위치한 이러한 캐리어와 근거에 대한 사상적 논리라고 주장한다. 변증법은 상응한 본체론의 토대 위의 변증법이고 본체론은 변증본체론의 일종이며 양자는 상호 해석, 내재적 순환의 관계이기에 절대로 분리될 수 없는 것이다. 이 상응한 본체론적 토대를 떠나게 되면 변증법은 "진리적 내용"을 상

---

4) [美]奎因:《从邏輯的觀點看》, 上海: 上海譯文出版社, 1987, p.1.

실하게 되어 뿌리 없는 나무로 전락되기에 순전히 형식화된 "외연적인 논리"에 빠져들어 그 "내재적 제한조건"과 존재의 근거를 잃어버려 함부로 임의화되는 개념 게임의 운명을 면치 못하게 된다.

변증법의 이론적 근거의 전술한 두 개 측면의 함의는 아래와 같은 이중의 아주 중요한 사상적 취지를 내포하고 있다.

첫째, 이는 마르크스변증법이 근본적으로 일종의 도구성, 기술성과 책략적인 "방법"이 아니라 그 본체론 토대와 밀접한 연관이 있는 "진리"라는 점을 표명하고 있다. 따라서 변증법의 이론적 임무는 "방법론"적이라기보다는 오히려 "본체론"적이라는 편이 더 타당하며 변증법에 대한 운운은 필연코 상응한 본체론적 캐리어의 동시적 등장을 의미한다. 만약 이 점을 간과하고 변증법을 원래 동시에 등장해야 할 본체론의 토대와 고립적으로 분리시키고 변증법을 일종의 순수한 조작주의 의미에서의 도구적인 방법으로 간주하여 본체적인 진리본성을 망각한다면 그것은 변증법에 대한 사망선고나 다름없다. 물론 변증법이 "마술법"으로 추락되는 필연적인 운명을 면치 못할 것도 당연한 결과이다. 이러한 의미에서 한스게오르크 가다머(Hans-Georg Gadamer, 1900~2002)가 명작 『진리와 방법』에서 제기한 문제, 즉 과연 "진리"인가, 아니면 "방법"인가 하는 것은 변증법의 생존과 관계되는 문제이다.

둘째, 철학의 본체론적 토대는 변증법 이론유효성의 계선에 대한 확정인 바, 철학의 본체론 문제 안에서 변증법은 유효하지만 이 계선 밖에서는 합법적인 "담론권력"을 행사할 수 없고 "4해에 모두 적용되는" 사상의 합법적 보장도 없으며 사상의 충분한 정당성은 더구나 없기에 기타 영역과 학과에 대한 지령도 내릴 수 없다. 이러한 상황은 변증법 이론의 정당성은 그 내재적인 "제한조건"과 "적용범위"가 있으며 오로지 철학의 본체론 문제에서만이 유효하며 철학본체론의 시야 내에서만 합법적인 것이다. 혹자는 철학의 본체론적 시야가 그 고유의 의미의 공간을 구성하고 있기에 그 이외의 기타 영역에서는 변증법의 해석력이 불가하다고 주장한다. 이러한 의미에서 변증법의 적용범위는 엄격한 계선이 있을진대, 이 계선을 넘어서도 변증법이 여전히 모든 영역과 문제에 무조건 적용된다고 고집한다면 그것은 변증법이 무의미한 허망지설임을 선고하는 것이나 다름없다. 이러한 이유 때문에 마르크스의 변증법 이론은 근본적으로 모든 것에 적용되는, 무조건적인 기존의 공식이 아니라 내재적 "제한조건" 제약하의 이론이며 이를 무시하는 행위는 변증법을 "마술법"으로 추락시킬 위험을 부추기고 잠재시키는 짓에 불과하다.

이상의 관점들을 참조한다면 우리는 오랜 시기 동안 마르크스변증법의 연구에서 변증법은 바로 전술한 가장 중요한 진리적 성질을 상실했으며 필요한 계선의식과 그에 대한 제한조건의 자각을 상실했으며 마르크스변증법의 본원성 토대는 시종일관 충분한 증명을 얻지 못했다는 점을 발견할 수 있다. 이러한 "무근"상태로 인해 변증법은 그 본원적인 캐리어를 떠나 아무런 의지도 없는 실용적, 도구적인 "방법"이 되었으며 아무런 조건적 제한도 없이 모든 지역, 모든 시간에 "적용"되는 방편적인 책략이 되었다. 변증법이 "마술법"으로 추락되는 것도 당연한 귀결이라면 귀결인 것이다. 오랜 시기에 걸쳐 적지 않은 사람들은 변증법의 이론적 토대는 자명한 것으로서 현존의 것에 대해 진일보 탐구할 필요가 없다는 주장을 펼쳤는데, 이러한 "자명한 토대"는 일종의 허위적이고 믿음성이 없는 토대로서 변증법의 진실한 토대 본신은 바로 이러한 과정에서 상실되었던 것이다. 따라서 사람들이 변증법을 친근하게 생각하고 이미 변증법의 "정수"를 파악했다고 여길 때, 사실은 변증법의 이론적 정신과는 상당한 거리를 두고 있는 상태였다. 그리하여 그들이 이해하고 있는 변증법은 이미 속되고 희화화된 "마술"에 지나지 않으며 우리는 변증법과 아주 멀리 떨어져 있다.

위의 논의는 우리에게 숙달이 반드시 진정한 앎이 아니며 입에 달고 있다고 하여 진정으로 심득이 있다는 것은 아니라는 도리를 말해준다. 사람들이 변증법에 관해 아주 많은 "설"을 창출했지만, 그리고 지금도 끊임없이 새로운 "설"을 창출하고 있지만, 그 담론의 팽창과 증식은 진정으로 사물의 진수를 드러낼 수 없으며 도리어 점차 그것을 은폐시키거나 심지어 매몰시키고 심지어는 속되거나 근거 없는 이해가 중심적 위치를 차지하도록 함으로써 최종적으로는 사물 자체의 심층적인 근거를 철저히 은폐시키거나 망각하는 상황을 초래한다. 변증법에 관한 모든 논술은 만약 변증법 이론의 토대를 충분히 증명하지 못하고 그 근거의 의의를 전제적인 작업으로 삼지 못한다면 설령 풍부하고 "엄밀"한 범주체계를 구성하고 있다고 할지라도, 얼마나 많은 "변증법칙"을 제안한다고 할지라도, 그것은 여전히 무근거한 것으로서 현실 속에서 "마술법"으로 추락될 위험을 다분히 안고 있다. 이러한 의미에서 본다면 변증법에 관한 연구는 절대 많은 사람들이 인정하는 것처럼 이미 충분히 "성숙"과 "심입"된 것이 아니라 아직도 진정한 믿음성 있는 발단이 결여되어 있다. 바로 이러한 의미에서 학리적 시각에서 변증법과 "마술법"의 계선을 명확히 하고 변증법이 "마술법"으로 추락될 가능성을 미연에 막아내는 작업이 우리가 변증법의 진실한 근거를 탐구하고 확립하는 현실적인 동력으로 부상되고 있다.

2. 변증법은 무엇 때문에 지성적이고 실체적인가: 변증법의 진실한 토대를 탐구하고 확립하는 데 관한 이론적 동기

마르크스변증법의 진실한 토대에는 현실적인 동기 외에도 중대한 이론적 동기가 있는바, 그것은 어떻게 변증법의 "지성화"와 "실체화"를 피면할 것인가 하는 문제이다.

철학사에서 마르크스변증법의 중대한 공헌은 전통적인 형이상학의 지성화와 실체화의 사고방식을 초월, 돌파하여 그와 중대한 차이가 있는 현대

철학의 사고방식을 확립했다는 데 있다. 따라서 변증법은 이론분석에 부합
되는 방식에 따라 해석하고 파악할 내재적 요구가 수반된다. 하지만 변증
법을 이해할 때 사람들은 일반적으로 변증법의 이론본성과 상반되는 지성
화와 실체화의 사고방식을 채택함으로써 변증법을 지성화, 실체화시켜 결
국은 변증법을 "반변증법"적인 것으로 만들어가는데, 이는 그야말로 거대
한 역설이지만 또한 분명한 사실이기도 하다.

소위 "지성화"의 이해방식이란 실증과학과 경험상식에 의해 주도되는
이해방식을 가리키는바, 헤겔은 이를 "지성논리"의 이해방식이라고 칭했
다. 마르크스 이전에 헤겔은 객관적 유심주의의 철학의 입장에서 변증적
논리는 지성적 논리와 본질적으로 구별되는 "이성논리"와 "사변논리"로서
"사변논리 내에는 단순한 지성논리를 포함하고 있고 전자에서 후자를 추출
할 수 있다. 우리가 사변논리 속의 변증법적 그리고 이성의 성분을 배제한
다면 지성논리에 이를 수 있다. 이리하여 우리는 보편적인 논리를 얻을 수
있고 이는 단지 각양각색의 사상 형식 혹은 규정을 나열한 사실적 기록에
지나지 않는다"[5]고 주장했다. 헤겔은 변증논리는 이미 지성논리를 "내포"
하고 있고 지성논리보다 변증법적 성분이 좀 더 많다는 구분밖에 없으며
지성논리는 단지 각종 사유 형식의 외재적 나열에 지나지 않는다고 주장했
다. 이를 좀 더 구체화한다면 변증논리와 상대한 지성논리의 이해방식은
주로 아래와 같은 특성을 갖추고 있다.

(1) 형식성: 지성논리는 구체적인 내용을 간과한 외연적인 논리지만 변
증논리는 구체적인 내용과 밀접히 결부된 귀속식 논리이다. "개념"을 사례
로 볼 때 형식논리의 개념은 추상적인 개념, 즉 구체적 대상에서 부동한
특성들을 분리하고 공동점만 추출하여 형성된 개념이다. 따라서 추상적인

---

5) [德]黑格尔:《小邏輯》, 北京: 商務印書館, 1980, p.182.

개념은 "단지 추상적인 개괄성"이며 특수성을 이탈한 추상적인 공동성이기에 실질적으로는 구체적인 내용이 결여된 외재적 사유 형식으로서, 본신은 내용이 없는 형식이고, 대상의 구체적 내용을 추상화한 것이다. 이와 달리 변증논리의 개념은 "일체 생명의 원칙이기에 동시에 완전히 구체화된 것"[6]으로서 "일체 특수성에 관통되어 있으며 일체 특수성을 포함하고 있는 보편성"이다. 따라서 "일체 충실한 내용이 그 자체에 포함되어 있지만 또한 내용의 제한과 구속을 받지 않는다."[7] 그리고 "이념은 형식사유가 아니라 사유의 특유한 규정과 법칙 자체의 발전에 의해 형성된 전체이다."[8]

(2) 추상성: "형식성"의 특징과 밀접한 관계가 있는바, 지성논리는 사유의 내용을 무시하고, 대상의 차별성과 특수성에 대한 무관심으로 인하여 "그의 활동은 주어진 구체 내용을 분해하고 그 차별화를 고립화하는 데에 있으며 그러한 차별에 추상적이고 보편성을 띤 형식을 부여하는 데 있다. 혹자는 구체적은 내용을 근거로 별로 중요하지 않은 그러한 특수한 것들을 포기하고 추상적인 작용을 통하여 구체적인 보편 또는 힘과 정형률을 제시하기도 한다."[9] 따라서 지성논리는 현실의 복잡성, 모순성, 발전성을 파악할 수 없으며 현실의 "구체성"과 "풍부성" 역시 파악 불가한바, 이 점은 지성논리의 필연적인 추상성의 특징을 결정한다. 이와 달리 변증논리는 "분석적인 동시에 또 종합적인 것으로서 …… 그러한 두 가지 방법을 선양하고 포함하고 있기에 철학방법의 모든 운동에 대한 태도는 분석적인 동시에 또한 종합적이다."[10] 따라서 변증논리는 형식논리의 추상성을 극복하고 구체성에 도달할 수 있는 것이다.

---

6) 동상서, p.329.
7) 동상서, p.330.
8) 동상서, p.63.
9) 동상서, p.414.
10) 동상서, pp.426~427.

(3) 외재성: 지성논리의 근본적인 취지는 인간의 이지적 능력을 이용하고 사물의 차별성과 특수성의 내용을 배제함으로써 사물의 공통점을 획득하여 이를 토대로 삼아 추상적인 지성 규정을 형성하는 것이다. 따라서 사물에 대한 규정 간의 연계와 운동을 간과하고 각종 지식이란 피차 외재적으로 상호 격리된 상태에서, 비교, 나열된 외재적 관계로서 고정불변한 것이며 피차의 외재는 지성개념을 극복 불가한 특점을 지니고 있다. 이와 달리 변증논리의 발전 원칙과 총체성 원칙의 초지는 지성논리의 응고성과 경직성을 제거함으로써 상호 간의 외재적 지성개념으로 하여금 자아부정, 자아발전, 자아유동의 내적 관계를 형성하도록 한다.

(4) 도구성과 실용성: 지성사유는 주관과 객관 2원대립을 전제로 주체가 지성개념으로 객체를 파악할 것을 요구함으로써 객관대상의 지식성 파악을 획득하며 인식의 궁극적인 목적은 필연적으로 객체에 대한 조종과 통제, 즉 다시 말하자면 지성사유로써 대상을 파악하고 내재적으로 대상에 대한 일종의 통제욕망을 포함하고 있는 것이다. 이에 대해 마르틴 하이데거(Martin Heidegger, 1889~1976)는 아주 적절하게 표상식 사유와 통제론 사유로써 개괄한 바 있다. 이러한 방식으로 변증법을 이해한다면 변증법은 곧 중성적인 개념의 틀에 불과하여 결국은 협애한 공리성, 그리고 운용자의 주관적 수요에 맞게 함부로 남용되는 기성의 도구로 전락된다는 것이다.

형식성, 추상성, 외재성과 도구성, 이것이 바로 지성화 사유방식의 주요 특징인 것이다. 실체와 사유방식은 지성 이해방식의 극단화와 독단화로서 전술한 지성 사유방식과 완전히 동일한 것이 아니지만 양자는 아주 밀접한 내재적 연관이 있다.

전술한 바와 같이 지성논리의 한 가지 중요한 특점은 경험 대상에서 차별성과 특수성의 내용을 배제하고 공통점을 추출하는 것인데 따라서 추상적인 개념을 형성하게 되고 이러한 추상적인 개념에서 추상의 정도가 가장 높은 것이 가장 최고의 보편성을 지닌 개념으로 부상되고 자연히 가장 최고의 해석력과 개괄력을 지닌 개념이 된다. 가령 지성논리에서 유래된 이러한 개념이 우리들의 인식의 확정성과 견정성을 보장하는 데에 일정한 합리성과 필요성을 제공할 수 있다면 "실체성" 사유방식은 진일보 이러한 추상개념의 설계에서 독립적 존재성을 요구하는바, 외부 요소의 필요 없이 자업자득의 고립적인 존재를 유지함으로써 그로 하여금 전반 세계를 위한 최고의 근거와 원리로 자리매김하도록 한다. 이 최고의 근거와 원리는 바로 세계의 "본체"로서 이러한 추상적 개념을 근거로 "사유의 규정이란 곧 사물의 기본적 규정이고, …… 추상적 고립의 사상개념, 즉 본신의 자족이라고 인정함으로써 효과적으로 진리를 표현하는 데에 사용한다. …… 오로지 이러한 명사개념을 사용해야만 비로소 절대적인 지식을 획득할 수 있는바, 그것은 지성개념의 진정한 내용과 가치에 대한 고찰도 없고 순수명사(술어)에 대한 고찰도 결여한 채로 절대적 형식의 타당성을 설명한다."[11] 이러한 의미에서 실체화 사유방식은 곧 헤겔이 주장한 "형이상학"적 사고방식, 또는 하이데거와 가다머 등 현대 철학가들이 "실체본체론"으로 칭하는 사고방식이다.

실체화 사고방식은 지성적 사고방식의 극단화로서 직접 변증법적 사고방식과 대립되는 것이다. 지성적 사고방식은 비록 변증법적 사고방식과 중대한 차이점이 있지만 일정한 범주 내에서 그의 합리성은 완전히 부정할 수 없는 바이다. 양자는 각각 계선을 긋고 있으면서도 각자의 실용가치를 과시하고 있다. 지성논리를 운용하여 인식활동을 전개하는 경우에는 우리의 사상의 견정성과 확정성을 보장해주어 그 어떤 사상일지라도 모두 충분히, 확실히, 분명하게 파악할 수 있도록 도와주며 허위와 불확정성을 추호도 허용하지 않는다. 이와 달리 "실체화"의 이해방식은 그 한계의 범주 안에서 머물기 때문에 형식논리의 법칙을 절대화, 극단화시켜 그것을 세계의 최고

---

11) [德]黑格爾:《小邏輯》, 北京: 商務印書館, 1980, p.95.

진리와 유일한 본질로 무한히 확장한다.

그러니까 실체화 이해방식은 형식성, 추상성과 외재성 등 지성적 사고방식의 특징 외에 지성적 사고방식의 일정한 범위 내에서 적용되는 법칙을 전반 세계의 본체적 보편적 법칙으로 무한히 확대하려고 시도하는바, 따라서 진일보 독단성, 교조성과 절대성의 특징을 드러낸다.

이상의 내용은 지성적 사고방식과 실체화의 사고방식에 대한 고찰로서 분명 양자가 모두 변증법과 중대한 구별이 있는 이질적 사고방식임을 말해 준다.

아주 불행한 것은 역사적으로 우리는 마르크스변증법 이론을 이해할 때 아이러니컬하게도 이런 변증법적 이론의 본성과 근본은 구별이 있는 지성화와 실체화 사고방식에 의거했다는 점이다. 우리는 "지성사유"와 "변증사유"라는 양자의 부동한 적용범주에 대한 가장 기본적인 계선의식을 결여한 채 지성 사유로써 변증법을 이해고자 했으며 그 결과 변증법의 형식화, 추상화, 외재화, 도구화를 초래했다. 그리고 실체화 사고방식으로서 변증법을 이해하고자 함으로써 마치 "네모 난 것을 둥근 것"이라고 주장하는 것처럼 양자의 근본적이고 본성적으로 상호 배척하고 상호 허용불가적인 이질성 성분을 강제로 연결시킨 결과 변증법의 교조화를 초래하여 변증법을 독단적, 절대적이고 경직된 원칙과 죽은 설교로 전락시키고 말았다. 한마디로 요약한다면 변증법은 피동적으로 "지성화", "실체화"되어 버렸다는 것이다.

"지성화"와 "실체화"에 따라 "변증법"은 원래 구비해야 할 이론적 정신과 사상적 취지를 상실하고 말았다.

첫째, "변증법"의 형식화는 그것이 모든 장소, 시간에 적용되는 듯하지만 실상은 아무 데도 적용할 수 없는 공허한 공식으로 전락되게 했다. 그리하여 모든 것을 해석할 수 있는 것 같지만 실상은 아무것도 해석 불가한 공허한 지식, 내용을 이탈한 형식주의의 추상적 교조가 되고 말았다.

이 점은 인간의 일상적인 언어와 사유 영역뿐만 아니라 인간의 이론적 담론과 이론적 사고방식에도 반영되었다. 사람들은 "변증법"을 손쉽게 가져다가 그 어떤 자물쇠일지라도 바로 열 수 있는 마스터키로 간주하였는데, 즉 시간과 장소에 관계없이 그 무슨 사물이라도 평가 가능한 기존의 법칙으로 간주한 것이다. 마치 그것만 소유하면 어떤 문제일지라도 그 문제 자체에 대한 구체적인 고찰과 분석도 없이, 그것이 "변증"적이냐 아니면 "비변증"적이냐를 가려내기만 하면 만사대길이라는 주장이었다. 그러니까 마치 "변증"이라는 스티커만 붙이면 그것은 곧바로 영원불변의 진리가 되는 것이고, 반대로 "비변증"이라는 스티커가 붙으면 만장 깊이의 나락으로 떨어뜨릴 수 있다는 것이다. 이러한 주장의 극단적인 표현은 바로 변증법을 세계에 관한 가장 보편적이며 어디에나 다 적용할 수 있는 만능의 "과학적 진리"와 "보편적인 지식"으로 간주하는 것이다. 그 외의 자연과학과 사회과학을 망라한 "진리"는 모두 변증법적 진리에 귀속되어 반드시 그 검증과 지도를 받아야 한다는 것인데, 이로써 변증법은 구체적 내용과는 전혀 무관한 무소불능의 재판 척도로서 시공을 초월하는 무조건적인 권위성을 갖게 되는 것이었다. 즉 변증법은 여러 구체적인 학과의 시비를 평판하고, 아인슈타인의 상대론을 "부르주아 반동학술"로, 모건(Thomas Hunt Morgan, 1866~1945)의 유전학설을 "가짜 과학"으로 심판할 수 있으며 여러 가지 현대 사회과학을 모두 "형이상학"으로 선포하고 철학사의 거의 모든 다수 학파를 "낙후"한 것 또는 "반동"적인 것 등등으로 판결할 수 있었다. 그리하여 변증법 자체는 비판 면책권을 향유하고 타자를 수시로 비판할 수 있는 특권을 갖게 되어 일체 이데올로기 위에 군림한 슈퍼 담론패권을 획득하게 되었다.

전술한 표현과 지성적 사유방식, 그리고 실체화 사유방식을 대조해 보면 바로 지성화와 실체화의 방식으로 변증법을 이해함으로써 조성된 악과를 쉽게 발견할 수 있다. 전술한 바와 같이 변증법의 개념은 "구체적 개념"으로서 "일체 특수성 내에 관통되어 일체 특수성을 그 속에 포함"시키는 것으로서 "일체 충실한 내용을 자체에 담는 한편 아울러 그러한 충실한 내용을 초월"한다. 변증법은 구체적인 내용이 상호 연관을 이룬 일종의 "귀속식 논리"이지, 구체적인 내용을 배제한 "형식적 논리"가 아니다. 하지만 전술한 표현은 이러한 것들을 완전히 전도하였는바 사유의 경로조차 완전히 변질했다. 우선, 변증법이 포함한 차이성, 특수성 등 구체적인 내용을 깨끗이 청산하여 "공동화(空洞化)"시키고 이로써 획득한 추상적 개념과 형식적 규정을 절대화하고 응고시킴으로써 그것을 시공간의 제한을 초월하고 어디에나 다 맞춤 적용되는 형식화 원칙으로 간주했다. 다음, 이러한 형식화의 원칙은 지고무상의 권위로서 시간과 공간을 막론하고 언제나 타자의 "진실과 허위를 증명"하는 권력을 보유할 뿐만 아니라 무제한적으로 자체의 "진실과 허위"의 검증은 도피할 수 있는 면책특권을 보유하게 되었다. 마지막으로, 전적으로 이러한 형식화 원칙을 참조와 척도로 삼아 차이성과 특수성의 구체적인 내용에 대해 재판과 평판을 한다. 이러한 사고 경로는 완전히 지성화와 실체화적인 것으로서 "변증법"은 종국엔 엥겔스가 당시에 포이어바흐의 추상적 도덕을 비판할 때 지적한 바와 같이 "시간과 장소에 관계없이 모두 기적을 창조할 수 있는 신으로서 실제 생활 속의 모든 어려움을 극복할 수 있도록 도와 줄 것이다. …… 모든 시대, 모든 민족, 모든 상황을 위해 설계한 것으로서, 때와 장소를 막론하고 적용 불가한 것이며 현실 세계에서는 칸트의 절대적 명령과도 같이 연약하고 무기력한 것이다"[12]는 것과 같은 운명을 맞을 수밖에 없다. 변증법은 형식주의 교조로 퇴화되어 그 어떤 사물에 대해서도 진실하고 효과적인 해석과 평가가 불가하며 현실 속에서도 극히 쉬이 권력의지와 동맹을 맺어 진보적인 인식을 말살하고 인간의 생명과 발전을 억압하는 도구로 전락되었다.

둘째, 변증법의 주관화는 곧 주관적 적용으로서, 변증법은 임의성과 우연성으로 충일된 궤변의 게임이 되었다.

---

12) 《馬克思恩格斯選集》第4卷, 北京: 人民出版社, 2012, pp.246~247.

이 점은 변증법에 관한 이해의 역사를 돌이켜보면 허다한 사례, 심지어 가관적이라 할 만큼의 사례를 찾아볼 수 있다. "하나가 둘로 분리"되든 아니면 "둘이 하나로 통합"되든, "파괴"이든 "정립"이든, "계획"이든 "시장"이든, "국가"이든 "사회"이든, "인성"이든 "물성"이든, 모든 면에서 사람들은 어느 한쪽으로 치우쳐서 그리고 부동한 시기에 각각 나름대로 스스로 말의 게임에 심취해 있었다고 할 수 있다.

표면적으로 볼 때, 이는 전술한 변증법의 형식화, 교조화의 경향과 아래 몇 가지에서 다른 면을 보인다. 즉 형식화와 교조화의 경향은 변증법의 공식화와 추상화에 치우쳐서 "불변으로 만변에 대응"하는 것에 치중하는 반면, 주관적인 응용은 임의성과 우연성으로 충일되어 보다 "영활성"에 치우쳐서 "만변으로 불변에 대응"하기에 치중한다. 겉보기에 이는 "변증"으로 충만된 정신 같기도 하지만 그 실체는 허상으로서 그들은 마치 동전의 양면과 같은 양상에 불과하다. 양자는 완전히 일치한 내적 논리를 추종하는바, 즉 모두 변증법을 사유의 내용에 관한 "귀속적 논리"가 아닌 사유의 외재적 형식으로, 진실한 "캐리어"를 이탈한 뿌리 없는 외재적 "방법"으로 간주하는 것이다. 진실한 토대와 캐리어를 이탈한 "변증법"은 절대적인 "경직화" 또는 무한대의 "활성화"라는 추상의 양극단을 치닫는 것과 상통하는 것이다.

여기에 은폐된 사유 경로는 다음과 같이 간단하게 개괄할 수 있다. 우선, 변증법과 그 진실한 내용과 캐리어를 완전히 이탈시켜 아무런 실질적인 내용의 "제어"를 받지 않고 그 어떤 내용을 위한 "부채"도 필요하지 않는 추상적인 사유로 규정했다. 다음, 이러한 추상적인 사유를 아무런 속박도 없으며 조건적인 제한을 이탈한 "공식"과 "법칙"으로 변화시킨다. 마지막으로, 이러한 추상적인 "공식" 및 "법칙"을 한정된 장소나 시간이란 주관적 수요와 현실적 목표에 결합시킴으로써 오로지 눈앞의 이익을 위해 봉사하는 것으로 전락시켜, 어떤 "진리"일지라도 전연 책임을 감당할 수 없는 "유랑하는 사유"로 만들어버린다. 이러한 주관적 선택과 여과를 거쳐 "변증법"은 과연 아주 "자유"롭게 되었다. 하지만 이러한 "자유"는 진실한 내용을 이탈한 것이고, 주관적 임의의 "공허한 자유"이며, 변증법은 이 때문에 주관적인 소망과 목적에 근거하여 임의로 운용할 수 있는 개념의 게임으로 전락되어, 함부로 부릴 수 있는 편리한 "법의 도구"가 되고 말았다.

걸출한 사상가 구준(顧準)은 과거에 "변증법"을 강조하고 "형이상학"을 혹독하게 비판한 적이 있다. 하지만 "형이상학"이 가장 창궐했던 시기에 그는 울분을 품고 중국이 낙후한 가장 중요한 하나의 원인은 바로 중국인들이 지나치게 총명하여 종래로 끝까지 캐보지 않고 형식논리적인 분석에 게으르며 겉보기에 영활한 듯한 "변증적 게임"에 몰두하기 때문이라고 일갈했다. 그는 "중국인은 타고난 변증법가이지만 변증법은 오히려 중국인들을 가혹하게 고생시켰다."[13], "진실한 토대"를 이탈하고 "내재적 제한조건"이 박탈되었으며 변증법의 적용 "경계선"을 넘어 개념의 게임에만 몰두하면서 무조건적으로 보편화와 일반화된 "변증법"에 대한 구준의 비판은 지극히 심각하고 투철한 것이라 할 수 있다.

셋째, 변증법의 기술화와 도구화는 변증법을 인문해방의 취지를 상실한, 편협한 실용도구와 외재적 기술로 전락시켰다.

이 점은 전술한 두 가지 표현과 논리에 맞는 자연적인 결과이다. 변증법을 "경직화"된 공식 또는 모든 것을 재판할 수 있는 공식과 교조적인 것으로 전락시켰든지 아니면 그것을 주관적이고 임의적인 궤변의 게임으로 "활성화"시켰든지를 막론하고 그 배후의 중요한 동기는, 바로 변증법을 실용화, 도구화함으로써 기성적인 외재적 도구와 기술로 전환시켜 주관적인 운용에 수시로 편리를 도모할 수 있는 방편으로 만들자는 것이다.

전술한 바와 같이 도구성과 실용성은 지성화와 실체화 사유방식의 고유한 본성이다. 따라서 지성화와 실체화의 사유방식에 의거하여 변증법을 이

---

13) 《顧準文集》, 貴陽: 貴州人民出版社, 1994, p.416.

해할 경우 필연적으로 도구화와 실용화를 벗어날 수 없게 된다. 지성화와 실체화 사유방식의 개조를 거쳐 진실한 내용과 캐리어를 이탈하고 완전히 형식화, 추상화, 외재화와 도구화된 "변증법"은 불가피하게 도구성과 실용성의 본성을 지니게 될 것이다. 그리하여 헤겔이 지적한 바와 같이 "변증법은 통상적으로 일종의 외재적 기술로 간주되어 주관적인 임의로써 확정된 개념의 혼란을 유발시키고 이러한 개념은 모순되는 듯한 가상을 드러낸다. 그리하여 이러한 규정을 진실로 간주하지 않고 오히려 허망한 가상과 지성적 추상의 개념을 진실로 간주하게 된다. 변증법은 또 종종 주관 임의적인 왕복변난(往返辯難)의 술수를 인정하는데 이러한 술수는 기지에서 나오는 것으로서 진실한 내용이 결여되었는바, 단순한 기지로써 그 내용의 공소(空疏)함을 덮어 감추려 한다."[14] 역사적으로 볼 때 이러한 운용이 확실히 "성공"을 거두었다는 사실을 인정하지 않을 수 없다. 하지만 한 차례 또 한 차례의 역사적 비극에서 우리는 도구화와 실용화되어 "왕복변난"의 "외재적 기술"로 전락된 "변증법"이 연출했던 중요한 각색을 볼 수 있다.

변증법의 도구화와 실용화는 필연적으로 변증법 특유의 인문해방 취지를 철저히 질식시킨다. 변증법은 이론적 본성에서 실증과학의 사유방식과 근본적으로 구별되는 철학 사유방식으로서, 인간에게 부여하는 것은 단지 실용성과 도구성과 같은 공리적인 가치가 아니라 경험상식, 실증과학을 초월한 비공리적인 인문성 지혜이다. 이 점에 대하여 헤겔은 자신의 개념 변증법의 입장에서 이렇게 명확히 지적했다. "논리학을 순수한 진리자체로 간주할 때 그것은 절대로 무슨 유용한 것이 아니다. 하지만 무릇 가장 고상하고, 가장 자유롭고 가장 독립적인 것은 가장 유용한 것이 된다는 의미에서 논리학도 유용한 것이 아닐 수 없다. 단지 그 용처에 있어서 사유의 형식 연습뿐만 아니라 반드시 기타 영역에서의 가치도 고려해야 한다."[15] 이

---

14) [德]黑格尔:《小邏輯》, 北京: 商務印書館, 1980, p.176.

는 변증법은 "가장 고상"하고 "가장 자유"롭고 "가장 독립"적 등 인문내포로
충만된 본성을 지니고 있다는 것이다. 마르크스는 한 보 더 나아가 변증법
의 본질을 혁명적, 비판적이라고 주장했는데 "비판성"과 "혁명성"이 가리
키는 것은 절대로 협애한 공리적 추구가 아니라 인문해방의 초월적인 지향
인 것이라는 점은 분명하다. 당대의 변증법 철학가들, 가령 막스 호르크하
이머(Max Horkheimer, 1895~1973), 아도르노(Theoder Adorno, 1903~1969), 마
르쿠제(Herbert Marcuse, 1898~1979), 하버마스(Jurgen Habermas, 1929~), 마
르코비치(Mhailo Maricovic, 1923~2010), 페트로비치(Gajo Petrovic, 1927~
1993), 코시크(Karel Kosik, 1926~2003) 등은 심지어 부정성, 비판성과 인도
성 등을 변증법의 생명과 관련되는 본성으로 간주함으로써 변증법을 도구
화하고 실용적인 공리성 책략으로 왜곡하였는데, 이는 변증법에 대한 폭력
적인 도살과 같다.

　이상의 분석으로부터 우리는 지성화와 실체화의 사유방식에 의거하여
변증법을 이해한다면 그에 대한 훼멸적인 왜곡을 초래할 뿐 아니라 그 자
체의 이론적인 특질도 완전히 상실하고 말게 된다는 점을 확인했다. 전술
한 세 가지 전형적 표현이 이미 충분히 반영하고 있듯이 변증법은 뿌리 없
는 표류상태에 처하여 그 진실한 토대 역시 어두움 속에 가려 있다. 변증법
은 반드시 변증법 이론본성의 방식으로 파악해야 한다. 지성적, 실체화적
방식으로 변증법을 파악하려는 시도는 수림 속에서 고기를 잡으려는 헛된
망상과 다름없다. 따라서 변증법은 필연적으로 자체의 대립면으로 전락될
것이며 그 특유의 이론적 정신도 깡그리 사리지고 말 것이다.

　전술한 바는 다음과 같은 이치를 충분히 증명하고 있다. 즉 변증법의 진
정한 토대와 견실한 "캐리어"를 찾고 변증법의 지성화와 실체화를 초월하
는 것은 이미 변증법의 이론적 합법성을 수호하고 변증법 이론의 명성을

---

15) 동상서, p.64.

회복하는 심각한 과제로 부상되었다. 바로 이러한 의미에서 변증법의 지성화와 실체화를 극복하고 변증법의 이론적 본성에 부합되는 방식으로 변증법을 이해해야만 변증법의 진실한 토대 탐구의 심층적인 이론적 동기를 구성할 수 있다.

제2장

변증법의 진실한 토대에 대한 탐색과 은폐

중국 변증법 연구에 대한 비판적인 반성

1. "자연주의범식"의 이론적 어려움과 그 무근성

"자연주의"는 "객관주의"라고도 칭하는바, 후설(Edmund Gustav Albrecht Husserl, 1859~1938)에 의하면 자연주의 또는 객관주의의 사상태도는 세계의 선험적인 존재를 지극히 당연한 사실, 더 반성할 필요가 없는 사실로 간주하면서 이 객관적 "객관진리", 즉 무조건적인, 일체 이성적 존재에 효과적인 객관법칙을 모색하는 데에 주력하는 것이다. 그들은 최종적인 실재(實在)는 이성적으로 파악할 수 있는 객관세계인바, 그것은 우선 물질적 세계, 다음은 그 물질적 세계에 부수된 심리세계로 되어 있다고 주장한다. 따라서 이성을 동원하여 더 반성할 필요가 없이 자재(自在)하는 이러한 "객관적 세계"를 파악하는 것이 철학과 과학의 사명을 구성하고 있다는 것이다.[1]

상기의 사상태도가 변증법의 연구에서 구현되는 바가 바로 변증법 연구의 "자연주의범식", 또는 변증법 연구의 "자연본체론" 범식이다. 이러한 범식에 따라 변증법의 이론적 기초는 자재하는 객관적 물질세계 자체, 자재적이고

---

1) [德]埃德蒙德·胡塞尔:《歐洲科學危機和超驗現象學》, 上海: 上海譯文出版社, 1988, pp.5~7.

객관적인 물질세계로서 그 운동과 발전은 "변증법적 법칙"에 의거하는 변증적 본성을 지니고 있는 것으로 이해되었다. 때문에 객관적, 자재적 변증법은 인간의 주관적 사유에서 그것들에 대한 여실한 재현과 반영을 강제적으로 요구하게 된다. 그리하여 인간은 비로소 자각적인 변증법 이론을 형성하는 바, 그 전형적인 표현은, 이른바 변증법이란 "자연계, 인류사회와 사유의 일반적인 법칙에 관한 과학"이라는 것이다.

"자연주의범식" 가운데서 변증법의 토대와 캐리어가 지니고 있는 "객관성", "자재성"과 인간의 의지에 의해 전이되지 않는 "강제성"은 가장 중요한 것이다. 이에 입각하여 변증법은 이론 자체에서 객관적 물질세계의 가장 보편적이고 가장 일반적인 "과학"으로 태어났다. 변증법의 법칙은 물리, 화학, 생물학 법칙과 근본적인 구별이 없이 공동으로 "과학"의 영예를 향유한다. 그 구별이란 단지 전자의 "과학법칙"은 보편적, 일반적인 데 반해 후자의 "과학법칙"은 국부적, 특수적이라는 데 있다.

전술한 "자연주의 범식"은 전반 변증법 이해의 역사에서 장기간 통치적 지위를 차지하여 왔다. 사람들은 일시 그것에 순종하였으며(수십 년간 철학교과서에서 일관되었다는 것은 그 전형적인 사례), 심지어 변증법에 관한 문제를 다룰 때는 부지불식간에, 무조건 그것을 전제조건으로 삼았다.

인간의 수용 심리에서 본다면 변증법 이론 토대에 관한 주장의 가장 '인심을 움직이는' 요인은 바로 그들 스스로 호소하는 자체의 '객관성'임을 알 수 있다. 장시기에 걸쳐 '객관성'은 늘 '주관성'보다 높은 영예를 향수했으며, '객관성'은 '주관성'의 방해를 배제하고 늘 '공평성', '사심 없음', '믿음직함' 등과 연관되어 있었다. 따라서 '객관성'을 기치와 마크로 삼을 경우 사람들에게 거대한 권위감과 억지력으로 전적인 감복을 향유했다.

하지만 객관세계를 변증법의 토대와 캐리어로 삼는 주장이 과연 진정으로 언약했던 바와 같이 확고하고 믿음직한 것인가?

"자연주의범식"이 실질적으로 견지하는 것은 반성의 절차가 결여된 소박한 실재론과 기계 반영론적 철학 입장이며, 변증법적 이론 토대와 캐리어에 대한 이해에는 극복할 수 없는 수많은 이론적 애로가 존재하고 있다. 따라서 변증법의 이론적 토대에 대한 그들의 언약은 취약한 것이며 반성의 점검을 통과하기 어렵다.

이는 "자재적이며, 인간과 무관한 객관적 물질세계"를 변증법의 토대와 캐리어로 삼아 변증법과 실증과학의 한계를 혼동하였기에 이론상에서 철학과 실증과학을 구분하기 어렵다는 데에서 나타나고 있다. 이러한 상황에서 변증법과 실증과학 간의 "계선"은 말살되어버리고 변증법 특유의 이론 정신과 이론 경계마저 차단되는 결과가 초래된다.

"자연주의범식"에 따라 변증법을 이해할 경우 객관적 물질세계는 변증법의 토대와 캐리어로 설정되고 변증법 역시 상대의 방식으로 상대 세계의 일반적인 운동법칙과 지식을 획득할 수밖에 없게 된다. 이러한 이해방식의 중요한 문제점인즉, 변증법의 "지식"과 실증과학의 "지식"을 성격상 과연 어떻게 구분할 것인가 하는 문제이다. 변증법의 "지식"과 실증과학의 "지식"은 과연 어떻게 "계선을 획분"해야 하는가? 철학 범주로서 변증법의 특질은 과연 어디에서 구현되는가?

위의 문제들에 관한 답안은 실증과학 영역의 지식에 비해 변증법이 규명하는 법칙성과 지식은 보다 광범위한 적용성과 일반성을 지니고 있다는 것이다. 변증법이 제시하는 지식은 실증과학과 같이 단지 어떤 한 영역에 국한된 가장 보편적이고 가장 일반적인 과학이 아니다. "가장 보편적"이고 "가장 일반적"이라는 것은 변증법이 철학으로서 지니고 있는 "특질"이기도 하다.

하지만 이러한 대응은 문제의 해결에 도움을 줌과 아울러 또 기타의 문제들을 야기시킨다. 연구 영역의 범위의 크고 작음은 "양적" 의미만 표시하지 "질적" 의미와는 무관한 것이기 때문이다. 더구나 당대 과학발전의 중요한 추세가 점차 "학제 간 성격"의 추세를 보이고 있는 상황에서 연구 범주가 여러 영역을 넘나들게 되고 여러 학과에 관련되는 일반적, 보편적인 종합성

학과와 방법이 이미 출현하여 과학 연구에서 날로 중요한 역할을 하고 있다는 점을 감안해야 한다. 때문에 연구 영역 범주의 대소를 기준으로 삼는다면 이론적인 면에서 철학변증법과 실증과학을 구분하는 근거로는 역부족할 수밖에 없다.

변증법과 실증과학이 이론적으로 혼재하는 이러한 국면이 초래한 이중적인 엄중한 후과는 아래와 같이 정리할 수 있다.

첫째, 이러한 혼재는 변증법이 실증화와 경험화로부터 "원칙+실례"의 실증적인 객관 지식으로 퇴화하여 그 특유의 부정성, 비판성과 초월성 등 인문적인 해방의 취지조차 완전히 긍정성, 일방성 등 실증과학의 특성에 의해 대체되는 결과를 초래하게 된다. 이와 관련하여 변증법은 또 불가피하게 구체적인 실증과학과 "기반 쟁탈"이란 무의미한 겨루기에 빠져들어 필연적으로 패배하게 되어 종국엔 소속마저 잃어버리고 말게 된다.

다음, 변증법은 이 때문에 선험적인 "세계모식론"의 수렁에 빠져들게 되는바, 이러한 "세계모식론"은 자연에 대한 이해에서 기계적이고 경직된 자연관을 초래함으로써 자연과학의 발전을 심각하게 방해한다. 역사관의 관철에서는 추상적이고 원칙과 교조에서 출발한 경직된 역사관을 초래하여 현실 사회 인간의 발전에 심각한 후과를 초래한다.

"세계모식론"은 엥겔스가 『반뒤링론』에서 헤겔 및 그의 "졸렬한 모방자" 뒤링을 비판할 때 제출한 것으로서 주로 "사상적으로 세계 형성 이전에 오랫동안 존재하고 있었던 모 지역의 모식, 방안 또는 범주 내에서 현실적인 세계를 구상"[2]하는 이론적인 사고모델을 가리킨다. "뒤링은 먼저 일반적인 세계모식론을 펼쳤는데 이는 헤겔에 이르러서는 논리학으로 나타났다. 다음 두 사람은 이러한 모식 또는 논리적 범주를 자연계에 응용하였는바, 바로 자연철학이 그것이었다. 마지막으로 그것들이 인류에 적용될 때는 헤겔

---

2) 《馬克思恩格斯選集》第3卷, 北京: 人民出版社, 1995, p.374.

의 정신철학으로 이름 지어졌다."[3] 선험적인 원칙과 교조적인 태도에서 출발하여 현실적인 과학과 생활을 규정하며 강제적으로 이러한 원칙과 교조적인 태도를 자연계와 인류에 응용하며 자연계와 인류 모두가 이러한 원칙과 교조에 적응할 것을 요구하는 것, 그리하여 현실과학의 발전과 현실생활에서 출발하여 그러한 원칙을 형성하고 교정하는 것이 아닌, 이것이 '세계모식론'의 근본적인 특징이다.

가령 "인간 외에 존재하는 객관 물질세계"를 변증법의 토대와 캐리어로 삼을 경우, 변증법이 초래하는 이론적 후과는 바로 전술한 그러한 종류의 "세계모식론"이다.

전술했던 바와 같이 "인간 외에 존재하는 객관 물질세계"를 변증법의 토대와 캐리어로 삼을 경우 변증법은 이론적으로 객관적 물질세계의 "가장 일반적인 법칙"에 관한 과학이 된다. 이러한 "가장 일반적인 법칙"은 각각의 구체적인 과학의 "특수한 법칙"을 초월하여 전반 객관세계에 대한 최대한도의 "보편적 적용성"을 지니게 되며 각각의 구체적인 과학은 어느 하나의 예외도 없이 모두 이러한 가장 일반적인 "변증법적 법칙"을 반드시 준수해야 한다.

이러한 점이 자연계에서 관철될 경우 전반 자연계의 운동은 모두 가장 일반적인 "변증법적 법칙"을 준수해야 하며, 자연 과학의 구체적인 법칙은 모두 보편적 적응성을 지닌 '변증법적 법칙'의 범주 내에서 자체의 객관유효라는 결론을 도출해야 한다. 자연계는 비록 광범위하고 천차만별이지만 하나의 "주종", 즉 "변증법적 법칙"이 규정한 틀을 벗어날 수 없다. 따라서 변증법은 충분한 권위로써 각각의 "특수적"이고, "구체적"인 과학을 지도하며 자연과학자는 반드시 이러한 "변증법적 법칙"을 장악해야 한다. 그렇지 못할 경우 그 과학 연구는 "형이상학"의 수렁에 빠져들어 추호의 진전도

---

3) 동상서, p.374.

불가능하게 된다.

하지만 문제는 자연계의 비밀 전부를 과연 이러한 보편적 적용성의 법칙으로 총괄할 수 있는가? 자연계의 구체적인 법칙을 이러한 변증법적 법칙으로 귀결시킬 수 있는가? 자연 과학자들은 이러한 변증법가의 지도를 떠나서 과학 연구의 실천에서 성과를 이룩할 수 있는가 하는 것이다.

과학사에 대한 개략적인 이해를 가지고 있다면, 이러한 문제에 대한 긍정적인 해답이 극단적으로 오만하고 무지함을 알 수 있다.

첫째, 과학의 발전은 자연계가 얼마나 풍부하고 다채로운 한편 복잡다단하고 얼마나 많은 미지의 영역으로 충만되었는지를 보여주고 있다. 그러니까 하나의 철학체계 또는 몇 개의 법칙으로 전반 자연계를 망라하려는 시도는 근본적으로 실제적이지 못한 잠꼬대에 불과하다. 자연계의 심오함에 비한다면 인류는 이제 한낱 궁금거리로 가득한 어린아이에 불과한바, 추측 가운데서 이론을 도출하고 실험 가운데서 반박을 마련하며 반박 가운데서 이론을 수정함으로써 끊임없이 대자연과의 심도 있는 교류를 추진해야 한다. 대자연과의 이러한 형식의 대화는 무진장한 것이며 대자연의 심오한 비밀은 영원히 단번의 노력으로 간파할 수 없다. 그러므로 인류는 근본적으로 몇 개의 "보편적 적용성"을 지닌 법칙에 의지하여 자연계의 운동과 발전에 관한 도식화로 고정된 개괄과 총결을 얻어낼 수 없다. 가령 그런 경우가 있다고 한다면 그것은 꼭 원칙과 교조에서 출발한 것이지 과학 발전의 실제에서 출발한 것이 아니기에 사변적, 환상적인 법칙으로 무궁무진한 과학적 탐색을 대체한 결과일 수밖에 없다. 이에 대해 엥겔스는 일찍 비판을 전개한 바 있는바, 즉 "철학을 기타의 일체 과학지상으로 군림하는 특수과학으로 간주할 경우 헤겔의 체계는 철학의 가장 최후의 가장 완벽한 형식이 되며, 전부의 철학은 이 체계에 따라 몰락해버리고 말게 될 것이다."[4]

---

4) 동상서, p.362.

둘째, 과학 실천은 또 자연 과학자들의 과학 연구 과정에서 설사 "변증법적 법칙"을 모르거나 이해하지 못할 경우일지라도 과학 연구에서의 공헌 창출을 막을 수 없으며 또 그 때문에 "형이상학"의 수렁에 빠져 과학 연구에서 아무런 수확도 없는 그런 경우를 초래하지 않는다. 역사적 사실을 존중하기만 한다면 자연 과학자들은 과학 연구 실천에서 과학 자체가 필요한 순서와 방법을 준수하고 자신의 연구 경험과 그것들을 결부시켜 어려운 모색을 거쳐서 거기에 해당되는 성적을 창출하게 된다는 점을 쉽게 터득할 수 있다. 그렇지 않을 경우 설령 "변증법"적 법칙을 입에 닳도록 외운다고 할지라도 실제 연구 실천에는 아무런 도움이 되지 않을 것이다. 사실 대다수의 과학자들은 근본상 '변증법'적 법칙을 모르거나 이해하지도 못한 상황에서 스스로의 과학 연구에서 커다란 성과를 거두었다. 뉴턴, 퀴리 부인 등이 그런가 하면 아인슈타인 역시 그러한 경우이다. 이러한 역사적 사실들은 "변증법"의 3대 법칙은 구체적인 과학의 발전에 별로 근본적인 영향을 줄 수 없다는 점을 말해준다.

오히려 소위 "변증법적 법칙"으로 자연과학 연구를 강제 지도하려고 할 경우 각 구체적인 학과의 발전은 종국에 "일반과학"으로 자처하는 "변증법"의 "오만무례"한 간섭과 커다란 피해를 입게 된다. 역사적으로 변증법은 스스로 세계에 관한 "가장 일반"적이고 가장 "보편성"을 띤 과학으로 자처해왔으며, 각 구체적인 과학에 대한 비판과 "지도"를 자체의 당연한 사명으로 간주해왔다. 그 결과 난폭한 간섭은 변증법과 구체적인 실증과학 간의 모순을 초래했고 양자에 모두 피해만 가져왔지 아무런 적극적인 성과를 산출하지 못했다. 구소련에서 컴퓨터의 발명이 "변증법"가들에 의해 "형이상학"으로 판정되어 거부되었고, 후에는 멘델(Gergor Mendel, 1822~1884)-모건의 유전학 이론이 "변증법"과 대치되는 것으로 판정되어 모욕을 당한 일이 있었다. 중국에서도 과거에 유사한 황당한 꼭두각시극이 수 없이 발생한 바 있다.

위의 사실에서 알 수 있는바 "변증법"의 "법칙"이 전반 자연계에서 "보편

적 적용성"을 가지며 과학 연구에 대한 우선적인 지도적 지위를 차지한다
는 것은 과학사, 과학 실천과 완전히 대치되는 것이며 그러한 주장은 단지
주관적, 선험적인 원칙과 교조에서 출발한 것으로서 인위적으로 만들어낸
틀이고 억지로 자연계에 끼워 맞추려는 짓거리에 불과하다. 이는 바로 우
리가 전술했던 "세계모식론"과 완전히 일치한 면을 보이고 있다.

이러한 "세계모식론"은 자연계에서 구현되고 있을 뿐만 아니라 웅심을
갖고 자신을 자연계로부터 사회역사의 각 영역에로 "추진", "보급"시키려
고 한다. 그들은 사회역사 영역은 자연계와 동일한 것이기에 마찬가지로
"변증법"의 강철 같은, 인간의 의지에 의해 전이되지 않는 객관적 법칙이
적용되는 것으로 간주한다. 사회역사 영역에는 비로 풍운의 변화가 있기
마련이지만 그 "주종"은 변하지 않는 것인바, "변증법"의 법칙은 마치 보이
지 않는 "손"처럼 그 운명을 장관하고 지배하여 "기정된 틀에서 조금도 벗
어나지 않도록" 할 수 있다는 것이다. 그리하여 인간은 변증법의 법칙을
장악하기만 하면 인류의 과거와 현재를 해석할 수 있을 뿐만 아니라 사회
역사의 미래까지 점지할 수 있다는 주장이다.

이러한 이해는 자연의 영역에서 범한 착오 외에도 사회역사 문제의 특수
성을 무시하고 있기에 보다 엄중한 이론적 오류를 범하게 된다.

우선, 사회역사 영역의 특수성을 완전히 간과하였고 자연과의 중대한
차이를 간과하였기에 "사회자연화"의 엄중한 문제를 야기했다. 그 지배적
사유의 논리는 자연이 그러하니 사회역사도 필연적으로 그러하다는 것이
다. 그리하여 사회역사는 완전히 자연과 동질의 수준에 놓이게 되고 인간
의 활동은 완전히 자연과 일치한 수준에 놓이게 되며 사회역사는 인간활동
이란 성질을 상실하게 된다.

다음, 사회역사의 발전은 몇 개의 기정된 원칙과 법칙에 따르고 있다는
것인데, 이러한 관점은 인간과 사회 발전에 거대한 위험성을 초래하게 된
다. 사회역사의 발전이 몇 개의 기성적, 선험적인 원칙에 의거한다는 것은

필연적으로 모 "전지자"의 인정과 관계를 맺기 마련이다. 이러한 전지전능
자는 역사의 바깥에서 역사의 운행을 위해 초역사적인 "조례"를 반포하는
데 사회역사는 그에 따라 운행하는 것이라고 주장한다. 이러한 관점은 실
제로 일종의 비역사적, 초인류적 전지주의적 "신목관(神目觀)"이다. 현대 철
학의 발전은 이미 전지주의적인 "신목관"은 본질적으로 어떤 원칙에서 출
발한 선험주의이며 교조에 근거하여 역사를 강제적으로 요구하는 것이지
역사에서 출발하여 원칙을 이해하는 본질적 선정론(先定論)이 아니라는 점
을 충분히 보여주었다. 가령 그러한 관점에 근거하여 사회역사를 고찰한다
면 필연적으로 역사를 인위적으로 기성된 하나하나의 판에 박아놓기 마련
인데 마치 고대 그리스 신화 속의 유명한 "프로크루스테스의 침대"처럼 생
생한 역사적 현실을 억지로 재단하여 근본적으로 "반역사적", "반사회적"
성질로 전락시킨다.

　가장 엄중한 후과는 이러한 관념으로 사회역사를 이해한다면 영문 모를
야심을 조장시키게 되는바, 역사의 "행도자(行道者)" 이름으로 역사를 "조
종", "장악"하여 합법적인 근거를 제공함으로써 개체적 생명의 자유에 거대
한 위협을 초래한다. 이에 대해 현대 철학의 많은 사상가들, 가령 칼 포퍼
(Karl Popper, 1902~1994), 하이에크(Fredrick Hayek, 1899~1992), 한나 아렌
트(Hannah Arendt, 1906~1975), 아도르노, 푸코(Michel Foucault, 1926~1984)
등은 이미 극히 강한 설득력을 확보한 논증과 해석을 한 바 있다. 그들의
연구는 비록 다양하지만 본질적인 관점에서는 동일한바, 즉 사회역사의 발
전에 그 어떤 선험, 영원재장(永恒在場)과 동일성적인 법칙이 존재한다는 관
념은 허망한 형이상학적인 사변에 불과하며 현실생활에서 권력의지와 극
히 쉽게 동맹을 맺어 소수인들의 "하늘을 대신해 도를 행하는" 도구로 전락
되어 사람들의 현실 생활에 커다란 재난을 초래한다는 것이다.

　이상의 분석과 토론은 인간 외부에 스스로 존재한다는 "객관적 물질세계"
를 자체의 토대와 캐리어로 삼는 변증법은 극복 불가의 거대한 이론적 어려

움에 부딪히게 된다는 것을 극명하게 보여주고 있다. 이러한 이론의 어려움은 인간의 외부에 존재하는 객관적 물질세계는 변증법의 진실한 토대와 캐리어라는 역할을 담당할 수 없다는 점을 충분히 드러내고 있다. 이러한 점을 무시하고 편집광적인 태도로 변증법을 허망한 토대 위에 방치한다면 하이데거가 서양의 형이상학전통의 무근성을 비판할 때 지적한 바와 같이 "스스로 허무주의를 초탈할 것처럼 오판하는 자들은 아마 가장 심각하게 허무주의의 전개를 추진하고 있을지도 모른다."[5] 이러한 외재적, 스스로 존재한다는 객관적 물질세계를 변증법의 가장 튼튼한 토대로 간주하는 자들은 가장 심각하게 변증법의 무근화와 허무화를 추진하고 있는 것이다.

2. "인식론모식"의 이론적 공헌과 이론적 곤경

개혁개방 이래 중국 마르크스철학 연구의 심도 있는 전개에 따라 일부 학자들은 점차 전술한 "자연주의모식"이 변증법의 토대와 캐리어에 대한 이해에 중대한 이론적 곤경이 내재되었다는 것을 의식하게 되었다. 변증법의 무근성과 그 이유 때문에 조성된 변증법의 합법성의 위기를 극복하기 위하여 많은 학자들은 별도의 대체 방안을 고안했는데, 즉 "인식론모식"으로 "자연주의모식"을 대체하는 것으로써 새로운 이론의 영역에서 출발하여 변증법의 새로운 토대를 구축하려는 시도이다.

"자연주의모식"에 비하여 "인식론모식"의 가장 근본적인 특징은 "사유와 존재"라는 철학의 이 "기본 문제"를 파악했다는 데 있다. 그들은 철학적 세계관의 근본적인 모순은 사유와 존재의 모순으로서 사유와 존재라는 이 두 계열의 법칙은 본질적으로 동일하지만 표현에서 부동한데, 사유는 반드시

---

5) 孫周興選 編:《海德格尔選集》下, 上海: 上海三聯書店, 1996, p.772.

감성을 중개물로 삼아 개념의 논리적인 운동에 의해 존재의 운동법칙을 표현하고 사유와 존재의 통일을 추진하는 것으로 간주했다. 이것은 사상내용과 대상본질의 직접적인 융합이 아니라 사유가 개념운동과 개념 발전 과정에서 실현하는 모순의 통일, 모순운동 과정의 통일이다. 따라서 변증법의 본질은 반성의 개념, 범주, 명제와 그들이 논리적으로 연결되어 구성된 여러 이론적 체계가 경험 대상의 본질과 법칙의 문제를 표현할 수 있는가, 어떻게 표현하는가에서 표현된다. 소위 변증법의 법칙이란 즉 사유와 존재, 주관인식과 객관존재의 모순을 해결하기 위하여 사유와 존재의 일치성을 실현하는 법칙이다. 이를 출발점으로 변증법적 법칙은 실질적으로는 주관사상이 어떻게 객관존재를 정확하게 인식하는가 하는 인식의 법칙, 즉 사유와 존재의 상호관계에 관한 법칙이지 순수하게 객관적으로 존재하는 법칙이 아니다. 요컨대, 변증법이 추구하는 것은 바로 "합주객(合主客)", "합내외(合內外)"를 일체로 하는 인식의 법칙이다.

전술한 이해에 따른다면 변증법의 진실한 토대와 캐리어는 더 이상 자재적이며 인간의 주관사유와 무관한 객관세계가 아니라 사유와 존재의 관계 속에서 변증활동 능력을 지닌 "사유" 및 활동성의 내용이다. 변증법이 다루고자 하는 모순은 주관사유와 무관한 객관세계의 "모순"운동이 아니라 사유와 존재 이 두 개 계열 간에 존재하는 모순, 즉 사유가 어떻게 자체의 능동성을 동원하여 존재와의 통일과 화해를 실현하는가 하는 문제이다. 변증법의 사명은 자재하는 객관적 세계가 어떻게 존재하는가 하는 문제를 해결하는 데 있는 것이 아니라 인식론의 기본 문제 즉 사유와 존재의 통일 문제를 해결하는 데 있다. "오직 사유와 존재의 관계에 대한 긍정적인 이해 속에 부정적인 이해를 포함시키고 사유와 존재의 통일을 "끊임없는 운동 과정"으로 이해해야만 비로소 변증법의 이론적 사유방식을 구성할 수 있다."[6] 사유

---

6) 孫正聿:《哲學通論》, 沈阳: 遼寧人民出版社, 1998, p.339.

와 존재의 모순관계 속에서 사유는 능동성과 초월성을 지닌 측, 또는 사유는 변증활동 능력을 소유한 일방이다. 사유라는 이 변증활동 능력을 활용하여 자위(自爲)의 방식으로 사유와 존재의 대립을 초월하고 객관적, 자재적 존재를 파악하여 사유와 존재라는 이 기본적인 모순의 부정적 통일을 실현하며 나아가서 사유 변증활동의 기본 원칙을 구성한다면 그 기본적 사명 역시 이루어진 것이다. 이러한 이해에서 출발하여 사유와 존재의 관계 속에서 자리 잡는다면 변증 활동성을 지닌 "사유"는 변증법의 이론적 토대가 된다.

변증법의 토대와 캐리어에 대한 이러한 사고를 기반으로 변증법의 이론적 성질에 관하여 일부 학자들은 "변증법이 바로 인식론", 인식론이란 바로 변증법의 이론적 본질이라고 단언한다. 구소련의 철학자 Π.B.코프닌의 관점은 이와 완전히 일치한바, "변증법은 지식의 통찰하는 과정, 사유의 과정 그리고 사유로써 객관적 실재를 반영하는 방법을 극력 통찰하고자 하며", "변증적 논리의 연구 대상은 우선 언어 형식을 통하여 표현된 사상적 내용이며 아울러 변증법은 특별히 이러한 사유의 내용과 객관적 실재와의 관계로서"[7] 변증법은 본질적으로 인간의 인식에 관한 내재적 논리이다.

변증법의 토대에 관한 이러한 "인식론"적인 이해는 중국에서 최초로 20세기 80년대 중반에 발생했다. 그 초심은 구소련 철학 교과서의 경직된 체계를 타파하고 마르크스철학의 변증법적 이론에 대해 소박한 실재론과 기계반영론식의 해석과 다른 해석을 시도하는 데에 있었다. 이러한 이해 모식은 중국의 철학 발전사에서 아주 적극적인 역할을 일으켰고 또한 중대한 역사적 의의가 있음을 마땅히 인정해야 한다. 더구나 학리적인 시각에서 분석을 할지라도 변증법의 토대와 캐리어에 대한 이러한 이해는 "자연주의 모식"과 비교할 때 아주 많은 면에서 비교가 되지 않을 정도의 이론적 우월성을 지니고 있다.

---

7) [蘇]Π.B.柯普寧:《作爲認識論和邏輯的辯證法》, 上海: 華東師範大學出版社, 1984, p.46.

우선, "자연주의모식"은 변증법의 이론적 토대의 문제에서 맞닥뜨린 이론적 곤경을 똑똑히 의식하고 있다. 그리하여 일종의 반성적 태도로 변증법의 토대와 캐리어를 상대하고 있으며 이는 "자연주의모식"의 소박성과 직관성을 극복하는 데에 적극적인 이론적 의의가 있다.

"인식론모식"은 사유와 존재 사이의 모순관계 속에 처한 사유 및 활동성을 변증법의 토대와 캐리어로 삼고 있다. 이는 사유와 존재의 관계로부터 착안하여 존재는 항상 인간 사유의 관계 속에서 존재하는 것이며, 사유도 항상 존재와의 관계 속에서 존재하는 사유이기에 사유를 떠난 존재 또는 존재를 떠난 사유는 변증법에 있어서 아무런 현실적인 의미가 없다는 점을 말해주고 있다. 사유가 인류의 이론적 사유 능력으로서, 개념을 중개로 삼은 인류의 인식활동으로서 자신의 능동적인 활동을 통하여 존재 역사의 부정적 통일을 추구할 때만이 변증법은 비로소 현실성을 확보할 수 있다. 따라서 인간과 무관한 자재적인 객관세계(자연계, 사유와 인류사회를 포함)의 "변증적 법칙"은 완전히 토대도 없는, 무의미한 스콜라 철학 문제이다. 즉, 자연계에 "변증법"이 존재한다는 사실을 인정한다면 객관세계에도 상응되는 "형이상학"이 존재한다. 인간의 사유에 자재적인 "변증법"이 존재한다면 인간은 무엇 때문에 "형이상학"적 착오를 범하게 되는가? 사회역사가 "변증법"의 통제를 받는다면 무엇 때문에 인간의 노력과 추구, 분투가 필요한가 등등의 문제들이다.

이러한 유력한 반박과 질문은 "자연주의모식" 시야 속의 "변증법" 이론에 치명상을 가져다주었는데, 이러한 "변증법"이 시효가 지났음을 선고하는 한편 "인식론모식"을 위해 마멸할 수 없는 중대한 기여를 했다.

다음, 전술한 반성의 입장에서 출발하여 "자연주의모식" 시야 속의 "변증법"이 고유한 실증화, 교조화 경향에 대해 효과적인 비판을 가함으로써, 변증법의 철학적 본성을 일정한 정도에서 회복하고 수호했다.

"인식론모식"은 철학과 "자연주의모식"이 과학의 구별을 흐리고 본래 실

증과학 "캐리어"에 속하던 객관세계를 변증법의 "캐리어"로 칭함으로써 변
증법의 기계화, 실증화와 공식화를 초래하며 변증법으로 하여금 고유의 이
론적 본성을 상실토록 한 결과에 대해 깊은 불만을 표했다. "인식론모식"은
오로지 사유와 존재의 관계라는 "철학의 기본 문제"에 관한 이론의 시야에
서 변증법을 이해해야만 비로소 진정으로 철학변증법과 구체적 실증과학
의 "계선" 표준을 찾아 양자가 모두 자체의 위치에서 각자의 능력을 충분히
과시할 수 있다고 인정한다. 그리고 구체적 실증과학은 대상화의 방식으로
객관세계 진리의 냉철한 지성을 추구하면서 자체가 의지하여 확립한 이론
사유의 전제에 대해서는 관심이 없다. 따라서 일방성, 긍정성 등이 그 근본
적인 특징을 구성했고, 이와 반대로 철학변증법은 구체적인 실증과학 성립
의 비자각적이고도 무조건적인 전제인바, 즉 사유와 존재의 모순관계라는
이 가장 기본적인 전제에 대해 반성과 질의를 하고 있는데, 이로써 자체의
비판성과 반성성의 근본적인 특징을 구성했다. 이렇게 본다면 실증과학과
철학변증법은 성질과 연구 대상에서 중대한 구별이 있는바, 양자는 부동한
인지취지와 이론적 추구가 있기에 간단하게 혼동할 수 없다.

  "인식론모식"은 철학의 변증법과 실증과학의 관계를 새롭게 인식하고
변증법을 "원칙+실례"의 실증화 경향으로부터 해탈시켰다. 따라서 인간으
로 하여금 다시 변증법의 이론적 토대와 이론적 본성 영역에 대해 반성하
도록 하는 데에 있어서 간과할 수 없는 공적을 쌓았다.

  그 다음, 사유와 존재 사이의 모순관계 속에 처한 사유 및 그 활동성을
변증법의 토대와 캐리어로 삼는 주장은 확실하게 일정한 철학사적 근거를
확보함과 아울러 독일 고전철학, 특히 헤겔의 유심주의변증법이 내포하고
있는 진정한 문제의식을 포착했다. 이러한 의미에서 볼 때 중국의 마르크
스주의 철학계에서 제안한 사유와 존재의 모순관계를 변증법의 토대와 캐
리어로 삼자는 주장은 장기간 경험과 상식 차원의 저속적인 이론상태에 처
해 있던 국내 마르크스철학 연구를 극복하여 소박한 실재론의 원시 수준을

초월함과 아울러 또한 "인식론 전향"을 실현하여 근대 철학의 수준으로 도약하도록 추진했다. 따라서 "인식론모식"은 결코 평가 절하할 수 없는 중대한 이론적 기여를 한 것이다.

철학사를 고찰할 경우 전반 서양의 철학이 르네 데카르트(Rene Descartes, 1596~1650)부터 시작하여 심각한 이론적 전향, 즉 "인식론 전향"을 거쳐 사유와 존재 사이의 모순을 해결함으로써 양자의 화해와 통일을 실현하여 근대 철학의 가장 기본적인 과제를 구성했다. 이에 대해 헤겔은 다음과 같은 투철한 피력을 남겼다. "우리는 여기에서 근대 철학의 구체적 형식을 고찰할 수 있는바, 즉 자위(自爲)사유의 출현이다. 이러한 사유의 출현은 주로 자재존재에 대한 인간의 반성을 수반하는데, 주관의 한 종류이기에 일반적으로 존재와 대립관계를 이룬다. 그러므로 전부의 흥미는 이 대립을 화해시켜 최고의 분열을 장악하는 것인데 바로 사유와 존재라는 이 가장 추상적인 대립의 화해를 장악해야 한다. 이때로부터 시작하여 모든 철학은 이 통일에 관심을 갖게 되었다."[8] 데카르트는 이원론적, 분열의 방식으로 이 주제를 부각시켰는데 그 후의 여러 철학파들은 각기 부동한 이론적 입장에서 사유와 존재의 분열을 미봉하고 양자의 통일이란 사명을 실현하고자 했다. 프랑스의 유물주의는 철저한 자연주의 입장에서 출발하여 우선 "자연은 기계(機械)", '인간은 기계'라고 선포함으로써 인간의 정신을 포함한 전반 세계를 완전히 단순한 자연물질로 동질화, 획일화하여, 자연물질이 주관적, 능동적 사유를 완전 동화, 함몰시킴으로써 사유와 존재는 기계적, 삭평주의(削平主義)의 방식으로 "통일"을 실현하게 되었다. 이와는 근본적으로 달리 정신적 가치를 숭상하는 독일 민족은 "인간은 기계"라는 치욕을 감내할 수 없어 독일 고전철학은 자아의식, 사유의 능동성 원칙을 투철히 발양하여 칸트(Immanuel Kant, 1724~1804), 피히테(Johann Gottlieb Fichte, 1762~1814)에서

---

8) [德]黑格尔:《哲學史講演錄》第4卷, 北京: 商務印書館, 1978, p.6.

헤겔에 이르기까지 사유와 정신의 능동성 원칙이 점차 극치로 발달되었다. 헤겔에 이르러서 사유의 역량은 "객관사상"으로 절대화됨과 아울러 "실체화" 되었으며 절대적 정신은 자신의 역사적 모순운동으로 끊임없이 사유와 존재의 대립을 해소하여 "이성과 현실"의 화해 및 "사유와 존재"의 통일을 실현하고자 함으로써 "합내외지도(合內外之道)"를 형성하여 "통천인지제(通天人之際)"의 방대한 객관 유심주의변증법 체계를 형성했다.

　이상의 철학사에 대한 간략한 회억에서 볼 수 있는 바와 같이 근대 철학의 특정한 변증법적 형태는 과연 어떻게 사유의 능동성을 발휘하여 사유와 존재의 통일 문제를 해결하려고 했는가 하는 문제와 극히 중대한 연관이 있다. 심지어 근대 철학의 변증법적 형태는 사유와 존재의 모순적 관계라는 이 과제를 해결하기 위한 일종의 이론적 대응의 "필요에 따라 발생"한 것이라고 할 수 있다.

　중국의 일부 철학 연구자들은 레닌의 『철학노트』에서 새롭게 발굴한 관련 논술로써 헤겔을 대표로 한 근대 서양의 철학, 특히는 그들의 변증법 이론을 해석코자 했다. 그들은 헤겔의 논리학의 "진실한 의미"에 대한 레닌의 주장에 완전 동의하면서 "객관세계의 운동의 개념운동 과정에서의 반영"[9]을 논의하고자 했다. 따라서 만약 "유물주의 관점으로 극력 헤겔의 저작을 해독하고 헤겔의 학설이 유물주의의 물구나무서기"[10]라고 한다면 이로써 헤겔의 유심주의변증법을 개조하고 헤겔의 인간의 정신능동성에 관한 추상성을 극복하고 헤겔이 유심주의 형식으로 표현한 변증법을 뒤집어 그것을 유물주의의 토대에 위치시킬 수 있다. 그리하여 우리는 존재가 사유를 결정하고 자재적 객관물질의 세계가 자위적인 주관적 정신세계를 결정한다는 전제조건 아래 사유가 어떻게 개념의 변증운동으로써 "대상 본질

---

9) 《列寧全集》第38卷, 北京: 人民出版社, 1959, p.190.
10) 동상서, p.104.

자신의 모순"을 모색, 표현하여 사유와 존재의 부정적인 통일의 실현을 탐구하고 표현하였으며, 이렇게 형성된 변증법은 더 이상 헤겔의 유심주의변증법이 아닌 "유물변증법"이라는 점을 확인할 수 있다.

전술한 분석에서 분명하게 드러나듯이 사유와 존재의 모순적인 관계 속에 처해 있는 "사유" 및 활동성을 변증법의 토대와 캐리어로 삼으면 그 이론적 모식은 근대 철학을, 특히는 독일 고전철학의 유심주의변증법의 이론적 성과를 충분히 고려하고 일정한 정도에서 흡수할 수도 있다. 이에 기초하여 변증법을 이해, 고찰할 경우 이론적 차원이든 아니면 반성적 차원이든 모두 "자연주의모식"이 비길 수 없는 사상적 기저와 풍요로움을 보유할 수 있다. 이는 인간의 철학적 소양을 높이고 변증법적 정신실질에 대한 이해를 깊이 하는 데에 있어서 모두 간과할 수 없는 적극적인 역할을 수행했다.

마지막으로, 사유와 존재의 모순적인 관계 속에 처한 "사유" 및 그 활동성을 변증법의 토대와 캐리어로 간주함으로써 "인식론모식"의 변증법은 인간의 주관능동성을 특별히 강조하게 되는데, 이는 일정한 정도에서 "객관성" 숭배와 "주관성" 경시의 전통적인 관념에서 벗어나도록 하여 "주관성"의 이름을 바로잡고 "주체성"의 목적을 이루는 데 작용하기도 했다. 이는 중국 마르크스주의 철학계의 사상해방을 추진하고 인간의 이론적 사유방식의 창신에 모두 중대한 역사적 작용을 일으켰다.

"인식모식론"은 사유와 존재의 모순적인 관계를 기점으로 예민한 반성적 태도로써 존재는 늘 사유와의 관계 속의 존재이며, 존재는 오직 인간의 사유에 의해 파악될 때만이 비로소 "자재상태"에서 "자위상태"로 전환할 수 있다는 점을 명확하게 의식하고 있다. 사유가 존재를 잘 파악하자면 반드시 개념의 경직성과 응고성을 극복하여 개념 유동, "연소"를 보장함으로써 존재의 운동과 발전을 표현하고 이해해야 한다. "어려움을 조성하는 것은 종래로 사유인 바, 사유는 실제로 연결되어 있는 여러 단계를 피차 구분해놓기 때문이다. …… 만약 연결된 것들을 차단하지 않고 생생한 것들을 단순화, 조야화하지 않으며 구분하지 않고 경직화시키지 않는다면 우리는 운동에 대해 상상, 표현, 측량 진술을 할 수 없게 된다."[11] 따라서 존재의 운동과 발전을 파악하기 위하여 반드시 사유의 능동성을 동원하여 개념을 유동시킴으로써 "일체 개념의 전혀 예외 없는 상호 간의 의뢰"를 "한 개념에서 다른 한 개념으로의 과도", "일체 개념의 전혀 예외 없는 과도"를 "개념 간의 대립면의 동일", "개념 간의 대립의 상대성", "매 개념이 모두 기타의 일체 개념과의 일정한 관계, 일정한 연관 속에 처하도록 해야"[12] 비로소 "대상본질 자체의 모순"을 반영하고 파악하여 사유와 존재의 부정적 통일을 실현할 수 있다. 바로 이러한 의미에서 변증법과 인식론은 "동일한 물건"[13]이며 변증법은 바로 '개념을 운용하여 존재운동을 파악하는 예술'이 되는 것이다."

이는 "인식론 모식"의 시야에서 사유와 존재 간의 모순은 오직 사유의 능동성을 동원해야만 비로소 해결 가능하며 사유와 존재 간의 대립은 오로지 주관적 창조성을 동원해야만 비로소 극복 가능한 것이라는 점을 말해준다. 따라서 "주관성"은 인간의 죄과가 아니며 반드시 제거함으로써 "객관적 물질성"의 "비만" 심지어 "유해"한 성질에 달해야 하는 것도 아닌, 정반대로 "주관성"은 바로 사유와 존재 간의 단절을 극복하고 양자의 통일을 실현하는 원동력이다. 이러한 신념을 지닌다면 변증법은 필연코 인간정신의 창조성의 고양과 자유초월성의 소중한 기질, 그리고 인간의 이성적인 역량을 숭상하고 소극적이고 피동적으로 객관적 이기(異己)역량에 항복함을 파기하는 주체적 정신을 드러낼 수 있다.

수십 년간의 기나긴 세월동안 한데 뭉쳐서 "물질"의 집단식사를 하면서 인간의 주관성과 창조성을 "객관물질성"에 이르는 가장 큰 장애로 간주했던

---

11) 《列寧全集》 第55卷, 北京: 人民出版社, 2017, p.219.
12) 동상서, p.167.
13) 동상서, p.290.

중국의 철학계에 있어서 이 점은 분명 한차례 의의 깊은 사상해방이라는 점을 충분히 인정해야 한다. 만약 더 나아가 중국이 처했던 계획경제에서 시장경제로 전향하는 특유한 사회적 배경을 감안한다면 이는 순 학리 차원을 훨씬 초월한 보다 심원한 사상계몽적인 사회적 의의를 지닌다.

이상에서 "인식론모식"의 변증법이 지니고 있는 적극적인 의의를 중점적으로 분석했다. "자연주의모식"에서 "인식론모식"으로의 도약은 중국 마르크스주의 철학변증법의 이해 과정에서 한 차례의 중요한 의의를 지닌 "모식전환"이다. 이는 장시기 동안 요지부동으로 여겨져 온 소박한 형태의 "변증법"을 크게 동요시켜 변증법에 대한 우리의 이해를 새로운 수준으로 끌어올렸다. 이에 대해 우리는 조금도 보류하지 말고 고도로 평가해야 한다.

하지만 "인식론모식"의 변증법은 자신을 사유와 존재의 모순적 관계 속에 처한 사유 및 그 활동성에 그 토대를 두고 있는데 이는 스스로 이미 변증법의 가장 본원적이고 가장 견고한 토대를 통달했다는 것을 의미하는 것이 아닐까? 그리고 변증법의 토대와 캐리어라는 이 변증법의 "안신입명(安身立命)"에 관계되는 중대한 문제에서 이미 원만한 해결안을 마련했다는 것이 아닐까?

"인식론모식"이 변증법에 대한 이해를 심화시키는 데에 적극적인 기여를 했지만 확립한 변증법의 이론적 토대와 캐리어는 여전히 튼튼하지 못하다. 최초의 이론적 동기는 사유와 존재 간의 모순관계 해결을 통하여 변증법의 기초를 닦는 사명을 완성하는 데에 있었지만 사실상 그 노력은 기대치와 같은 성공을 이루지 못했음이 증명되고 있다.

사유와 존재 간의 모순관계 속에 처한 사유 및 그 활동성을 토대로 하는 변증법은 여전히 거대한 이론적 곤경에 직면해 있다. 이러한 이론적 곤경은 변증법의 무근상태를 근본적으로 극복하지 못하고 있기에 변증법이 여전히 무근한 표류상태에 처해 있음을 말해주고 있다.

우선, 사유와 존재간의 모순관계 속에 처한 사유 및 그 활동성을 토대로 하는 "인식론모식"의 변증법은 스스로 반성을 거치지 않고, 결코 튼튼하지도 않은 이론적 교조 위에 확립되었는데, '자재(自在)적 변증법'과 '자위(自为)적 변증법'이란 2분의 이론적 교조라고 칭할 수 있다. 소위 '자재적 변증법'이란 인간의 사유활동을 포함한 전부의 존재는 하나의 변증적 운동과정이고 변증법은 객관세계 자체에 고유한 것으로서 "물자체(物自體) 본신"의 "자기운동"과 "자생적 발전"이라는 것이다. 일언이폐지한다면 "존재"는 자재적이고 고유한 법칙이며 "자재적 변증법"은 "사유와 존재의 관계"속의 "존재" 일방이 지닌 변증법적 성질을 인정한다는 것이다. 하지만 "자위적 변증법"은 인간의 능동성을 통한 개념의 변증운동과정으로써 존재의 변증운동을 탐구하고 표현하는 바, 따라서 존재의 "자재적 변증법"은 본질적으로 동일한 법칙에 복종하여 양자는 자기의 결과 속에서 상호 모순될 수 없지만 표현 형태에서는 중대한 구별이 있다는 것이다. 전자는 자재적, 객관적 형식으로 존재하고, 후자는 주관적, 자각적 형태로 존재하는 바 양자의 통일이 바로 사유와 존재의 통일의 실질적 내용을 구성한다. 이러한 "자재적 변증법"과 "자위적 변증법"의 양분화는 "인식론모식" 변증법의 한 중요한 이론적 전제를 구성하고 있다.

　여기에 반성과 추궁을 해야 할 문제는 아래와 같다. "자재적 변증법"은 과연 어떻게 해야 가능한 것인가? 그 합법성은 과연 어디에 있는 것인가? 인간은 사유의 "존재"에 필연코 준수해야 할 "변증법적 법칙"이 있다고 단언하는데, 그 충분한 논리와 사실적 근거는 과연 어떤 것인가?

　전술한 논의를 회고한다면 우리는 즉시 아래와 같은 발견을 얻을 수 있다. 전술한 문제는 사실 "인식론모식"의 변증법이 "자연주의모식"을 향하여 맹렬한 질의를 할 때 제기한 것으로서 "인식론모식"의 변증법은 바로 "자연주의모식"이 전술한 문제를 해결할 수 없다는 근거로 그 불법을 선고한 것이다. 하지만 아이러니컬한 것은 "인식론모식"의 변증법은 자신을 논증할 때 스스로 격렬하게 비판하고 부정했던 대상을 자체 확립의 중용과 전제로 삼고 자신이 불법적인 것으로 선포했던 대상을 자체의 합법성을 증명하는 핵심적인 근거로 삼고 있다는 점이다. 분명 자아모순적인 이것은 "자연주의모식"의 이론적 어려움이 "인식론모식"에서도 여전히 존재하며, "인식론모식"사상의 절충성을 표명하고 있으며 "자연주의모식"에 대한 비판의 태도가 어정쩡하고 불철저하며 애매모호한 것임을 표명하고 있다. 이에 대해 미국 학자 테렐 카버(Terrel Carver)의 분석은 상당한 설득력을 보이고 있다. 그는 만약 "자재적 변증법"을 설정한다면 자연과 역사 속의 변증적 법칙은 비자각적으로 그 역할을 하게 되어야 하는데, "일부 사람들이 주장하는 충분하고도 복잡한 법칙은 어떻게 역할을 하는가, 또 어떻게 '의식적으로' 응용하는 것인가? 이러한 응용의 결과가 '표면적 우연성'이 양적으로 감소하는 방식을 통하여 '외부의 필연성'을 유지하도록 편의를 제공하는 것인가? …… 이러한 법칙은 거의 임의적인 구조 유형의 대립면의 방식으로 역할을 수행하는데, 단지 '내적 연계'만을 주장한다는 것은 체계적으로 정의된 바도 없고 종래로 증명된 적도 없다. 단지 일종의 형이상학이 일으키는 역할을 논할 때 이러한 법칙은 허구적이며 그리고 마르크스의 저작과 아무런 관계도 없는 것이다."[14] 카버의 정곡을 찌르는 예리한 이 질의는 심사숙고를 자아낼 만하다.

다음, 전술한 어려움과 관련하여 "인식론모식"적 변증법은 "주체 중심의 곤경"이란 이 근대 철학의 중대한 난제의 극복과 해결에 무기력하다. "인식론모식"은 자재적 변증법과 자위적 변증법의 이분법을 전제로 하기에 반드시 주관적 사유가 과연 어떻게 사유 외의 "자재적" 세계를 통달하고 적중할 수 있는가, "사상적 객관성"은 과연 어떻게 증명되었는가 하는 문제를 해답해야 한다. 근대 이래의 철학 발전사는 이미 이러한 문제들이 "인식론모식" 안에서 근본적으로 해결할 수 없는 난제라는 점을 증명하고 있다. 칸트의

---

14) [美]特雷尔·卡弗:《馬克思與恩格斯: 學術思想關系》, 北京: 中國人民大學出版社, 2016, pp.130~131.

"비판철학"은 2원론의 방식으로 아주 예리하게 이 난제를 지적했고 기계유
물론자들은 소박하고 비판적인 태도로 이 난제를 해결하기보다는 오히려
이 난제를 왜곡하고 덮어 감추기에 급급했다. 유리론자 가령 헤겔의 경우에
는 정신적 역량을 무한대로 팽창시켜 그것이 전반 우주를 포괄하여 사방을
종횡하는 "절대"로 상승시킴으로써 이 난제를 해결했다기보다는 오히려 이
난제를 해소해버렸다고 해야 할 것이다. 이러한 것들은 모두 "사상적 객관
성"은 사유와 존재 간 대립의 인식론 틀 안에서 합리적인 해결을 얻을 수
없는 "문제"를 고수하고 있다는 것을 말해준다. 이 점에 대하여 하이데거는
생존론적 존재론 입장에서 아주 투철한 분석을 한 바 있는데, 즉 "문제는
바로 바야흐로 인식을 수행하고 있는 주체가 어떻게 그의 내재적인 '범위'에
서 나와 '부동한 외재적' 범위 안에 진입하며, 인식은 과연 어떻게 하나의
대상을 지니게 되었으며, 반드시 어떻게 이 대상을 설정해야만 비로소 주체
로 하여금 최종 이 대상을 인식함으로써 다른 범위의 위험 속에 빠져들지
않게 할 수 있는가 하는 데 있다. …… 인식은 과연 어떻게 이 '내재적 범위'에
서 '출두'하였으며 어떻게 '초월'을 획득하였는가? 이 문제가 제기된 이상
어떻게 '내재적 범위'를 해석할지라도 사실은 이미 분명한바, 즉 인간에게
있어서 인식의 발견이 문제이었지, 우선 먼저 이 수수께끼를 만들어낸 인식
이 과연 무엇이고 어떻게 존재했는가 하는 것을 밝히는 것이 아니었다."[15]
이렇게 볼 때 "인식론모식"의 변증법은 사유와 존재 간 모순관계 속에 처한
사유 및 그 활동성을 토대와 캐리어로 삼고 있는데 실질적으로는 증명이
필요한 문제를 증명할 필요가 없는 전제로 삼고 있으며 따라서 이론적으로
초월과 독단적 경향을 지니게 되었다.

　마지막으로, 추가 질문이 필요한 점은 사유와 존재의 모순관계 속에 처한
사유 및 그 활동성을 변증법의 토대와 캐리어로 삼을 경우, 사유와 존재

15) [德]馬丁·海德格尔:《存在與時間》, 北京: 生活·讀書·新知三聯書店, 1987, p.75.

사이의 대립은 어떻게 해야 극복 가능한 것인지? 양자의 부정성 통일은 과연 어째서 가능한 것인지? 사유의 능동성을 동원하기만 한다면 사유와 존재의 양분을 초월하고 양자의 통일을 실현할 수 있는 것인지? 하는 문제들이다.

철학 발전사는 우리에게 사유와 존재는 모순관계 속의 두 극단으로서 피차간 대립적 성질임을 보여주었다. 이 양자의 이질성을 극복하고 양자의 통일을 실현하려면 우선 먼저 양자를 연결시킬 수 있는 중개물과 토대를 반드시 찾아내야 한다. 그래야만 비로소 양자의 상호 작용과 융합의 가능성을 열수 있다. 그렇지 않을 경우 양자는 도저히 넘을 수 없는 차이가 생길 것이고 따라서 근본적으로 극복할 수 없는 대치가 지속될 것이며 진정한 의미에서의 통일을 이룩할 수도 없게 된다. 이러한 곤경이 보여주는 것은 실제 철학사의 일체 "부합론" 진리관이 모두 직면하는 공동의 도전이다. 하이데거는 일찍, 만약 인식 자체의 존재방식을 먼저 분명하게 밝히지 않는다면 주관과 객관이란 이 두 이질적인 요소 간의 "부합"관계는 증명 불가한 것이라고 지적했다. 그는 "만약 부합의 의미가 한 존재자(주체)가 다른 한 존재자(객체)와의 닮음을 말하는 것이라면 진리는 근본적으로 대상 간의 상호 부합되는 그러한 구조를 인식하지 못한 것이나 다름없다"[16]는 주장이다. 마르크스의『포이어바흐의 테제에 관하여』에서도 "인간의 사유가 객관적인 진리성을 보유하고 있는지 하는 것은 이론적인 문제가 아니라 실천의 문제이다. 인간은 실천 과정에서 자신의 사유의 진리성을 증명해야 하는바, 즉 자신의 사유의 현실성과 파워, 자기 사유의 차안성(此岸性)을 증명해야 한다. 사유에 관해서는 말하자면——실천을 떠난 사유——의 현실성 혹은 비현실성의 논쟁은 순수한 스콜라 철학의 문제이다."[17] 하이데거와 마르크스의 관점은 모두 아래와 같은 점에 대한 심각한 설명에 해당된다. 즉 추상적

---

16) 동상서, p.263.
17) 《馬克思恩格斯選集》第一卷, 北京: 人民出版社, 1995, p.55.

주객관의 2원적 틀을 전제로 삼는 것은 사유와 존재의 "통일"을 확정 지을 수 없다는 것이다. 철학사에서 이 통일성을 증명하기 위하여 혹자는 "사유"로써 "존재"를 통일하려는 관념주의로, 혹자는 "존재"로써 "사유"를 통일하려는 구식 유물주의로, 혹자는 "무인신적 이성"으로 사유에 존재를 통일시키려는 절대적 유심주의 등으로 표현되었는데, 실제로 모두 이 문제에 대한 곤경을 충분히 보여주고 있을 따름이었다. 철학사의 이러한 입장에 대해 배척의 태도를 보이는 주장이 있는데 객관적 존재가 준수하는 "자재적 변증법"을 승인하는 한편 주관사유의 "자위적 변증법"도 승인하면서 양자의 통일성을 증명하거나 확증할 대안은 전무하여 그 결과 필연적으로 도저히 극복할 수 없는 2원론의 수렁에 빠져들고 만다.

사유와 존재 간의 대립을 극복하고 양자의 "부정적 통일"을 실현하려면 절대 "인식론모식"의 변증법이 인정하는 그러한 사유의 능동성만 근근이 동원하고 개념의 이동만 동원하여 "연소하는" 것에 그쳐서는 불가한 것이다. 이것의 최적의 결과는 논리적으로 단지 헤겔처럼 정신의 통솔 능력을 무한대로 동원함으로써 정신으로써 존재를 "함몰"시키고 존재를 완전히 "정신화"하는 방식에 의거하여 사유와 존재의 "통일"을 실현하려는 것이나 다름없다.

사유와 존재의 모순을 통일하는 웅대한 포부를 시작으로, 결과는 양자의 여전한 분열적인 "2원론"으로 끝났다는 것은 "인식론모식"의 변증법이 애초에 추측 불가한 것임을 표명한다. 하지만 이는 그의 이론적 전제 가운데 은폐되어 있던 필연적인 이론적 결말로서 "인식론모식"의 변증법의 이론상 엄중한 결함을 아주 분명하게 현시하고 있는바, 변증법 "토대" 구축 사업에서의 실패를 보여주고 있다.

이상, 우리는 "인식론모식"의 변증법에 잠재되어 있는 여러 가지 이론적 곤경을 분석했다. 이러한 이론적 곤경은, 사유 및 그 활동성을 변증법의 토대와 캐리어로 삼으려는 "인식론모식"의 시도는 "자연주의모식"보다 이해 방면에서 중대한 이론적인 진전이 있기는 하지만, 진정으로 변증법의 무근상태를 극복하지 못하고 오히려 변증법의 무근상태로 인한 이론적 위기의 심화를 진일보 초래했음을 충분히 증명하고 있다. 변증법의 진정한 토대와 캐리어를 확립하려면 반드시 "인식론모식"을 돌파하여 사유모식의 근본적인 전환을 실현해야만 가능한 것이다.

3. "실천론모식"의 이론적 공헌과 미진한 부분

20세기 80년대 중후반기 중국의 마르크스주의 철학계에서는 성세하고 호대한 '실천유물주의'에 관한 대토론이 있었는데 그 과정에서 여러 가지 구체적인 주장이 제안되었다. 이러한 구체적인 주장들은 각양각색이었지만 모두 공동의 동기, 즉 마르크스주의 철학체계에서 실천관점의 핵심적인 지위를 뚜렷이 내세워 그것을 가장 기본적인 논리의 기점과 귀결점으로 삼아 마르크스주의철학의 이론적 실질 및 철학적 변혁의 의의를 새롭게 이해하자는 데 있었다. 이러한 영향의 자장 아래 변증법의 문제에 실천적 관점을 유입하여 변증법의 토대와 캐리어로 삼아 새롭게 변증법의 이론적 내포와 정신적 실질을 이해하려는 시도가 나타났다.

"실천"을 변증법의 토대와 캐리어로 삼으려는 기본적 이론의 초심은 전술한 "자연주의모식"과 "인식론모식"의 대체물로 나타난 것으로서 그 양자에 대한 강렬한 불만을 토로했는데 변증법의 토대에 대한 그들의 설정에 믿음성이 없다는 것이었다. 따라서 "실천"을 유입하여 변증법 토대 마련의 사명을 완성함으로써 변증법의 이론적 합법성을 수호하려고 했다. 국내의 마르크스주의 철학계에서 "실천"을 변증법의 토대와 캐리어로 삼으려는 이론적인 탐구를 본문에서는 일단 "실천론모식"이라 칭하기로 한다.

"실천론모식"은 기본적으로 "자연주의모식"에 대한 "인식론모식"의 이론적 비판을 인정하는 동시에 변증법의 토대와 캐리어에 대한 "인식론모식"
의 이해 역시 본원성과 토대성을 지니지 못한 것으로 판단했다. "사유와
존재"가 순전히 지식론 범주의 기본적 모순에 상대하여 인류의 실천 활동
영역의 기본모순은 보다 근본성과 기초성을 띠고 있기에 변증법의 진정한
캐리어는 인류의 인식활동이 아니라 인류의 실천활동이어야 한다.

마르크스의 실천 범주에서 육체와 영혼, 실체와 주체, 사유와 존재를 통
일하는 변증적 중개물을 찾을 수 있는데, "중개로서의 노동과 실천 가운데
서 우선 주체의 지향 대상, 사물과 자연계를 상대로 대상화의 활동을 실시
해야 한다. 다음, 또 대상, 사물과 자연계가 주체를 향한 속인의 활동을
실시해야 한다. 따라서 노동과 실천은 순수한 자연계의 운동도 아니고 생
물계의 활동도 아닌 객관의 합법칙성과 주관의 합목적성의 통일을 이룬 활
동이며 인간의 본질역량의 대상화와 자연계의 인간화의 쌍방향활동이다.
이 운동 과정에서 사유와 존재는 자위적이고 또한 타위적이기도 하며 최종
적으로는 노동과 실천 과정에서 자립적인 존재로 정합된다."[18] "마르크스
의 이러한 유물주의는 '물질 실천', '노동'과 '생산'에 기탁하여 일체의 유심
주의와 계선을 긋는 한편, 다른 한편으로 실천, 노동은 또 하나의 합목적적
인 생활 과정으로서 주체와 능동성의 역량은 자율적으로 그 속에 정합되어
일체의 구 유물주의와 계선을 긋게 된다. …… 따라서 마르크스는 확실히
헤겔의 유심주의변증법을 '전복'하여 더 이상 절대로 정신의 자아회귀가 아
니게 했다. 하지만 이러한 '전복'은 변증법을 간단하게 물질에 '전복'한 것
이 아닌, 즉 직관적인 자연(포이어바흐) 또는 추상적인 자연(18세기의 유물주
의)의 토대 위가 아니라 사유와 존재, 인간과 자연의 통일체로서의 노동과
실천 토대 위의 '전복'이다."[19]

---

18) 袁新: 《對馬克思主義辯證法基礎的再思考》, 載《哲學硏究》, 1996(2).
19) 동상서.

"실천론모식"의 출현은 변증법 사상 한차례 극히 중요한 의의를 지니는 역사적 사건이다. 종전의 여러 가지 모식과 달리 변증법의 토대와 캐리어에 대한 설정에서 보다 강대한 해석력과 호소력을 확보함으로써 중대한 이론적 우월성을 과시했다는 점이 돋보인다.

우선, "실천론모식"은 "양극의 대립"이란 사유모식을 초월하고 여러 가지 모순관계가 변증법적 통일을 실현하는 변증법적 중개물과 토대를 확립했다. 전술한 바와 같이 어떻게 사유와 존재, 주체와 객체, 인간과 자연, 정신과 물질, 합목적성과 합법칙성 등 모순관계의 부정적 통일을 실현하는가 하는 것은 철학사가 변증법에 부여한 중대한 과제이다. 전술한 "자연주의모식"과 "인식론모식"에서 이 문제는 시종 미결상태의 현안이었다. "실천론모식"은 실천을 토대로 실천에서 출발하여 이러한 모순관계 통일의 토대를 모색했는데 이는 "자연주의모식"과 "인식론모식"보다 훨씬 더 큰 합리성을 확보할 수 있었다. 그들에게 있어서 "'실천'은 주체가 일정한 목적에 따라 객체를 변혁하는 감성적 활동으로서 인간과 자연, 주체와 객체 사이의 부정적 통일 활동이다. …… 이러한 활동은 주체와 객체를 아울러 포함하고 있으며, 사유를 포함한 동시에 존재도 포함하고, 이론과 함께 실천도 포함하고 있는바, 그 모든 것을 포함함과 동시에 그들의 본질적 관계를 표현하는 총체적인 활동이다. 이는 인간세계와 자연세계, 주관세계와 객관세계의 모순이 발생하는 총근원이며 또한 이러한 모순을 해결하는 현실적 토대이다. 실천을 떠난다면 이러한 모순은 발생도 불가하거니와 이해도 불가하고 근본적인 해결 물론 불가하다."[20] 이러한 방식으로 여러 가지 모순관계를 해결하여 여러 2원대립 관계의 변증적 통일의 토대를 확립하는 것은 종전의 모든 해결 방식보다 더 큰 이론적 우월성과 설득력이 있다고 해야 할 것이다.

다음, "실천"을 변증법의 토대와 캐리어로 확정함으로써 중국 마르크스주

---

20) 王干才:《哲學觀念變革簡論》, 西安: 西北大學出版社, 1994, pp.286~297.

의철학 연구자들의 현대 철학의식의 추구와 현대 철학의 시야에 입각하여 마르크스철학변증법을 재해석하려는 소중한 이론적 추구를 표현했다. 현대 철학 관념 변혁의 아주 관건적인 일면은 철학의 주목 대상이 자재적 세계의 "궁극적인 비밀"과 "최고의 지식"에 대한 점유에서 현실의 의의에 대한 해석으로, 전통적인 실체본체론과 추상인식론에서 생존실천론으로 전향한 것이며, 이로써 철학의 이론적 성질과 기능에 대해 새로운 이해를 가짐으로써 현대 철학에 중대한 변화를 일으킨 데 있다. "실천"을 변증법의 토대와 캐리어로 삼는다는 것은 변증법을 소박한 물질본체론과 농후한 심리주의 색채를 띤 추상인식론에서 해방시켜 현대 철학 영역 내에서 변증법의 이론적 토대와 이론적 성질을 새롭게 이해하고자 하는 철학자들의 시도를 보여주고 있다. 이러한 점으로부터 볼 때 "실천론모식"에서 제안한 아주 계발적인 사상은 변증법의 연구를 심화하는 데에 적극적인 기여를 했다. 가령, "실천"을 변증법의 토대와 캐리어로 삼은 것은 변증법의 "능동성", "활동성", "부정성"과 "초월성" 등 내포를 뚜렷이 내세우고 있다고 할 때, 이러한 것들이 바로 변증법의 가장 근본적이고 가장 중요한 이론정신이라는 것이다. 또한 "실천"을 변증법의 토대와 캐리어로 삼는 것은 변증법과 인간의 현실 생활의 내재적 관계를 특히 강조함으로써 효과적으로 변증법과 인간의 현실 생활을 적대적으로 간주하는 추상적이고 교조주의적인 독단주의와 분리시켰다. 그리고 "실천"을 변증법의 토대와 캐리어로 삼는 것은 변증법의 특유한, 구체적인 실증과학지식의 지취(旨趣)와 구별되는 인문해방의 지취가 일정한 정도에서 현시되도록 함으로써 당대 담론환경에서 변증법의 이론적 가치를 비교적 효과적으로 수호했다. 이러한 사실들은 모두, "실천"을 변증법의 토대와 캐리어로 삼는 것은 "자연주의모식"과 "인식론모식"과 상대할 때, 상당히 큰 정도에서 변증법의 이론적 내포를 확대하고 심화함으로써 변증법이 더욱 친절하고 인성이 풍부하도록 하여 풍부한 사상감화력을 확보하게 했다는 것이다.

셋째, "실천"을 변증법의 토대와 캐리어로 확정함으로써 마르크스철학의 변증법이 현대 서양철학의 도전에 반응하고 창조적인 대화를 위한 비교적 넓고 광범한 공간을 제공했으며 변증법이 당대 이론담론의 환경에서 잠재한 생명활력을 충분히 과시하기 위한 계발성의 성장 포인트를 제공했다. 구체적인 토론이 있겠지만 현대 서양철학의 총체적인 경향은 변증법을 전통적인 형이상학의 전형적인 대표로 삼아 맹렬한 비판과 부정을 가하며 철학을 "무의미한 허튼소리"로 분석하며, 인문철학을 "존재의 망각을 초래한" 죄인으로 간주하면서, 변증법을 "죽어가는 개"처럼 "시기 지난" 것이라고 선고했다. 하지만 "실천"을 토대로 변증법의 내포와 이론적 성질을 새롭게 해석하는 과정에서 사람들은 놀랍게도 변증법이 원래 현대 철학의 이론적 지취와 아주 많은 면에서 기본적으로 일치하거나 또는 근사한바, 철천지의 원수가 아닌, 가히 상보상조하고 운명을 같이할 수 있는 동맹군임을 발견하게 되었다. 가령 양자는 공동으로 전통적인 실체본체론에 대한 반발과 수정을 보였고, 공동으로 전통상 추상적인 형이상학의 독단론 비판과 해체의 이론적 입장을 선택하였으며, 공동으로 인간이 생존하는 현실 생활세계에 대한 관심을 보였으며, 공동으로 주객관이란 2원대립의 사유모식을 초월했다. 이러한 것들은 모두 마르크스철학의 변증법과 현대 철학은 절대로 상호 허용이 불가한 것이 아니라 아주 많은 면에서 동일한 이론적 영역, 광범한 대화공간을 확보하고 있음을 말해준다. 뿐만 아니라 변증법은 아주 많은 면에서 독특한 이론적 입장 때문에 현대 철학의 허다한 과격한 면에 대한 해독과 보완의 기능을 확보하고 있어 인간으로 하여금 광범한 이론적 배경 속에서 현대 철학의 승패득실을 이해하고 미래 운명에 대해 반성을 촉구할 수 있다.

마지막으로, "실천"을 변증법의 토대와 캐리어로 삼아 마르크스주의철학 변증법으로 하여금 동일한 이론의 지평선에서 현대 철학의 변증법 연구 관련의 성과를 흡수할 수 있도록 하였는데 이는 변증법의 이론내용을 풍부히 하고, 변증법의 이론시야를 확대하여 변증법 연구의 총체적 수준을 향상시키는 데에 분명 아주 적극적인 의의를 가진다. 헤겔 이후로 현대 서양 철학계의 일부 유파와 학자들은 각기 부동한 방향에서 출발하여 변증법에 대한 여러 시각의 주장을 내세움으로써 많은 중요한 성과를 취득했다. "자연주의 모식"과 "인식론모식"은 사상 수준의 차이로 말미암아 이 영역에 관한 연구 성과를 기본적으로 시야 밖에 제외시켜, 그러한 성과들은 필요한 존중과 주목을 받지 못했다. 하지만 실천관점에 고유한 현대 철학 의식은 이를 주목, 심지어는 대화까지 가능하도록 했다. 현대 철학의 대표적 변증법의 연구성과, 가령 서양 마르크스변증법 연구, 사르르트(ean Paul Satre, 1905~1980)의 존재주의와 변증법 이론, 동구 "실천파"의 변증법 이론 등은 국내의 "실천론 모식"과 대화 가능한 여러 루트가 있는 것이다. 이는 기존의 장시기 동안 무조건 폐쇄되고 경직된 변증법 연구 영역의 상황을 개변하고 국내 변증법 연구에 이론적 활력을 부여하며 변증법 연구의 이론적 내포를 더욱 풍부히 하는 데에 극히 중요한 의의를 가진다.

더욱 중요한 것은 "실천"을 변증법의 토대와 캐리어로 삼는 것은 마르크스철학의 변증법에서 인문적 배려를 전례 없이 돌출시켜 인간의 주체적 의식을 선양하고 이론적으로 변증법이 인간의 현실 실천 속에 내재되어 있으며 아울러 "인문해방의 학문"이라는 인간 발전의 이론지취를 구체적인 현실 생활에 안착시켜 사회 전환기에 처한 중국인의 정신적 요구와 생존취향의 표징을 일정하게 보였으며, 따라서 이론적으로나 현실성 면에서 모두 간과할 수 없는 의의를 지닌다. 전술한 바와 같이 "실천"을 토대로 삼는 경우 변증법은 세계에 관한 융통성이 결여된 그러한 원칙, 근근이 인간사유의 추상의식에 관한 원리가 아니라 인간이 실천활동을 통하여 끊임없이 자신을 초월하고 자신의 총체성의 생성을 추진하는 "인문해방의 논리"인 것이다. 분명한 것은 이는 비교적 심각하게 마르크스철학의 변증법적 사상의 정수를 명확히 하였으며 변증법으로 하여금 내포된 인도적 정신과 인문의 가치에 대한 배려를 비교적 충분하게 전시할 수 있도록 했다. 후자에게 있어서 중국의 사회 전환은 시대정신을 격려하는 철학적 정신을 호소하고 있는바, "실천"을 토대로 하는 변증법이 선보인 주체의식과 초월정신은 마침 이 시대의 요구를 충족시키기에 충분한 것이었다. 따라서 "실천"을 변증법의 토대와 캐리어로 삼는 것은 이론적 논리나, 현실적 의향에서나 모두 추호의 과장도 없이 심층적인 합법성의 근거를 지니게 된다.

이상의 분석을 통하여 우리는 "실천"을 변증법의 토대와 캐리어로 삼는 경우 변증법의 기초는 전례 없이 튼튼하고 믿음직하게 되며 변증법 이론의 합법성도 전례 없는 보완을 가져오게 됨을 알 수 있다. 심지어, 변증법을 실천이라는 이론적 캐리어에 위치시키는 것은 변증법이야말로 비로소 진정으로 당대 철학의 장에서 한 위치를 확보하도록 하였고 그 생명적 활력을 표현할 수 있었으며 아울러 당대 인간의 현실 생활에 있어서도 그 이론적 해석력과 사상호소력을 확보할 수 있게 되었다. 이러한 의미에서 우리는 "실천"을 변증법의 토대와 캐리어로 삼는 주장은 우리 철학 영역의 변증법 연구에서 한차례의 거대한 사상해방이라고 할 수 있다. 이 점에 관하여 무릇 20세기 80년대 중후반기의 철학관념에 관한 변혁의 세계를 거쳤다면 절실한 공감을 느낄 수 있을 것이다.

10여 년간의 토론을 거쳐 오늘에 이르러 낡아빠진 교조주의의 노예가 되지 않으려는 대다수의 학자들에게 있어서 실천의 관점은 마르크스주의철학의 우선적이고 기본적인 관점으로서 대체로 인식을 같이했다. 변증법의 영역에서 실천은 변증법 본원성의 토대이고 캐리어라는 이론적 입장은 점차 더 많은 사람들의 인정을 받고 있다. 변증법에 대한 중국인의 이해의 경과를 고찰할 경우, 마르크스철학의 변증법이 20세기 초에 서양에서 중국에 유입된 이후 위의 입장은 지금까지 이 영역에서의 가장 중요한 수확이었다.

"실천론모식"은 마르크스철학변증법의 기반을 마련하는 과정에서 취득한 중요한 이론적 성과라는 의미에서 높은 평가를 얻어 마땅하다. 하지만 이는 "실천론모식"이 변증법 기반을 닦는 사업이 단번에 완성되었다는 것은 아니다. 만약 전면적으로 중국의 "실천론모식" 이론적 상태에 대해 깊이 반성할 경우, "실천론모식"이 "실천"에 대하여서든 아니면 "변증법"에 대하여서든 아니면 "실천"과 "변증법" 간의 관계에 대한 해석에서든 이론적으로 적지 않은 중대한 결함과 미흡한 점이 존재하고 있음을 발견할 수 있다. 진정으로 변증법의 기반을 튼튼하고 견고하게 하자면 그 연구 성과를 충분히 수용하는 토대 위에 한 걸음 앞으로 더 나갈 필요가 있다.

우선, 반성해야 할 점은 "실천"이 인간과 세계, 주체와 객체 사이 중개성 기능의 통일성 "활동"으로서 과연 어떠한 의미에서 변증법의 "캐리어"와 "토대"라는 이 "본체론"이 요구하는 각색을 담당했는지? 전통 의미의 추상적 형이상학의 실체본체론에 대한 해체로서 충족한 이유를 표명했는지? 변증법의 토대와 캐리어가 완전히 "본체론" 성격을 상실하여 반드시 다른 한 "활동"이 담당해야 할 정도인지? 하는 것들이다.

이 문제의 요해처는 "실천"이 전통의미의 추상적인 실체본체론을 부정하고 변증법의 교조화와 신비화를 타파한 후에 그에 상응한 다른 본체론의 승낙을 확립하여 변증법의 토대와 캐리어로 삼지 못하였으며 따라서 실질적으로 변증법의 토대 확립 문제는 여전히 미결상태로 남아 있다는 점이다.

전술했던 바와 같이 "실천"을 변증법의 토대와 캐리어로 삼는 경우 중대한 우월성의 하나는 인간의 활동성, 능동성과 초월성을 중요한 위치에 부각시켜 변증법 실체화, 교조화, 응고화의 경향이 입추의 여지조차 없게 만들었다는 점이다. 이는 분명 중대한 가치를 지니고 있다. 하지만 사람들은 "실천"의 "활동성" 및 그 "실체성"에 대한 극복을 시도하는 동시에 다른 한 중요한 방면, 즉 "실천"이 내포하고 있는 본체론 승낙에 대해 필요한 해명을 하지 않았으며 활동성 범주로서 실천이 내포한 본체론의 전제와 설정을 망각했다.

형이상학의 본체론이 진정한 현대 철학의 특징이라는 점을 배척하고 전통 의미의 실체본체론을 타파하고 해체하는 것이 변증법의 기본적인 초심과 중대한 이론공적이라고 한다면 "실천론모식"이 본체론의 기반을 무시한다는 것은 바로 그 특점과 장점의 소재라는 반발이 있을 수도 있다. 전통의미의 추상적 실체본체론에 대한 비판은 필연적으로 본체론 본신을 파기하게 되지만 그것이 본체론 자체의 무효를 선포하는 것은 아니다. 전국적으로 현대 철학의 전반 상황을 고찰할 경우 본체론이 스스로 확보해야 할 위치가 전혀 없는 것은 아니다. 그리고 그 발전 추세로 보아 현대 서양철학은 본체론의 표현에 대해 점차 흥미를 가지며 어떻게 새로운 지역에서 본체론을 재건할 것인가 하는 문제도 점점 더 많은 사람들의 주목을 받고 있다. 따라서 현대 서양철학이 본체론을 배척하는 것은 변증법의 본체론의 기반에 대한 필요한 반성과 해명을 회피하거나 거절하는 것으로서 사이비한 성격을 지니고 있다.

이상의 원인으로 말미암아 본 책에서는 실천론의 기성 성과에 대한 충분한 소화와 흡수를 전제조건으로 진일보 문제를 본체론의 전제——"생존론 기반"의 해명에로 추진할 것을 주장한다. 선행연구에서 "실천"이 내포한 본체론의 전제를 현시하고 해명하며 "실천론모식"을 "생존론본체론모식"의 수준으로 업그레이드해야만 비로소 변증법의 기반 구축 사업에서 더욱 현실적으로 양호한 효과를 보이며, 비로소 진정으로 변증법의 지성화와 실체화를 극복할 수 있으며, 비로소 변증법은 전통의미의 실체본체론의 폐허에서 스스로 친절한, 안심입명의 기반을 찾을 수 있을 것이다.

다음, 반성해야 할 점은 국내 "실천론모식"이 "실천"과 "변증법"에 대한 해석 가운데 실천의 본원성 의의를 차단하여 실천(praxis)을 용속화, 단순화시킨 경향이 있다는 것이다. 이러한 경향은 변증법 이론정신의 게시와 표현에 엄중한 영향을 끼쳤으며 직접적으로 변증법 이론정신의 왜곡과 상실을 초래한다. 비교적 대표적인 것들로는, 실천을 경제학 의미에서의 물질생산노동과 동등시하여 묘사적, 중성적인 개념으로 만들려는 관점, 협애한 공리적 태도와 공구주의의 방식으로 "실천"을 이해하고 활용하여 변증법이 고유한 초공리적인 가치에 대한 배려와 인문정신의 지속적인 존재를 막으려는 관점, "실천"을 "실속 있는 노동"의 대명사로 삼아 일부에 변증법의 실용화, 공구화 이론에 빌미를 제공함으로써 변증법을 "둔갑술"로 전락시킬 사상적 지지를 제공하려는 관점, "실천"과 "물질" 양자 간에 제1성과 제2성을 가리는 무료한 문제로 분쟁을 일으키고 실천을 변증법의 토대로 삼기 때문에 "유물주의"가 위협에 직면하게 된다는 관점 등이 있다. 그들은 "유물주의"를 수호하기 위하여 반드시 실천관점을 견지하는 동시에 인간 외의 "물질"을 위해 독립적인 공간을 마련코자 한다. 실천관점에 대한 이상의 이해는 우리의 "실천"에 관한 이해 면에 아직도 중대한 편차가 존재하고 있으며 이는 "실천"을 토대와 캐리어로 삼는 변증법에 중대한 이론적 위험을 남길 수 있다.

마지막으로, "실천"을 변증법의 토대와 캐리어로 삼을 경우 변증법 고유의 일부 중요한 이론적 본성은 일정한 정도에서 모습을 드러낼 수 있지만 여전히 충분하고 투철한 전개와 해석이 불가하며 심지어 엄중한 자아모순에 빠져 변증법 이론적 정신에 대한 인간의 깊이 있는 터득에 직접적인 영향을 미칠 수 있다. "실천"을 토대로 한다면 모순은 내재적 실천활동의 근본적인 단계로 이해되는바, 이는 과거의 모식보다 "모순"의 개념을 더 훌륭하게 해석할 수 있지만 "실천"은 모순을 자체의 단계로 인정하는 한편 또 궁극적인 모순을 설정하여 최종적인 통일을 실현함으로써 최종적으로 주객관의 화해, 사유와 존재의 동일화, 인간 일체의 목표에 도달코자 한다. 그리하여 변증법은 모순을 승인하는 것에서 시작하여 모순의 종결점으로 귀속됨을 추구하는 이론이 되고 따라서 모순의 관점은 여전히 불철저하고 여전히 농후한 전통적 의미의 형이상학적 흔적을 띠게 된다. 그리고 "발전"은 변증법의 아주 중요한 기본 원칙으로서 실천을 토대로 하고 있는데 사람들 자신의 실천활동으로 실현한 사회와 역사의 자아발전으로 이해될 수 있다. 이러한 발전관은 과거의 이해보다 훨씬 심도 있는 것이지만 발전 원칙을 승낙하는 한편 이러한 발전이 그 어떤 객관적인 "법칙"과 "준칙"에 의

거하는 것이라고 인정한다. 이러한 "법칙"과 "준칙"은 마치 "보이지 않는
손"과 같이 사회역사의 운명을 장악하고 조종하며 인간의 활동은 필연적으
로 모든 진실한 자주성을 잃고 단지 표면적인 독립성과 자주성만 남게 되
며 따라서 이러한 발전관은 여전히 불철저한 것이다. 이 모든 것들은 모두
실천을 변증법의 토대와 캐리어로 삼을 경우 드러내는 이론적 한계성을 폭
로하고 있는바, 인간이 변증법의 더욱 본원적인 토대와 캐리어에 대해 진
일보한 해석을 기대하는데 이로써 변증법의 이론정신과 이론적 본성을 더
욱 투철하고 충분하게 과시할 것을 기대한다.

　　"실천모식론"의 중대한 의의를 높이 평가함과 아울러 우리는 그 이론의
부족한 면도 충분히 인식해야 한다. 이러한 부족점은 우리가 "실천론모식"
을 충분히 흡수하고 발양하는 전제 아래 진일보 심화시킬 것을 호소한다.
본 저서는 바로 이 방향을 목적한 하나의 적극적인 시도에 해당한다.

변증법의 진실한 토대와 현대 서양철학의 도전

1. 변증법에 대한 영미철학의 비판과 부정

주지하는 바와 같이 분석철학의 대표인 영미철학은 20세기 초에 전통적인 형이상학의 한 극단적인 반역자 신분으로 헤겔이 대표하는 변증법 이론을 중요한 공격 목표로 삼았다. 그들에게 있어서 변증법은 순전히 언어의 오용으로 초래된 언어혼란과 사유혼란으로서 아무런 의미가 없는 "허튼소리"이며 인류이성이 기로에 들어서 초래된 황당한 산물이었다. 인류의 건전한 지식과 이성을 수호하기 위하여 그들은 변증법과 같은 "사설(邪設)"에 대한 철저한 청산을 가장 시급한 용건으로 삼았다.

분석철학은 그 어떤 사상이나 이론이 가지는 의의에 대한 평가에서 두가지 가장 기본적인 표준에 순종한다. 그 하나는 "검증 가능"한 표준인바, 즉 그 해당 사상과 이론이 검증을 거쳤는가 여부에 초점을 맞추어 오직 "검증 가능성"으로 판단된 사상과 이론만이 비로소 의의가 있는 것으로 간주한다. 다른 하나는 "무모순"의 표준인데, 즉 해당 사상과 이론이 논리적인 모순을 내재하고 있는가 여부에 초점을 맞추어 오직 논리적으로 "무모순성"의 사상과 이론만이 비로소 의의가 있는 것으로 간주한다. 변증법에 대한 평판에서 그들이 적용한 두 가지 기준은 바로 이 "검증 가능성"과 "무모순성"의 표준이었다.

첫 번째 표준, 즉 "검증 가능성"의 표준에 따른다면 변증법은 분명 전통적인 형이상학의 전형적 대표 중 하나로서 형이상학의 모든 "황당무계한 특성"을 공유하면서 그 실체나 허위성이 모두 검증 불가하기에 철저히 청산되어야 할 사상이었다.

분석 철학가는 "검증 가능성 표준"에 근거하여 변증법이 완전히 형이상학의 특징에 부합되는바, 즉 그의 명제는 "그 어떤 경험 이상 또는 이외의 사물에 대한 지식을 표현하고 있다고 선고하였는데 가령 사물의 진실의 본질에 대한 지식, 물자체, 절대자 및 그러한 사물에 대한 지식 등이다. …… 바뤼흐 스피노자(Baruch Spinoza, 1632~1677), 빌헬름 셸링(Friedrich Wilhelm von Schelling, 1775~1854), 헤겔 …… 등의 주요 이론은 모두 형이상학적인 것이다."[1] "그들은 경험지식보다 더 고급적인 지식을 전수한다고 자부한다. 그러므로 그들은 그들의 명제와 경험 사이의 모든 연계를 차단하지 않을 수 없게 되며 바로 이 이유 때문에 그들은 이러한 명제로 하여금 모든 의의를 상실케 한다"[2] 과학 철학자 칼 포퍼는 다른 한 입장에서 출발하여 "변증법은 모호하고 영활하여 족히 이러한 의외의 상황에 대한 해석과 설명이 가능한바, 마치 당연한 사실이나 우연하게 실현된 상황에 대해 설명과 해석이 가능한 것과 같다. 상황이 어떻게 발전하든지 언제나 변증법의 도식에 모두 부합되는바 변증법과는 영원히 미래의 경험적 반발에 대해 우려할 필요성이 없다"[3]라고 비판했다. 하지만 변증법의 사상과 명제는 종래로 그 어떤 허위의 실증이거나 반발의 위험을 우려할 필요가 없기 때문에 그의 비판은 사실 아무런 의미가 없는 것이다.

위의 주장을 기반으로 분석 철학가들은 변증법의 이론적 성격을 아래와

---

1) [美]M.懷特 編著: 《分析的時代》, 北京: 商務印書館, 1987, pp.215~216.
2) 동상서, p.216.
3) [美]卡尔·波普尔: 《猜想與反駁》, 上海: 上海譯文出版社, 1986, p.475.

같이 분석, 판결했다.

첫째, 철학관의 차원에서 변증법은 근본상 "과학성"이 없는 이성적으로 지어낸 것이다. 철학은 수학, 과학언어를 연구하는 논리이고 당대 사상세계에서 오로지 논리로서 존재하는 것인 바, 이는 고틀로프 프레게(Friedrich Ludwig Gottlob Frege, 1848~1925) 이래 철학에 대한 분석 철학가들의 가장 기본적인 자아이해이다. 그들은 "철학은 단지 과학적인 논리에 불과한바, 철학은 과학의 논리라는 관점은 경험과학 이외의 논리(수학을 포함) 이외에 유일하게 존경할 만한 인식 활동이라는 자신, 그리고 철학은 '수학 원리'의 전통 아래 계속 전진해야 한다는 신심과 관련되는 것이다."[4] 또한 "철학은 다른 것이 아니라 단지 과학에 대한 논리적 분석일 따름이며"[5], "철학의 유일하게 정당한 임무는 바로 논리적 분석이다." 이러한 철학관에서 출발한다면 변증법과 같은 형태의 "철학"의 지위가 없게 될 것은 아주 분명한 사실인바, "과학"도 아니요 "논리"에 부합되지도 않으며 논리적인 분석의 방법을 운용한 이론명제에 대한 분석을 거쳐 그 의미를 해명할 줄도 모르기에 "과학적 논리"에 저촉되기 때문이다. 이러한 의미에서 변증법은 철학의 이름을 도용한 "위철학(僞哲學)"이며 그러한 존재는 "철학의 치욕"이고 따라서 당연히 "과학적 철학"의 숙청 대상이다.

다음, 언어의 차원에서 변증법은 형이상학의 전형적인 대표로서 그 근본적인 착오는 "표현"과 "진술" 양자의 근본적인 차이를 혼동시켜 언어의 "표현" 기능으로 언어의 "진술" 기능을 대체함으로써 언어의 참월과 사상의 혼란을 초래했다. 카르나프(Paul Rudolf Carnap, 1891~1970)의 구분에 의하면 언어는 "표현"과 "진술"의 두 가지 기능이 있다. 이른바 표현의 기능이란 주로 개인의 정감의 발로, 개인 심리상태의 표현, 개인적 상상 등을 나타내

---

4) [美]M.懷特 編著:《分析的時代》, 北京: 商務印書館, 1987, p.208.
5) 동상서, p.211.

는 언어인바, "한 개인의 거의 모든 의식적, 무의식적 활동, 그의 언어의
발로를 포함한 거의 모든 의식적, 무의식적 활동을 가리키는바, 모두 그의
정감, 당시의 정서, 반응에 대한 잠시적 또는 항구적인 경향 등을 표현한다.
따라서 개인의 거의 모든 활동과 언어를 징후로 간주하고 이러한 징후에
근거하여 그의 정감과 성격에 관한 어떤 추론을 얻을 수 있다. 이것이 바로
활동과 언어의 표현 기능이다."[6] 이외에 언어는 또 진술 기능이 있는데,
즉 "일정한 사태에 대한 진술, 그것은 우리에게 자초지종을 알려주며, 그것
들은 진술, 또는 판단이 되기도 한다."[7] 이러한 기능이 바로 언어의 "진술"의
기능이다. 변증법의 명제는 "진짜도 거짓도 아닌바 그것들은 판단이 없고
지식을 포함하지도 착오를 포함하지도 않으며 완전히 지식 영역 외, 이론
영역 외, 진짜와 가짜의 토론 외에 처하여 있기 때문이다. 하지만 그들은
마치 웃음, 서정시와 음악처럼 표현의 기능을 지닌다."[8] 이러한 의미에서
변증법의 언어와 서정시 사이의 거대한 유사성은 모두 진술적 기능과 이론적
내용이 없이 양자 모두 정감과 정서를 표현하기에, 모두 표현의 직무를 수행
한다는 데 있다. 변증법은 오직 표현의 기능만 있지 진술의 기능은 없다는
점은 별로 큰 착오가 아니지만 변증법은 이를 승인하려고 하지 않으며 항상
단정, 판단, 진술을 시도하면서 진술의 기능을 과시하고자 하는데, 여기에
바로 그 진정한 결함이 내재되어 있다. "위험은 사람을 기만하는 형이상학적
성질에 있는바 지식의 환영(幻影)을 주지만 실제로는 아무런 지식도 줄 수
없는데 이것이 바로 우리가 그것을 배척하고자 하는 이유이다."[9] 변증법은
"논리와 시를 혼용하였으며", 그것은 "걸출한 한 수의 시로서 우리의 상상력

6) 동상서, p.221.
7) 동상서, p.222.
8) 동상서, p.223.
9) [德]H.賴欣巴哈: 《科學哲學的興起》, 北京: 商務印書館, 1987, p.12.

을 자극하는 풍경으로 충만되어 있지만 과학적 해석이 지녀야 하는 문제를 설명하는 그러한 힘이 없다."[10] 본래 기능을 표현하는 능력만 소유하고 있던 변증법은 진술의 기능까지 행사하려고 시도하는데 이러한 참월은 변증법의 파산에 대한 선고이다.

마지막으로, 철학의 이론적 기능면에서 변증법은 지식의 진보를 가로막고 사회 발전을 파괴하는 교조주의 역할을 한다. 변증법은 일체 비판과 검증을 도피할 수 있고 시간과 장소에 관계없이 모두 적용되는데 바로 이러한 이유로 변증법은 늘 시공간을 초월하고 조건을 초월하는 절대적인 진리체계의 모습을 보이고 있다. "헤겔은 철학은 발전하고 있지만 그 자신의 철학체계는 이 발전의 최후이자 최고의 단계이므로 대체불가적이라고 했다. 마르크스주의자들은 마르크스의 체계에 대해서도 똑같은 태도를 보이고 있다. 따라서 마르크스의 반교조주의 태도는 정통적인 마르크스주의 이론 가운데 존재하는 것이지 실천 가운데 존재하는 것이 아니다. 마르크스주의자들은 엥겔스의『반뒤링론』의 관례에 따라 변명을 위해 변증법을 활용하고 있으며 마르크스주의 체계가 비판을 모면토록 하는 데 활용하고 있다. …… 변증법으로 인하여 반교조주의 태도는 자취를 감추고 마르크스주의 자체는 교조주의로 전락되고 말았다. 충분한 영활성으로 변증방법을 활용하여 그 어떤 새로운 공격도 회피할 수 있다. 그리하여 우리가 말하는 강화된 교조주의로 변신했다."[11] 비판은 이론의 생명이기에 꾸준한 비판이 있어야만 과학의 진보와 사회의 발전이 이루어질 수 있다. 하지만 변증법은 경험의 검증, 사실의 반박까지 회피한다. 이러한 비판정신을 잃은 변증법은 교조주의로 전락될 수밖에 없으며 그 결과는 필연적으로 과학과 사회의 진보를 방해하며 이성과 사회의 재난을 초래하게 된다.

---

10) 동상서, p.12.
11) [美]卡尔·波普尔:《猜想與反駁》, 上海: 上海譯文出版社, 1986, p.476.

이상은 영미 철학가들의 "검증성 가능" 표준에 따른 변증법 비판인바, 비판 화력의 초점을 볼 수 있다. 즉 변증법은 검증 불가한 것이기에 전통적 의미의 형이상학과 동일한 가족에 속한다. 따라서 변증법을 배척하고 그 불법성을 선고하는 것은 형이상학을 배척하는 명제에 마땅히 포함되어야 할 내용이다.

"검증성 가능"을 표준으로 한 변증법에 대한 비판을 형이상학 전반에 대한 비판이란 큰 범주 내에서 전개한다면 제2의 표준, 즉 "무모순성" 표준에 의한 변증법 비판은 완전히 변증법에 대한 전문적인 비판이 된다. 그들은 변증법에 대한 이 방면의 공격이 더욱 치명적인 타격이라고 간주한다.

주지하다시피 분석철학은 철학활동에서 주로 현대논리라는 도구를 운용하며 현대논리는 이를 위해 체계적으로 언어를 상대하고 언어에 대한 논리적 분석의 방법론을 제공했다. 분석철학은 이 도구를 충분히 이용하여 철학 영역에서 "언어학 전향"이라는 혁명을 발기했다. 현대논리의 두 개 주요 특징, "하나는 구조 형식 언어이고 다른 하나는 연산체계를 건립하는 것이다. 개괄한다면 이는 인간이 통상적으로 일컫는 형식화이다. 형식화는 현대 논리의 기본정신을 구현하고 있는바 …… 현대논리의 기본정신은 바로 형식언어와 연산체계를 통해 구현된다고 할 수 있다."[12] 즉 현대논리는 본질적으로 "형식논리"에 속한다는 것이다.

형식논리로서 현대논리의 가장 기본적인 신념은 바로 사상과 이론이 "논리모순" 속에 공존할 수 없다는 것이다. 두 개의 상호 "모순"되는 진술은 절대로 동시에 진실이 될 수 없는바, 가령 두 개의 "모순"되는 진술이 하나의 진술을 구성할 경우 순수논리의 이론에 근거한다면 그것은 반드시 허위적인 것이다. 논리의 "모순"은 사상의 혼란과 이론의 붕괴를 의미하는데 "모순"은 바로 "무의미"의 대명사가 된다. 허버트 마르쿠제의 다음 개괄은

---

12) 王路: 《邏輯的觀念》, 商務印書館, 2008, p.63.

의미심장하다. "당대 수리논리와 기호논리는 물론 고전의 논리와 완전히 다른 것이지만, 변증적 논리를 근본적으로 반대하는 데에서는 동일하다. 그들의 입장에서 본다면 구 형식논리와 신형식논리는 모두 같은 사상방식을 표현하고 있다. 이미 현실적으로 부인 능력, 기만 능력, 가짜 능력이 확립된 경험에 대해서는 논리와 철학 사상의 기원 단계에서 약간 출현했던 '부정성'으로부터 제거했다. 이러한 경험의 제거는 '시(是)'와 '응당' 간의 긴장관계를 유지하고 자신의 진리적 명의로 이미 확립한 담론 영역의 개념의 성취를 전복하며 마찬가지로 장래에 성장할 객관적이고 정밀한 과학적 사상으로부터 배제를 당하게 될 것이다."[13]

"모순"에 대한 분석철학의 비판과 부정은 직접변증법의 가장 기본적인 원리, 즉 대립통일 원리 혹은 "모순" 원리를 목표한 것이다. 분석 철학가들은 "모순"이 변증법의 가장 내핵적인 개념과 원칙이라는 점을 똑똑히 알고 있기에 그 존재의 합법성을 부정함으로써 변증법의 종말을 선고하려고 했다.

칼 포퍼는 저서 『변증법이란 무엇인가』에서 고전적인 논리 연산에 관한 공리를 기록하고 있는데, 즉 $p \lor$ 비(非) $p \rightarrow q$, 즉 p와 비 p의 합에서 임의로 명제 q를, 즉 "모순"은 가히 임의의 명제를 도출할 수 있다고 했다. 우리는 "현재 태양이 하늘에 걸려 있지만 현재 태양은 없다"는 자아"모순"적인 명제에서 카이사르는 반역자라는 추론을 도출할 수 있다. 그리고 똑같은 방법으로 우리는 또 기타 우리가 원하는 그 어떤 진술도 도출해낼 수 있는바, 가령 "카이사르는 반역자가 아니다"라는 것도 가능하다. 우리는 또 "2+2≠5"와 "2+2=5"를 도출할 수도 있다. 우리가 좋아하는 그 어떤 진술을 도출할 수 있을 뿐만 아니라 결코 좋아하지 않는 부정적인 진술도 도출해낼 수 있다. 따라서 "만약 '모순'을 수용한다면 그 어떤 과학활동도 포기해야 하는데 이는 과학의 철저한 와해를 의미하는 것이다. 이 점은 이렇게 증명할

---

13) [美]赫伯特·馬尔庫塞: 《單向度的人》, 上海: 上海譯文出版社, 1989, p.125.

수 있다, 즉 만약 두 개 상호 '모순'되는 진술을 승인했다면 반드시 임의의 진술 한 개를 승인해야 한다. 왜냐하면 쌍을 이룬 이 '모순'적 진술 속에서 효과적으로 임의로 다른 한 진술을 도출할 수 있기 때문이다."[14] 이로부터 얻을 수 있는 결론은 "만약 한 이론에 '모순'이 내포되었다면 그것은 모든 것을 도출할 수 있는데 그 원인은 실제로 아무것도 도출할 수 없기 때문이다. 만약 한 이론이 스스로 긍정하는 모든 정보를 똑같이 부정한다면 그는 우리에게 아무런 정보도 제공할 수 없게 된다. 따라서 모순을 포함한 이론은 이론으로서는 아무런 쓸모가 없는 것이다."[15]

다른 한 유명한 과학 철학가 마리오 번지(Mario Bunge)는 포퍼와 거의 이구동성의 목소리이다. 그는 『변증법에 대한 비판』에서 변증법의 "모순" 관점에 대해 똑같이 맹렬한 비판을 가했다. 그는 변증법의 "모순" 학설에 의하면 어떤 사물이든 모두 양면의 상반되는 성질이 있으며 "구체적 객체의 개개의 성질에 대해 모두 하나의 반성질(反性質)을 가지며", "모순"은 임의의 대상과 속성에 대해 모두 그에 다른 보편성을 지니는 것으로 보았다. 하지만 사실상 개개의 성질이 모두 하나의 반성질적인 것은 아니다. 가령 질량이란 이 성질은 전술한 의미에서의 대립면을 가지지 않는데 반질량 또는 부질량이 존재하지 않기 때문이다. 따라서 변증법이 인정하는 "임의의 사물이 모두 모순적 성질을 지닌다"는 주장은 근본적으로 보편성이 없는 것이며 모순의 보편성에 대한 그 응낙은 허위적이며 기만성을 가지고 있다. 이러한 점에서 출발하여 그는 "변증법론자들은 …… 변증법에 대한 비판을 '반변증법' 또는 '형이상학'으로 간주하는 경향을 보인다. …… 이러한 주장은 바로 말할 나위도 없이 변증법의 '법칙'이 최종적으로는 보편적이지 않다는 것에 대한 승인이다. 만약 그것들이 보편적인 것이라면 만약 그것

---

14) [美]卡尔·波普尔:《猜想與反駁》, 上海: 上海譯文出版社, 1986, p.453.
15) 동상서, 같은 쪽.

들이 자연계, 사회와 사상에 관한 법칙이라면 인간의 두뇌 내에서든지 아니면 밖에서든지 모두 그 어떤 비변증법적인 것을 지니지 않을 것이며 우리는 어떤 상황에서도 변증적인 사고와 행위를 할 것이다. 이렇게 된다면 변증법의 설교는 아무런 필요가 없게 된다."[16] 이러한 의미에서 변증법론자들의 "모순"이 보편성을 지니며, 변증법은 보편성을 지닌다는 주장은 근본적으로 "자아모순"적으로서 터무니없는 것이다.

변증법의 "모순" 개념과 원리를 타파한 후에 이러한 철학가들은 진일보 변증법의 "모순" 관점에 무조건 순종함으로써 건강한 이성과 정상적인 사회질서에 막대한 피해를 가져왔다는 사실을 고발했다.

가장 직접적인 의미에서 "모순"을 승인하면 필연적으로 아무런 원칙도 없는 궤변을 초래한다는 것인데, 이러한 궤변의 필연적인 결과는 과학과 이성의 훼멸이다. 논리적 "모순"을 수용함으로써 변증법은 아무 때나 스스로의 반대면이 되고, 자아모순적인 주장을 위해 변명을 제공한다. 이는 마치 고대 그리스의 궤변가 지성들처럼 "개개의 사물에 대해 완전히 상반되는 설법을 취하는" 것으로서 "모 사물이 1938년 1월 1일 오전 9시에 정전(正電)을 띤다"는 진술을 승인하는 것을 의미함과 동시에 동일한 사물에 관한 다른 한 진술 "그는 그 시각에 정전을 띠지 않는다"는 진술의 진실도 승인함을 의미한다. 이와 관련하여 "모순"을 승인함으로써 일제 변증법에 대한 모든 검증은 군더더기가 되며 "모순"의 합법성을 승인함으로써 변증법은 필연코 무한한 모호성과 영활성으로 "족히 예상 밖의 상황을 설명할 수 있게 되는데, 바로 원만하게 자초지종을 설명할 수 없는 일을 해석하고 또 우연하게 실현하지 못한 상황을 해석할 수 있는 일 등과 같은 것이다." 그리하여 모든 확정성과 명확성은 전부 소실되고 일체 원칙과 규정은 모두 포기되며 이를 전제로 일체 과학 연구 역시 모두 불가능한 것으로 될 것이

---

16) [加]馬里奧·本格: 《科學的唯物主義》, 上海: 上海譯文出版社, 1989, p.67.

뻔하다. 바로 이러한 의미에서 칼 포퍼는 "모순을 회피할 필요가 없다거나 회피할 수 없다고 한다면 필연코 과학의 와해, 비판의 와해 즉 이성의 와해를 초래하게 된다. 임의의 진리를 고양하고 지혜를 계발하려는 사람이라면 모두 반드시 심지어 책임성 있게 분명하게 확실하게 문제를 표현할 수 있는 예술에 대한 스스로의 훈련을 해야 한다. —— 설령 이것이 일부 미묘한 은유와 기지적인 어의(語義)의 이중성을 의미한다고 해도 말이다."[17]

　더욱 심각한 것은 "모순"을 승인함으로써 필연적으로 교조와 경직을 초래하는데 이는 과학과 사회 진보에 심각한 위협을 초래하게 된다. 과학의 차원에서 본다면 과학은 "모순"을 용납할 수 없을 뿐만 아니라 그 반대로 오로지 "모순"을 고발하고, 비판하고 배제해야만 비로소 발전을 이룩할 수 있다. 하지만 변증법가들은 "모순"을 용납할 것을 주장하며 "모순" 속에 풍부 다채로우며 진보를 추진하는 효과가 있다고 주장한다. "모순"에 대한 이러한 용납은 필연코 경직된 교조적인 태도로 과학 연구를 제한할 것을 강요하며 심지어 "양극화"의 사고방식을 초래하는데 이러한 "양극화"의 사고방식은 "중간 태도 또는 과정을 간과하여", "현실 그리고 풍부한 과학적 이론을 강제적으로 사전에 설정한, 사상을 단순화시키는 양극모식으로 만들어가고자 한다."[18] 그리하여 과학 사상의 자유경쟁을 억압하고 과학이 취득한 모든 성과를 방해한다. "만약 우리가 모든 모순을 용납하고자 한다면 비판을 비롯한 인간 지력의 진보는 모두 필연코 함께 죽음의 길밖에 없을 것이다."[19] 이 면에서 헤겔은 가장 전형적인 대표이다. 그는 형이상학의 "교주주의"에 대한 칸트의 반박을 회피하고자 "모순"은 두려운 것이 아닐 뿐만 아니라 반대로 존재의 본성을 구성하는 것이라고 했다. 이러한 모순

17) [英]卡尔·波普尔:《猜想與反駁》, 上海: 上海譯文出版社, 1986, p.459.
18) [加]馬里奧·本格:《科學的唯物主義》, 上海: 上海譯文出版社, 1989, p.76.
19) [英]卡尔·波普尔:《猜想與反駁》, 上海: 上海譯文出版社, 1986, p.452.

을 용납하는 것은 "극단적이고 위험한 교조주의를 확립하는 것이다. 이러한 교조주의는 또 그 어떤 종류의 타격도 필요하지 않는다. …… 이는 그것이 파괴불가적인 견고한 체계로 되어 어떠한 비판과 타격도 받지 않을 수 있으며 따라서 아주 특수한 의미에서의 교조주의로 둔갑하는데 나는 이를 일종의 …… '강화된 교주조의'라고 부르고 싶다."[20] 이는 사회역사관에서도 마찬가지로 구현되는데 사회역사 발전을 이해할 때 만약 모순의 관점을 수용한다면 심각하게 경직된 교주주의를 초래하게 된다. 이 면에서 "마르크스는 (헤겔의) 유심주의를 포기하였지만 오히려 헤겔의 이러한 교의는 보류하였다. 역사 발전의 동력은 변증의 '모순', '부정'과 '부정의 부정'으로서 이 역사 발전에 관한 객관적 '변증법칙'에 근거하여 역사의 진전을 예언할 수 있다."[21] 하지만 현실의 역사 발전은 늘 우연성, 예측불가성으로 충만되어 있기에 역사의 발전이 모순, 부정의 부정 법칙에 따른다는 관점은 필연코 일종의 기성적이고, 고정적인 원칙과 교조주의에 근거하여 사회역사의 발전에 대한 규정을 시도하기에 개인의 자유는 막대한 위협에 직면하게 된다. 따라서 자연과학의 연구 영역이든 아니면 사회역사 영역이든 "모순"을 용납한다는 것은 바로 교조를 용납하고 독재와 강제를 용납하는 것과 다름없다. 이러한 의미에서 "모순"은 근본적으로 과학 발전, 현실 생활과 적대적인 개념에 속한다.

　위의 논의에 근거한 최후의 결론은 "모순"은 무의미하며 심지어 위험한 것이다. 변증법이 "모순"을 용납하고 주장하는 것은 바로 그 자신의 터무니없음을 말해주고 있다.

　이상 우리는 분석철학의 두 가지 표준, 즉 "검증 가능성" 표준과 "무모순성"의 표준에서 출발하여 변증법에 대한 영미철학의 격렬한 비판과 부정을

---

20) 동상서, pp.466~467.
21) 동상서, pp.466~467.

살펴보았다. 이상의 과정을 아래와 같은 두 가지로 총화할 수 있다.

첫째, "검증 가능성"의 표준에 근거하여 변증법에 비판을 가할 때 분석철학은 사실 실증과학을 지식의 표준 모델로 삼으며 그것으로 모든 지식양식을 평가하는 무조건적인 전제와 참조물로 삼는다. 그들은 인식은 반드시 사실에 근거하여 유효성을 획득하며, 물리과학을 대표로 하는 실증과학의 준확성과 확정성은 모든 인지활동의 전범(典範)이라고 주장한다. 따라서 그들은 변증법을 포함하여 형이상학에 대한 공격에서도 완전히 경험주의적 의의를 표준으로 채용했다. 그들은 수학과 논리학 그리고 경험에 의해 검증된 진술 이외에 기타의 모든 진술은 모두 무의미한 것이라고 믿는다. 변증법을 포함한 전통적 형이상학이 무의미한 가장 근본적인 원인은 완전히 "사실"과 무관하여 실증과학과 같이 경험에 의해 검증된 것이 아니라는 이유 때문이다. 실증과학 지식은 인류 지식의 유일한 표준, 전범으로서 분석철학이 변증법을 부정할 때 가장 심층적인 신념으로 작용했다.

둘째, 분석철학의 시야에서 "변증법은 논리적인 이론인 동시에 세계에 관한 일반 이론"[22]이기에, "무모순"의 표준을 활용하여 변증법에 대한 비판을 가할 때 바로 "논리적 이론"과 "세계에 관한 일반 이론"이란 두 개 시각에서 변증법의 "모순"개념을 이해하고 해체한 것이다. 전자의 입장에서는 유일하게 합법적인 논리는 형식적 논리인바, 소위 변증법이란 완전히 황당무계한 담론인 것이다. 형식논리를 표준으로 할 경우 변증법의 "모순"개념은 형식논리의 가장 기본적인 비모순율(不矛盾律)을 위반하기에 아무런 의미가 없는 것으로 단정된다. 후자의 입장에서는 객관세계(자연, 사회역사와 인류사유를 포함)의 존재와 운동은 근본적으로 변증적인 법칙과 규정을 준수하기 않기에 변증법의 "모순"을 객관세계의 일반법칙과 규범적인 범주에 관한 것으로 논술하는 것은 객관세계의 실제적인 상황에 대한 폭력적인 왜

22) [英]卡尔·波普尔:《猜想與反駁》, 上海: 上海譯文出版社, 1986, p.452.

곡인바, 따라서 "모순"의 개념은 아무런 근거도 의미도 없는 개념으로 단정된다.

분석철학의 "비변증법(非辨證法)"운동은 현대 철학에서, 특히 영미 철학계에서 광범한 영향을 불러일으켰다. 그 영향 아래 변증법은 일시 누구나 다투어 때려 잡으려는 "미친개"가 되어 폐지와 종말의 대상으로 전락되었다. 이러한 의미에서 진정으로 변증법의 당시 운명을 이해하고 당대 이론적 담론에서 변증법의 합법적 존재를 효과적으로 변호하기 위하여 우리는 변증법에 대한 갖가지 힐난에 대한 충분한 검토를 토대로 적극적인 이론적 대응을 할 필요가 있다.

우선, 우리는 단순화시키려는 태도, 변증법에 대한 분석철학의 힐난과 비판을 전혀 무근거한 것으로 단정 짓는 태도, 심지어는 그러한 것들을 부르주아 철학가들의 전혀 무근거한 모욕과 욕설이라는 태도를 극복해야 한다. 여기에서 "웃지 말고, 울지 말고 이해해야 한다"는 것은 유일하게 적합한 태도이다.

변증법에 대한 분석철학의 비판과 부정은 절대 전혀 무근거한 것이 아니라, 그 나름의 깊은 역사적 근원과 이론적 배경이 있으며 변증법의 이론의 역사 상태와도 내재적인 관련성이 있다. 이러한 역사적 상태를 필자가 전술한 논리에 따라 표현한다면 바로 역사적으로 변증법은 장기간 "무근(無根)"상태에 처해 있었기에 장기간 지성화와 실체화의 방식에 따라 그것을 이해코자 하는 움직임에 의하여 변증법은 왜곡된 이미지를 현시하였으며 분석 철학가들이 당시에 접촉한 변증법은 바로 그러한 왜곡된 이미지로 현시된 변증법이었기에 그들이 변증법에 대한 공격과 부정은 바로 그러한 상태의 변증법을 직접적으로 겨냥한 것이었다. 따라서 변증법에 대한 분석철학가들의 비판과 부정을 이해하고 분석해야 하는바, 가장 중요한 점은 바로 그 중대한 배경과 분석철학의 그 "전 이해상태(前理解狀態)"를 분명히 밝혀야 한다.

변증법에 대한 분석철학의 갖가지 힐난을 살펴보면 변증법에 대한 이해에

서 기본적으로 "자연주의모식"으로 귀납할 수 있음을 알 수 있다. 환언한다
면, 주로 "자연본체론"의 의미에서 변증법을 이해하고 비판했다는 것이다.
이러한 "변증법"은 본 저서 제2장에서 자세한 분석을 거쳤는바, 주로 다음과
같은 몇 개의 주요한 특징을 드러내고 있다. (1) 변증법의 대상을 객관세계라
고 하면서 객관세계의 존재와 운동은 변증법의 법칙과 규칙을 따라야 하는
바, 변증법은 바로 객관세계의 가장 일반적인 법칙에 관한 과학이라는 것,
(2) 변증법의 가장 중요한 이론적 기능은 세계를 해석하는 것인 바 객관세계
의 "오묘함"을 밝히고 객관세계에 관한 "객관지식"을 제공하기에 변증법의
가장 근본적인 이론적 특성은 그의 "과학"성에 있다는 것, (3) 변증법과 구체
적인 실증과학과의 관계에 대한 사고에서 변증법은 객관세계의 가장 보편적
이고 가장 일반적인 법칙을 제시하지만, 구체적인 실증과학이 제시하는 것
은 국부적이며 일부에 관한 법칙에 불과하기에 전자는 후자에 대해 당연한
지도권을 향유하며, 후자는 반드시 전자의 권위에 복종해야 하는바, 그렇지
않을 경우 아무런 진전을 이룩할 수도 없다는 것이다.

　변증법이 분석 철학가에게 이러한 현상으로 비추어진 원인은 복잡하다.
그중 역사적 원인도 있는바, 즉 헤겔의 유심변증법의 농후한 형이상학적
색채 때문에 나타난 선입견의 작용도 있으며 철학적 입장과 이론적 기질
차이가 형성한 이론적 편견도 있다. 역사에 대한 고찰에서 쉽게 발견할 수
있는 것은 카르나프(Paul Rudolf Carnap, 1891~1970), 한스 라이헨바흐(Hans
Reichenbach, 1891~1953), 포퍼 등의 견해인데, 변증법을 비판할 때 전반 변
증법 연구의 영역은 제2국제, 특히는 스탈린 교조주의의 어두운 그늘 속에
완전히 가려 있었기에, "자연주의모식"의 변증법은 바로 당시 "정통적인 마
르크스주의자"들이 극력 창도하고 홍보했던 변증법의 권위적인 판본이었
다. 이 영향의 파장으로 말미암아 당시 많은 사람들이 알고 수용한 변증법
은 바로 이러한 형태의 변증법이었고 마치 그것이 변증법의 표준적인 모식
이며 심지어는 "변증법 본체"처럼 간주되었다. 당시 특수한 시대적 배경을

감안한다면 분석 철학가들이 주로 "자연주의모식"의 의미에서 변증법을 이해하고자 했던 시도는 별로 이상할 바 없는 일이다.

이상의 해명에서 알 수 있듯이 변증법에 대한 분석철학의 비판과 부정의 중점은 주로 "자연주의모식"변증법에 있었다. 오직 이러한 인식에 입각해야만 우리는 비로소 분석철학이 "검증 가능성 표준"과 "무모순성 표준"을 동원하여 변증법을 비판할 때의 진실한 의도와 온전한 의미를 충분히 이해할 수 있다.

"검증 가능성 표준"을 동원하여 변증법을 비판할 때 분석 철학가들의 비판 중심은 스스로 과학이라고 자처하는 "자연주의모식"변증법이 주제넘게 객관세계의 일반 법칙을 제시한다는 오만과 잠월이었다. 전술에서 누차 언급했듯이 변증법의 사명은 바로 객관세계의 가장 일반적인 법칙을 제시하고 객관세계의 완벽한 전망을 제공하는 것인바, 변증법은 가장 높은 등급의 "과학"으로서 세계에 관한 최종적인 해석과 최고의 지식을 제공해야 한다는 것, 이 점은 또한 "자연주의모식"변증법의 가장 기본적인 자아이해이다. 영국 경험주의에서 강대한 상식감(常識感)을 얻고 자연과학에 대한 심각한 이해와 신념을 지닌 분석 철학가들은 절대 "변증법은 과학이다"라는 논단을 용납할 수 없었으며 심지어 "화학의 과학"이란 이러한 "아무런 근거도 없는 허풍"과 "형이상학적인 신화"를 인정할 수 없었다. 분석 철학가들은 현대 자연과학의 발전의 성과가 이미 충분히 표명하고 있는 사실, 즉 객관세계는 소위 "변증법칙"이라는 규칙을 따르지 않는다는 점을 분명하게 간파하고 있었다. 과학이 과학일 수 있는 가장 중요한 조건은 바로 "검증 가능성"에 있다. "검증 가능성"은 과학과 무의미한 형이상학 사이를 가르는 근본적인 표준인 바, 이 표준에 근거한다면 변증법은 근본상 "과학"이란 이름을 향유할 수도 없는 형이상학적인 것이다. 그러함에도 불구하고 과학이라고 자칭하고 있는 것은 그의 무지, 오만함과 엉터리없음을 표명하는 것이다. 따라서 변증법이 "과학"으로 자칭하는 것은 오히려 변증법의 파산에 대한 선고와 다름없다.

"무모순성"의 표준에 의거하여 변증법을 비판하는 분석철학의 목표는 사실상 "자연주의모식"의 변증법으로서 자연과학에서 변증논리를 활용하여 변증논리로써 과학 연구 중 형식논리의 지위를 대체하며 변증논리로써 구체적인 과학 연구의 잠월을 간섭하고 제약하려는 것이었다. 전술한 바와 같이 "자연주의모식"의 변증법은 스스로 구체적인 과학 연구를 지도할 의무와 책임이 있다고 자인하면서 변증논리는 형식논리보다 한 단계 높기에 구체적인 과학 연구에서 그 권위성은 자명한 것이라고 주장했다. 하지만 분석철학은 과학에 대한 깊이 있는 이해에 근거하여 과학 연구에서 형식논리는 유일하게 적용되는 논리이며 과학 이론의 내재적 요구는 정확, 일치, 명확함과 일관성 있으며 절대로 모순을 용인하지 않는바 모순의 존재는 이론의 자아붕괴와 와해를 의미하기에 과학의 종말을 선고하는 것이라고 주장한다. 이러한 의미에서 오로지 형식논리만이 비로소 건전한 과학의 이성을 보증할 수 있고 만약 변증논리에 의거하여 과학 연구를 "지도"한다면, 특히 "모순"의 원리에 의거하여 과학 연구를 "지도"한다면 과학가는 정상적인 과학 사상을 상실하고 얼토당토 않는 "무당"이 될 것이며 과학 연구 역시 엄격성과 일치성을 상실하고 자아모순에 빠진 "허튼 소리"로 전락된다는 것이다.

위의 내용은 분석철학이 변증법에 대한 비판과 부정의 심층적 근원이며 진실한 소재이다.

이러한 점을 명확히 하면 분석철학이 변증법에 대한 비판과 본 저서의 제2장에서 "자연주의모식"의 변증법에 대한 비판은 공동적인 지취가 있음을 분명하게 파악할 수 있다. 즉 "자연주의모식"변증법의 생존의 합법적인 근거를 까밝히는 것은 "자연주의모식"변증법의 무근성에 대한 고발과 현시이다. 이러한 의미에서 분석철학이 변증법에 대한 비판과 부정은 의미심장한 것이며 그들이 제안한 반박과 힐난에는 중대한 합리성이 포함되어 있다고 할 수 있다. 그들은 특유의 철학적 입장에서 출발하여 다음과 같은 도리를 강력하게 천명하고 있다. 즉, 객관세계의 일반적인 법칙을 해명한다고 자부하며 "최고과학"으로 자처하는 변증법은 근본적으로 성립 불가한 것이다. 만약 변증법을 "과학"으로, 세계에 관한 일반적인 규칙의 체계로 이해한다면 그 필연적인 결과는 철학과 과학의 계선을 혼동하여 변증법으로 하여금 과학과 사회 발전을 방해하는 교조주의와 독단주의에 빠뜨려 과학과 철학의 이중적 불행을 초래하게 된다. 따라서 이 문제에 있어서 우리는 분석철학의 비판에 기본적으로 동의하며 아울러 우리의 변증법 연구 역시 분석철학의 이 방면에 관한 연구 성과를 주목하고 충분히 흡수함으로써 기존의 간단하고, 독단적인 태도와 천박한 행위를 개변하여 국내의 변증법 연구를 풍부히 하고 심화시킬 것을 주장하는 바이다.

하지만 문제는 "자연주의모식"변증법의 무근성을 증명한다면 바로 변증법 자체의 불법을 선고하는 것이 아닌가 하는 데에 있다. 과학으로 자처하는 "변증법"을 압도적으로 억누른다면 변증법 자체가 완전히 입지를 상실했다는 것을 충분히 설명할 수 있는가? "자연주의모식" 변증법의 무근성은 변증법 자체가 철저히 파산되었다는 것을 충분히 증명할 수 있는가? 바로 이러한 문제들에 대한 해답에서 우리와 분석철학의 입장은 또 중대한 차이를 보인다.

분석철학이 "자연주의모식" 변증법에 대한 비판은 의미심장한 것이지만 변증법에 대한 전반적인 부정은 또한 협애하고 천박한 것이기도 하다. 분석철학의 최대의 공적은 "검증 가능성"의 표준과 "무모순"의 표준을 동원하여 세계에 관한 "최고의 해석"을 제공하는 것으로 자처하고 "과학"으로 자부하는 "자연주의모식" 변증법의 무근성을 고발한 것인데, "자연주의모식" 변증법의 무근성은 단지 인간이 변증법의 그 어떤 해석 모식에 문제가 있다는 것을 의미하지 변증법 자체를 훼멸해야 한다는 점을 의미하는 것은 아니다.

"검증 가능성"의 표준과 "무모순"성의 표준이 과학이란 가짜 명목을 쓴 형이상학을 훼멸할 때 아주 효과적이었음은 분명하다. 하지만 그들의 합법성은 근근이 실증과학의 범주 내에 한정되었기에 실증과학지식의 범주를 벗어날 경우 곧 그 효용성은 상실된다. "검증가능성"은 구체적인 실증과학의 특질이지만 변증법을 변증법이라고 하는 것은 바로 그것이 실증과학적 사유 방식과 다른 철학적 사유방식이기 때문이다. 변증법은 인간에게 일종의 경험상식과, 과학적 특수 지혜와 다른 것을 부여하며 "무모순성"은 구체적인 실증과학의 중요한 규정이다. 하지만 변증법은 모순의 이해 문제에 있어서 완전히 지식론의 의미에서 진행하는 것이 아니라 완전히 인간의 생명과 관련되는 생존론본체론의 개념이다. 따라서 "검증 가능성"의 표준과 "무모순"성의 표준을 동원한 분석철학은 단지 최고의 지식을 제공하는 것으로 자부하고 과학으로 자처하는 "자연주의모식" 변증법을 반박한 것이지 변증법 자체를 완전히 뒤엎은 것은 아니다. 이 두 가지 표준에 의거하여 영속적으로 변증법을 정지할 수 있을 것이라고 믿는 것은 오히려 분석철학의 과학주의 입장이 고유한 협애성과 독단성을 폭로하고 있으며 실증과학 지식을 고수하고 기타 지식유형을 배척하는 편집과 오만(이 문제에 대한 로티(Richard Rorty)의 다음과 같은 지적은 정곡을 찌른다. "분석철학은 단지 다른 한 형식의 '학과제국주의'와 다른 한 종류의 '기초주의'와 '형이상학'의 표현일 따름이다"에 대한 폭로이다.

가령 능히 "자연주의모식" 변증법의 무근성을 초월하여 새로운 토대 위에서 변증법의 진실한 토대를 재확립하고 변증법의 이론적인 정신을 해명할 수 있다면, 분석철학의 "자연주의모식" 변증법에 대한 비판에서 거둔 적극적인 성과를 충분히 흡수함과 아울러 효과적으로 변증법의 이론적 합법성을 수호할 수 있을 것이다. 분석철학은 변증법에 대한 부정과 비판을 통하여 이 과제의 중요성과 절박성을 반면적으로 돌출이 했다. 변증법의 이론적 합법성을 지키고 변증법의 이론적 존엄을 수호하기 위하여 반드시 변증법의 무근상태에서 탈출하여 변증법의 튼튼한 토대를 확립할 것이 필요하다.

2. 변증법에 대한 유럽철학의 비판과 부정

영미철학과 비교할 경우 변증법을 대하는 유럽 인본주의 사조의 태도는 훨씬 더 복잡하다. 그들은 대부분은 분석 철학가들마냥 변증법에 대해 철저한 부정적 태도를 보이는 것이 아니라 때때로 긍정적인, 심지어는 찬양의 의견을 발표하기도 했다. 그러나 총체적인 사상경향과 이론의 취지에서 본다면 변증법에 대한 대다수의 비평은 그에 대한 긍정의 양을 훨씬 넘기고 있다. 이러한 비평은 분석철학과 함께 우리에 대한 준엄한 도전이다. 변증법 이론의 합법성을 수호하고 변증법의 진실한 토대를 확립하는 것은 이미 변증법의 "생존과 관련된" 과제로 부상되고 있다.

주지하다 시피 당대 유럽철학은 분석철학과 같이 전반 전통철학의 반역자로 나타났다. 그들의 이론시야에서 변증법은 기본적으로 전통철학의 진영에 속하는 것이었다. 따라서 전통철학에 대한 반역은 변증법에 대해서도 마찬가지였다. 인본주의 사조의 내부에는 다양한 이질성의 이론주장으로 충만되었는데 변증법에 대한 비판과 부정에서 전연 다른 이론주장을 드러냈다. 각기 다른 이러한 이론 주장들을 논리적으로 관련성이 있는 4가지 부류로 나누어볼 수 있다. (1) 변증법에 내재한 전통 형이상학의 실체본체론의 잔여를 비판하는 주장, (2) 변증법이 내포한 주객관 대립을 전제로 한 지식론적 성질을 부정하는 주장, (3) 변증법이 내포한 정체주의(整体主義) 가치관 및 그 독재와 독단적인 기질을 비판하는 주장, (4) 진실한 인간의 존재에 대한 변증법의 실의와 망각을 폭로하는 주장.

1) 변증법에 내재된 전통 형이상학의 실체본체론의 잔여에 대한 비판

현대와 당대의 대다수 유럽 철학가들에게 있어서 서양 전통철학은 플라톤에서 헤겔에 이르기까지 줄곧 실질적으로는 "실체본체론"의 이론적 전통을 이어온 것으로 비쳤다. 그 가장 기본적은 특징은 전반 세계의 궁극적인 존재와 해석에 대한 탐구를 철학의 최고 사명으로 간주하고 탐구의 주요 방법은 경험대상에서 공통점을 추출하는 것으로서 추상적인 개념을 형성했다. 그 중에서 가장 추상적인 개념은 또한 가장 큰 보편적 적용성을 지니기도 하는 데 따라서 이는 모든 경험현상을 해석하고 이해하는 최고의 본질, 최후의 근거와 최종적인 오묘의 소재가 되었다. 뿐만 아니라 전통철학은 또 최고의 가장 보편적인 개념을 실체화하여 자인자족(自因自足), 비시간비어경(非時間非語境), 기타 사물과 구별되는 단독적인 실체로 재생시켰다. 이러한 실체는 본체로서 전반 세계의 최고 존재의 근거인 동시에 전반 세계의 최고의 진, 최종의 선이며 최종의 미이다. 이를 출발점으로 철학가들은 인간을 위해 "통일된 일련의 개념, …… 이 일련의 개념들은 개인의 행위와 생활 및 사회 풍습과 제도를 증명하거나 비판하는 데 사용되며 인간을 위해 개인의 도덕사유와 사회정치적 사유의 틀"[23]을 제공할 수 있다. 전술한 이런 "실체본체론"의 이론적 전통을 하이데거는 "본체-신학-논리체제"라고 칭했고 하버마스(habermas, 1929~)는 "초험유심주의"라고 칭했으며, 데리다(Jacqes Derida, 1930~2004)는 "현장 형이상학"과 "로고스중심주의"라고 칭했으며, 아도르노는 "동일성철학"이고 칭했고, 로티는 "기초주의"와 "절대주의"로 칭했고 알리시아 주아레르(Alicia Giuarello)는 "뿌리의 신화"라고 칭했는데, 그 표현은 다르지만 실질은 모두 공동적인 면이 있다.

현대 인문주의 철학에 있어서 변증법은 비록 일부 면에서 실체본체론을 초월하는 경향과 노력을 보이고 있지만 총체적으로 실체본체론이란 커다란 전통에 속하며 그 내부에서 배회하고 있는 것이다. 변증법은 정신적 역량을 통하여 일체 모순을 종합하고 중개함으로써 개념의 유동으로 개념을 실체화, 절대화와 경직화의 폐단에 빠뜨리려는 지성적 사유를 부정하고 초월하고자 했는데 이 점에서 실체본체론과 분명한 차이점이 있다. 하지만

---

23) [美]理査·羅蒂:《哲學和自然之境》, 北京: 生活·讀書·新知三聯書店, 1987, pp.1~2.

아도르노는 "일찍 플라톤 시절에 변증법은 부정을 통하여 어떤 긍정적인 사물에 도달하려는 것을 의미한다."[24]고 했다. 이는 실체본체론에 대한 변증법의 부정과 극복은 단지 하나의 가상에 지나지 않는바 어떤 동일성, 기초적이고 영원한 "실체"성 존재에 대한 탐구 그리고 어떤 긍정적인 입장에 대한 추구는 여전히 변증법의 가장 심층적인 갈망과 귀속임을 표명한다. 하이데거는 변증법을 실체본체론의 근대적 형식, 즉 "주체 형이상학"의 전형적인 대표라고 간주하며 "존재"의 망각을 조성하는 죄인이라고 하면서 변증법은 "죽은 물에서 그 발원지를 찾으려고 하니 진정한 발원지는 더욱 멀어진다"[25]고 했다. 하이데거는 마르크스를 전도된 형이상학의 중요한 사상가로 고평하는 한편 그의 변증법에 대해서는 격렬한 비판을 가했다. 그는 "헤겔과 상호 대립을 이루고 있는 마르크스는 스스로 자기를 파악하는 절대적 정신 속에 있는 것이 아니라 자신과 생활자료를 생산하는 인류 속에서 현실성의 본질과 상대하고 있다. 이 사실은 마르크스를 헤겔과 가장 먼 대립면에 위치시켰다. 하지만 바로 이러한 대립면을 통하여 마르크스는 여전히 헤겔의 형이상학 속에서 유지되고 있는바, 그것은 모든 생산의 진정한 생산성의 사상에 있어서 현실성의 생존은 늘 변증법으로서, 즉 사상의 노동 과정으로서 존재하며 이러한 사상이 사변적-형이상학적, 과학-기술적이든 아니면 양자의 혼합이거나 조야화이든 간에는 관계가 없는 것이다. 모든 생산은 자체가 이미 반-사(思)와 사상인 것이다."[26] 가다머도 마찬가지로 헤겔을 대표로 하는 변증법은 비록 정신자유의 개념을 제시했지만 여전히 "본체론 내의 자아순종"[27]을 유지, 즉 여전히 절대이론을 절대적인

---

24) [德]阿多尔諾:《否定的辯證法》, 重慶: 重慶出版社, 1993, p.1.
25) 協秀山:《思·史·詩》, 北京: 人民出版社, 1988, p.133.
26) 張祥龍:《海德格尔思想與中國天道》, 北京: 生活·讀書·新知三聯書店, 1996, p.446 재인용.
27) [德]H-G, 伽達默尔, 〈摧毁與解構〉, 載《哲學譯叢》, 1991(5).

본체와 실체로 간주하기에 "실체본체론"의 초라한 거처를 벗어나지 못했다고 지적했다. 데리다는 헤겔을 "최후의 원본 철학가와 제1위의 문자 사상가"[28]로 긍정하는 한편 또 "절대지식의 영역, 바로 문자를 논리 속에 감추는 것인데 흔적을 다시 드러내는 것이고 차이를 다시 점유하는 것이며 우리가 다른 곳에서 말한 원래 의미의 형이상학의 완성인 것이다"[29]라고 했는바, 따라서 여전히 논리중심주의의 초라한 거처로 귀속되고 말았다. 그러므로 변증법은 "실체본체론"의 신분은 쟁론이 필요 없는 사실이며, 이 점은 변증법은 반드시 "전통 형이상학"의 범주로 귀의되어야 하며 현대 철학에 의해 대체되어야 함을 결정했다.

그렇다면 현재 인본주의 철학은 무엇 때문에 변증법의 "실체본체론"의 신분에 대해 이토록 민감하며 이렇게 격렬한 비판과 부정의 태도를 보이는 것일까? 그 원인은 아주 복잡함과 아울러 그의 기본 철학 입장, 구체적인 이론적 주장 및 전부의 철학사에 대한 이해와 관련된다. 이 세 개 방면의 원인은 분명한 것이며 또한 십분 직접적인 것이다. 우선, 철학의 기본 사유 방식의 차원에서 그들은 변증법은 여전히 주객이란 2원대립을 전제로 하는 지식론성질을 이탈하지 못했고 다음, 철학의 기본적인 가치관에서 그들은 "총체성", "동일성"에 대한 변증법의 집중과 추구는 독단적, 교조적 심지어는 독재적인 성질을 지니고 있기에 인간의 현실생활과 적대적인 것이며 마지막으로, 인간의 자아인식에서 그들은 변증법은 근본적으로 인간의 진실한 존재를 망각한 철학 형태라고 못 박았다.

---

28) [法]雅克·德里達:《論文字學》, 上海譯文出版社, 1999, p.36.
29) 동상서, p.35.

2) 변증법의 주객관 대립을 전제로 한 지식론적 성질에 대한 부정

현대 인본주의 철학에 있어서 전통적인 실체본체론의 철학 전통은 주관과 객관의 2원 대립, 대상적인 사유방식에 그 근원이 있으며 근본적인 취지는 인간의 이지를 이용하여 경험현상 배후에 은닉되어 있는 궁극적인 존재를 포획하며 전반 세계에 관한 궁극적인 지식을 획득하는 데 있다. 그 전통이란 전반 서양철학의 발전에서 주도적 지위를 차지하고 있는 "지식론"철학의 전통이다. 철학사에서 볼 때 이 전통은 대체로 세 가지 표현 형식이 있다. "첫째는, 소크라테스(Socrates, B.C.470~399), 플라톤(Platon, B.C.428~347)과 아리스토텔레스(Aristoteles, B.C.384~322)를 대표로 하는 고대의 형식인바, 이 형식은 본체론을 중심으로 지식론철학을 해명하고 있다. 둘째는, 데카르트, 베이컨(Francis Bacon, 1561~1626), 헤겔을 대표로 하는 근대적 형식인바, 이 형식은 인식론, 방법론을 중심으로 지식론 철학을 해명하고 있다. 셋째는, 콩트(Auguste Comte, 1798~1857), 마흐(Ernst Mach, 1838~1916)와 비엔나 학파를 대표로 하는 현대적 형식인바, 이 형식은 휴모, 칸트의 사고방식에 따라 지식론철학을 경험과 현상의 범주 내에서 유지하면서 점차 언어, 논리 등 객관적 지식의 연구에로 방향을 돌리고자 했다."[30]

현 당대 인본주의 철학의 입장에서 볼 때 철학의 "지식론"전통은 철학을 "지식체계"로 이해하는데 이는 철학학과의 성질과 이론적 자리매김의 엄중한 오해이다. 이 관점은 철학을 "지식"성의 학문으로 이해하고 있으며 이는 필연적으로 철학 특유의 인문적 정취를 완전히 가려 "지혜를 사랑하는 학문(愛智之學)"으로서 철학의 특질을 망각하여 철학과 과학 양자 간에 있어야 하는 계선을 잃게 된다. 바로 이러한 이유 때문에 니체는 지식론철학의 창시자 소크라테스를 "천고의 죄인"이라고 통책했으며, 후설은 현상학은 주객관

---

30) 《俞吾金集》, 上海: 學林出版社, 1998, pp.262~263.

2원대립을 "객관주의"이론적 태도를 방치하였으며 하이데거는 "오로지 사(思)만 있고 철학이 없다"고 했으며 …… 더욱 엄중한 것은 지식론 전통은 인간을 순수한 이지성, 인식성의 존재로 이해함으로써 인간이 지닌 "비이성"적인 본성을 완전히 간과하였으며 그 결과 인간의 세계에서 인간을 볼 수 없는 엄중한 후과를 초래했다. 따라서 아르투어 쇼펜하우어(Arthur Schopenhauer, 1788~1860)는 인간의 생존 의지와 욕구를 인간의 본질이라고 했다. 인간의 이지와 대비할 때 이는 더욱 근본성과 기초성을 지닌다. 니체는 "강력한 의지"를 인간의 본질로 간주하고 디오니소스의 주신정신으로 지식론 성질의 아폴로정신을 대체할 것을 호소했으며, 현상학과 존재철학은 주객관 분립 이전의 "초험주체"(후설)로 회귀할 것을 주장했고 "조자인(Sosein)"(하이데거)와 "반성 없는 '나는 생각한다'(사르트르) 등은 모두 인간의 전 논리, 전 사유의 보다 본원적인 존재의 본성과 존재 상태를 밝히는 것을 통하여 주객관 2원대립의 전제로서의 지식론철학의 파생성과 비본원성을 현시하고자 했다. 요컨대, 인본주의 철학에 있어서 전통적 지식론철학은 철학의 본진(本眞)정신을 은폐하였는바, 마땅히 중지하고 새로운 철학 형태에 의해 대체되어야 하는 것이었다.

현 당대 인본주의 철학에 의하면 변증법은 당연히 전술한 지식론철학의 전통에 귀속되어야 했다. 변증법은 비록 주객관이란 2원적인 경직된 대립을 제거하고 주객관 통일의 귀결을 실현했지만 이러한 "제거"와 "통일"은 우선 주객관이란 2원대립을 설정해놓고 그것을 전제로 하고 있기에 변증법은 근본적으로 볼 때 여전히 주객관이란 2원대립의 틀 안에서 이론적 활동을 전개하고 있는 것이다. 아울러 변증법은 비록 지성의 방식으로 세계의 절대적 지식에 대한 추구를 반대하며 개념의 변증적 발전으로 세계의 진리를 추구할 것을 강조하지만 소위 "개념"에 대한 파악에 있어서는 늘 이지의 형식과 계선을 가르기 어려운 면이 있다. 게다가 변증법의 개념에 의거하여 대상을 파악한다는 것은 "절대"적인 것으로서 변증법은 "절대"를 사고하고 파악하는 철학적 체계로서 여전히 "과학", 즉 "최고형식의 과학"에 속하며 변증법과 지성 형이상학의 유일한 구별은 개념의 변증적 발전에 의해 세계에 관한 최고의 지식과 궁극적인 해석을 추구한다는 데 있는 것이지 지성적, 독단적인 개념에 의하여 단번의 노력으로 영원히 세계에 관한 최고의 지식과 궁극적인 해석을 포획하는 것이 아니며 "지식"이란 취지에 있어서도 양자는 별로 근본적인 구별이 없다. 이러한 의미에서 인본주의 철학은, 헤겔을 대표로 하는 변증법은 비록 개념의 변증법적 발전을 강조하고 있지만 여전히 전통 형이상학에 속하는 것이며, 여전히 전래되던 지식론 전통을 탈피하지 못하고 있으며 따라서 지식론철학의 모든 이론적 과오를 함께 분향하고 있다고 비판했다.

3) 변증법이 내포한 총체주의(整体主義) 가치관 및 그 독재와 독단적인 기질에 대한 비판

주객관 2원적 대립을 전제로 한 변증법에 대한 지식론 성격의 비판은 변증법에 내포된 정체주의 가치관에 대한 인본주의 철학의 부정과 갈라놓을 수 없다. 인본주의 철학은 변증법이 비록 지식의 발전을 필연적인 변증적, 모순의 과정으로 주장하고 인간이 진리를 인식하는 것을 역사적 발전적 과정으로 주장하고 있지만 여전히 진리를 하나의 폐쇄된 정체로 간주하는 관념을 탈피하지 못한 것으로 단정한다. 그들에게 있어서 변증적, 모순적 발전 과정은 철저한 개방성질이 결여되어 늘 무비판적으로 종국과 결과를 예정하고 있으며 그것은 바로 주객관 모순의 화해와 통일로서 진리가 막바지에 이르렀다는 데 대한 자아의식과 자아파악이었다. 따라서 변증법은 역사성의 추구를 발단으로 하고 있지만 오히려 역사성의 해소로 종말을 짓고 있으며, 진리의 교조성, 진리의 개방성을 고양한다는 언약을 하고 있지만 결국은 진리의 종결로 귀속 짓고 있다는 것이다. 이러한 의미에서 "총체성"과 "동일성"에 대한 미련과 열광은 여전히 변증법의 심층적인 이론적 기질이 되고 있으며 이 점에서 변증법은 전통 사변 형이상학과 실질적으로 동일한 족속에 속한다는 것이다.

"동일성"과 "총체성"에 대한 미련과 열광은 필연적으로 변증법을 사변철학과 동일하게 만들며 정체주의와 보편주의를 기본적 가치관으로 삼고 감성적인 개체, 우연적인 요소, 생명의 충동 등을 저급적이고 허위적인 존재로 간주하게 한다. 따라서 변증법은 차별성, 개별성을 말살하는 도구로 전락한다. 만약 현실의 사회역사 속에 반영된다면 권력의지와 동맹을 맺어 개인적인 자유를 억압하고 생명의 개성을 억압하는 강권주의(極權主義)와 독재주의로 전락되기 쉽다. 이와 상대하여 쇠렌 키르케고르(Soren Aabye Kierkegaard, 1813~1855)의 "고독한 개체"의 "광야의 호소", 하이데거의 "조자인(Sosein)"을 "종국의 죽은 자"에 대한 증명, 아도르노의 "차이성"과 "부정성"에 대한 극력 주장, 그리고 데리다, 푸코의 『포스트모더니즘』의 이질성, 단열성에 대한 탐구에 이르기까지 변증법의 정체주의 가치관의 취향과 독재적이며 독단적인 색채는 완전히 부동한 기질을 드러냈다. 이러한 것들은 변증법이 "총체성"과 "통일성"에 대한 숭배와 인본주의 철학의 차이성과 개성의 등가가치에 대한 고도의 중요시는 완전히 부동하며 따라서 변증법이 후자의 격렬한 비판을 받게 된 것은 이치에 맞는 당연지사였다.

4) 진실한 인간의 존재에 대한 변증법의 실의와 망각에 대한 폭로

전술한 내용과 관련하여 인간의 자아이해에 있어서 인본주의 철학은 진실한 인간의 존재를 망각한 변증법에 대해 맹렬한 비판을 가하면서 근본적으로 변증법은 인간의 본진(本眞)적 존재를 은폐하는 이론적 형태라고 했다. 이 점에 대하여 인본주의 철학의 각 유파는 주로 아래와 같은 몇 가지 대표적인 주장이 있다.

첫째, 인간을 순수한 이성적 존재와 동등시한다고 변증법을 비판하는 유리주의(有理主義)관점인바, 이러한 인간에 대한 자아이해는 완전히 개인의 생존, 욕망과 정감 등 가장 기본적인 요소를 무시하였다고 하면서 따라서 변증법은 인간의 진실한 형상에 대한 여과와 간소화라고 했다. 그 대표인물로 쇼펜하우어, 니체의 유리주의를 전형적이라고 지적했다.

둘째, 인간의 유한성, 역사성 등 본진(本眞)적 생존성질을 망각하는 변증법을 비판하면서 그러한 이유로 변증법은 무근거적으로 인간의 본원성 의의에 대한 자아이해를 무시한다고 했다. 이 주장은 하이데거의 "기초본체론"이 대표적인데 그의 관점에 의하면 "오로지 조자인(Sosein)이 존재하기만 한다면 그것은 시종 이미 그것의 상미(尙未)[31]이고, 마찬가지로 또 언제나 이미 그것의 종결이다. 사망의 뜻이 가리키는 결속은 조자인적 존재의 마지막을 의미하는 것이 아니라 이 존재자의 종결적 존재의 향방을 가리키는 것이다. 사망은 갓 존재하자마자 곧 거존재(去存在)의 방식이다. '갓 태어나자마자 인간은 곧 죽을 정도로 노쇠한다.'"[32] 조자인은 바로 이러한 유한한 시간성, 역사성 속에서 존재의 의미를 터득하지만 변증법을 포함한 전통 형이상학은 이 점을 완전히 망각했다. 고대 그리스에서 시작하여 중세기를 거쳐 헤겔에 이르기까지 "조자인은 모두 '세계' 방면에서 본신을 터득하고 일반적인 존재를 터득했다. 하지만 이렇게 성장한 존재론은 그중의 전통에 침몰되어 존재론으로 하여금 표현이 필요 없는 일, 한낱 새롭게 제작해야 할 재료로 강등시켰다(헤겔이 바로 이렇다) …… 이러한 사물은 시종 지체된 존재문제의 상황과 적응하여 그들의 존재로서의 존재 및 존재의 구조에 대해 추궁을 당한 적이 없다. 사람들은 오히려 전통 존재론 범주내포를 각종 상응한 표현법 및 완전 소극적인 제한을 이러한 존재자에게 들씌

---

31) 상미(尙未): 아직…하지 않다.
32) [德]馬丁·海德格尔:《存在與時間》, 北京: 生活·讀書·新知三聯書店, 1987, p.294.

우거나 또는 주체적 실체성 존재론에 대한 해석을 변증법에게 구걸했다."³³⁾
그리하여 주체가 실체화되고 인간이 본원적으로 지니고 있던 유한성과 역
사성은 여기에서 실체적, 무한적, 초시간과 초역사적 "절대정신"으로 환화
(幻化)했다. 이를 전제로 인간에 대한 변증법의 자아이해는 필연적으로 무
한한 것이며 전통 형이상학과 마찬가지로 유럽민족의 "허무주의"를 형성시
키고 추동하는 죄인이 될 것이다.

셋째, 역사 발전의 총체성 "법칙"에 미련을 두는 변증법을 비판하면서
개체의 생명자유와 생활 선택을 몰각하는 것이라고 했다. 미미한 개인을
웅대한 역사의 "변증 발전법칙"과 상대한다면 마치 승객과 열차의 관계와
유사한데 오직 소극적으로 열차가 가는 데로 따를 수밖에 없는 것이다. 이
면에 대해 상대적으로 온화한 비판자, 가령 사르트르는 변증법을 "인학의
공장(空腸)"이라고 하면서 개인을 주체로 하는 "인학변증법"으로 대체되어
야 한다고 주장했다. 칼 야스퍼스(Karl Jaspers, 1883~1969)는 인류 역사를
총체적인 역사법칙과 동등시하는 것은 필연적으로 변증법의 경직화를 초
래할 것이라고 비판했다. 즉 "인간은 고정적으로 존재와 인위적으로 단순
화시킨 인류역사 과정 —— 인간에 의해 설정된 근근이 물질 생산조건이 결
정하는 역사 과정 —— 을 연결시키고 있다. 물론 내가 가리키는 것은 마르
크스주의이다. 마르크스주의 학설에서 변증법은 단순한 방법으로 전락되
었는바 역사적 인류존재 면의 내용도 없고 형이상학 면의 내용도 없다. 그
리하여 …… 그것은 허위과학의 유행적 슬로건을 퍼뜨리고 있으며 이러한
구호는 형식적이고 그 형식 아래 원래 가정한 그러한 깊은 역사적 시대의
식은 인간이 함부로 교화하는 위폐가 되어버렸다. 최후에 심지어 변증법은
포기당하고 말게 된다."³⁴⁾ 급진적인 비평자들 가령 "포스트모더니즘" 파들

33) 동상서, p.28.
34) [德]卡尔·雅思貝尔斯: 《現時代的人》, 北京: 社會科學文獻出版社, 1992, p.7.

은 변증법을 "웅대한 서사"의 전형적인 대표로 간주하고 설정한 연속성, 일
원성의 세계관과 역사관은 미래에 필연코 개인의 예약불가적인 "전명(傳
名)"의 지위를 박탈하고 개인의 "결석의 권력"을 금지하여 진실한 개인이
"역사법칙"의 화려한 신화 속에서 백지화할 것이라고 했다.

　이상의 몇 방면의 분석과 검토를 통하여 변증법에 대한 인본주의 철학의
비판과 부정은 아주 첨예하고 격렬하였음을 알 수 있다. 그렇다면 과연 어
떻게 이러한 비판과 부정을 평가해야 할 것인가?

　필자는 간단한 태도, 즉 변증법에 대한 인본주의 철학의 비판을 단지 부
르주아 학자들이 계급의 편견으로부터 출발한 악의적인 공격과 폭력적 왜
곡에 불과하다는 태도를 포기해야 한다. 그들은 넓은 흉금으로 변증법을
충분히 긍정해야 하는바, 변증법의 엄숙성과 심각성을 인정하면서 변증법
을 비판하고 부정할 때 변증법에 대한 이해에 존재하는 일부 심층적인 문
제를 심각하고 예민하게 대해야 하는데, 이러한 문제에 대한 제시와 분석
은 심각한 계발성을 지닌다.

　첫째, 지식론범식의 변증법에 대한 인본주의 철학의 비판은 아주 심각
하고 견지가 풍부한바, 전술한 지성화와 실체화의 변증법 이론에 대한 비
판과 공동의 지취가 있다. 인본주의 철학은 자체의 특유한 시각에서 출발
하여 지성화 및 실체화한 변증법의 이론적 폐단을 제시함과 아울러 자기
나름의 극복의 방법(비록 편파적인 면이 없지 않지만)을 제안했다. 이러한 이론
적 활동을 통하여 우리는 과연 "지식론"을 초월한 변증법의 사상효소와 영
감을 발견하고 흡수할 수 있다. 소크라테스가 정초한 "지식론 전통" 및 이
전통에서 파생된 변증법에 대한 니체의 야박한 비판을 보기로 들어보자.
"소크라테스, 그리스인의 취미는 변증법의 열중으로 전향했는데 이는 무엇
을 의미하는 것인가? 우선 고귀한 취미는 이로부터 전승되었고, 천민은 변
증법에 기대어 우세를 얻었다. …… 개인은 오직 아무런 방법이 없으면 변
증법을 선택한다. …… 변증법은 설득력이 결핍한데 변증법의 영향보다 더

쉽게 제거할 수 있는 것은 없다. …… 변증법은 오직 최후의 대책조차 없는 부득이한 사람들 손에 있는 편의전략이다. 변증법을 사용하기 전에 반드시 강제적으로 자신의 권력을 획득해야 한다. 따라서 유태인은 변증법가요, 여우 레이나드도 변증법가이다. 왜? 소크라테스도 변증법가인가?"[35] 다시 하이데거의 심판을 들어보자: "변증법은 생존론 중에 토대를 마련하지 않았기에 필연적으로 토대가 없는 것이다."[36] "사변변증법은 철학 내의 일로서 어떻게 자신에서 시작하여 스스로 도달과 현시를 완성하며 또 이로써 눈앞의 방식을 이루는 것인가. 이러한 것은 필연적으로 어떤 광선 아래 진행된다. 오직 광선에 의지하여 현시하는 자만이 비로소 자신을 드러낼 수 있다. 하지만 광선의 차원에서 본다면 광선은 어떤 열린 경지, 어떤 자유로운 경지에 뿌리 내리고 있다. 후자는 여기저기에서 어느 때나 광선을 계명할 수 있다. …… 헤겔과 같이 그 자리에 있는 자가 추상적으로 다른 그 자리에 있는 자속에서 자기를 반영한다면 그들은 모두 이미 자유의 구역에서 자유롭게 움직이고 있는 것이다. 오직 열림성만이 비로소 추상적 사유의 도로가 그 생각하던 사물에 통달하도록 허락한다."[37] 이러한 주장들 속에서 우리는 변증법이 의거하고 있는 존재적 지식론 전통에서 벗어나려는 철학가들의 노력을 일별할 수 있으며 그들의 새로운 이론적 주장을 터득할 수 있는바, 즉 지식과 논리적 철학의 전에 없던 보다 본원적인 토대를 찾아 자율적으로 궁극적인 존재와 최고의 지식의 추상적 형이상학 사변에 대한 추구를 배척하며 "생존론"으로 "지식론"을 대체함으로써 인간의 생활세계와 현실 생존을 철학 관심의 중심에 두려는 것이다. 이러한 철학가들이 지식론 전통을 초월한 변증법적 존재 형태에 대해 긍정적인 검토를 하지 않

---

35) [德]尼採:《偶像的黃昏》, 長沙, 湖南人民出版社, 1987, pp.16~17, 원문은 수정.
36) [德]馬丁·海德格尔:《存在與時間》, 北京: 生活·讀書·新知三聯書店, 1987, p.359.
37) 孫周興選 編:《海德格尔選集》下, 上海: 上海三聯書店, 1996, pp.1251~1252.

고 변증법에 대개 기본적으로 부정적인 태도를 보이고 있지만 그들의 이론적 사고는 우리가 "지식론범식"의 변증법을 초월하고 새로운 캐리어와 토대 위에 변증법의 당대 형태를 구축하는 데 극히 관건적인 이론적인 계시를 제공하고 있다.

둘째, 인본주의 철학은 역사상 변증법이 과도하게 "총체화", "동일성"을 추구함으로써 형성된 독단과 교조적인 기질을 비판하였는바, 이는 우리가 다시 변증법의 이론적 성질과 이론적 형태를 사고하는 데에 중요한 계시를 준다. 분명한 것은 변증법의 가장 근본적인 특질은 "부정성"과 "비판성"인 바, 이는 일체 추상적인 교조와 원칙과 모두 수용 불가한 것이다. 이에 대해 마르크스는 "현존하는 사물에 대한 변증법의 긍정적 이해 속에는 동시에 현존사물에 대한 부정적인 이해가 포함되어 있는바, 즉 현존사물의 필연적인 멸망에 대한 이해가 들어 있다. 변증법은 모든 기성의 형식에 대한 인식은 끊임없는 운동 중에 있기에 그 잠시성의 방면에서 이해해야 한다. 변증법은 그 어떤 사물도 숭배하지 않으며 그 본질에서 본다면 비판적이고 혁명적이다"[38]라고 명확하게 지적했다. 이러한 의미에서 변증법은 종래로 현존상태를 수호하는 도구가 아니라 소외, 금기와 압제를 돌파하는 해방적인 역량이다. 하지만 이전의 변증법에 대한 이해 때문에 여전히 전통적 추상 형이상학의 어두운 그림자 속에 가려 있는 한편 확실하게 부정성과 비판성을 간과하고 총체성과 동일성을 추구하는 경향이 존재하고 있다. 따라서 이 점은 공교롭게도 변증법의 가장 소중한 정신을 은폐하여 본래 비판의식으로 충만되었던 변증법을 보수와 경직적인 것으로 만들었다. 인본주의 철학은 자체 특유의 입장에서 출발하여 이에 대해 유력한 타격과 해체를 함으로써 과거의 변증법의 경직과 교조에 대한 이해에 거대한 충격을 가했다. 변증법의 연구에서 적극적인 자세로 인본주의 철학의 이 방면의 연구 성과를 충분히 고려

---

38) 《馬克思恩格斯選集》 第2卷, 北京: 人民出版社, 1995, p.112.

하고 수용한다면 변증법 연구도 꼭 새로운 면모를 보일 수 있다.

마지막으로, 인간의 진실한 존재를 망각한 변증법에 대한 인본주의 철학의 비판과 진실한 인간의 형상에 대한 호소와 수호인데, 마찬가지로 변증법 연구에 계시성이 풍부한 사고의 방향을 제공한다. 변증법이 제공한 것은 근본적으로 인간의 현실 생활과 현실 생명과는 동떨어진 소위 "최고 지식"이지, 현실 인간의 자유와 해방에 관한 "생명의 학문"이 아니다. 하지만 과거에는 변증법을 혹자 세계에 관한 일반적인 구조의 이론, 또는 시간과 장소에 관계없이 현실의 선험적 기존 원칙을 해석할 수 있는 것으로 이해했고 변증법의 가장 핵심적인 인문정신은 오히려 가려 있었다. 인본주의 철학은 바로 과거 변증법 연구에 존재하고 있는 이 중대한 폐단을 발견하고 인간의 현실 생존의 주목을 철학사고의 중심으로 내세웠으며 인간의 생존의 경우와 생존의 운명에 대한 깊은 사색을 철학의 핵심임무로 삼았다. 비록 인본주의 철학이 나타내는 인문정신과 변증법의 고유의 인문정신이 지극히 다른 지취와 내용을 보이고 있지만 이 점에 대한 강조와 중시는 족히 우리에게 다음과 같은 계시를 주기에 충분하다. 즉, 변증법의 당대 합법성을 수호하고 변증법의 당대 의의를 밝히려면 반드시 변증법의 내적 인문정신의 해명을 위해 절실한 노력을 해야 하는바, 그렇지 않을 경우 변증법은 필연적으로 이론적 감화력과 사상의 흡인력을 잃게 된다.

이상의 분석에서 보다시피 변증법에 대한 인본주의 철학의 부정과 규탄에서 우리는 많은 유익한 계시를 얻을 수 있다. 물론 현대 서양의 인본주의 철학과 변증법은 필경 아주 많고 중대한 차이가 있는 두 가지 이론적 형태로서 전자는 후자의 여러 가지 결점을 비판하는 동시에 아주 무단하고 편면적으로 변증법 자체를 포기하고 있고 이러한 점은 분명 수용하기 어려운 것이다. 우리는 변증법의 당대 합법성을 수호해야 할 뿐더러 아울러 인본주의 철학의 관련 적극적인 성과를 수용해야 한다. 이를 위한 가장 관건적인 것은 변증법의 진실한 이론기초를 다시 해석하고 확립함으로써 변증법과 현 당대 인본주의 철학의 대화와 융합 중에서 새로운 이론적 형태를 드러내야 한다. 오직 이러한 재정비 가운데서 인본주의 철학이 밝힌 변증법 연구주의 폐단은 비로소 효과적인 극복이 가능하며 변증법의 당대 정당성을 효과적으로 수호할 수 있다.

변증법의 이러한 새로운 토대가 바로 다음 순서로 자세하고 논증하고 해석하려는 "생존론 토대"이다. 오로지 이 토대에 입각해야만 변증법에 대한 인본주의 철학의 그러한 이론적인 도전이 유력한 응전을 만나게 되며 변증법도 비로소 이를 계기로 광활한 의미의 공간을 얻을 수 있다.

제2부

변증법 생존론의 본체론적 토대

"존재관" 이론변혁의 실현

변증법의 근본적인 사명

1. 전통 형이상학의 "존재관"

"존재"문제에 대한 최종적인 해결은 전통 형이상학의 가장 중대한 이론적 포부를 구성했고 본체론 문제는 전반 형이상학의 핵심을 구성하고 있다. 전반 철학사에서 전통 형이상학의 "존재" 문제에 대한 이해는 복잡한 변천의 과정을 겪었는바, 부동한 유파와 부동한 철학가들의 주장에는 적지 않은 구체적인 차이가 있었다. 하지만 총체적으로 기본적인 입장은 유사했는데 이러한 기본적인 입장은 "개념화"의 "실체본체론"으로 개괄할 수 있다.

소위 개념화의 실체본체론이란 바로 "존재론"의 문제에 대한 아래와 같은 이념을 가리킨다. 즉 인간의 감각기관이 관찰하는 현상은 존재의 자체가 아니고, 그 배후에 은닉되어 있는 그 기초를 이루는 그러한 초감성적인 "실체"야말로 진정한 "존재"라는 것이다. 따라서 소위 "존재"란 바로 인간이 지성개념의 방식으로 파악한 시공, 감성을 초월한 자인(自因)적 "실체"이다. 이러한 "실체"는 사물현상의 "배후"에서 만사만물을 지배함으로써 전반 세계 최고의 통일성을 구성하는데 만사만물, 각종 구체적인 존재자가 존재할 수 있는 근거이자 이유이다. 철학의 임무는 바로 우연성, 외재적 현상의 방해를 배제하고 "사물 배후"에 심입하여 "종향적인 초월"을 진행함으로써 초감성적이고 본원적인 "존재"를 파악하는 것이다.

전통 형이상학의 이해에 의하면 이러한 "실체"화의 "존재"는 다음과 같은 중요한 특질이 있다.

우선, 그것은 "초감성"적 또는 "선험적"인 것, 즉 감성의 현상계를 초월하여 감성현상의 배후에서 감성세계의 "본질"적 세계를 지배하고 있는 것이다. 존재론 또는 본체론도 이에 따른다면 감성의 경험세계를 초월하여 독립적으로 존재하는 감성본질을 초월한 원리체계이다. 이러한 의미에서 하이데거는 "플라톤 이후로, 보다 정확하게 말한다면 늦더라도 그리스와 기독교가 플라톤철학을 해석한 이래로 이 초감성적인 영역은 진실적인 것과 진실한 현실적 세계로 간주되었다. 이와 구별되는 감성적인 세계는 단지 세속적, 쉽게 변이하는, 따라서 완전히 표피적이고 비현실적인 세계였다. 세속적 세계는 범속한 고해로서 피안세계의 영속과 극락인 천국과 다르다. 가령 우리가 감성적인 세계를 넓은 의미에서의 물리적 세계라고 칭한다면 초감성적인 세계는 형이상학적인 세계이다.[1]

다음, 그것은 절대적이고, 자재자인(自在自因)적이며 시공간을 초월한 영속적인 것이다. 감성현상은 변화무쌍한 것이지만 초감성의 본질적 실체는 영속적으로 존재하는 것인 바, 하이데거의 " '실체'적 존재의 특징을 스케치한다면 바로, '아무런 수요가 없다(無所需求)'는 것이다. 기타 존재자가 완전히 불필요하며 존재하는 것이란 바로 본래의 의미에서 실체관념을 만족한다는 것이다"[2]라는 지적과 같다. 다른 한편으로 이 실체의 세계도 감성적 현상계의 잡다함과 차이를 초월하여 절대적 동일로서 모든 "차이"를 "동일"속에 통제할 수 있으며 장래와 과거를 현재의 영속에로 통제 가능함으로써, "1원성", 보편적인 "절대적 통일체"이다.

---

1) 孫周興選 編:《海德格尔選集》下, 上海: 上海三聯書店, 1996, p.771.
2) [德]馬丁·海德格尔:《存在與時間》, 北京: 生活·讀者·新知三聯書店, 1987, p.114.

셋째, 그것은 절대적으로 진실하고 무한대로 완벽한 것이다. 초감성적인 실체는 현상 배후에서 현상의 순수한 초험적 본질 영역을 규정하는데 그 어떤 허위적이고 착오적인 것이 "본래적 존재"에 대한 오염을 피면하도록 한다. 현상의 환영은 실체가 아니고 "실체"만이 본래적, 지선(至善)과 원시적 존재이다. 이러한 영역, "여기에서 인간은 튼튼한 토대를 디디고 서서, …… 생명의 의의를 발견하게 된다."[3] 그리하여 영속적인 진리를 제공하고 역사와 무관한 가치 원칙과 가치의 틀을 제공하며 정의, 미덕과 선행 등을 위해 일로영일(一勞永逸)의 기반을 제공한다.

마지막으로, 초감성적인 이성실체와 상응하는 것은 지성논리와 개념화된 사유로서, 초감성적 이성실체는 상응되는 이론적 논리로써 파악할 필요성이 있는데 이 이론적 논리가 바로 지성논리이다. 전통 형이상학에서 지성논리와 개념식 사유는 초감성 본체세계를 통달하는 유일한 통로로 간주되었는데, 지성논리와 개념식 사유는 존재론 또는 본체론을 구축하는 유일한 방법과 사유논리이다. 이는 마치 하이데거가 개괄한 바와 같이 전통 철학에서 판단과 명제가 존재의 진리적 처소를 구성하였기에 선명한 "단언적 천진"과 "반성적 천진"으로 표현된다는 것이다. 그들은 이러한 실체세계에 대한 파악에 도달하려면 반드시 지성논리적 방법으로 개념식 사유를 활용하여야만 "존재"에 대한 순수한 무은폐성에 도달하게 된다고 주장했다. 이러한 의미에서 전통 형이상학의 실체의 실질은 바로 개념화, 지성화의 실체이며, 바로 "이성 형이상학" 또는 "개념 형이상학"이다. 이 점은 전통 형이상학에서 "본체론은 '시'에 관한 철학이고 '시'는 철학가들의 개조를 거친 후 가장 높고 가장 보편적인 논리 규정성을 지닌 개념이며 기타의 여러 가지 '소시(所是)'적 논리 규정성을 포함한다"[4]는 것과 같다. 하이데거는 예리하게 이 특점을

---

3) [美]理査·羅蒂:《哲學和自然之鏡》, 北京: 生活·讀書·新知三聯書店, 1987, pp.1~2.

4) 俞宣孟:《本體論研究》, 上海, 上海人民出版社, 2005, p.27.

지적하였는데, "존재론과 신학이 '학(學)'이 될 수 있는 것은 그것들이 존재자가 존재자인 것과 존재자 전반에 대한 논증에 대한 탐구이기 때문이며, 존재자의 근거로서의 존재에 대해 논증하고 있기 때문이다. 그들은 로고스(logos)에 답안을 제시했고 본질적인 의미에서는 로고스를 준수하는 것이며, 또한 로고스의 논리학이기도 하다. 따라서 보다 정확하게 말하자면 그들은 존재──논리학과 신──논리학인 것이라고 하는 것이 더 마땅하다. 좀 더 명확하게 사고한다면 형이상학은 존재-신-논리학인 것이다."[5]

스테이스(Walter, T. Stace)는 자체 나름의 특유의 시각으로 "존재"에 대한 전통 형이상학의 이해를 아래와 같은 특징으로 귀납하고 있다.

(1) 완전히 독립적인 존재로서 자신의 존재에만 의존한다.

(2) 현상은 다른 존재에 의존하는 존재로서 이러한 다른 존재는 진실한 본체의 세계이다.

(3) 실재는 직접 의식에 현시할 수 있는 것으로서, 물질적 혹은 심리적 실체이다.

(4) 존재는 진실한 사물의 공상(共相)이다.

(5) 존재는 실존이 아닌바, 그의 존재는 논리적 존재이다.

(6) 실존은 현상이다.

(7) 존재는 현존하는 것, 개별적인 것, 주관적인 정신이 아니라 추상적, 보편적, 객관적 정감으로서 논리적인 것이지 사실적인 존재가 아니다.

(8) 존재는 제1성 원칙 또는 궁극적인 절대로서 만물의 원천이기에 반드시 이로써 우주를 해석해야 한다.

───

5) 孫周興選 編:《海德格尔選集》下, 上海, 上海三聯書店, 1996, p.832. 인용문은 약간 수정한 것임.

(9) 이러한 제1성의 원칙은 단지 논리 유지에만 한정되고 만물의 의미에 앞선 제1성이지 시간 순서상의 제1성이 아니다.[6]

약간의 대비를 거치면 발견할 수 있는바, 스테이스의 개괄은 우리가 전술한 논술과 그 루트는 다를지라도 종국적으로 동일한 귀결점에 이른다.

이상에서 논술한 바는 전통적 형이상학이 이해하고 있는 "존재"의 기본적인 특징이다. 플라톤의 "지선(至善)", 아리스토텔레스의 "부동(不動)의 추진자", 스콜라 철학가의 "신" 또는 "상제(上帝)", 스피노자의 자인적 무한한 자연화실체, 라이프니치의 모나드(Monad) 등 이론에서 헤겔의 "절대정신" 개념에 이르기까지 전통 형이상학의 기나긴 역사에서 실체의 구체적인 설계에 관한 주장은 각양각색이었다. 하지만 "존재"에 대한 이해에서는 누구나 막론하고 모두 전술한 특징을 보여주었다.

전통 형이상학은 인간의 감각기관에 감지되는 사물의 배후에 가려진 그의 기초가 되는 초감성적인 대상이야말로 진정한 존재, 즉 "본체"라고 주장한다. 경험세계에서 존재자의 존재는 완전히 이 본체에 의해 결정되고 본체는 경험현상의 규정을 받지 않는 절대적인 자재, 궁극적인 시인성(始因性)을 지닌 존재이다. 존재하는 사실과 존재 분체를 분리, 대립시키는 것은 형이상학적 사유의 기본적인 전제이다. 전통 형이상학의 "존재"에 대한 전술한 이해는 기나긴 역사적 발전과정에서 점차 침적된 뿌리 깊은, 세계를 설명하고 해석하는 기본 원칙과 이론모식으로서 철학사에서 지극히 깊은 낙인을 남겼다. 세계를 설명하고 해석하는 이러한 기본 원칙과 이론모식은 "형이상학적 이론모식" 또는 "실체본체론적 이론모식"이라고 명명할 수 있다. 전술한 "존재"에 관한 실체화의 이해에서 우리는 그가 의지하고 따르는 이러한 기본 원칙들을 분석할 수 있다.

---

6) [美]W.T.司退斯:《黑格尔哲學》, 北京: 中國社會科學出版社, 1989, pp.26~27.

(1) 정관(靜觀)이 행동보다 높으며, 논리가 생존실천보다 높은 "유리주의 (有理主義)"를 추구하는 원칙. 유리주의는 실체본체론 논제의 하나로서 초감 성적인 실체의 수요와 그에 상응한 파악의 방식인데 유리주의의 지성적 논 리일 수 밖에 없고 실체본체론과 지성논리라는 동체의 두 개 면으로써 상 호 표리를 이룬다. "존재" 문제를 해결하기 위하여 전통 형이상학은 유리주 의의 방식으로 초감성적인 실체를 포획하여 자체의 최고의 목표로 삼는데 이는 필연적으로 그 대상화적 정관과 사변을 그 근본적인 작업방식으로 만 들어간다. 바로 이러한 의미에서 하이데거는 정관과 행동의 분리는 전통 형이상학의 중대한 특징이라고 했으며 동시에 하버마스는 "강대한 이론개 념"을 형이상학 사상 표징의 하나라고 했다.

(2) 궁극적으로 실재적 절대주의와 환원주의 원칙을 추구하는 원칙. 그들 은 "존재"와 "존재자"의 근본적인 구별점은, 전자는 궁극성과 절대성을 지녔 고, 후자는 정처 없이 떠도는, 환영과 같은 부실한 것이라고 했다. 실체화적 "존재"는 존재자 총체의 배후에서 그를 지탱하는 전반 세계의 최고권위를 구성하였고, "실체"는 논리적으로 "선재(先在)"의 본원성과 기초성을 지니고 있기에 "제1", 그리고 "최고"의 것이다. 일단 이러한 최고의 선천적으로 제1 성의 실체에 대한 파악에 도달하기만 하면 기타의 구체적 존재자는 모두 미루어 연역할 수 있는 것이다. 이것이 선성적이고, 농후한 환원론적 색채를 띤 사상원칙이라는 점은 자명하다. 알리시아 주아레르는 전통 형이상학의 이러한 특징을 "뿌리의 신화"라고 개괄하였는데, 신화사유의 "기원숭배"의 유적을 보류하였다는 의미로서 아주 적절한 것이라고 해야 할 것이다.[7]

(3) 양극의 대립에서 단극(單極)의 통일성을 탐구하는 "1원화 원칙". 이는 앞의 원칙의 논리적 연장이다. 전통적 본체론철학의 전부의 합법성은 모두 이러한 2원대립의 등급모식을 기반으로 하고 있다. 초감성적인 "실체"의

---

7) [法]雅克·施蘭格:《哲學家和他的假面具》, 北京: 社會科學文獻出版社, 1999, p.54.

극이 대표하는 것은 본질, 진리, 이성, 독립, 필연, 지선 등이고, 감성적인 "현상"의 극이 대표하는 것은 우연, 무상, 피동, 부진(不眞), 저급 등이다. 이 양극에서 전자는 주재적, 지배적과 결정적이고 후자는 종속적, 의부적, 부차적이다. 따라서 전자는 충분한 합법성으로 후자를 통제하고 후자는 반드시 전자에게 무조건 복종하고 전자를 최고의 목표로 해야 한다. 그러니까 그들은 이러한 양극대립의 관계에서 1원통일성을 모색하고, 2원 등급관계에서 단극적 절대권위의 이론모식을 탐색하는 것이다.

(4) 비시간, 비언어환경을 준수하려는 "비역사적" 원칙. 초감성적 실체는 "시간" 이외의 "비역사성"적 존재로서 "시간"을 "죽음"으로, "역사"를 "소멸"로 몰아감으로써 영원한 "재장(在場)"의 성질을 지니고 있다.

이는 전통 형이상학의 "존재관"이 준수하는 가장 주요한 이론원칙이다. 기나긴 역사의 흐름 속에서 철학가들은 이러한 이론적 원칙을 준수하면서 "존재"라는 철학의 가장 근본적인 중대한 문제에 대해 "일로영일"의 해결을 얻으려고 했다.

과연 전통 형이상학은 "존재" 문제의 해결에서 성공한 것인가? "존재" 문제의 해석에 관련되는 이 문제는 진정으로 존재자의 "존재"라는 이 요긴한 문제에 대해 해답을 완성한 것인가? 이러한 개념화의 실체주의의 존재관은 과연 "존재"의 임무까지 상통하는 것인가?

그 고유한 제한성으로 말미암아 전술한 이론원칙에 의한 "존재" 문제에 대한 전통 형이상학의 이론모식의 해결은 필연적으로 극복 불가한 내재적 이론적인 곤경을 내포하고 있을 것으로 판단된다. 바로 이러한 이론적 곤경의 충분한 자각, 그리고 이 곤경의 창조적인 해결을 위하여 변증법의 대체적인 이론모식이 비로소 태어나게 되었고, 새로운 이론영역에서 "존재" 문제에 대한 새로운 해결을 시도했다.

2. 전통 형이상학 "존재관"의 내적 곤경

"존재"의 문제를 해결하기 위하여 전통적 형이상학은 "존재"를 초감성적인 추상적 실체로 귀결시키고 이로써 존재자 전반의 "실체통일성"을 획득하고자 했다. 그들은 존재자가 존재로서 존재하는 근거는 바로 이 초감성적인 실체의 세계에서 개념의 방식으로 이 실체의 세계를 포획함으로써 세계에 관한 통일성 원리를 얻고 "존재"에 대한 본신의 이해를 완성하는 것이라고 주장했다.

"존재"에 관한 이러한 이해는 우선 다음과 같은 힐난을 대비해야 한다. 즉, 실체화의 존재는 "다양"한 존재자 배후의 "1"로서 과연 어떻게 자신의 동일성에 위협이 되지 않는 상황에서 일체를 형성하는가?[8] 환언한다면, 과연 어떻게 초감성적인 "존재"와 감성적인 "존재자" 사이의 "2원" 그리고 "통일"적 관계를 설명할 수 있는가 하는 문제이다. 초감성적인 실체는 "1"로서 그를 기원으로 하는 모든 존재자 속에 존재하고 있는바 그것은 반드시 자신을 구체적 존재자와 구별해야만 비로소 자체의 "영원한 장"의 절대적 동일성을 유지할 수 있다. 그렇지 않을 경우 그는 자체의 순수성과 신성성을 잃게 되고 존재자가 존재자인 문제에 대한 해석의 자격을 잃게 된다. 하지만 이렇게 될 경우, 초절대적 초감성적 1원화의 실체적 세계와 구체적 존재자의 감성적 세계 사이에는 도저히 미봉할 수 없는 커다란 골이 생기게 된다. 초감성적 실체는 존재가 만물의 밖에 존재할 것을 요구하면서 또한 절대적인 동일성 입장을 유지할 것을 요구하며 동시에 만물 속에서 존재자를 존재자로 전환시켜야 한다. 하지만 이것이 어떻게 가능할 수 있을까?

이 "1"과 "다(多)"의 모순을 해결하기 위하여 역사상의 형이상학자들은 여러 가지 대응책을 채택했다. 플라톤에서 시작하여 근대의 형이상학 철학

---

8) [德]于尔根·哈貝馬斯:《後形而上學思想》, 南京: 譯林出版社, p.143.

가들에 이르기까지 모두 이 문제를 해결하기 위하여 일심전력했지만 늘 미흡한 점을 완전히 극복할 수 없었다. 플라톤이 만년에 제안한 이념론은 부동한 이념의 결합에서 이념과 사물의 결합을 실현했지만 이 통일성을 사물의 "실재"로 간주하는 주장은 존재자의 존재를 설명하기에는 역부족이었다. 이 존재자의 존재를 설명하기 위하여 플라톤은 최후에 부득이하게 "물질의 기질(基質)"에 의지하고자 했고 이 때문에 그의 이론은 극복 불가한 내적 충돌을 야기했다. 근대의 스피노자는 이 문제를 가장 잘 해결한 사례인데, 그는 실체를 자연계의 상황 속에 두고 "존재"와 "존재자"를 일체로 융합시켰다. 하지만 그는 이러한 양태를 오로지 부정의 현상의의를 지닌 것으로 간주하고 오직 부정적 상황을 통해서만 비로소 실체가 그 속성의 무한성 속에서 긍정을 획득할 수 있다고 주장했다. 그리하여 실체와 상황 간에는 또 일종의 존재적 관계가 성립된 것이다. 초감성적 "존재"와 감성적인 "존재" 사이의 2원분리는 시종 전통 형이상학의 이론적 난제였다.

위의 문제와 관련하여 전통 형이상학이 직면하게 될 두 번째 힐난은 다음과 같다. 즉 개념화의 방식으로 파악한 초감성적인 실체는 항상 보편성과 일반적인 실체이고 감성적인 "존재자"는 항상 차이성, 개별성과 특수성을 지닌다. 그렇다면 "존재"의 보편성과 일반성은 과연 어떻게 "존재자"의 개별성과 특수성을 설명하는가? 앞에서 지적한 바와 같이 실체세계에 대한 파악에 도달하기 위하여 전통 형이상학은 주로 지성적 논리(형식논리)의 방법으로 사물의 차이성, 개별성과 특수성을 배제하고 보편 정도가 가장 높은 "유(類)"의 개념을 추상해낸 다음 이 "유"의 개념을 실체화함으로써 세계의 존재를 설명하는 가장 일반적이고 통일적인 원리로 격상시키는데, 이로써 존재는 "가장 보편적인 개념"[9]이 되는 것이다. 전통적인 형이상학의 "존재" 문제에 대한 해결은 차이성, 개별성과 특수성을 청산하고 해소하는 것

9) [德]馬丁·海德格尔:《存在與時間》, 北京: 生活·讀書·新知三聯書店, 1987, p.4.

을 전제로 한다. 하지만 차이성, 개별성과 특수성을 제거한 "존재"는 어떻게 차이성, 개별적이고 특수적인 "존재자"를 "통일"할 수 있는 것일까?

일반과 개별, 보편성과 특수성, 동일성과 차이성의 모순에 대하여 전통 형이상학은 그 고유한 이론적 모식 내에서 유력한 해명을 할 수 없다는 점은 아주 자명한 일이다. 이에 대해 아도르노는 『부정적 변증법』에서 심각한 분석을 한 바 있다. 그는 "플라톤 이래 이러한 것(즉 '개별성'과 '특수성'-인용자 주)은 항상 잠시적, 무의미한 것으로 방치되어 왔다. 헤겔은 이를 '타성적인 실존'이라고 했다. 철학의 주제를 구성하는 것은 질(質)인데, 정액(定額)에서 무시할 수 있는 양으로 폄하해버렸다."[10] 개성과 차이성을 희생한 대가를 형이상학의 초감성적 실체화 존재의 본질성과 보편성을 유지하는 수단으로 삼는 것은 전통적 형이상학의 필연적인 결과이다. 하지만 이는 문제를 해결했다기보다는 문제를 무시하거나 회피했다고 해야 할 것이다.

이상의 두 힐난과 관련하여 전통적 형이상학은 "존재" 문제를 해결할 때 제3의 힐난에 직면하게 된다. 즉 초감성적인 실체화는 비담론적, 비시간적의 보편적인 존재자로서 과연 어떻게 세계와 존재자 전반의 시간과 역사 속의 운동, 변화와 발전을 설명하는가? 비시간적, 비담론의 존재자는 과연 어떻게 "동변성(動變性)", "역사성", "발전성"에 대해 합리적인 해석을 하는가? 앞에서 지적한 바와 같이 전통 형이상학의 초감성적 실체는 초시간적, 초담론적인 것으로서 "영속적인 현시성"을 지니고 있다. 하이데거의 분석에 따른다면 초감성적인 "실체"는 "영속적인 현재"로 간주되고 전통적 형이상학의 시간은 본질적으로 "현재적인 시간관"인 것이다. 고대 그리스의 이러한 존재론은 이미 거기에서 형성되었고, 아리스토텔레스는 "현지의 시간관"의 완성자가 되었으며 줄곧 헤겔에까지 이어졌다.[11] 그렇다면 이러한 "현재의

10) [德]阿多尔諾:《否定的辯證法》, 重慶: 重慶出版社, 1993, p.6.
11) [德]馬丁·海德格尔:《存在與時間》, 北京: 生活·讀書·新知三聯書店, 1987, pp.501~510.

시간관"의 출발은 과연 어떻게 인간과 세계의 "역사성"을 설명할 것인가?

이러한 힐난은 "영속성"과 "역사성", "영속적인 재장(在場)성"과 "시간성"의 모순에 관련되는 것으로서, 전통 형이상학 개념화의 실체본체론에 있어서는 마찬가지로 치명적인 것이다. 그들 고유의 이론적 모식 안에서 그것은 근본적으로 효과적인 해명을 할 수 없는 것이다. 철학사상 전통적 형이상학 철학가들을 보면 최종적으로 그 누구를 막론하고 모두 "무시간성"적, "영속적인 재장", "무한"한 실체 속에 기간성과 역사성을 매몰하고 말았다. "역사감이 가장 풍부한" 헤겔조차도 최종적으로 개념의 "무시간적 영속성"과 "시간성적 지구자(持久者)"를 분리함으로써 거대한 이론적 곤경에 함몰되었다. "지구적인 것은 어떻게 일약 무시간적인 것으로 탈바꿈하는가? 시간적인 것은 어떻게 일약 무시간적인 것으로 탈바꿈하는가? 유한한 것은 어떻게 일약 개념으로 탈바꿈하는가? …… 시간성과 무시간성, 지구성과 영속성 사이의 깊은 골은 어떻게 메워져야 하는가?"[12] 이에 대해 헤겔은 독단적인 방법에 의거하여 강제적으로 해결하는 외에 별다른 수가 없었다.

전술한 모든 힐난과 관련하여 전통 형이상학이 직면한 네 번째 중대한 힐난이 있다. 즉 지성적 논리와 개념방식은 과연 본체를 통달하는 능력이 있는가? 본체로 통하는 루트를 담당하기에 충분한가? 전술한 바와 같이 지성적 논리와 개념방식은 주객 2원대립을 전제로 현상으로부터 본질을, 개별로부터 보편을, 차이에서 동일을, 변화에서 영속을, 구체에서 추상을 형이하에서 형이상을 추구함으로써 최종적으로 모든 것을 영속적인 재장(在場)의 초감성적 실체로 귀결하는 사유논리이다. 그 주요 특점은 다양성, 개별성과 차이성을 제거하고 그 가운데서 최고, 최대의 동일성과 보편성을 추출한 후에 이 동일성과 보편성을 전반 세계의 궁극적인 존재와 해석으로 간주하는 것이다. 이러한 의미에서 전통적 형이상학이 추구하는 것은 실제

12) 張世英:《自我實現的歷程》, 濟南: 山東人民出版社, 2001, p.191.

로 존재의 "지식"성에 대한 장악이다. 존재는 한 "대상"으로서 가히 또 반드시 과학처럼 논리범주로써 표현하고 파악해야 한다. "존재"는 최고의 절대적 순수한 지식의 일종으로 귀결된다. 그리하여 "존재론"은 최종적으로 "지식"화되고 "존재론"은 최종적으로 "지식론"으로 전화되며 형이상학은 이 때문에 "본원성 존재"를 파악하는 지식성 범주체계가 되는 것이다. 하지만 문제는 "존재론"이 과연 "지식론"으로 전환 가능한 것인가? 지성적 논리와 개념방식은 피안의 "존재"에 대한 파악에 충분히 도달할 수 있는가? "존재"는 일종의 경직, 고립, 절대화된 지식개념으로 환원될 수 있는가? 보편성, 동일성, 초감성적 지식개념은 다양성, 풍부성과 모순성으로 충만된 세계의 존재를 족히 설명, 해석할 수 있는 것인가?

전술한 모든 힐난을 만약 하나의 근본적인 것으로 귀결한다면 다음과 같다. 즉 초감성적 개념의 왕국은 어떻게 인간의 구체적 현실 생활의 존재를 해석할 것인가? 인간의 현실 생활은 항상 "다양"하고, "특수"하며, "구체적"이고, "발전적"이며, "모순으로 충만"되었고 "시간 속"의 것인데, "1원"적, "보편"적, "추상"적, "응고"적, "일방"적, "비시간"적 개념화 실체로 어떻게 설득력 있는 설명을 할 수 있는가? "존재"는 초감성적인 실체로서 실질적으로는 감성현상 세계의 존재자"와 다른 특수한 존재자이며, 우월성을 지닌 존재자일지라도 심지어는 "신성(神性)"한 존재자일지라도 여전히 일종 "존재자"일 것이다. 그렇다면 이러한 "존재자"로부터 출발할 경우 어떻게 다양한 구체적 존재자의 존재를 논증하고 설명할 것인가?

이러한 힐난에 대하여 전통 형이상학은 유력한 해답을 할 수가 없다. 이 문제의 실질은 하이데거의 관점에 의한다면, "존재"와 "존재자"의 차별을 혼동하고, "존재"를 "존재자"로 오해한 것인데 결과는 진정한 "존재" 문제를 망각했다는 것이다. 여기에 "실체성 관념의 존재의의는 분명하게 해석된 것이 아니라 해석 불가한 것으로 치부된다."[13] 따라서 일종 특수한 "존재자"로서 존재자의 "존재"를 해결하려는 것은 필연적으로 가망이 없는 노력일 뿐이다.

이 근본적인 힐난에 직면하여 전통 형이상학은 자체 전부의 이론적인 치명상을 노출하고야 말았다. 인간의 생활을 객체에 대한 주체적인 사유, 인식 영역에 제한하고 주체와 객체를 잇는 개념의 다리로 삼아 절대적, 동일적 보편적 개념의 인식에 도달할 수 있다는 철학과 인생의 전부의 내용에 이르려는 결과는 필연적으로 철학을 창백한 나락으로, 생활을 추상과 와해의 나락으로 떨어뜨리게 된다. 현실 생활 자체는 "다양성"적이지만 초감성적 실체의 세계는 오히려 보편적 "동일성"적이다. 후자로써 전자를 설명하려는 시도는 필연적으로 "동일성"으로써 "다양성"을 청산하려는 것으로서 풍부한 구체적 생활내용을 추상개념의 블랙홀의 나락으로 떨어뜨리게 될 것이며(마르셀), 현실 생활은 본래 "시간 안"에서 "변화", "발전"하는 것인데 실체세계는 "시간 밖"의 "영속한 현시"의 "재장"자로서, 후자에 의거하여 전자를 설명한다면 필연코 현실 생활은 기정된 본질과 선험적인 교조에 의해 철저히 구속될 것이며, 현실 생활은 본래 "초논리" 심지어는 "비논리"적인 것인데, 실체의 세계는 순논리적인 것으로서, 후자에 의거하여 전자를 설명한다면 필연코 현실 생활의 추상화를 초래하게 된다. …… 이러한 것들은 모두 "존재"문제를 해결할 때 전통 형이상학이 존재를 초감성적인 추상적 실체로 이해하기에 인간의 현실 생활을 허구된 세계 속으로 함몰시키는 결과를 초리하게 된 것이다. 초감성적인 실체는 마치 거대한 증류시설처럼 인간의 현실 생활의 풍부한, 모순적, 구체적, 현실적 내용을 철저하게 깨끗이 증발시켜 인간의 현실생활, 현실적 생명은 모두 피동적으로 추상화되어 즉 "피추상화"에 이르는데, 이는 인간과 인간의 현실 생활의 상실을 의미한다.

위의 분석에서 아주 분명하게 드러난 것은 "존재" 문제의 "1"과 "다", "단극"과 "모순", "응고"와 "발전", "이성"과 "감성", "추상"과 "구체" 등 모순관

---

13) [德]馬丁·海德格尔: 《存在與時間》, 北京: 生活·讀書·新知三聯書店, 1987, p.118.

계에 직면할 때 전통 형이상학은 독단적인 방식으로 강제적 해결을 시도하는 외에 인간에게 진정으로 설득력 있는 해석을 제공할 수 없다는 점이다. 따라서 전통 형이상학의 존재관에는 극히 엄중한 이론적 곤경과 심층적인 이론적 결함을 내재하고 있는 것이다.

　이는 전통 형이상학은 "존재" 문제를 해결할 사명을 충분히 감당할 수 없으며, 존재자의 존재자로서의 "존재" 문제를 해결하려면 반드시 전통 형이상학의 이론적 모식을 초월하여 새로운 이론적 환경에서 새롭게 해석해야 한다. 바로 전통 형이상학의 존재관에 대한 이러한 이론적 곤경에 대한 충분한 자각을 토대로 하였기에 변증법의 새로운 이론적 모식은 비로소 발생할 필요성을 가지게 된 것이다.

"존재" 문제에 대한 변증법의 해결을 탐구하다

전통 형이상학을 초월하려는 변증법의 노력

1. "모순", "부정" 관념과 "존재" 문제의 변증적 해결

"존재" 문제의 해결에서 전통 형이상학이 직면한 각양각색의 곤경 가운데 가장 근본적인 문제는 개념화한 초감성적인 실체를 보편성, 1원성과 응고성의 추상적 존재로 간주하였기에 구체성, 다양성, 모순성을 가진 변동적인 존재자의 존재를 설명할 수 없다는 데에 있다는 점을 살펴보았다. 어떻게 이 곤경을 벗어날 것인가 하는 관건은 "존재" 문제의 해결에 달렸다.

전통 형이상학의 이론적 곤경의 근본적인 증상에 대해 변증법은 상당히 깊은 통찰을 보였다. 변증법은 전통 형이상학의 "존재관"의 곤경은 "존재" 문제에 대한 이해, 파악의 이론적 논리와 내재적인 관련이 있다고 파악했다. 이 이론적 논리를 개괄한다면 바로 "절대 포용불가의 대립적 사유로서, 그들의 설법은 '시(是)는 시요, 불시(不是)는 불시, 그 외의 것은 모두 귀신 염불하는 소리이다"[1]는 것이다. 따라서 전통 형이상학의 존재론 문제에서의 곤경을 극복하려면 우선 이러한 존재관과 상응한 지성논리를 초월하고 신형의 이론적 논리(즉 변증논리)로써 교체함으로써 "본체" 문제를 "변증"적으로, "실

---

1) 《馬克思恩格斯選集》第3卷, 北京: 人民出版社, 1995, p.734.

체화"가 아닌 방법으로 해결해야 한다.

이러한 목적을 달성하기 위하여 극히 요긴한 고비는 "모순"의 관념, 그리고 모순관념과 긴밀히 관련되는 "부정"의 개념을 설정해야 한다.

전술한 바와 같이 전통 형이상학의 실체본체론이 이해하는 본체는 "실체화의 본체"로서, "존재" 문제를 해결할 때에 항상 1원적, 절대적, 응고적 초감성의 실체에서 출발하여 세계에 관한 통일성의 원리를 획득함으로써 존재자가 존재라는 존재론에 대한 이해를 얻고자 한다. 이는 그로 하여금 실체의 1원성과 세계의 다원성, 실체의 단극성과 세계의 다중성, 실체의 절대성과 세계의 상대성, 실체의 응고성과 세계의 변동발전성 간의 모순관계에 직면할 때 오로지 전자를 중심으로 독단적으로 2원대립관계 속에서 절대적, 단극(單極)적 통일성을 추구하도록 하고, 다양하며 상호 모순된 존재를 단일성과 절대화의 본질로 귀결시킬 수밖에 없게 함으로써 이중화, 대립성과 모순관계의 존재를 불허한다. 이러한 방식으로 모순을 대하기에 모순을 해결했다기보다는 오히려 독단적인 태도로 모순을 회피하고 해소했다고 해야 한다.

전통 형이상학의 실체본체론의 이러한 독단성에 대하여 칸트는 『순수이론성비판』에서 아주 신랄한 비판을 가했는바, 그 비판을 통하여 "모순"을 중대한 관념으로 부각시켰다. 그는 전통적 이성적 형이상학은 경험을 초월하여 초감성적인 본체를 파악하고자 하는데 이는 필연적으로 "선험적 환상"과 "이율배반"을 초래하게 된다고 지적했다. 따라서 전통 형이상학은 성립 불가한 것으로서, 개념의 방식으로 초감성적인 본체세계를 파악하려는 시도는 필연적으로 "모순"을 초래하게 되며, 이 "모순"은 이성적 본성으로서 그 어떤 우연한 현상이거나 개념의 본성이 아니라는 것이다.

자기의 사고방식에 따라 전통 형이상학의 망령됨과 독단에 대한 비판을 끝까지 고수하려고 하던 칸트는 "모순"에 대해 소극적인 태도를 취했다. 하지만 그는 자기의 비판을 충분히 내세웠는바, 존재 문제를 해결하려면 "모순"의 관념은 아주 관건적이고 회피할 수 없는 일환이라고 주장했다.

그렇다면 과연 어떻게 해야 진정으로 "모순"관념, 이와 관련되는 "부정"의 관념을 수립하고 이로써 "본체" 문제를 변증적으로 해결할 수 있는 것인가?

가장 중요한 것은 사유의 "방법"을 개변해야 한다는 것, 또는 사유의 "논리"를 개변해야 한다는 것이다. 전통 형이상학은 지성 논리를 초감성실체에 도달하는 근본적인 과정과 방법으로 간주한다. 마치 엥겔스가 지적한 것처럼 "구 형이상학 의미에서의 동일률은 구 세계관의 기본적인 정률이다."[2] "동일률"(및 동일률에서 파생된 "배중률(排中律)"과 "부모순률(不矛盾律)")은 지성논리와 개념이 준수하는 기본적인 법칙이다. "동일률"에 근거하면 개념은 자아와 상호 모순될 수 없으며 모순은 무의미한 황당한 것으로 간주된다. 따라서 지성논리를 준수한다는 것은 전통 형이상학의 지성사유와 본질에서 필연적으로 "동일성사유"의 한 종류가 되며, 그들이 이해하는 본체는 필연코 지성화의 본체가 된다. 그들은 "동(同)"을 이해하는 동시에 필연적으로 그것을 절대적인 1원성, 차별성과 대립성을 이탈한 단순한 공동성으로 이해한다. 여기에서 "재이(在异) 중의 부동하게 규정된 자체의 동일과 이 이상(異相) 대립의 동일성 본신은 추상적인 동일성으로 전환하게 되고, 재이 중의 대립성, 이(異)와 동(同)의 대립성은 추상적인 모순률로 전환하며 아울러 두 개 대립 규정 중의 양자택일의 추상적 긍정성은 배중률로 전환한다. —— 동일성, 모순률과 배중률은 여기에서 상호 고립 격리된 사유의 규정성으로 변한다."[3], "시는 시, 불시는 불시", "양자택일" —— 이것이 가장 기본적인 논리적 공식을 구성하게 된다.

이러한 사유 논리를 준수하는 전통 형이상학이 이해하는 본체론은 기필코 "실체"화한 본체임이 분명하다. 소위 "실체"라는 데에는 "자인자족(自因

2) 동상서, p.915.
3) 鄒化政: 《黑格尔哲學統觀》, 長春: 吉林人民出版社, 1991, p.156.

自足)", "무수외구(無須外求)", "절대동일(絕對同一)", "영원재장(永恒在場)"의 뜻
이 포함된다. 이러한 실체화한 본체는 근본상 모순성과 부정성을 용납할
수 없다는 점도 분명하다. 바로 전통 철학이 지성논리에 따라 "본체"를 이
해하며 본체를 "실체화"하였기에 사람들은 비로소 변증법과 상호 대립된다
는 의미에서 그것이 준수하는 것을 "형이상학"적 사유방식이라고 칭했다.

이와 달리 변증법은 근본적으로 "본체"가 "동일성"과 "실체성"이라는 관
념을 개변하고 "본체"를 "모순성"과 "부정성"에 관한 개념으로 확립하려고
한다. 전통적 형이상학이 일컫는 소위 "존재" 혹은 "본체"는 절대적 "동일
성" 실체라는 것과는 근본적으로 달리 변증법은 "동일성"이 아닌 "모순성"
이야말로 "존재" 또는 "본체"를 구성하는 본성이라고 주장한다. 모순성은
"존재" 또는 "본체"의 "오점"이 아니라 오히려 그 고유한 속성이다. 이러한
논리에 따르면 "존재"와 "본체"는 더 이상 동일성으로 응고된 하나의 실체
가 아니라 "자아모순" 속에서 끊임없이 진행되고 있는 "자아부정"과 "자아
초월"의 변이와 활동 과정이다. 여기에서 본체 혹은 존재는 "1"로서 더 이
상 경직되고 응고된 "현성(現成)" 또는 "공상(共相) 즉 공상(共相)"의 실체 동
일성이 아니라 "동일성"속에 만물을 포용하고 만물의 구별성과 다양성을
현시하고 있는 것이다. "긍정성"은 더 이상 단극적, 절대적, 1원화적, 배타
적 추상긍정성이 아니라 자체와 자아모순, 자아와 자아부정, 자아와 자아
초월, 스스로 자기의 규정과 한계를 타파하는 "부정성" 속의 "긍정성"이다.
"본질"은 추상적 자체 속에 존재로 있을 수 없이 본체 또는 존재를 본질로,
존재 과정의 일체 사물을 현상의 대립통일로 간주해야 한다. 따라서 본체
또는 존재의 현실성을 파악하는 것은 단극성의 한 방면, 가령 본질, 무한성
등으로서 그 진리성을 설명할 수 없고 오직 모순적, 내재와 외재적 대립통
일 등으로 그 진리성을 설명해야 한다. 그리하여 변증법은 존재 또는 본체
에 관한, "모순"과 "부정" 속의 존재와 발전의 진리적 논리가 되는 것이다.
이러한 신형의 이론적 논리는 전통 형이상학이 함몰되었던 독단과 곤경의

모순관계로 하여금 합리적인 해결을 얻도록 했다.

"존재" 또는 "본체"는 더 이상 추상적, 응고적, 절대동일적인 실체가 아니라 끊임없이 자체의 계선과 규정한 자아모순을 초월하는 자아부정과 자아초월의 과정이다. "존재" 또는 "본체"는 더 이상 경직화, 고립적, 불변으로 만변에 응하는 "점"이 아니라 유동적, 역사상 스스로 생성한 "흐름"인바, "존재" 또는 "본체"에 대한 변증법의 전연 새로운 해석을 이루었다. 이러한 해석을 출발점으로 "모순"과 "부정"의 관념은 새롭게 확립되었는데, 즉 "존재"의 본성은 바로 자아 "모순"과 자아 "부정"이며, "부정"과 "모순"은 "존재" 명제에 고유한 의미라는 것이다.

"모순"과 "부정" 관념의 확립은 변증적 논리로 하여금 전통적 형이상학의 지성논리와 근본적으로 다른 논리가 되어 전통적 형이상학의 "1개 실체로 천하를 통일"하는 경직된 통치를 해체하고 "존재"의 이해에서 새로운 이론적 경지를 창출했다. 이는 그 출발부터 새로운 "존재관"의 탄생을 선고한 셈이다.

이러한 새로운 "존재관"에서 출발하여 "존재"는 끊임없이 자아의 계선을 타파하고 자신을 초월하고 부정하는 발전 과정으로서 더 이상 자아 절대동일, 모든 것을 침식하는 블랙홀과 같은 고립된 실체가 아니다. 플라톤은 이렇게 물은 바 있다. "우리는 먼저 반드시 아래와 같은 구별을 해야 한다. 어떤 사물이 영원히 존재하면서 불변하는가, 어떤 사물이 변화하지만 진실하지 않은가?"[4] 이 질문은 "영원한 존재이지 불변은 아니다"와 "변화이지 진실이 아니다"라는 양자를 완전히 대립시켰다. 만약 "존재"의 영속적 성질을 견지한다면 운동, 변화와 발전을 "존재"가 아니라 단지 "비존재"로 간주해야 한다. 이 질문은 바로 전통 형이상학의 지성논리의 특성을 드러내고

---

4) 北京大學哲學系外國哲學史教研室 編譯:《古希腊羅馬哲學》, 北京: 商務印書館, 1982, p.207.

있는 것으로서, "존재"는 필연코 "비존재"가 아님을 의미하며 "유"는 필연코 "무"가 아님을 의미한다는 것, 양자 간에는 완전한 분리를 뜻하는 벽이 있다는 것이다. 이와 달리 변증법은 "존재"를 자체의 한계를 끊임없이 타파하고 자체를 끊임없이 초월하고 부정하는 발전 과정으로 간주하면서 "존재"와 "비존재", "유"와 "무"의 지성대립을 파기하고 "존재"와 "비존재", "유"와 "무"의 피차 격리를 초월하고 "존재"와 "비존재", "유"와 "무"는 "대립통일"로서 상호 침투하는 것임을 주장한다. "존재"와 "유" 가운데는 "비존재"와 "무"에 의거하여 형성된 자아부정, 자아"허무화"의 힘이 있는바, 변증법은 이 힘을 통하여 능동적으로 한계를 타파하고 "존재"를 융화하여 본래 경직된 실체화 "본체"로 하여금 "유동"하도록 한다. 이는 "존재" 내에 "비존재"가 포함되어 있고 "유"의 내에 "무"가 포함되어 있으며 "비존재" 또는 "무"가 "존재" 또는 "유"의 고유적 내용을 구성하고 있음을 말해준다. 여기에서 "비존재" 또는 "무"가 의미하는 것은 "존재" 또는 "유"의 결함이 아니라 "존재" 또는 "유"의 "부정성"의 의향과 충동으로서 "존재" 또는 "유"는 끊임없이 자체의 초월하는 능동적 활동성임을 의미한다. 바로 "존재"와 "비존재", "유"와 "무"의 대립통일적인 상호 침투 속에서 "존재"는 비로소 변화, 발전하는 과정을 보여준다.

전통 형이상학은 "존재"를 확고한 추상적, 절대적 동일성의 실체로 간주하고 있는 것과는 달리 이러한 이해의 논리가 대표하는 것은 완전히 새로운 존재관, 즉 "변증"적 "존재관"임이 자명해진다. "존재관"의 초월은 내재적으로 이론적 논리의 도약을 요구하는바, 신형의 "이해의 논리"가 가져온 것은 신형의 "존재관"이다. 양자의 이러한 관계 속에서 우리는 변증법과 본체론은 1체2면으로서 양자는 상호 보좌하면서 잠깐도 분리할 수 없는바, 본체론을 떠난 변증법은 필연코 원천 없는 물의 흐름, 뿌리 없는 나무가 될 것이다.

변증법은 전통 형이상학의 본체관을 초월하여 새로운 변증법 본체관을 이론적 목표로 확립했다. 하지만 이는 변증법이 탄생일부터 이를 이룩했다는 것을 의미하지는 않는다. 역사적 시각에서 본다면 변증법은 기나긴 역사적 변천의 과정 속에서 비자각, 비성숙으로부터 점차 자각과 성숙에 이르렀음을 알 수 있다. 이와 아울러 "존재" 문제에 대한 변증적 이해도 끊임없이 자아의 이론적 결함의 극복과 자아비평을 거쳐 점차 성숙과 심화의 변천과정으로 나갔던바, 이 발전과 변천의 궤적을 따라 순차적으로 변증법을 세 가지 기본적인 이론형태로 개괄할 수 있다. 즉 직관적인 변증법, 반성적인 개념변증법(또는 사유변증법), 자각적인 생존론 변증법이다. 이 3자 가운데 직관적이고 소박한 변증법은 고대 철학자들의 반성의 수준이 비교적 낮은 조건 아래에서 발생한 경험성, 현상적 변증법이고 반성적 개념변증법은 근대 철학의 분위기 속에서 형성된 변증법이다. 이는 고대 변증법의 소박성과 직관성을 훨씬 초월한 한편 여전히 전통 형이상학의 짙은 그림자 속에 가려 전통 형이상학과 여전히 한데 어울려 있다. 따라서 그 변증법 사상도 중대한 불철저성을 띠게 된다. 이러한 원인으로 말미암아 이 두 가지 변증법은 "존재"에 대한 이해에서 비록 전통 형이상학을 돌파한 사상적 예봉을 표현하고 있지만 거대한 사상모순도 함께 내포하고 있다. "생존론 변증법"은 마르크스를 창시자로 하는 현대 철학이 창립한 변증법의 현대 형태로서 현대 철학의 시야에서 기존의 변증법 이론의 불철저성을 극복하고 "존재" 문제에 대해 전연 새로운 해결을 가져옴으로써 변증법으로 하여금 전례 없는 높이에 도달하게 했다. 따라서 변증법의 이 세 가지 형태는 순차적으로 변천하는 과정은 변증법 이론적 전제에 대한 끊임없는 자아비판이었고 이러한 자아비판을 통하여 "존재" 문제에 대한 변증적 이해를 끊임없이 심화하면서 끊임없이 성숙에로 다가가는 과정이었으며, 동시에 또 변증법의 끊임없는 자아부정, 양식의 갱신, 자아도약을 실현하는 과정이기도 했다.

다음 변증법의 이 세 가지 형태에 대해 각각 고찰해보기로 한다. 이러한 고찰의 목적은 "역사"성에 있는 것이 아니라 "문제"성에 있는바, 우리의 목적은 이러한 고찰을 통하여 보다 심도 있게 변증법과 "존재"라는 근본적인 문제 사이의 심층적인 연관을 밝힘으로써 마르크스철학변증법의 생존론 토대를 위해 충분한 이론적 선색과 이론적 준비를 부각하려는 데 있다.

2. 직관적이고 소박한 형태의 변증법과 직관적이고 소박한 변증 "존재관"

직관적이고 소박한 형태의 변증법은 인류 동년 시기에 발생한 "존재"에 대한 이해양식으로서 자발적이고 본능적인 이론적 직각이며 세계의 존재에 대한 경험적 표현에서 기원된 것이며 세계 존재의 모순성, 변동성과 다양성에 대한 직관적이고 소박한, 전 개념적, 전 반성 수준의 본능적인 터득이다.

최초의 철학가들은 철학적인 사고를 할 때 변화무쌍한 세계의 "존재"에 대해 원시신화와는 다른 총체적이고 이성적인 해석을 하고자 했다. 알리시아 주아레르의 이해에 따른다면 최초의 철학들은 비록 비신비의 이성적 방식으로 세계의 존재에 대해 설명하고자 했지만 기본적인 경향에서 여전히 원시신화와 다름없이 "뿌리 신화를 보류했다. —— 설명하고 설명이 가능한 것은 뿌리를 보류한 것인데, 즉 시간적이든 아니면 논리적이든 이때는 모두 비시간과 비현상의 기원과 연계된다. 그 기원이 불휴와 무차이었기에 기원, 즉 제1원리는 비로소 부동한 논리의 평면에서 설명이 가능했던 것이다."[5] 1원성을 토대, 본원으로 삼아 출발하여 세계의 "존재"에 대한 일로영일의 궁극적인 설명을 하려는 의도는 바로 "뿌리 신화"의 뚜렷한 표현이다. 전문에서 분석한 바와 같이 철학가들의 이러한 시도는 모든 형이상학과 같이 필연적으로 1과 다(수), 절대와 상대, 영원과 초월 등의 모순관계를 해결

---

5) [法]雅克·施蘭格 等:《哲學家和他的假面具》, 北京: 社會科學文獻出版社, 1999, p.55.

하는 과정에서 중대한 이론적 곤경에 빠지게 된다. 그렇다면 어떻게 해야이 모순관계의 해결을 얻어낼 수 있을 것인가?

바로 이 이론적 어려움의 해결의 과정에서 일부 고대 철학가들의 직관적이고 소박한 변증법 사상이 발생했다.

우선, 1과 다(多), 절대와 상대, 영원한 초월 등 모순관계의 해결을 모색하기 위하여 고대 철학가들은 세계의 "본원"과 "토대"의 설계에 모순, 대립, 부정 등 단계를 주입시켰다. 그들은 직관적으로 고립적, 응고적이며 확고한 "본원" 또는 "토대"를 감지함으로써 세계의 존재가 직면한 이론적 곤경을 설명하고자 했다. 그리하여 사상적 일관성을 달성하기 위하여 그들은 본원과 토대의 설계에 영활성과 탄성을 증가하여 해석력을 강화하려고 했다. 아낙시만드로스(Anaximandros, B.C.610~546)는 "대립물은 기질 속에 내재되어 있으며 기질은 무한체로서 이 무한체에서 대립물이 분리된다. ······ '대립물'이란 바로 냉과 열, 습과 건조 등이다"라고 했다.[6] 피타드라스학파는 "수 (數)"는 세계의 본원임을 인정하는 한편 또 수(數)에는 홀수와 짝수의 구분이 있으며 "대립물은 존재물의 토대"라고 지적했다.[7] 유한과 무한, 1과 다(多), 정방(형)과 장방(형) 등 열 개의 대립면이 만물의 원형을 구성하고 있다. 밀레투스학파(Herakleitus)는 더욱 명확하게 통일물은 두 개의 대립면으로 구성되었으며 그것이 두 개로 갈라질 경우 두 대립면이 드러나게 된다고 하면서, 낮과 밤, 상승과 하강, 선과 악, 생과 사, 수(면)과 깸, 노(화)와 소(장), 존재와 비존재 등 대립과 모순의 관계는 모두 "동일(同一)"한 것이라고 했다. 본원과 토대에 모순을 주입시켜 확고한 모순, 대립 등 요소의 토대를 흔들었고 경직 응고되었던 "동일성"의 본질에도 틈이 나도록 하였으며 변증의 인자도 선명한 모습을 드러냈다.

---

6) 北京大學哲學系外國哲學史敎硏室 編譯:《古希腊羅馬哲學》, 北京: 商務印書館, 1982, p.8.
7) 동상서, p.38.

둘째, 세계만물의 "존재"를 설명하기 위하여 그들은 모순, 대립면 사이의 상호 작용으로써 세계만물의 변동성을 설명했다. 가령 아낙시메네스(Anaximenes, B.C.585?~528?)는 "공기는 우주의 토대 …… 일체 존재물은 모두 공기의 농후화 또는 희박화에 따라 발생한다"[8]고 했으며, 엠페도클레스(Empedocles, B.C.490?~430?)는 수, 토, 화, 기 네 가지 원소는 "애(愛)"와 "한(恨)"의 두 가지 대립과 모순의 역량의 영향 아래 끊임없이 결합, 분리되면서 만물은 비로소 "존재"할 수 있는 것이라고 주장했으며, 헤라클레이토스(Heracleitos, B.C.540?~480?)는 보다 명확하게 "모든 것은 대립에서 발생하며"[9], "상반자는 상대를 성립시켜 주고", "대립은 조화로움을 조성하며", "상호 배척하는 사물은 결합되어, ……모든 것은 투쟁을 통해 발생하는 것이다"[10]라고 했다. 모순, 대립, 투쟁으로써 세계의 "존재"를 설명하는 것은 분명 1원성, 절대성의 토대로 세계의 "존재"를 설명하는 것의 독단성과 심층적인 이론적 어려움을 의식하였기 때문이며, 따라서 이러한 설명은 형이상학을 초월하려는 변증경향을 포함하고 있다.

중요한 점은 세계의 "존재"에 대한 보다 유력한 설명을 위하여 그들은 대립, 모순의 쌍방의 상호 부정과 전환을 인식하기에 이르렀는데, 세계의 존재와 발전은 오로지 모순과 대립되는 쌍방의 상호 부정과 전환을 통하여서만 해석 가능하다는 것이다. 이는 엠페도클레스가 지적한 바와 같이 "세계의 발생과 소멸은 사랑 또는 증오가 통치적 지위를 차지하는 데 따라 결정된다", "두 가지 파워의 경쟁은 인간의 사지를 통해 아주 명백하게 볼 수 있는바, 일정한 시기 생명력이 왕성할 때에는 사랑의 통치 아래 사지가 단결되어 통일체를 이루지만, 다른 한 시기 여러 가지 사악한 충돌의 힘에 의해 사지는

---

8) 동상서, p.12.
9) 동상서, p.15.
10) 동상서, p.19.

각자 분리되고 착란에 빠져서 생명의 변두리에서 갖은 몸부림을 치게 된
다"[11]는 것이다. "사랑"과 "증오", 이 두 가지 상대적인 파워는 상호 전환함으
로써 사물이 존재할 수 있는 이유를 구성하고 있다는 것인데, 이에 대한
헤라클레이토스의 표현은 보다 형상적인바, 즉 "우리의 신상에는 생과 사,
깸과 꿈, 소(少)와 노(老) 등은 시종 동일한 것으로서 후자는 변화하여 전자가
되고 전자가 변하면 후자가 된다"[12], "냉이 열로, 열이 냉으로, 습이 건조로,
건조가 습으로 변한다"[13], "불사는 사요, 사는 불사이고 후자가 사면 전자는
생이고 전자가 사면 후자가 생이다"[14], "만약 한 사람의 모슨 소망이 만족을
얻는다면 이 사람에게는 좋은 일이 아니다"[15]라는 것이다. 뿐만 아니라 헤라
클레이토스는 또 대립면의 상호 전환을 통하여 세계만물은 운동과 변화를
실현한다고 했는데, 주지하고 있는 그의 명언에는 "이 일체에 보편적으로
적용될 수 있는 질서는 신이 창조한 것도, 인간이 창조한 것도 아닌 과거에
줄곧 있어왔으며 현재, 장래에도 영속될 것인바, 영원한 활화, 일정한 정도
에서 연소하고 일정한 한도 내에서 꺼진다", "사물의 총체는 강물처럼 길게
흘러간다", "인간은 두 번 다시 동일한 강에 들어갈 수 없으며 마찬가지로
진정 온전하게 그 어떤 죽음의 사물을 파악할 수 없다. 사물은 산개된 것인
동시에 집중된 것이며 또 소실되고 떠나가게 되어 있다", "우리는 동일한
강에 재차 들어갈 수 없는바, 우리는 존재이자 곧 비존재이다"라는 것들이
있다. "모순", "대립"과 "전환"은 여기에서 변이, 활동의 원인과 원칙으로
이해된다. 절대적, 시간을 꿰뚫는 불변의 "본원", "토대"와 "본질"로서 세계
존재를 설명하려는 "근원적 신화"와 달리, 모순성과 모순의 전환성에 대한

---

11) 동상서, p.83.
12) 동상서, p.27.
13) 동상서, p.30.
14) 동상서, p.24.
15) 동상서, p.29.

강조, 그리고 이러한 전환으로써 세계만물의 "존재"를 설명하려는 사상은 보다 선명한 변증적 색채를 표현하고 있다.

전술한 고대의 철학가들이 세계의 "존재"를 사고할 때 드러낸 변증 사상은 직관적, 전(前) 개념적 그리고 전(前) 반성(反思)적인 것으로서 하이데거의 표현에 따른다면 초기 그리스의 이러한 사람들은 근본적으로 "철학가"가 아니라 단지 "사고자"일 뿐이라는 것이다. 그 이유는 그들이 아직도 후기의 철학가들처럼 논리적, 이지적인 방식으로 존재를 이해하지 못하고 전 논리적, 전 개념적인 방식으로 존재를 터득하고 있기 때문이다. 헤라클레이토스를 그 한 사례로 본다면 그의 "로고스"는 "존재"로서의 이지적 인식의 대상이 아니라 "원시성적 집회"이며 일체 존재자로 하여금 "하나로 집회"하여 존재를 이루는 것을 의미하며, 대립적 모순적 존재자들의 집회로써 원시적 통일성을 실현하는 것을 의미한다. 따라서 "존재"에 대한 그의 해명은 논리적인 해석이 아니라 전 논리적인 "생존론"의 경청으로서, "logos" 소리의 경청, 상반과 상조, 상호 전환의 존재자가 "로고스" 속의 "집회"에 대한 경청이며 존재자의 "정체와 비정체, 합과 분, 조화와 부조화"가 "로고스" 속에서 "일체가 하나를 낳고 하나가 일체를 낳는 것(从一切生一, 从一生一切)"[16]을 실현하는 것이다.

이는 비록 직관적, 비반성적인 방식으로 "존재"의 대립, 모순, 부정, 전환 등 변증적 성질을 설명하고 있지만 이러한 고대 철학가들이 제시한 "존재"에 관한 새로운 관념은 분명 "지성적 논리"의 범주, "불변으로 만변을 대응하는 것"을 초월하고 절대적인 본원, 최고본체의 "뿌리의 신화"를 추구하고 있기에 당시의 역사적 조건에서는 확실히 혁명적이었고 당시 "뿌리의 신화"를 주제로 하는 철학 주류와는 중대한 구별이 있는 의식과 기상을 표현하고 있다. 바로 이 때문에 헤라클레이토스를 대표로 하는 변증법 사상

---

16) 包利民:《生命與邏各斯》, 北京: 東方出版社, 1996, p.86.

은 항상 아리스토텔레스와 상통한 마르크스로부터 높은 평가를 받았으며 풍부한 변증법 사상을 지닌 철학가의 의혹과 반대를 받았다. 또한 『형이상학』에서 그는 "전하는 바에 의하면 헤라클레이토스는 '같은 일은 일일 수도 아닐 수도 있다'는 말을 남겼다고 하는데 이것은 어느 누구도 믿을 수 없는 것이다"[17]라고 했다. 그는 헤라클레이토스의 관점은 형식논리의 기본적인 법칙, 즉 "동일률"을 위반하였기에 "모순양가(矛盾兩可)"의 착오를 범했다고 주장했다. 그에게 있어서 "어떤 사물이든 동시에 가능할 수도 없을 수도 있다는 것은 불가능한 것"[18], "가령 동일한 주제에 대하여 동일한 시간 내의 상반된 설명이 모두 정확하다면 일체 사물은 분명 필연코 하나로 혼합될 것이다."[19] 따라서 "어느 누가 '한 사람'이 마침 '다른 사람'과 다를 수 없다고 한다면 이는 불가능한 것이다."[20] 아리스토텔레스가 완전히 지성 형식논리의 입장에서 헤라클레이토스에 비판을 전개하고 있음을 알 수 있다. 지성 형식논리의 입장에서 본다면 변증법은 필연적으로 황당하고 전연 도리가 없는 것이다. 하지만 바로 이러한 "황당함"과 "전연 도리 없는" 것이 변증법의 "양자택일"의 지성사유 방식의 초월과 부정, 고대 직관적, 소박한 변증법 사상의 소중함을 보여주고 있다.

하지만 직관적, 소박한 형태의 변증법도 그 직관성과 소박성 때문에 중대한 이론적 한계를 내포하고 있다. 고대 사상가들은 적극적인 이론적 직각으로 "모순성", "대립성", "부정성"과 "전환성"이 존재자의 "존재"에 대한 해석에서 가지는 중대한 역할을 표현한다. 하지만 그들이 이러한 사상방식으로 존재자의 "존재"를 설명하려고 할 때 그 직관성과 소박성 때문에 그들은

17) [古希臘]亞里士德:《形而上學》, 北京: 商務印書館, 1983, p.62.
18) 동상서, p.63.
19) 동상서, p.67.
20) 동상서, p.65.

시종 이러한 전제성 문제의 이론적 자각을 결여하고 있는바, 즉 소위 존재자의 "존재"는 항상 인간에 상대할 경우 인간과의 관계 속의 "존재"에 처해 있으며, 인간이라는 이 "존재"와 "친밀한 관계"를 유지하는 특수한 존재자가 있어야만 비로소 명징해질 수 있는 것이다.

바로 이러한 이유 때문에 직관적, 소박한 형태의 변증법은 일단 총명하고 반성능력이 비교적 강한 힐난과 질의에 조우하면 불가피적으로 자체의 무력함을 폭로하고야 말게 된다. 엘레아학파의 제논(Zeno of Elea, B.C.495?~430?)의 유명한 "비시부동(飛矢不動)", "아킬레우스논증", "운동장가설" 등 역설을 제기할 때 고르기아스(Gorgias, B.C.483~376) 등은 개념의 분석으로부터 "하나의 물건이 존재하는 동시에 또 존재하지 않는다는 것은 모순적이다"는 주장을 제기했을 때 직관, 소박한 변증법은 강력한 반박이 어려웠다. 그 이유는 바로 전술한 역설이 아주 첨예한 방식으로 회피불가적인 새로운 문제 ─존재자의 "존재"가 항상 인간과의 관계 속에서 인간이 개념을 운용해야만 비로소 파악할 수 있다는 것을 제기했기 때문이다. 그러므로 직관적으로 사물의 운동과 변이를 승인하는 것과 개념의 방식으로 자각적으로 사물의 운동과 변이를 파악하고 표현하는 것은 서로 다른 별개의 것이다. 과연 어떻게 개념의 방식으로 사물의 운동과 변이를 파악하고 표현하는가 하는 문제가 관건이었다. 이 새로운 문제는 완전히 직관적, 소박한 형태의 변증법의 고유적인 시야를 초월했다. 그리하여 이러한 도전 앞에서 직관적이고 소박한 변증법은 곤경에 빠질 수밖에 없었다.

구체적으로 말하자면 "제논의 역설(Zeno's paradox)"의 실질은 극단적인 방식으로 암암리에 다음과 같은 문제를 내포하고 있는바, 즉 인간은 반드시 개념의 방식으로 사물의 존재와 운동을 파악할 수 있는데 개념은 인간의 주관적 지성의 형식이고, 항상 내재적으로 "응고성", "현성성(現成性)", "격리성" 등 성질을 지니고 있다는 것이다. 그렇다면 이러한 "응고", "현성", "격리"의 본성을 지닌 개념은 어떻게 "운동", "전환", "비현성"적 본성을 지닌 사물의 존재를 파악할 것인가? 개념의 본성 차원에서 본다면 "만약 단절이 없는 물건을 잘라서 생생한 물건을 간단화, 조야화하지 않고 파쇄, 경직화하지 않는다면 우리는 운동을 상상, 표현, 측량, 묘사할 수 없다. 절대운동에 대한 사유의 표현은 항상 조야화, 경직화한데 사유뿐만 아니라 감각도 이러하다. 운동에 대해서뿐만 아니라 그 어떤 개념에 대해서 모두 이러하다."[21] 이와 달리 사물의 "존재"는 항상 모순, 변이와 발전 속에 처해 있다. 그렇다면 이 부동한 본성을 지닌 두 개의 계열은 어떻게 해야만 비로소 일치에 이를 수 있는 것인가?

고대 철학가들은 "사유와 존재"의 모순관계 문제, 근대 철학에 이르러서야 비로소 명확해진 이 과제의 해결에 있어서 근본적으로 무기력했다. "제논의 역설"은 특수한 방식으로 이 문제의 어려움을 과시하였는바, 일종의 직관적인 방식으로 세계 존재의 모순, 운동과 변이성을 인정하는 것과 개념의 방식으로 모순, 운동과 변이 이 두 가지 결코 같지 않은 두 가지 일을 표현하는 것, 후자가 분명 전자보다 훨씬 더 어려운 것이다. "제논의 역설"의 소위 "역설"의 실질은 "개념"의 역설과 모순이다. 이러한 개념의 역설과 모순은 완전히 직관적, 소박한 형태의 변증법적 사상의 시야를 벗어났으며 또한 완전히 그의 해결 능력을 초월한 것이기도 하다.

직관적, 소박한 변증법이 해결에 무기력했던 난제는 반성적, 개념 형태의 변증법이 해결하려는 중심적인 과제이다.

---

21) 《列寧全集》第38卷, 北京: 人民出版社, 1959, p.285.

3. 반성적, 개념 형태의 변증법 및 그 "존재관"

반성적, 개념 형태적 변증법이 자체로 제안한 중심적 임무는 어떻게 응고적, 경직적, 현성적인 개념을 움직여 변이와 발전 중에 존재하는 사물을 파악할 것인가 하는 것이다.

철학사에서 만년의 플라톤은 유명한 "통종론(genos)"에서 개념들 간의 각종 변증관계에 대한 사고를 보였다. 『파르메니데스(PARMENIDES)』편, 『소피스트(SOPIST)』편에서 그는 "존재"와 "비존재", "1"과 "다", "이것"과 "별개의 것", "동"과 "이" 등 순수한 개념 사이의 변증관계를 분석함으로써 이념 사이의 상호 규정, 상호 분할, 상호 연관을 설명하면서 "존재"를 해석하고자 했다. 플라톤의 이러한 사고는 반성적, 개념적 변증법의 대표자 헤겔에게 거대한 영향을 끼쳤다.

진정으로 사유와 존재의 모순관계의 시각에서 자율적으로 사고하고 이 문제의 전환적 의의를 발생시킨 대표자는 칸트이다. 그는 이성적인 비판을 거쳐 사유와 존재의 관계에서 출발함으로써 최초로 철학사상 사유의 본성에서 개념의 변증관계, 개념이 내포한 "내재적 모순"을 사고함으로써, 응고, 경직화된 개념을 유동시키기 위한 중대한 계기를 마련했다. 그가 제안한 문제는 인간이 이성을 운용하여 순수한 개념의 추론에서 획득한 "존재"에 관한 지식은 무엇 때문에 두 종류의 형식논리에 부합되면서도 상호 대립되는 명제와 논증을 동시에 성립시킬 수 있으며 또한 완전 대등한 등가성을 지니게 되는가였다. 칸트는 형식논리에 부합되고 상호 대립되면서도 동시에 성립되는 이 명제와 논증을 "이율배반"이라고 칭했다. 그는 이성이 일단 경험의 한계를 초월하여 초감성적인 본체를 파악하려고 하면 곧 자아모순에 빠진다고 했다. 그는 4쌍의 "자아모순"적인 명제를 사례로 들어 이성은 천연적으로 경험을 초월하여 초감성적 본체를 파악하는 자연적 경향을 지니고 있으며 이러한 경향이 바로 인간의 "형이상학"적 천성이라고 했

다. 이에 수반하여 "이율배반"과 "자아모순"에 함몰된다면 마찬가지로 "현
성적 필연행동"으로서, 이성이 자아모순에 함몰되는 것도 필연적인 사건이
며 이성의 필연적인 운명이 될 것이라고 지적했다.

칸트는 이성의 모순본성을 제시했던바 그의 탁월함도 바로 여기에 있다.
하지만 그는 여전히 지성적 논리의 영향 아래 이성의 "모순" 본성에 대해
소극적인 태도를 보이면서 모순을 이성의 "오점"으로 간주했다. 그는 마땅
히 이성을 제한하고 이성의 초험적 사용을 예방함으로써 이성이 자아모순
과 이율배반에 빠져들지 않도록 경계해야 한다고 했다. 그러함에도 불구하
고 이 문제에 있어서 그의 두 가지 중대한 공헌은 그로 하여금 변증법사에
서 극히 중요한 자리매김을 하도록 했다. 하나는, 전통 형이상학의 독단성
에 대한 심각한 비판, 그리고 그 이론의 이성에 대한 제한 특히는 그에 수
반되는 실천이성의 부각은 인류가 다시 "존재" 문제를 인식하고 해결하는
데에 아주 심원한 현대적 의미가 있는 것이다. 이 의미는 현대 철학의 발전
과 더불어 날로 광범하고 심각하게 반영되고 있다. 두 번째는, 철학사상
최초로 이성의 모순본성을 제시했다는 점이다. 이는 전반 독일 고전 유심
변증법의 형성에 가장 근본적인 "문제의식"을 제공했으며 헤겔의 반성, 개
념 형태의 변증법을 위해 극히 관건적인 토대를 마련했다.

칸트가 걸음을 멈춘 곳에서 헤겔은 극히 중요한 것을 발견했다. 그는 이
성의 "자아모순"에서 이성의 자아부정, 자아초월, 자아전환의 역량과 충동
을 발견했으며 개념초월과 자신의 한계의 타파, 끊임없는 자아창조와 자아
생성의 내재적 생명력을 발견했다. 그는 모순은 이성의 모순으로서 그 오
점일 뿐만 아니라 다른 한편 그 내재적 존재방식과 합법성이라고 했다. "정
신이 바로 모순이다", "모순이 바로 정신이다", 이 양자가 바로 "1은 2, 2는
1"이라는 것이다. 이러한 정신적 모순성이 바로 "사유가 규정한 내재적 부
정성, 자체 운동의 영혼, 자연과 정신 모두의 생동성의 근본"[22]이라는 것이
다. 요컨대 바로 이성의 "모순성"이야말로 개념의 경직화, 응고화와 기성성

을 극복하기 위하여 가능성을 제공했으며, 진정으로 개념을 "연소"시켜 끊어지지 않는 "개념의 강"이 될 수 있다는 주장이다.

재삼 강조했듯이 개념의 유동을 위하여 최종적으로 해결해야 할 것은 "존재"의 본체론 문제이다. 헤겔은 이에 대한 아주 명확한 자각을 띠고 있었던바, 그가 개념변증법으로 해결하려고 했던 것이 바로 존재 또는 본체 문제였다. 그는 소위 "사상"은 절대 칸트가 말하는 의미에서의 주관사상이 아니라 "사유와 존재의 상호 통일"된 "객관사상"이며, 일체 감각기관 대상의 내재적 본질의 "객관이성"이라는 것이다. "사상의 진정한 객관성이란 사상은 우리의 사상일 뿐만 아니라 동시에 사물 자신이며 혹은 대상성의 물체의 본질이어야 한다."[23] 사상은 "일체 자연과 정신사물의 진실한 공동양태"로서 정신현상의 보편적인 실질을 구성함과 아울러 또 외부사물의 실질을 구성하고 있다. "'객관사상'이란 낱말은 진리를 가장 잘 표시할 수 있다. 감각기관에서 보는 사물은 의심할 나위도 없이 주관적이고 그 본신이 고정성이 없으므로 단지 떠돌며 무한한 변화를 일으킬 뿐이다."[24] 기존의 형이상학과 달리 헤겔은 "본체" 즉 "객관정신" "주체화"에 자체 발전의 본질을 부여하고 실체 본신이 바로 주체라고 지적했다. 마르크스의 평론과 같이 그는 실체를 주체로, 내부의 과정, 절대적인 인격으로 이해했는데 이러한 이해방식은 헤겔방법의 기본적 특징이다. 이러한 이해에 따르면 세계의 본체는 프랑스 유물론이 말하는 경직되고 기계적인 자연물질로서 예전의 독단적인 형이상학이 인정하던 지성적, 응고적, 절대적 초감각관적인 실체가 아니라 하나의 "발전 과정"이고 하나의 "객관이성"과 "객관사상"이 끊임없이 분화하고 통일되며 끊임없이 자아모순, 자아부정을 하는 "정신활동성"이다. 스피노자가

---

22) [德]黑格尔:《邏輯學》上, 北京: 商務印書館, 1974, p.39.

23) [德]黑格尔:《小邏輯》, 北京: 商務印書館, 1980, p.120.

24) 동상서, p.130.

제안했던 "규정이 바로 부정"이라는 명제를 넘어 헤겔은 정신 본체에 대한 활동에서 본다면 부정은 동시에 그에 대한 긍정이며 본체는 오로지 자체에 대한 이러한 부정 속에서만이 비로소 세계의 논리 우선성의 기초가 되며 비로소 존재자로 하여금 "존재"가 될 수 있도록 한다고 했다. 따라서 헤겔은 합리적인 본체관념은 변증적일 수밖에 없으며 변증법은 합리적 본체관념의 전개이고 "본체"는 변증법의 "체"를 구성하고 있으며 변증법은 본체의 "용 (用)"을 구성하는데 양자는 불가분리적 관계이라고 했다.

헤겔의 이해에 따른다면 "본체" 혹은 "존재"에 대한 이해는 다음과 같은 세 개의 불가분적인 기본 단계가 있는바, 즉 "(a) 추상적 혹은 지성(이지)적 단계, (b) 변증적 혹은 부정적인 이성 단계, (c) 사변적 혹은 긍정적인 이성 단계이다."[25] 헤겔은 "이 세 개 단계는 논리학의 세 부분을 구성하는 것이 아니라 매 하나의 논리적 진리 실체의 각 단계이다. 그들은 전부 제1단계 즉 지성 단계에 배치될 수도 있는데 그러할 경우 그들은 피차 고립된 것으로 간주되어 그들의 진리성을 찾아 볼 수 없게 된다."[26]고 했다. 이는 바로 "본체"의 존재와 운동은 이 세 변증적 단계가 공동으로 형성하는 것으로서, "본체"는 바로 이 세 단계의 대립통일과 변증운동으로서 이 3자 중 어느 하나를 떠날지라도 "본체"는 모두 추상적 또는 편면적으로 떨어지기 마련이라는 것을 말해준다.

헤겔은 과거의 형이상학은 "본체" 또는 "존재" 문제를 이해할 때 주로 전술한 첫 단계 즉 "추상적 혹은 지성(이지)" 단계에 머물렀다. 이러한 이해는 종종 대립통일과 모순의 원칙을 이탈하고 양자택일의 방식으로 "본체"를 이해하면서 "본체"를 응고되고, 1원성적인 고립된 실체, 차별성과 대립성의 절대적 "동일성"을 이탈한 것으로 간주한다. 추상적, 고립된 개념 자

25) 동상서, p.172.
26) 동상서, p.172.

체 즉 자족적이고 완비한 것으로서 효과적으로 진리를 표현할 수 있는 것
으로 생각하는 것이다. 이러한 형이상학은 "대개 일부 명사개념(서술어)만
으로 절대적인 지식을 얻을 수 있는바 지성개념의 진정한 내용과 가치에
대한 고찰도 없거니와 순명사(서술어)의 절대적 형식에 대한 설명의 타당
여부도 고찰하지 않는다."[27] 그 결과 이러한 형이상학은 필연적으로 "독단
론"에 빠져들게 되며 "유한적으로 규정된 본성에 따라 이러한 형이상학 사
상은 반드시 두 개의 상반된 논단 중에서, …… 하나를 정확한 것으로 다른
하나는 착오적인 것으로 정해야 한다."[28] 그들은 "편면적 지성 규정을 견지
하고 기타를 배척한다. 독단론은 엄격히 양자택일의 방식을 견지한다.
…… 독단론은 각자 분리된 규정을 견지하며 그것을 고정적인 진리로 간주
한다."[29] 따라서 이러한 방식으로 "본체" 또는 "존재"를 이해하는 형이상학
은 오로지 일종의 "지성 형이상학"일 수밖에 없다.

  지성 형이상학의 독단성을 초월하려면 "본체" 혹은 "존재"의 이해에서
반드시 사유의 두 번째 단계, 즉 "변증적 혹은 부정적 이성사유"의 단계에
진입해야 한다. 이 단계에서 "한정적인 규정은 그들 자신에 대한 양기(揚棄)
를 거쳐 그들의 상대편으로 과도하게 된다."[30] 이때 그는 지성형이상학에
대해 일정한 부정적인 태도를 취한다. 하지만 그의 부정은 여전히 단지 외
재적인 부정, 외재적인 변증법에 불과한바, 대립성과 부정성 중의 "동일성"
을 발견하지 못하기에 여전히 "양자택일"의 지성사유를 초월할 수 없다. 이
러한 변증법의 과도는 여전히 지성사유를 토대로 하고 있기에 "회의주의"
로 표현될지라도 "변증법의 원칙이 고립되거나 단독적으로 운용될 때, 특

---

27) 동상서, p.95.
28) 동상서, p.101.
29) 동상서, p.101.
30) 동상서, p.172.

히 이러한 운용이 과학적 개념을 처리할 필요가 있을 경우에 곧바로 회의
주의를 형성하기에 이른다."[31] 환언한다면 그들은 비록 지성형이상학의 독
단성과 불가능성을 발견했을지라도 여전히 지성의 방식으로 지성을 해소
하며 여전히 지성적, 유한적인 방식으로 지성적, 유한적인 형이상학을 부
정한다. 따라서 불가피하게 "양자택일"의 지성적 절대부정성 속으로, 즉
"회의주의"에 함몰된다. 이러한 방식으로 "본체" 또는 "존재"를 이해할 경
우 "본체" 또는 "존재"는 비존재적 또는 파악 불가한 것으로 선고되며 형이
상학 역시 근본적으로 불가능한 것으로 선고된다(칸트가 그 전형적인 대표임).

"변증적 또는 부정적 이성사유" 단계의 중요한 공헌은 극단적인 방식으
로 독단 형이상학의 참망성(僭妄性)을 폭로하여 지성사유가 이미 막다른 골
목에 이르렀음을 보여주었으며, 이를 기점으로 지성사유에 대한 전면적인
비판을 전제로 하면서 동시에 이 전제를 근본적으로 돌파하여 초월불가한
과제를 형성했다는 데에 있다.

그러니까 진정으로 "본체" 또는 "존재"를 파악하려면 반드시 지속적으로
나아가 전술한 두 단계를 초월함으로써 "사변"적 또는 "긍정적 이성"의 단
계로 진입해야 한다. 오직 전 두 단계의 편면성을 양기하고 양자의 합리성
을 흡수한 토대 위에서 이지와 지성으로도, 소극적, 부정적인 이성으로도
귀결되지 않아야만 양자를 모두 포괄한 "변증이성"이 될 수 있다. 여기에서
소위 "동일성"은 다시는 무차별화한 절대적인 동일성이 아니라 차별과 대
립을 포함한 동일성이다. 소위 "부정성"과 "대립성" 역시 "순수한 허무"적
회의주의와 상대주의가 아니라 "동일성" 속에서 "대립성"을 파악하고 "대립
성"속에서 "동일성"을 파악하는 것이 된다. "본체"의 진리성은 이지적, 지
성적 절대동일성의 실체 속에 있는 것도 아니며, 소극적인 이성적 현상주
의 속에 있는 것도 아닌, 끊임없는 자아모순, 자아부정, 또한 그 부정 속에

---

31) 동상서, p.176.

서 자아긍정을 실현하는 변증적 이성 가운데 있다.

　전술한 세 단계에서 첫 단계는 "긍정"을, 두 번째 단계는 "부정"을, 세 번째 단계는 "부정적 부정"을 이루고 있다. "본체" 또는 "존재"는 이 세 단계를 포함한 하나의 자아모순, 자아부정, 자아초월과 자아생성의 역사 과정이다. 바로 이러한 의미에서 본체는 "실체"로서의 "주체"이며, 자아규정과 자아초월의 "연소"적 의미의 "개념"이다. 그 중에서 "모순", "부정"과 "초월"은 "본체"가 "주체"로서의 "일관성" 원칙이며, "본체"가 "본체"로서의 내재적 근거이며, 따라서 변증법의 본질과 핵심을 구성하고 있다. 헤겔은 이를 두고 "'모순'과 '부정'은 일체 활동—— 생명과 정신의 자아운동——의 가장 내적인 원천이고 변증법의 영혼이다"[32]라고 했다.

　"본체"와 "존재"에 대한 헤겔의 전술한 이해는 본체론 이해에 있어서 한차례 전범적인 변혁이다. 앞에서 분석한 바와 같이 그 이전에 실체본체론적 형이상학은 세계의 "존재"를 이해할 때 양자택일의 지성논리의 이해방식을 통치적인 지위로 인정했다. 그리하여 본체는 초감성적, 추상적, 경직화, 일원적, 절대화된 불변의 실체로 이해되어 진정으로 실재적인 것은 단지 현상 배후의 지성화된 불변적 실체로 인식되었다. 하지만 헤겔에 이르러서 진정으로 실재적인 것, 존재자를 존재할 수 있도록 하는 "본체"는 이미 응고불변한 실체가 아니라 모순, 부정, 초월의 역서적인 정신운동 자체가 되었다. 그 "존재"는 "활동" 속에, 또는 본체로서의 "정신"은 오직 "운동" 속에서만 존재하며 존재는 끊임없는 스스로 분화, 이원화하며, 대립면을 수립하고 다음에 그 대립면을 부정, 소멸하여 최종적으로 끊임없는 내재적 통일의 과정을 실현하는 것이다. "본체"에 대한 이러한 이해는 역사상 일체 형이상학적 본체관과 근본적인 구별이 있다. 이 점에서 헤겔은 전부의 전통적 형이상학을 개조했다고 할 수 있다. 심지어는 헤겔이 전통적 형이상학과 크게

---

32) [德]黑格尔:《邏輯學》下, 北京: 商務印書館, 1976, p.543.

부동한 새로운 형이상학을 건립했다고 할 수 있는바, 이러한 "형이상학"의 진정한 내용은 다시는 추상적인 실체가 아니라 "변증법" 자체인 것이다. 만약 형이상학이 추구하던 바가 존재자를 존재하도록 하는 그 진실한 실재라고 한다면 헤겔에게 있어서 이 "진정한 실재"적인 것은 더 이상 응고된, 절대적인 동일성의 실체가 아니라 정신적인 자아모순, 부정과 전환, 대상본질의 대립이 규정하는 통일이 되었기에 그것은 곧바로 변증법 자체가 되었다. "형이상학"의 진실한 내용은 "변증법" 자체로서 "변증법"의 발생은 "형이상학"적 진리의 진정한 실현이다. "본체"에 대한 이러한 형이상학적인 전연 새로운 이해는 헤겔의 변증법이 전통적 실체본체론에 대한 중대한 양기, 심지어는 전반 서양철학 전통에 대한 한차례 혁명적, 초월적인 사고라고 할 수 있다. 이 점은 하버마스가 지적한 바와 같이 "그(즉 헤겔을 가리킴-인용자 주)는 최종적으로 형이상학적 동일성 사상을 혁신했는바, …… 보편적인 동일성 개념을 진정으로 실현했다."[33] 이러한 "보편적 동일성"이 실현될 수 있었던 것은 첫째, 헤겔이 "1"을 절대적 주체로 이해하고 자율적인 주체성 개념과 형이상학적 사유방식을 연결시켰으며, 둘째, 그가 "역사를 '1'과 '다'를 조화하는, 무한과 유한의 중개자로 삼았기 때문이다."[34] 가다머 역시 헤겔의 변증법의 진정한 공헌은 사상적 변증운동을 통하여 그리스 이래의 실체본체론 및 그 개념방식을 해소하고 융화시켰다고 지적했다.[35] 그는 "헤겔변증법의 뜻은 바로 직접 모순의 첨예화를 통해 모순통일의 보다 높은 진리의 과정으로 도약하는 것이다. 정신의 역량은 바로 일체 모순을 중합하고 중개하는 데 있다"[36]고 했다. 헤겔이 호소하던 바는 이 개념을 양기하고 그 가운

---

33) [德]于尔根·哈貝馬斯:《後形而上學思想》, 南京: 譯林出版社, 2001, p.151.
34) 동상서, 같은 쪽.
35) [德]H-G, 伽達默尔:《摧毁與解構》, 載《哲學譯叢》, 1991(5).
36) [德]H-G, 伽達默尔:《黑格尔與海德格尔》, 載《哲學譯叢》, 1991(5)

데서 새로운 해석을 얻는 데에서 성공적으로 표현되었다. 양기는 우선 부정이라는 뜻이 담겨 있다. 어떤 사물에 대한 승인은 특히 그 모순성의 지적으로 취소되고 부정될 때 이루어진다. 하지만 헤겔은 양기의 함의를 모든 진리단계를 보존함으로써 그것이 모순 속에서 승인을 받고 심지어 양기를 일체 진리의 통일을 포함하는 단계로 승화시켰다. 변증법은 이 때문에 지성추상화의 편면성을 반대하고 구체성을 수호할 수 있었다. 이성의 보편적 통일의 역량은 사유의 대립을 중개할 수 있을 뿐만 아니라, 현실 속의 일체 대립을 양기할 수 있다는 데에 있다.[37] 변증법으로써 "전통적 형이상학의 동일성 사상을 혁신하고", "사유의 대립에 대한 중개"와 "현실의 일체 대립에 대한 양기"를 통하여 "본체" 또는 "존재"에 대한 전연 새로운 이해를 실현하여 전통적 실체본체론을 초월한 변증본체론을 건립하였는바, 이것이 바로 "본체론" 문제에 대한 헤겔의 역사적 공적인 것이다.

　"본체론" 문제에서 헤겔의 공적과 "변증법"에서의 공적은 별다른 두 개의 일이 아니라 한 문제의 두 개 측면으로서 양자는 상보상조, 상호 이용의 관계이다. 즉 "본체론"은 개념변증법의 기본적인 이론적 시각, "변증법"은 "본체론"을 재해석하는 신형의 이해논리이다. 개념변증법의 근본적인 취지는 전통적인 실체본체론의 "본체"에 대한 이해에서의 추상성과 독단성을 극복하여 "본체"관에서의 근본적인 변혁을 실현하는 것인데 "변증법"의 개념논리를 떠난다면 "본체론"은 곧 다시 독단과 추상성에 함몰되고 만다. "본체"에 대한 새로운 해석에 따라 변증법은 자신의 가치를 실현하고 자체의 합법성을 증명하는 이론적인 토대를 획득하는데, "본체론"의 시각을 떠난다면 변증법은 아무런 의지가 없게 된다. 이러한 의미에서 "개념변증법"이 "본체론"을 재건하고 이로써 "직관적, 소박한 변증법"의 초월을 재건하며 양자의 내재적 결함을 통화여 "본체론"과 "변증법"의 이중도약을 실현하

---

37) [德]H-G, 加達默尔: 《摧毁與解構》, 載《哲學譯叢》, 1991(5).

는 것, 이것이 바로 헤겔을 대표로 하는 반성적, 개념 형태적 변증법이 철학사상에 남긴 가장 근본적인 공헌이다.

4. 반성적, 개념적 변증법의 전통 형이상학에 대한 굴복

헤겔의 반성적, 개념 형태의 변증법은 마찬가지로 아주 중대한 이론적 제한을 내포하고 있다. 바로 이 제한성으로 말미암아 개념변증법을 초월하여 변증법을 위해 다시 토대를 마련하는 것이 마르크스에게 역사적인 과제로 부상했다.

개념변증법의 가장 근본적인 이론적 제한성은 여전히 근본적으로 전통 형이상학 이론범식의 틀을 벗어나지 못했고, 여전히 초감성적, 영원한 이성의 세계를 자기의 이론적 토대로 삼았기에 형이상학과 마찬가지로 깊은 "단언적 천진함", "반성적 천진함", "개념적 천진함"[38]으로 표현되며 이 때문에 "개념적 변증법"은 내재적으로 "반변증법"의 인자를 포함하고 있어 종국에는 변증법적 정신의 철저한 관철이 어렵게 된 것이다.

변증법의 도사 헤겔의 개념변증법의 기본적인 동기는 개념적 응고성과 경직성을 극복하여 개념의 유동을 유도하며 전통적 형이상학의 실체본체론의 폐단을 제거하려는 데 있었다. 하지만 마르크스의 평가처럼 헤겔은 새로운 방식으로 전통적 형이상학을 "복벽"하려는 데에 불과한 바 그 이론적 관점은 여전히 전통적 형이상학의 거대한 그림자 아래 가려 있고 여전히 특수한 방식으로 전통적 형이상학의 이론적 범식의 테두리에 머물고 있었다. 앞에서 자세한 분석을 거쳤거니와 전통 형이상학의 이론적 범식과 변증법은 상용불가한 것으로서 일정한 정도 내에서 변증법의 요소와 성분

---

38) [德]漢斯−格奧尔格·加達默尔:《哲學解釋學》, 上海譯文出版社, 1994, p.119.

을 용납하고 있다고 할지라도 불가피하게 변증법의 이론적 정신을 질식시킬 수밖에 없다. 따라서 헤겔을 대표로 하는 개념변증법은 사실 두 가지 상호 대립되는 이론적 범식의 극히 부조화적인 "공존" 형식인데, 그 하나는 혁명성과 비판성으로 충만되어 전통 형이상학의 이론범식을 돌파하려는 변증법이고, 다른 하나는 추상적 동일성, 영원한 절대적 전리를 추구하는 보수적인 전통 형이상학이다. 본질적으로 상호 충돌하고 대립되는 이 두 가지 요소의 병존은 필연적으로 개념변증법으로 하여금 극복하기 어려운 이론적 역설에 빠지게 하며 최종적으로 변증법의 왜곡을 초래, 심지어는 변증법이 중도하차하는 잠재적인 위험을 내포하도록 한다.

개념변증법의 본의는 개념변증 본성의 게시를 통화여 "본체"로 하여금 자아모순, 자아부정과 자아초월의 "정신활동성"이 되도록 하며 이로써 실체화 본체의 응고성과 절대성을 극복하고 전통 형이상학의 응고, 경직화된 "본체론"에 대한 이해를 개조하려고 했다. 하지만 이러한 경우 그들은 전통 형이상학과 마찬가지로 여전히 "본체"를 추상적인 개념왕국으로, 단일방향적인 공상(共相)의 세계로, "음영 속의 왕국"으로 이해하고 있었다. 이 때문에 그들은 전통적 실체본체론의 형이상학과 마찬가지로 최종적으로는 현실생활세계를 추상, 분열, 와해시키는 결과를 초래할 수밖에 없었다. 개념변증법 본성을 볼 때 실체화 본체의 응고성과 경직성을 극복하자는 데에 있었는데 이 점은 고명하다고 해야 할 것이다. 하지만 그들이 이해하는 "본체"는 여전히 선험적인 개념과 사변세계이고, 개념과 공상(共相)은 현실 생활세계의 "통용화폐", 현실 생활의 본질, 핵심과 근본으로 간주되어 현실 생활세계, 현실 세계를 주재하고 그렇게 개념왕국의 음영 속에서 살아가면서 개념세계의 진솔하지 못한 "가상"을 형성했다. 이로 볼 때 개념변증법과 전통 실체본체론 형이상학은 실질상 동일한 진영에 속하는바, 즉 모두 "순수"한, "본질"적, 이성화된 "수정궁"을 구축하기 위함이었으며 이를 위해 현실 생활의 극히 모순적이고 다원적이며 풍부한 내용을 증류, 여과, 희생시키려고 했다.

헤겔은 변증법은 바로 순 개념 속의 운동이고 논리 이념의 운동이며,[39] 개념이야말로 진정한 재선(在先)이라고 주장했다. 사물이 사물인 것은 사물에 내재하면서 자신을 사물 내에서 현시하는 개념활동의 덕분이다. "개념세계"는 절대적인 "논리재선성"으로서 세계 존재의 이유와 토대를 구성하고 있다. "논리 사상은 일체 사물이 자재, 자위적으로 존재하는 근거이다."[40] "우리는 논리를 순수한 이성의 체계로, 순수사유의 왕국으로 이해해야 한다. 이 왕국은 적나라한 자립적인 진리본신이다. 따라서 인간은 이 내용이 하느님이 자연과 유한정신을 창조하기 전의 영원한 본질을 해명했다고 말할 수 있다."[41] 순수한 개념왕국은 자유자재적, 독립자인(獨立自因)적 역량으로서 세계의 종국적인 존재, 해석과 가치를 구성한다.

"개념왕국"은 구체적으로 다음과 같은 몇 개의 근본적인 특질이 있다. 첫째, "논리우선"적으로서 "초감성"적이다. 논리의 세계는 실재의 세계를 대표하고 자연계, 인류정신 현상의 본질을 구성하는바, 감성, 현실 세계보다 우위로서 후자는 존재의 근거와 이유를 구성한다. 둘째, "보편성"적 "공상세계"로서 개별성, 특수성은 단지 개념왕국의 세계에서만 이해 가능하다. 셋째, 개념왕국은 "초시간", "초역사"적 "영원재장(永恒在場)"적인 존재로서 헤겔이 개념의 역사운동을 강조했지만 최종적으로 역사는 논리와 개념에 종속된다. 따라서 "역사와 논리의 통일"의 실질은 "역사가 논리에 복종"하는 것을 전제로 한 통일이며, 소위 "철학은 철학사이다"의 실질은 "철학사는 헤겔의 절대철학 속에 있다"는 것이며, "초시간성"은 개념왕국의 고유한 본성이다. 넷째, 개념왕국은 "절대"적이고 최종적으로는 일체 차별과 대립을 소멸하려는 "동일성"의 진리왕국인바, 비록 개념적 변증운동이 모순과 대립을 전제로

---

39) [德]黑格尔:《哲學史講演錄》第2卷, 北京: 商務印書館, 1960, p.199.

40) [德]黑格尔:《小邏輯》, 北京: 商務印書館, 1980, p.85.

41) [德]黑格尔:《邏輯學》上, 北京: 商務印書館, 1974, p.45.

하지만 개념적 변증운동의 최종적인 목적은 일체 모순을 중개, 종합하고 일체 장애를 극복하여 최종적으로 이성을 토대로 현실과의 화해를 실현하는 것이다. 따라서 "동일성"은 절대적인 진리이고 여전히 개념변증법의 종국적 추구인 것이다.

위의 특성을 제1장에서 분석한 전통 형이상학의 "존재관"과 비교해본다면 양자가 완전히 일치하며 모두 하나의 공동적인 이론가족에 귀속되어 있음을 쉽게 발견할 수 있다. 전통 형이상학의 이론범식의 특점, 가령 절대적 실재의 "절대주의", 추본소원(追本溯源), 절대적 진리를 추구하는 "심근(尋根)"콤플렉스, 2원분리, 양극화된 대립에서 단극(單極)의 절대 1원화사유에 대한 추구, 비시간, 비담론환경적 "동일성"사유, 행동보다 정관(靜觀)을 우선시, 실천생활보다 논리를 우선시하는 경향 등은 모두 이와 일일이 나누고 있다. 전통 형이상학과 마찬가지로 개념변증법은 역시 하나의 형이상학적, 영원재장적, 보편적, 동일적인 초감성세계를 자기의 이론적 토대로 삼고 있다. 따라서 그것은 필연적으로 아래와 같은 중대한 힐난을 벗어날 수 없다.

우선, 개념변증법은 개념의 변증운동으로써 "존재"를 설명하고자 하며 정신적 활동성에 대한 강조로써 전통 형이상학 개념화 실체의 응고와 경직화를 극복하고자 한다. 하지만 개념과 정신적 활동성, 부정성과 전환성을 아무리 강조할지라도 개념은 여전히 초감성적 "공상"의 본성을 개변할 수 없다. 문제는 인간의 현실 세계도 이 "공상성"의 개념왕국으로 귀결, 환원될 수 있는가(설사 차별, 대립과 부정으로 충만된 개념의 흐름에라도)? 인간의 현실 세계는 본래 하나의 통일체, 하나의 "완형(完形)", 하나의 이성과 감성, 목적성과 인과성, 자연성과 초자연성 등 모순관계를 포함한 통일체이다. 하지만 공상성의 "순사유(純思維)" 또는 "순사(純思)"의 변증운동을 가장 진실한 일체 사물의 토대와 창조주라고 할 경우, 인간의 현실 세계의 기타 풍부한 내용, 가령 감성, 생명의지, 생존기획 등 내재적 단계는 완전히 배척을 당하게 된다. 이는 반성적, 개념적 변증법은 전통 형이상학과 마찬가

지로 여전히 "초감성적 세계"의 추구에 매달려 있다는 것을 말해준다. 그들
은 플라톤 이래의 유심주의와 혈맥이 상통한데, 이 초감성의 영역은 진실
하고 진정한 현실의 세계로 간주된다. 이와 구별되는 것은 감성의 세계는
단지 범속하고 쉽게 변하며 그래서 완전히 표면적이고 비현실적인 세계이
며, 전반적, 구체적 인간의 현실 생활세계는 희박한 개념운동에 의해 추상
적 유령으로 증발되었다. 이에 대해 포이어바흐는 헤겔은 사유를 "사유하
는 인간에서 추상화시켜" 그것을 "신성한 것으로 여기며", 늘 "자연은 실상
하느님이 창조한 것이고 물질실체는 비물질실체로서 즉 추상적인 실체가
창조한 것이다"[42]라고 평가했다. 아울러 그는 "오직 사유가 자위적인 주체
가 아니라 현실 실체의 속성일 때만이 사유는 비로소 존재를 이탈하지 않
는다."[43]고 지적했다. 마르크스는 포이어바흐의 위의 비판을 높이 긍정하
면서, 포이어바흐의 위대한 공적은 철학(즉 헤겔의 개념변증법-인용자 주)이
별개의 것이 아니라 사상 속에 끌어들여 사유 가공을 거친 종교라고 했
다.[44] 이러한 추상적인 "이성종교"와 "개념종교"의 통치하에서 다원적이고
풍부하며 구체적인 모순투성이인 현실 세계는 일방적인 허황한 세계로 와
해될 것이며 모순으로 충만되고 풍부하고 복잡한 현실 생활은 일방적인 허
황한 생활로 증발될 것이며, 다원적, 모순적인 현실의 인간의 생명은 "순사
유"적인 것으로 추상화될 것이다. 그리하여 "실제적 인간이 아니고", 소위
실제적, 육체적, 견실하고 튼튼한 지구상에 직립하지 않은, 일체 자연의
역량을 호흡하는 인간이 아닌 것이다. 요컨대, 인간의 현실 세계, 인간의
현실 생활과 인간의 현실 생명은 모두 추상화되어버렸다.

다음, 이와 관련하여 개념변증법은 비록 정신활동성과 개념적 변증운동

42) 《費尔巴哈著作選集》上卷, 北京: 生活·讀書·新知三聯書店, p.114.
43) 동상서, p.181.
44) 《馬克思恩格斯文集》第1卷, 北京: 人民出版社, 2009, p.220.

을 극구 강조했지만 최종적 목적은 개념의 부정성을 통하여 긍정적인 "대전(大全)"에 도달하여 세계의 종극적인 해석과 통일성 원리를 획득함으로써 전반 세계의 존재를 일거에 영원히 변증법의 체계 속으로 편입시키려고 시도했다. 환언한다면 그들은 여전히 세계의 "동일성"의 절대진리와 최고의 지식의 획득을 자기 최고의 이론적 포부로 삼는다는 것이다. 하지만 이러한 이론적 포부의 합법성은 어떠한가? 변증법의 이론적 본성과 정반대가 아닐까? 앞서 분석한 바와 같이 개념변증법의 이론의 공헌은 개념의 모순과 부정본성을 게시함으로써 개념의 경직성, 응고성과 절대성을 극복하는 데 있다. 즉, 개념의 변증운동에 대한 강조를 통하여 전통 형이상학의 실체본체론적 "동일성"의 강압을 타파함으로써 "비동일성" 변증의식을 획득하려는 것이다. 자아모순적인 것은 그들은 최종적으로는 "부정을 통하여 긍정적인 것에 이르는 것"[45]을 목적하고 개념의 모순운동을 통하여 일체 모순을 평정, 조정하며, 전환을 통하여 일체 전화를 해소하고 종결하려는 것이다. 이는 그들이 여전히 전통 형이상학의 실체본체론의 유혹을 벗어나지 못하고 있으며 여전히 후자와 같이 세계의 "동일성" 절대진리의 획득을 철학의 종국적인 귀처로 간주한다는 것을 설명한다. 이러한 의미에서 헤겔은 "동일성으로 변증모순을 평정하고 해결할 수 없는 비동일성의 표현, 즉 변증모순이 지향하는 것을 평정"[46]하려고 했는데, 개념변증법은 "반변증법 원칙의 핵심에서 우세를 차지하고, 즉 그러한 주로 대수에서 마이너스와 마이너스를 곱하여 정수로 만드는 전통적인 논리이다. …… 헤겔은 변증법 자신의 일체화는 그의 잠재적 능력을 대가로 하는 것, 최종까지도 진실이 설정된 결과에 관심이 없는 것이다."[47] 이에 대해 엥겔스는 헤겔의 변증방

---

45) [德]阿多尔诺: 《否定的辯證法》, 序言, 重慶: 重慶出版社, 1993.
46) 동상서, p.157.
47) 동상서, pp.156~157.

법은 추구하는 절대적 진리체계와 내재적 모순이 존재하는데, 이 점은 변
증법이 "일체 절대적 진리를 결속 지으려는" 본성과 본의와 꼭 상반된다고
비판했다. 가다머는 헤겔의 개념변증법은 "실체본체론"을 해소하는 동시에
"본체론상의 자아순종"을 보류하고 있다고 지적했다. 여기에서 헤겔을 대
표로 하는 반성적, 개념적 변증법은 중대한 사상모순을 내포하고 있는바,
변증법의 합리적인 핵심은 전통 형이상학의 이론범식 안에 국한되어 질식
의 가능성을 맞게 되었다.

　　마지막으로, 개념변증법은 개념의 유동, 정신적 활동성을 부각하기 위하
여 역사 원칙을 극도로 중요시하기 시작했는데, 심지어 일정한 정도에서
"변증 원칙"과 "역사 원칙"을 동등시했다. 역사의식은 개념변증법이 전통
형이상학의 실체본체론과 구별되는 관건적인 요소이지만, 개념변증법은 정
신 역사운동을 강조하는 동시에 또 개념변증법 자체를 "논리선재 원칙"으로
삼아 "무시간", "무역사"의 "영원한 현시성"으로 간주했다. 이것이 변증법의
본성과 정반대가 아니란 말인가? 헤겔의 전반 체계, 즉 "절대정신"운동의
세 개 기본적인 단계(개념, 자연과 인간의 정신)는 개념으로부터 시작하여 개념
으로 종결하는 "동그라미(圓圈)"이다. 이들은 철학의 개념을 추상적 보편성
과 추상의 동일성이 아니라 구체 내용과 상호 결합하여 구체적인 내용을
자기의 실체로 삼아 자신을 구현하는 보편성으로 간주한다. 따라서 절대정
신은 반드시 자아운동 속에서 외재화를 겪고 자연 및 인간의 정신과 상호
결합하여야만 비로소 "구체적인 개념"을 이룰 수 있다. 전통 형이상학의 실
체본체론에 상호 비교할 경우 이러한 사상은 훨씬 더 "변증"적이라고 할
수 있다. 하지만 "순수개념"은 무시간적 영원한 사물로서(또는 하이데거의 지적
처럼 헤겔은 일종의 속된 "현재시간관"으로서 진정한 역사성을 누락했다[48]) 여기에서
출발한다면 필연적으로 거대한 이론적 곤경에 빠지게 된다. "무시간적 개념

---

48) 海德格尔:《存在與時間》, 北京: 生活·讀書·新知三聯書店, 1987, pp.502~522 참조.

과 시간적인 것을 어떻게 통일, 조화시킬 것인가? 무시간적 영원성과 유시간적 지구성 간의 격차를 어떻게 유시간적 자연(자연은 실제로 유시간적인 것)과 인류정신과 소외시키며, 유시간적 인류정신은 또 어떻게 최후의 철학인식으로 일약 무시간적인 개념으로 승화, 회복시킬 것인가? …… 헤겔의 구체적인 개념은 어떻게 무시간적인 단계와 유시간적인 단계를 통일, 조화할 것인가?"[49] 이러한 힐난에 직면한다면 근본적으로 설득력 있는 대응을 할 수 없다.

개념변증법이 포함한 전술한 모든 이론적 곤경은 모두 그들이 전통 형이상학의 이론적 범식을 벗어나지 못한 데에서 근원되었으며, 여전히 전통 형이상학과 기본적인 이론적 전제를 공유하고 있기 때문이다. 비록 그들이 전통 형이상학의 실체본체론의 이론적 폐단을 극복하려고 중대한 노력을 기울였지만 전반적인 "이론범식"은 여전히 전통 형이상학에 귀속되었고 따라서 필연적으로 그 이론적 초지를 위반하고 "비비판적 실증주의"(마르크스 용어)에 빠져 본래 지니고 있던 혁명적 변증정신은 전통 형이상학의 질고 속에서 속박, 왜곡되어 철저한 발휘와 관철이 불가했다. 바로 이러한 의미에서 마르크스는 비로소 "변증법은 헤겔의 손에서 신비화되었다. …… 그에 의해 변증법은 물구나무서기가 되었다. 신비한 외각 속의 합리적인 내핵을 발견하기 위하여 반드시 그것을 바로 잡아야 한다"[50]고 했다.

개념변증법의 이러 근본적인 이론국한성은 우리에게 지극히 심각한 계시를 주고 있다. 변증법은 전통 형이상학과 성질에서 근본적인 차이가 있는 다른 하나의 부동한 이론적 범식으로서 양자는 동일한 사상공간 속에서 공존할 수 없다. 전통 형이상학의 질고에서 개념변증법의 합리적인 내핵을 구출하여 철학사상 변증법의 이론적 변혁의의를 충분히 실현하자면 반드시 전통

49) 張世英:《自我實現的歷程》, 濟南: 山東人民出版社, 2001, pp.210~211.
50) 《馬克思恩格斯選集》第2卷, 北京: 人民出版社, 1995, p.112.

형이상학의 이론적 범식에서 탈출함으로써 변증법이 진정으로 변증법 본성의 방식에 적합한 방식으로 파악하도록 해야 한다. 이를 위하여 가장 중요한 점은 바로 개념변증법의 그러한 형이상학적, 영원재장적, 절대 초감성적인 본체론 토대를 폐기하고 참신한 이론적 토대 위에 위치시켜야 한다.

5. 전통 형이상학의 이론범식에 대한 마르크스의 철저한 비판 : 변증법의 새로운 토대를 구축하기 위한 중대한 전제

전술의 분석에서 우리는 헤겔을 대표로 하는 개념변증법은 비록 본체론 경지의 한차례의 승화와 변혁을 실현하였지만 여전히 전통 형이상학의 이론적 범식의 제약을 받고 있기에 본체론 문제에 대한 해결에서 시종 논리적, 사변적 해결에 머물고 있음을 알 수 있다. 인간의 현실 생존이란 가장 본원적인 본체론의 영역은 논리개념의 "수정궁"에 의해 불투명하게 되고 은폐되었다. 본래 파생적이고, "제2성"적 존재가 오히려 기초성, 본체적 존재로 변했는데 마르크스는 이를 "머리와 발의 전도"라고 했다.

유명한 『1844년 경제철학수고』(이하 『파리수고』)에서 마르크스는 특히 "헤겔변증법과 철학 전반에 대한 비판"이란 제목을 설정했다. 의미심장한 점은 마르크스는 이는 "헤겔변증법"에 대한 비판이라고 못 박은 동시에 또 "철학 전반에 대한 비판"이라고 특별히 강조했다.

마르크스는 무엇 때문에 "헤겔변증법"에 대한 비판과 "철학 전반"에 대한 비판을 연결시키는 것일까? "헤겔변증법"에 대한 비판과 "철학 전반"에 대한 비판 또는 "철학 일반"의 비판은 어떤 내재적 연관이 있는 것일까?

전술한 분석에서 헤겔의 개념변증법은 비록 전통 형이상학의 실체본체론의 독단성과 경직성을 초월하려는 강렬한 의향과 충동을 보였지만 여전히 전통 형이상학과 마찬가지로 절대동일성, 영원재장의 초감성세계에 대한 추구에 집착하고 있다는 점을 살펴보았다. 전통 형이상학의 기본적인 이론 전제와 원칙은 여전히 변함없었고 그 결과 전통 형이상학을 극복하려 했던 헤겔은 오히려 전반 형이상학의 집대성자와 최고대표로, "전반 서양 철학 전통의 대변인밖에 되지 못했다. …… 그는 그리스에서 시작하여 줄 곧 서양철학 속에 은폐되어 있던 선결조건을 선양했다."[51] 이에 대해 월리스(W.Wallace)는 적확한 평가를 했는바, "헤겔이 제공하려던 것은 무슨 신기한 것 또는 특수한 학설이 아니라 대대손손으로 전해지던 때론 넓고 때론 줍혀진, 하지만 기본적으로는 동일한 보편적인 철학이다. 이러한 철학은 그의 연속성을 의식하고 자기와 플라톤, 아리스토텔레스의 학설과 일치한다는 것으로 자긍심을 갖는다."[52]

전술한 의미에서 마르크스의 "헤겔변증법"에 대한 비판과 "철학 전반"에 대한 비판을 연계시킨 데에는 이중의 의미가 들어 있다. 우선, 헤겔의 철학을 전통 형이상학의 완성자와 최고대표라는 이 특수한 지위를 의미하기에 헤겔철학에 대한 분석은 전반 전통 형이상학을 분석하는 키가 되는 것이다. 헤겔변증법은 단지 "모종"의 보통 철학적 체계가 아니라 전반 전통 형이상학 이론범식에 대해 심도 있는 비판을 전개할 수 있는 "가장 대표적인 사례"이다. 다음, 그것은 헤겔의 개념변증법과 전통 형이상학의 공동의 기본 원칙과 사상전제를 갖고 있기에 헤겔변증법에 대한 철저한 비판을 위해서는 반드시 전반 전통 형이상학의 일반 이론원칙에 대한 비판을 전제로 전통 형이상학의 이론원칙에 대한 철저한 비판을 가하는 것만이 진정으로 헤겔변증법을 효과적으로 비판하고 극복하며 초월하는 필요한 루트이다.

이 두 가지의 의미에서 한 걸음 더 나아가면 헤겔변증법에 대한 마르크스의 비판이 이중의 동기가 있다는 점을 발견할 수 있다. 첫 번째 동기는 근원

---

51) [美]威廉·巴雷特:《非理性之人》, 上海: 上海譯文出版社, 1992, p.167.
52) [美]W.T.司退斯:《黑格爾的哲學》, 北京: 中國社會科學出版社, 1989, p.1.

으로부터 전통 형이상학과 개념변증법이 공동으로 숭배하고 있는 형이상학적, 영원재장적, 절대적, 초감성적 본체론 토대를 고발, 폐지함으로써 개념변증법의 "비비판적 실증주의" 요소를 극복하고 개념변증법의 비판적 정신을 구제하는 것이다. 두 번째로 더 중요한 동기는 "낡은 세계의 비판에서 새로운 세계를 발견"해야 하는바, 변증법을 위해 새로운 견실한 본체론의 토대를 탐구하고 이 토대 위에서 변증법 본성에 부합되는 방식으로 변증법의 이론적 정신과 사상적 내용을 해석하는 것이다. 가령 첫 번째 동기가 "타파"와 "해체"에 착안했다면, 두 번째 동기는 "현시"와 "재건"에 착안한 것이다.

이른 바 "타파"와 "해체"의 가장 근본적인 것은 "헤겔변증법"과 "철학 전반"이 지니고 있는 "이성 형이상학"의 본성을 해소하는 것으로서, "헤겔변증법"과 "철학 전반"의 뿌리 깊은 "단언적 천진", "반성적 천진"과 "개념적 천진"을 타파하려는 것이다. 전술한 바와 같이 전통 형이상학은 초감성적인 절대동일성, 영원재장적 형이상학 본체세계에 대한 추구에 집착하는바, 이는 전통적, 이성적 형이상학으로 하여금 "준종교"적 또는 "신학"적 성질을 지니게 한다. 하이데거는 "본체-논리-신학"으로, 자크 데리다 등은 "재장 형이상학", "로고스중심주의"로 이를 개괄한 바 있다. 일찍 이러한 철학가들 이전에 마르크스는 극히 예리하게 전통 형이상학의 증상을 통찰하고 헤겔에게서 정상에 도달한 "개념신화"를 제거하려는 의미에서 철학사상 최초로 반성과 비판을 전개하는 중요한 사상가의 일원으로 군림했다.

『파리수고』에서 마르크스는 포이어바흐의 작업에 대한 평가로부터 출발하여 그러한 사상에 대한 표현을 시작했다. 그는 "포이어바흐는 유일하게 헤겔변증법에 엄숙한 비판적 태도를 취한 사람이다. 오직 그만이 이 영역에서 진정한 발견이 있었는데, 총체적으로 그는 진정으로 구 철학을 극복했다."[53] 포이어바흐가 "진정으로 구 철학을 극복했다"는 것은 극히 높은 평가

---

53) 《馬克思恩格斯文集》第1卷, 北京: 人民出版社, 2009, p.199.

인데 그렇다면 포이어바흐는 어떤 의미에서 "진정으로 구 철학을 극복"한 것일까? 마르크스는 "포이어바흐의 위대한 공적은 (1) 철학은 사상으로 변한 후 사유를 통해 천명한 종교에 불과하며 소외된 인간본질의 다른 한 형식과 존재방식에 불과하며, 따라서 철학은 마찬가지로 견책을 받아 마땅한 것이다. (2) 진정한 유물주의와 실재과학을 창립하였는데, 포이어바흐는 사회관계 즉 '인간과 인간 사이'의 관계도 마찬가지로 이론적 원칙이 되도록 했다. (3) 그는 자신에 근거 그리고 적극적으로 자신을 근거로 긍정한 것을 자칭 절대적으로 긍정했다는 것 그리고 그에 대한 부정적 부정을 대립시켰다."[54] 포이어바흐가 이러한 중대한 공적을 취득할 수 있었던 이유는 동시대 기타 철학가를 초월하여 헤겔변증법의 실질에 대해 다음과 같은 인식이 있었기 때문이다. "헤겔은 소외에서 출발하여(논리적으로 무한한 것, 추상적 보편적인 것에서 출발), 실체에서 출발하여, 절대적인 것과 불편의 추상에서 출발하여, 즉 보다 통속적으로 표현하자면 종교와 신학에서 출발한 것이다. 둘째, 그는 무한한 것을 양기하고 현실적, 감성적, 실재적, 유한적, 특수한 것을 설정하였다(철학, 종교와 신학에 대한 양기). 셋째, 그는 다시 긍정적인 것을 양기하고 다시 추상, 무한한 것을 회복했다. 종교와 신학을 회복했다."[55]

마르크스는 포이어바흐의 걸출한 점은 그가 헤겔변증법을 포함한 모든 "구 철학"(즉 전통 형이상학)이 지니고 있는 "종교신학"의 본질을 포착하고 예리하게 헤겔의 철학을 포함한 모든 구 철학은 모두 "절대와 불변의 추상"이라는 데에서 출발하여 세계 존재의 형이상학적 이론범식을 설명하려 하는데 그 실질은 모두 "신학을 부정하고 …… 후에는 또 신학을 긍정하는 것이다."[56] 더욱 중요한 것은 포이어바흐는 일체 형이상학의 "종교신학"적 성질

---

54) 동상서, p.200.
55) 동상서, 같은 쪽.
56) 동상서, 같은 쪽.

을 지적하면서 다른 한편 구 철학을 이탈하고 "종교신학"의 본질을 "견책" 하고 전복하는 본질적인 출로를 제시했는데 이것이 바로 포이어바흐가 논 증한 "긍정적인 것, 즉 감각으로부터 출발을 확정"하는 원칙이다. 이 원칙 에서 출발하여 "자신에 근거 그리고 적극적으로 자신을 근거로 긍정한 것 을 자칭 절대적으로 긍정했다는 것 그리고 그에 대한 부정적 부정을 대립" 시킴으로써, 현실의 차안세계를 기점과 귀결점으로 삼고 현실 세계의 형이 상학의 초감성세계를 해체하고 부정했다.

포이어바흐의 역사공적에 대한 긍정은 자기의 선명한 철학적 입장을 드 러내기 위함인데 즉 헤겔의 개념변증법을 포함한 일체 전통 형이상학이 지 니고 있는 "종교신학"적 본질을 뒤엎고 "영원재장적, 절대동일"의 초감성 세계를 폐지하고자 했던 것이다. 요컨대, 전반 전통 형이상학의 일련의 이 론범식을 이탈하여 철학이 인간의 현실 생활과 현실 생명으로 복귀시킴으 로써 철학이 다시는 인간의 현실 생활세계 밖에서 인간의 현실 생활세계를 통치하는 추상적 권위가 아니라 현실 생활세계 속에서 인간의 현실 생활세 계를 추진하는 진실한 역량으로 추진하고자 했다. 바로 "헤겔변증법"과 "전 반철학"이 추앙하는 "초감성적 동일세계"를 뒤엎음으로써 마르크스와 쇼펜 하우어, 니체, 키르케고르 등과 같이 현대 철학의 중요한 창시자로 태어났 다. 앞서 재삼 강조했듯이 플라톤에서 헤겔에 이르는 전반 전통 형이상학 의 이론범식의 기본 특징은 이 세계의 "다른 하나"의 절대적, 동일적, 초감 성적 이성세계에 대한 추구와 설계로서 이 초감성적세계를 해체하여 인간 의 현실 생존과 관련된 생활세계를 드러내는 것이야말로 현대 철학과 전통 형이상학의 분수령이다. 마르크스의 "헤겔변증법" 및 "철학 전반"에 대한 비판은 바로 전부의 형이상학을 종결, 뒤엎고 전통 형이상학의 "초감성적 동일성세계"의 허황성을 폭로함으로써 변증법과 전반 철학을 위해 새롭게 토대를 마련하려는 것이다. 이 점은 마르크스를 전반 전통 형이상학의 결 렬과 현대 철학 변혁의 발생을 이룩했다.

마르크스는 아주 명확하게 헤겔이 범한 이중적 착오를 지적했다. 그 하나는 추상적 "철학사유"를 전반 세계의 본질과 척도로 확립하고 미리 추상적 사유의 척도로 감성현실과 그 역사를 재단함으로써 추상정신과 인간의 현실 생명과 현실 세계 사이의 관계를 전도하여 "현실의 역사"를 "추상사유의 역사"로 증류시켰다. "이러한 대상은 그 가운데서 소외되어 나와 현실성으로 자처하면서 그것과 대립했는데 그것이 바로 추상적 사유이다. 철학가──그 본신은 소외된 인간의 추상적 형상──자기를 소외화된 세계의 척도로 화한 것이다. 따라서 전부의 소외된 역사와 소외된 것 전부의 제거는 추상적, 절대적 사유의 생산역사에 불과한바, 즉 논리적 사변의 사유의 생산 역사인 것이다."[57] 추상적 사유는 본래 현실적 생활세계와 감성적 활동을 토대로 해야 하는 "제2성"적 존재인데 헤겔에 이르러 이러한 추상적 사유는 오히려 구체적 현실 생활, 감성활동과 현실 역사를 가늠하고 규정하는 데에 이용되어 일약 "제1성"으로 "가치 승화"되었다. 이와 관련하여 그의 두 번째 착오는 현실의 역사를 추상적 사유의 소외로 이해함에 따라 그는 "인간의 본질적 역량" 문제에서 감성적 현실을 다시 점유하고 회복하면서 마찬가지로 일종의 추상적 방식을 채용할 수밖에 없었다. "이미 대상으로, 이기 대상의 본질적 역량에 대한 점유자로서 인간은 우선 그러한 의식 가운데, 순사유 가운데 즉 추상 속의 현실에 대한 점유에 불과하며 이러한 작위사상과 사상운동의 대상에 대한 점유이다."[58]

마르크스는 이 두 개 방면의 착오를 "사변의 일체 환상을 회집하여 놓았다"[59]고 주장했다. 한편 "의식── 지식으로서의 지식── 사유로서의 사유── 직접적으로 그 자신의 타물(他物)로 사칭, 감성, 현실, 생명으로 사칭"

---

57) 동상서, p.203.
58) 동상서, pp.203~204.
59) 동상서, p.213.

했고, 다른 한편 그것은 "여전히 다시 소외된 형태를 통하여 정신세계를 확증하고 이 세계를 자기의 진정한 존재로 사칭하며 이 세계를 회복하고 자기의 이재(異在)본신이 바로 자신이라고 가칭했다."[60] 이는 변증법의 비판성과 혁명성 정신을 전통 형이상학 이론범식의 엄중한 속박 아래 "비비판적 실증주의"의 희생품으로 추락시켰으며 "헤겔의 허위적인 실증주의 또는 그의 허무한 표면뿐인 비판주의 근원도 바로 여기에 있는 것이다."[61]

위의 두 방면은 실질적으로 하나로 귀결할 수 있는바, 즉 헤겔의 근본적인 착오는 추상적 초감성적 사유를 전반 세계 존재의 "주체"로 간주하면서 추상적 초감성적인 사유를 자기 철학의 본체론적 토대로 삼았다는 것이다. 이 점은 그의 전반 철학을 "극단적인 추상성"을 지니게 했다.

헤겔철학의 형이상학적 성질을 극복하려면 반드시 이러한 "극단적인 추상성"을 깊이 있게 적발해야 하는데, 이것이 바로 마르크스가 일련의 저술 가운데 심도 있게 추진하던 중요한 작업이었다.

『파리수고』에서 마르크스는 헤겔철학의 전반 체계에 대해 다음과 같이 개괄 비판했다. "헤겔의 『철학전서』는 논리학, 순수한 사변의 사상에서 시작하여 절대지식, 자아의식으로 자신의 철학을 이해하거나 또는 절대적 즉 초인간의 추상적 정신으로 결속된다. 따라서 한 부의 『철학전서』는 철학정신 본질의 전개에 불과한바, 철학정신의 자아대상화이다. 하지만 철학정신은 그 소외된 자아의 내부가 사유방식을 통하여 즉 추상방식을 통하여 자신을 이해하고 세계정신을 소외한다. …… 따라서 소외되는 것은 자연계와 현실의 인간에서 추상된 사유, 즉 추상사유이다."[62] 따라서 헤겔의 전반 변증법적 체계는 모두 추상성, 감성세계를 이탈한 "철학정신"의 토대 위에 세

---

60) 동상서, 같은 쪽.
61) 동상서, 같은 쪽.
62) 동상서, p.202.

워져 있으며 그 표현은 정대정신이 역사 속에서 자아소외 및 복귀하는 과
정일 따름이다. 그중 "논리학은 정신의 화폐이고 인간과 자연계의 사변적,
사상적 가치—— 인간과 자연계가 일체 현실적 규정성과 아무런 상관도 없
이 생성된, 그래서 비현실적인 본질이다."[63] 자연과 인류사회는 이로써 "이
러한 추상적 사유의 외재성"이 되었고, 그에 따라 마찬가지로 추상적 "비현
실성"이 되었다. 그리하여 헤겔변증법은 본질적으로 정신적 "추상성"을 그
이론적 토대로 삼는 것이다.

『철학의 빈곤』에서 마르크스는 더욱 예리한 방식으로 다음과 같이 논술
했다. "그렇다면 이러한 절대적인 방법(즉 헤겔변증법-인용자 주)은 도대체 무
엇인가? 운동의 추상이다. 운동의 추상이란 무엇인가? 추상 형태의 운동이
다. 추상 형태의 운동이란 무엇인가? 운동의 순수논리공식 또는 순수이성적
인 운동이다. 순수이성적인 운동은 또 어떠한 것인가? 바로 자기를 설정하
고, 자기모순, 자기합성, 즉 자신을 정제, 반제, 합제로 규정하거나 또는
자아긍정, 자아부정과 자아부정을 부정하는 것이다."[64]

『신성한 가족』에서 마르크스는 특별히 한 개 절을 이용하여 "사변구조
의 비밀"을 논의했다. 그는 헤겔은 실제상 구체적 사물(가령 사과나 배) 중에
서 추상한 것 일반 개념(가령 과일)을 구체적 감성사물을 이탈하고 자족독립
한 본질과 실체로 간주하고 그 후에 또 추상적 실체를 통하여 "자신의 진
전"을 시도하며 관념 속에 "구체성"을 재건하려고 하는데 이것이 헤겔변증
법의 기본 특징이라고 했다. 하지만 그의 입장에서 진정한 "본체"는 일반성
적인 개념이었다. 따라서 "그는 사실상 단지 표면적으로 추상의 테두리를
벗어난 것에 지나지 않는다"[65]는 것이며 "현실적 사물의 명칭을 오직 추상

---

63) 동상서, 같은 쪽.
64) 《馬克思恩格斯文集》第1卷, 北京: 人民出版社, 2009, p.220.
65) 동상서, p.277.

적 이지만이 창조할 수 있는 사물에 부여, 즉 추상적인 이지의 공식에 부여하는 것에 지나지 않았다."[66] 따라서 헤겔변증법은 실질상 여전히 추상적(비록 "구체"를 구축하려고 했지만)인 것이었다. 『신성한 가족』에서 마르크스는 진일보 헤겔의 『정신현상학』을 분석하면서 "헤겔의 『현상학』에서 인간 자아의식의 각종 소외 형식이 지닌 물질적, 감성적, 대상적 기초는 모두 무시되고 전반 파괴적 작업의 결과는 바로 가장 보수적인 철학이었고 이러한 파괴적인 작업은 일단 대상세계, 감성현실의 세계를 '사상적인 것'으로 변화시킬 경우 자아의식의 단순 규정성으로 변화되며 스스로 이 세계를 정복했다고 여긴다. …… 헤겔은 인간을 자아의식의 인간으로 만들었지 자아의식을 인간의 자아의식으로, 현실적인 것으로 만들지 않았기에 현실 속에서 생활하는 대상세계에서도 이 세계의 제약을 받는 인간의 자아의식인 것이다. 헤겔은 세계의 시말을 뒤바꾸었기에 두뇌 속에서 일체 한계를 소멸할 수 있었다. 『현상학』은 자아의식은 유일하며 삼라만상의 실재라는 것을 증명하려는 것이다."[67]

이러한 비판은 모두 하나의 공통점이 있는데 즉 헤겔변증법의 전반 체계는 추상적, 초감성적인 정신활동성의 토대 위에 확립되었다는 것이다. 이 점은 헤겔변증법이 "비록 완전 부정적 그리고 비판적인 외표를 가지고 있지만", "비비판적 실증주의와 마찬가지로 비비판적 유심주의"가 종국엔 우위를 차지하기에 그 혁명성과 비판성은 질식을 당하게 된다.

이러한 기본 관점에 입각하여 마르크스는 여러 방면에서 출발하여 헤겔변증법의 "추상성"에 대한 전면적인 해체를 진행했다.

(1) 헤겔변증법의 "소외"개념. "소외"는 헤겔변증법의 중요한 범주로서

---

66) 《馬克思恩格斯全集》第2卷, 北京: 人民出版社, 1957, p.75.
67) 《馬克思恩格斯文集》第1卷, 北京: 人民出版社, 2009, pp.357~358.

그는 "소외"개념을 빌려 인간과 세계의 관계를 표현하면서 재부, 국가권력, 종교 등은 모두 인간의 역사활동에서 소외된 산물이라고 했다. 여기에 비록 비판적 예봉이 내재되어 있지만 헤겔변증법은 추상적, 초감성적 정신활동성의 토대 위에 확립된 것이기에 재부, 국가권력과 종교 등을 성인의 현실적, 생동한 역사활동의 산물로 간주하지 않고 추상적 정신활동의 산물로 간주했다. 따라서 "그가 재부, 국가권력 등등을 성인의 본질과 소외된 본질로 간주했을 때 이것은 단지 그들 사상의 형식에서 본다면 …… 그것들은 사상본질이기에 단지 순수하게 즉 추상적 철학사유의 소외일 따름이다."[68] "감성, 종교, 국가권력 등은 정신적 본질이기에 오로지 정신이야말로 인간의 진정한 본질이며 정신의 진정한 형식은 사유하고 하고 있는 정신, 논리적이며 사변적 정신인 것이다. 자연계의 인성과 역사가 창조한 자연계——인간의 생산——의 인성은 그들 추상정신의 생산품에서 표현된다. 따라서 이 한도 내에서 그들은 정신적 단계 즉 사상본질이다."[69] 이리하여 인간과 소외된 세계의 대립관계는 자아의식과 대상 간의 개념공식아래 순형식적인 대립이 되었다.[70] 추상적 사유는 자족적인 척도로 감성현실 및 역사를 재단하고 현실적 인간의 생명 내재적인 것과 상관되는 소외의 역량은 오히려 추상적 정신의 소외물로 아웃포커싱되었다.

(2) 헤겔변증법 중 소외의 "극복", "부정"과 "양기"의 개념. 이상과 관련하여 소외에 대한 "정신적 태도" 때문에 소외의 극복은 필연적으로 "사상을 토대로 한 대상에 대한 극복"으로, "의식 중 순사유 중, 즉 추상 중에 발생한 점유"로, "이러한 사상과 사상운동으로서의 대상의 획득"으로 표현되며, 따라서 "의식으로 소외의 대상을 극복"하는 데에 지나지 않게 된다. 현실 생활

---

68) 동상서, p.203.
69) 동상서, p.204.
70) 《馬克思恩格斯全集》 第42卷, 北京: 人民出版社, 2009, p.161.

중의 진실한 소외 및 소외의 극복은 여기에서 오히려 진솔하지 않은 환영으로 변한다. 이러한 의미에서 "헤겔은 부정적 부정이 포함한 긍정적 방면에 근거하여 부정적 부정을 진정으로, 유일한 긍정적인 것으로 간주했다. 그리고 거기에 포함된 부정적인 방면을 일체 존재의 유일하게 진정한 활동과 자아실현의 활동으로 간주하고 따라서 그는 역사적 운동을 위하여 추상적, 논리적, 사변적 표현을 찾기에 주력했고 이러한 역사는 기존의 주체적 인간의 현실 역사가 아니라 인간의 산생활동, 인간의 형성 역사일 뿐이다."[71]

(3) 헤겔변증법의 "인간"에 관한 개념. 변증운동의 주체는 추상적인 정신활동이기에 "인간의 본질, 인간은 헤겔이 보기에 자아의식과 등식이 성립되었다. 따라서 인간의 전반 본질의 소외는 자아의식의 소외에 다름 아니다. 자아의식의 소외는 인간의 본질적 현실에 대한 소외의 표현, 즉 지식과 사유 속에 반영된 이러한 소외의 표현으로 간주되지 않았다. …… 따라서 소외화된 대상성 본질의 전부가 다시 점유되고 이러한 본질이 모두 자아의식으로 합병된 것으로 표현되었으며 자기의 본질을 장악한 인간은 근근이 대상성 본질의 자아의식밖에 장악하지 못했다."[72] "인간"은 추상적 자아의식과 동등시되고 현실의 모든 인간의 활동은 자아의식의 외화 및 대상의 자아귀환으로 간주되었으며 이러한 "인간"은 필연적으로 추상적 유령과 같은 존재가 되는데, "인간은 자아적이다. 인간의 눈, 인간의 귀 등등은 모두 자아적이다. 인간의 모든 본질적인 역량은 인간의 몸에서 모두 자아성이란 특성을 지니게 된다. 하지만 바로 이러한 이유로 자아의식이 눈과 귀와 같은 본질적 역량이 있다고 하는 것은 완전한 착오이다. 자아의식은 인간의 자연 즉 인간의 눈 등등의 질이지 인간의 자연은 자아의식의 질이 아니라고 하는 편이 더 낫다."[73]

---

71) 《馬克思恩格斯全集》 第1卷, 北京: 人民出版社, 2009, p.201.
72) 동상서, p.207.

(4) 헤겔변증법의 "사유와 존재의 통일"의 관념. 사유와 존재의 통일은 헤겔변증법의 가장 기본적인 원칙으로서 그 소위 "사유"는 "순사유", "사유하는 인간"과 박리된 추상적 "무인간의 이념적 자아운동"이다. 그것의 "존재"는 인간의 사유 외의 인간의 현실적 대상화적 존재가 아니라 "순사유"적 "외재화"이다. 그것은 "자아의식에 다름 아니며, 혹자는 대상은 대상화된 자아의식, 대상으로서의 자아의식이라고 한다." 따라서 대상은 대상화된 자아의식, 단지 공상적 또는 허구한 존재이며 추상적인 존재이다. 즉 근본적으로 존재하지 않는다.[74] 따라서 소위 사유와 존재의 "대립"은 "사상 내 …… 대립"에 불과하며, 사유와 존재의 "통일"도 사유가 존재를 극복하여 존재가 "사유"에 의해 먹히고 점유하는 과정에 불과하다. 단지 이는 의식 내의 순사유 내의, 즉 추상성 안에서 진행되는 동화이다. 따라서 이러한 "통일"은 진실한 토대를 상실한 허황한 통일이다.

이러한 여러 방면에서 전개되는 비판을 본다면 모두 하나의 중심 목표, 즉 헤겔변증법이 확립된 본체론적 토대를 철저히 훼멸하여 그 추상성과 허황성을 증명하려는 것인데, 이 본체론 토대의 핵심은 바로 "알고 승인한 노동은 추상적 정신노동이라는 것이다."[75] 일체 형이상학과 마찬가지이기에 이것은 절대 초월적, 영원재장적 초감성적 존재이며 마찬가지로 "단언적 천진", "반성적 천진", "개념적 천진"으로 표현되고 있다.

"훼멸"과 "해체"는 "현현"과 "재건"하기 위함이며 헤겔변증법과 전부의 전통 형이상학의 본체론 토대에 대한 전면적인 비판은 전반 전통 형이상학과 결렬하여 변증법의 진실한 토대를 확립하고 기초를 청산하기 위함이다.

---

73) 동상서, p.206, 인용문은 약간 수정한 것임.
74) 동상서, 같은 쪽.
75) 동상서, p.205.

　그렇다면 전통 형이상학의 잔재를 청산한 후의 변증법은 과연 어떠한 것이어야 할까? 변증법의 진실한 토대는 과연 무엇인가?

　마르크스의 해답은, 변증법의 진실한 토대는 직관적, 소박 형태의 변증법이 현시하는 자재적인 물질세계가 아니며 반성적, 개념 형태의 변증법이 현시한 초감성적 정신활동성도 아닌 인간의 현실 생명존재 및 그 역사적 발전, 혹은 인간본원성의 생존실천 활동과 생산방식이다. 이렇게 이해한 변증법의 이론적 토대는 현대 철학의 담론으로 가히 변증법의 "생존론적 근원"이라고 할 수 있다.

　변증법의 "생존론적 근원"을 확립하는 것은 마르크스가 전부의 형이상학을 비판한 후에 변증법사에서 실현한 근본적인 변혁이다. 전술한 내용을 돌이켜 본다면 우리는 전통 형이상학이 "존재"의 해결에서 형성한 이론 범식의 기본적인 특징에서 그 속에 내포된 중대한 이론적 곤경을 밝혔다. 이어서 전통 형이상학의 이론적 곤경을 초월하는 신형의 이론범식으로서의 변증법 변천의 역사를 고찰하면서 변증법이 "존재"라는 철학적 근본 문제의 해결에서 끊임없이 자아전제의 비판을 전개하고 꾸준히 자아초월, 자체 형태의 전환을 실현하는 과정을 분석했다. 그중에서 우리는 헤겔을 대표로 하는 반성적, 개념적 변증법이 포함한 내재적 이론주장, 즉 변증법과 형이상학 두 가지 이론범식 간의 내재적 충돌을 중점적으로 분석했다. 마지막으로 우리는 "헤겔변증법"과 "철학 전반"에 대한 마르크스의 비판을 집중 조명하고 이 비판의 실질과 진실한 취지를 천명했다. 이러한 일련의 논의를 통화여 우리는 다음과 같은 기본적 추세와 이론적 임무를 분명하게 감지했다. 변증법은 전통 형이상학과 "존재" 문제에서 중대한 차이가 있는 이론범식으로서 그것의 혁명성, 비판성 요소를 충분히 실현하자면 필연적으로 전통 형이상학 이론의 구속을 벗어나 그 추상적, 초감성적 본체론 토대를 폐지해야 한다. 마르크스는 이러한 추세를 통찰하고 일체 형이상학을 종결하고 변증법을 생존론 토대 위에 확립하려고 했다. 이 점이 바로 마르크스의 중대한 이론적 공헌인 것이다.

6. 형이상학의 사회역사적 비판과 인간의 현실 생명의 구출 : 마르크스 형이상학 비판의 특수한 양식 및 취지

전통 형이상학의 존재론적 근원을 해소하는 것은 변증법을 위하여 튼튼한 토대를 마련하는 것으로서 이는 변증법 발전사상 마르크스의 중요한 공헌이다. 니체나 하이데거와 달리 마르크스는 형이상학의 이론적 연원과 사상계보를 소급한 것이 아니라 "존재 역사의 해체"를 통하여 형이상학을 해소했고, 비트겐슈타인(Ludwig Josef Johann Wittgenstein, 1889~1951)과 같이 언어 분석과 언어 비판을 통하여 형이상학을 해소한 것이 아니라 형이상학의 배후에 심입하여 현실 생활 중에 존재할 수 있었던 사회역사적 근원을 발굴하고 게시했는데, 이러한 사회역사적 근원에 대한 해소와 비판으로 형이상학에 대한 해소와 비판을 실현했다. 이로써 마르크스는 철학사상 "형이상학의 사회역사 비판"이란 형이상학 비판의 독특한 양식을 창출했다.

주지하는 바와 같이 마르크스는 현대사회에 대한 심각한 반성자와 비판자이다. 마르크스는 형이상학의 기본 원칙은 현대사회의 기본 원칙과 내재적으로 연관되어 있는 것이라고 간주했다. 양자는 상호 이용관계로서 공동으로 현대성의 기본적인 논리를 구성했다. 따라서 진정으로 형이상학을 이해하고 극복하자면 반드시 형이상학과 현대사회의 심층적인 연관으로부터 착안해야 한다.

우선, 마르크스는 형이상학을 현실 사회생활의 "증후"로 간주하고 형이상학은 "이데올로기"로서 그 존재와 발생의 근원은 현실 사회에서 인간의 생활을 추상화로 빠뜨리는 현실적 역량과 사회관계라고 했다. 따라서 형이상학을 극복하고 해소하려면 우선 필연적으로 이러한 추상화의 현실적 역량과 사회관계를 극복하고 해소해야 한다.

마르크스는 "사상, 관념, 의식의 생산은 최초로 직접 인간의 물질적 활동, 물질적 내왕, 현실 생활의 언어와 뒤엉켜 있다. 인간의 상상, 사유, 정신적 교제는 여기에서 인간의 물질행동의 직접적 산물······ 의식은 어떠한 시기 일지라도 단지 의식한 존재일 따름이며 인간의 존재는 바로 그들의 현실 생활과정인 것이다"는 판단을 했다.[76] 인간의 현실적 생존상황은 관념 활동 을 구성하는 심층적인 근거이다. 형이상학은 현실 생활이 추상화된 사유범 식으로서 그 근원은 현실 사회의 물질생활 과정에 있다고 주장한다. 만약 그것을 "전도된 사유방식"이라고 할 경우 그 근원은 바로 현실 세계의 "전도 된 세계"에 있는 것이다. 이 점에 대해 마르크스는 "개인은 현재 추상적 통치 를 받고 있는데 그들은 이전에 상호 신뢰했었다. 하지만 추상적 또는 관념적 인 것들은 개인의 물질관계를 통치하는 이론적 표현일 따름이다."[77] 여기에 서 이른 바 "개인은 추상적인 통치를 받는다"는 것은 개인이 추상적 사회역량 의 통제를 받고 있다는 것을 가리킨다. 가령 "추상적 관념"이 이론적 형태로 표현한 형이상학이라면 "추상적 사회역량"은 바로 "형이상학의 현실적 실행" 이다. 그러니까 이론적 형태로 표현되는 형이상학을 이해하고 해소하려면 반드시 사회생활 속의 "형이상학의 현실적 실행"을 이해하고 해소해야 한다.

이러한 "형이상학의 현실적 운용"은 부동한 사회역사의 조건 아래에서 부동한 표현 형식을 보인다. 그것은 "권력의 논리"로 표현될 수도, "기술의 논리"등으로 표현될 수도 있다. 현실 사회의 어떤 역량 또는 관계가 절대적인 통치지위를 차지했을 때, 그리고 이 때문에 인간의 생존과 사회생활이 추상 화로 빠지게 되었다면, 이는 형이상학의 유령이 이미 현실 생활 속에서 실행 되고 있다는 것을 말해준다. 따라서 "형이상학의 현실적 실행"에 대한 비판

---

76) 《馬克思恩格斯選集》第1卷, 北京: 人民出版社, 1995, p.72. 인용문은 수정한 것임.
77) 《馬克思恩格斯文集》第8卷, 北京: 人民出版社, 2009, p.59.

은 사회생활의 변동에 따른 충실하고 부동한 귀속과 주제가 필요하게 된다.

현대성의 반성자와 비판자로서 마르크스는 자본 원칙에 대한 비판을 계기로 현대성의 논리에 대한 분석을 전개했다. 마르크스는 "자본논리"는 바로 현대 사회생활 속의 "형이상학의 현실적 실행"의 가장 전형적인 표현형식이라고 했다.

여기에서 자본은 자본주의 사회에서 인간의 전부의 생활을 통치하는 궁극적인 "절대존재"이다. 마치 "두루 비추는 햇볕"과 마찬가지로 자본주의 사회생활의 모든 영역을 그 속에 감추고 있다. 그것은 인간과 세계, 인간과 인간 및 인간과 자신의 관계를 주도하면서 전반 사회생활의 축심 원칙을 구성하고 있다. 그것은 "지대지외(至大之外)"——아무 것도 자본역량의 장악에서 이탈하여 스스로 존재할 수 없다. 그것은 "지소무내(至小無內)"——아무 것도 자본역량의 침식의 행운아로 자위(自爲)적이고 합리적인 것으로 표현될 수 없다. 이러한 의미에서 "자본"은 자본주의 사회의 일체 존재물에 내재한 "본질"과 "실체"이다. 일체 존재물은 모두 반드시 자본의 앞에서 존재의 "목적"과 "의의"를 증명해야 하는바, 그렇지 않을 경우 존재의 가치와 필요성을 상실하게 된다.

다음, 이와 관련하여 "자본논리"의 통치는 또 일체 "동일성"과 "총체화"를 삼켜버리는 역량으로 구현된다. 한편으로 그것은 자본의 관계를 현실을 통치하는 유일한, 절대적 관계로 만들어 인간의 생명과 사회생활의 일체 풍부한 내용을 모두 추상적 "교환가치"로 환원하고 증류시킨다. "그들은 인간의 존엄을 교환가치로 변화시켜 몰양심적인 무역자유로 무수의 특허, 자기 힘으로 얻어낸 자유를 대체한다."[78] 다른 한편으로 그들은 일체를 조종 통제하고 왜곡하고 전도하는 마력을 지닌다. "그것은 일체 사물의 보편적 혼동과 교체로서 전도된 세계이며 일체 자연적인 품질과 인간의 품질의 혼

---

78) 《馬克思恩格斯選集》第1卷, 北京: 人民出版社, 1995, p.275.

동과 교체이다."[79] 그리하여 전설 속의 무당처럼 일체 인간적인 것과 자연의 특성을 그들의 대립물로 만드는데 흑을 백으로, 추한 것을 아름다운 것으로, 비천한 것을 존귀한 것으로, 겁쟁이를 용사로 만든다.

마지막으로, "자본논리"의 통치는 그것이 영원히 통지지위를 수호하여 현존상태를 영구화하려는 "비역사성"의 보수적인 역량이라는 데에서 표현된다. 마르크스는 "자본은 물건이 아니라 일정한, 사회적, 일정한 역사사회 형태의 생산관계에 귀속되는 것으로서 후자는 하나의 사물에, 그리고 이 사물에 부여한 특유의 사회성질에서 나타난다."[80]고 지적했다. 따라서 자본의 논리는 근본적으로 사회관계의 논리이다. 이러한 사회관계 속에서 자본 인격화의 대표인 자본가는 필연적으로 자본논리가 통제하는 사회상태를 완벽한 "천년왕국"으로, 이 "천년왕국"을 이성의 실현을 대표하는 것으로 선포할 것이며, 따라서 이는 "역사적 종결"을 의미한다. 이에 대해 마르크스는 "너희들의 이기관념은 너희들로 하여금 자기의 생산관계와 소유 제 관계를 역사적 생산 과정에서의 잠시적인 관계로부터 영구한 자연법칙과 이성 법칙으로 변화시켰다. 이러한 이기관념은 너희들과 일체 멸망한 통치계급이 공유하는 것이다"[81]라고 총화했다.

자본논리의 통치원칙 및 그 후과는 우리가 전술한 형이상학의 사유범식이 준수하는 이론의 원칙 및 특질과 내재적 동질성이 있음은 쉽게 발견된다. "절대주의", "총체주의"와 "비역사주의"는 "자본논리"의 통치가 준수하는 원칙임과 아울러 형이상학의 기본 원칙이다. 형이상학이 지닌 그러한 특성과 원칙은 현실 생활의 "자본논리"의 특성과 원칙에 뿌리를 둔 것이다. 이러한 동질적 관계는 형이상학은 일종 현실 생활의 증후일 뿐만 아니라

---

79) 《馬克思恩格斯文集》第1卷, 北京: 人民出版社, 1995, p.247.
80) 《馬克思恩格斯選集》第2卷, 北京: 人民出版社, 1995, p.577.
81) 《馬克思恩格斯選集》第1卷, 北京: 人民出版社, 1995, p.289.

추상적 이론양식으로서 현실 생활 속의 추상적 사회역량과 상호 결탁, 상호 지지와 상호 강화의 공모관계를 형성하고 있음을 의미한다. 이러한 공모의 관계가 "현존"하는 "사회상태"의 "영구성"과 "절대성"을 유지하는 것이다.

마르크스는 형이상학과 종교, 법은 마찬가지로 "이데올로기"의 범주에 속한다고 했다. 이데올로기로서 이는 두 가지 가장 기본적인 특징을 지닌다. 첫째, "타자"에 대한 강제성과 통제성을 가진다. 하이데거의 표현을 빌린다면 대상으로서의 존재자에 대해 강제적인 통제의 "전용차"로서 일체 특수성과 이질성적인 요소를 "동화", "평정"하는 통치 의향과 본성을 지닌다. 둘째, 진실한 존재의 은폐와 왜곡의 성질은 어떤 원칙을 "절대적 원칙"으로 선포하고 그것을 "영원재장"의 "진리"성질을 띤 것으로 선포하려는 의도인데, 그리하여 현실에 대해 무비판적인 긍정의 태도를 취하고 또 일체 "비재장"의 향도를 거절하려는 것이다. 이 두 가지 특징에 대하여 마르크스는 이렇게 개괄했다. 첫째, 그들은 특수한 이익을 보편적 이익이라고 했다. 둘째, "보편"적인 것을 통치적인 것이라고 했다.[82] 여기에서 형이상학은 "권력담론"을 의미하며 그 심층적 의념은 특수한 이익을 소유인 공동의 이익으로 선고하며 여기에서 출발하여 통치의 합법성을 획득하려는 것이다. 여기서 소위 "통치"는 다음과 같은 의미, 즉 "기득권력 관계가 '계통적 비대칭'일 경우, 즉 특정한 대리인 또는 대리인 단체가 장기간 기타 대리인 단체가 배제된, 그리고 대부분의 정도에서 권력을 얻지 못하는 권력을 부여받을 경우 우리는 '통치'를 운운하게 된다."[83]

형이상학이 지닌 이러한 통제와 통치의지는 "자본논리"가 고유한 통치와 통제본성과 내재적으로 결합된 현재성의 심층논리는, 바로 전자는 "자본논리"의 무한 팽창, 확장과 증식을 위해 사상적으로 합법적인 지지를 제

---

82) 동상서, p.181.
83) [英]湯普森:《意識形態與現代文化》, 南京, 譯林出版社, 2005, p.66.

공하고 후자는 전자를 위해 "사회적"으로의 세속적인 토대를 제공하는 것
이다. 형이상학은 자본논리의 "이론차용"이고 자본논리는 형이상학의 "현
실실행"이다. 그러니까 양자는 "공생"과 "공모"로써 전반 현대성의 기둥을
구성하고 이로써 현대사회의 기본적인 면모를 지배한다.

위의 이해에서 본다면 필연적으로 아래와 같은 논리정연한 결론을 얻을
수 있다. 즉 형이상학을 해소하려면 반드시 상응되는 두 가지 루트가 있는
데, 하나는 형이상학의 음영이 번식할 수 있는 세속적 사회의 생활기초를
개조해야 하는바, 즉 "총체성", "절대성", "비역사성"의 "자본논리"의 통치
를 초월함으로써 근본적으로 형이상학이 의거하여 존재하는 현실 생활의
토양을 없애야 한다는 것이다. 마르크스는 "사회생활은 본질적으로 실천적
이다. 무릇 이론을 신비주의로 이끌어가는 신비한 사물은 모두 인간의 실
천 중 그리고 이 실천에 대한 이해 속에서 합리적인 해결을 얻게 된다"[84]고
했다. "전도된 세계"에 대한 비판, "전도된 사유방식" 즉 형이상학에 대한
해소를 통하여 형이상학의 가장 근본적인 과정을 해소하고 초월한 것이다.
둘째, 제1방면의 내재적 상관은 형이상학에 대한 "이데올로기 비판"으로서
형이상학과 그 세속적인 토대 사이의 진실한 관계를 게시함으로써 형이상
학의 허위적인 보편성과 "진리성"을 해소했다. 형이상학이 미련을 두고 있
던 "사상, 관념, 개념"의 "독립성"의 외관이 해체됨에 따라 그 배후에 은폐
되어 있던 "특수이익"과 "특수성 시각"도 폭로되었고 형이상학이 스스로 주
장하던 "보편적 진리"의 가면도 진정으로 폭로되었다.

마르크스는 형이상학의 논리는 본성적으로 인간의 생명존재를 추상화의
논리로 빠뜨리는 논리로 간주했다. 따라서 형이상학에 대한 "사회 비판"의
근본적인 목적은 바로 인간의 생명존재로 하여금 "추상화"된 운명을 이탈
하도록 하여 인간 생명의 "구체성"과 "풍부성"을 구제하는 것이었다.

---

84) 동상서, p.56.

인간 생명의 "구체성"과 "풍부성"은 아래와 같은 세 개 차원의 기본적 함의가 있다.

우선, 그것은 인간 생명존재와 사회생활 내포의 이질성, 다중성과 전면성을 의미하는바, 마르크스의 표현으로는 "이미 생성된 사회가 인간본질 전부의 풍부성을 지닌 인간, 풍부하고 전면적이며 심각한 감각을 지닌 사람을 창조하여 이 사회의 항구적인 현실을 만들어낸다"[85]는 것이다. 즉 "부유한 사람과 인간의 풍부한 수요이다." 소위 "부유한 사람"이란 바로 "인간의 생명적 표현을 보이는 완벽한 인간이다."[86] 이러한 이질성, 다양성과 전면성은 단일한 것, 절대적인 추상적 원칙으로 환원되거나 귀결될 수 없다.

다음, 그것은 인간의 생명존재와 사회생활의 역사성과 자아초월성을 의미한다. 역사성과 자아초월성은 인간의 "자유성"을 말하는데, 이는 인간은 "현성"존재자가 아니라 생존본성과 미래지향성의 가능성을 지닌 존재자임을 표명한다. 따라서 인간의 생명존재는 선험적인 형이상학의 본질로 환원되거나 귀결될 수 없다.

마지막으로 그것은 인간 생명존재는 늘 "타자"의 동태적인 생존관계 속에 존재하고 있다는 것을 의미한다. 이는 자연과의 관계뿐만 아니라 타인과의 관계에서도 구현된다. 전자는 자연적으로 인간 생명표현의 대상을 구성한다. "오직 현실적, 감성적 대상만이 자기의 생명을 표현할 수 있다", "가령 어느 존재물 본신이 대상도 아니고, 대상도 없다면 이러한 존재물은 우선 유일한 존재물이 될 것이고 그밖에는 아무런 존재물도 존재하지 않기에 고독하게 존재하고 있을 뿐이다. …… 비대상성의 존재물은 비현실적, 비감성적으로서 오직 사상적, 즉 상상해낸 존재물일 수밖에 없으며 추상적인 사물이다."[87] 후자에게 있어서 "개체는 사회적 존재물이기에 그의 생명

---

85) 《馬克思恩格斯文集》第1卷, 北京: 人民出版社, 2009, p.192.
86) 동상서, p.194.

표현은 공동으로 타인과 함께 생명적 표현을 완성하는 이러한 직접적인 형식을 취하지 않을지라도 여전히 사회생활의 표현과 확증(確證)이다."[88] "적극적으로 양기된 사유재산의 전제 아래, 인간은 어떻게 인간을 생산할 것인가——그 자신과 타인을, 직접적으로 그의 개성을 구현한 대상은 왜 그 자신이 타인의 존재를 위해야 하는 동시에 이 타인의 존재이며, 또 이 타인은 그의 존재를 위해야 하는가."[89] 따라서 인간의 생명존재는 "타자"관계를 이탈하여 환원되거나 귀결될 수 없으며, 절대적으로 모든 것을 조종하는 초절대적인 실체일 수 없다. 오직 전술한 속성을 지닐 때만이 우리는 비로소 이것이 바로 "현실"적 인간의 생명존재라고 할 수 있다.

하지만 형이상학과 형이상학의 현실적인 운행, 즉 "자본논리"의 통치는 전술한 인간의 생명적 구체성과 풍부성에 대한 차단과 말살을 이론적 후과로 삼는다.

첫째, 형이상학은 총체주의적 사유범식의 하나로서 그 중대한 취지는 차이성, 다양성과 모순성을 해소하여 궁극적인 통일성을 달성하는 데 있다. 이러한 사유방식의 관철은 인간의 생명존재를 필연적으로 그 어떤 절대적인 통일된 본질로 환원한다. 그리고 이러한 통일적 본질에 의거하여 생명존재의 기타 내적 함의와 영역을 통제, 장악하여 그 내재적 충동과 의지를 구성한다. 이러한 사유논리에 따라 인간의 생명존재는 그러한 "동일성 본질"과 부합되지 않는 요소와 성분에서 혹자는 제거당하거나 혹자는 멸시와 말살을 당하게 된다. 철학사상 이러한 "동일성 본질"은 혹은 "이성"으로 귀결되거나 혹은 "신성" 또는 "물성"으로 귀결되었다. 하지만 그 핵심요구는 공동적인 것으로서, 즉 인간의 생명의 내포 속에서 추출한 어떤 절대적, 단일한 원칙

---

87) 동상서, pp.210~211.
88) 동상서, p.188.
89) 동상서, p.187.

으로써 기타의 생명 내적 함의를 통솔하고 지배하자는 것이다. 아주 분명한 것은 이러한 사유논리의 통치 아래 인간의 생명내포의 이질성, 다중성과 풍부성은 추상화되고 인간은 "현실성"을 상실하게 된다.

둘째, 형이상학이 추구하는 것은 선험적 초감성적인 본질의 세계이다. "존재"를 "본질"로 귀결시키고, "선험적 본질"에서 출발하여 "존재자 총체"를 해석하려는 것이 바로 형이상학의 기본적 사유방향이다. 이러한 사유방식을 관철한 후에 인간의 생명존재의 의의와 가치는 이러한 선험적 본질과 합일되어 이러한 선험적인 본질이 인간의 일체 사상과 행위의 근원 및 근거를 구성하게 된다. 하지만 인간의 존재가 "본질"로 귀결될 때 인간은 실제상 "기성 존재와 거기에 비치되어 있다는 이러한 의미에서 터득되는 것"이 된다. 인간 생명존재의 특유의 생존본성은 은폐되고 인간 생명은 "선험적 본질"이라는 보이지 않는 손의 지배와 통제를 받게 되어 그 역사성과 자아초월의 본성을 상실하게 된다.

셋째, 형이상학이 추구하는 선험적 본질은 근본적으로 "실체성"을 지닌다. 이른바 "실체성"의 기본적인 특징은 "자인성(自因性)"과 "독립성"이다. 하이데거는 이를 두고 "'실체'의 존재적 특징은 그려낸 것으로서 아무런 수요가 없다(無所需求). 기타 존재자가 완전 불필요하지만 존재하는 것은 본래의 의미에서 실체 관념을 만족시킨다"[90]라고 했다. 이는 형이상학이 추구하는 "실체"란 일체 관계를 초월하고 이탈한 절대적 존재자라는 점을 말해준다. 이른바 "절대"란 "무대상"인 것으로서 "타자"에 의거하지 않지만 "타자"를 자체에로 동화하고 흡수할 수 있으며 "자급자족"할 수 있다. 따라서 이러한 사유방식의 관철은 필연적으로 인간의 생명존재를 대상과 타인관계를 이탈한 그 어떤 고독한 유령으로 환원시킨다.

이와 대응하여 형이상학의 "현실 운행"은 마찬가지로 인간의 현실 생활

---

90) 馬丁海德格尔:《存在與時間》, 北京: 生活·讀書·新知三聯書店, 1987, p.114.

추상화의 후과이다. 『독일의 이데올로기』에서 마르크스는 "현대에서 사물의 관계가 개인에 대한 통치, 우연성이 개성에 대한 억압은 이미 가장 첨예하고 가장 보편적인 형식을 지닌다"[91]고 했다. 『공산당선언』에서 마르크스는 재차 같은 사상을 피력했는바, "부르주아 사회에서 자본은 독립성과 개성을 지니고 있으며 활동하는 개인은 오히려 독립성과 개성이 없다"[92]고 지적했다. 만년에 마르크스는 『1857-1858년 경제학수고』에서 진일보 "개인은 현재 추상의 통치를 받고 있는데 그들은 이전에는 상호 의거했었다. 하지만 추상 혹은 관념은 그러한 개인의 물질적 관계를 통치하는 이론적인 표현일 따름이다"[93]고 했다. 자본논리는 인간의 구체성을 해소하여 인간의 생명을 "이토록 우매하고 편면적"으로 만들어 추상화의 논리로 빠뜨려 버린다.

우선, 자본의 "총체성"은 인간이 생명의 풍부성과 전면성을 상실하여 편면적이고 빈곤한 존재가 되었음을 의미한다. 인간은 "이토록 우매하고 편면적으로 변하여 하나의 대상으로, 그것이 우리가 소유하고 있을 때만, 즉 우리의 자본으로서 존재할 때만, 혹은 우리에게 직접 점유되었을 때, 우리가 먹고, 마시고, 입는 등등의 때만이, 요컨대 우리에게 사용될 때만이 비로소 우리의 것이 된다."[94] 자본은 마치 모든 것을 삼키는 블랙홀마냥 인간의 무한대로 풍부한 수요를 물에 대한 점유의 기능으로 동일화시킨다. 둘째, 자본의 "절대성"은 물(物)이 인간에 대한 통치를 의미하는바, 죽은 노동이 살아 있는 노동에 대한 통치이며 따라서 세계의 창조성과의 관계를 상실함으로써 인간을 소극적이고 피동적인 "기성의 존재물"로 전락시킨다. 자본은 독립성과 개성을 획득하는 현실 생산에서 특수한 일부 노동은 부동

91) 《馬克思恩格斯全集》第3卷, 北京: 人民出版社, 1960, p.515.
92) 《馬克思恩格斯選集》第1卷, 北京: 人民出版社, 1995, p.287.
93) 《馬克思恩格斯文集》第8卷, 北京: 人民出版社, 2009, p.59.
94) 《馬克思恩格斯文集》第1卷, 北京: 人民出版社, 2009, p.189.

한 개인 사이에 분배될 뿐만 아니라 "개체본신도 분할되어 어떤 국부 노동의 자동 도구가 되어버린다."⁹⁵⁾ 마지막으로, 자본의 "비역사성"은 인간의 자아초월과 자아부정 방향의 완전한 질식을 의미한다. 자본의 통치 아래 노동자는 "자유롭게 자기의 체력과 지력을 발휘하는 것이 아니라 육체는 시달림을, 정신은 학대를 당하게 된다. 따라서 노동자는 오직 노동 이외에만 자유자재적임을 느끼며 노동 중에는 부자유를 느끼게 된다. …… 그의 노동은 자원적인 노동이 아니라 핍박에 의한 강제 노동이다."⁹⁶⁾ 이러한 상황에서 인간의 활동은 다시는 자아주재적인 활동이 아니고 인간의 생명은 완전히 자아초월과 자아부정의 능력을 상실하고 말게 된다.

형이상학과 자본논리가 초래한 후과는 동일함이 분명하게 드러난다. 인간의 생명존재는 "추상"에 의해 통치되어 그 구체적이고 풍부한 성질을 상실했다. 전술한 바와 같이 현대사회에서 형이상학과 자본논리 양자는 상호 지탱하고 상호 보충함으로써 "공모"의 관계를 결성한다. 바로 이러한 추상적 역량의 "공모" 속에 "인간에 대한 추상의 통치"는 도피할 수 없는 운명에 처한다.

이상의 분석에서 형이상학에 대한 마르크스의 사회 비판의 심층적인 취지는 이미 분명하게 드러나고 있다. 이중의 비판——형이상학의 현실 운행, 즉 자본논리에 대한 비판과 이데올로기로서의 형이상학에 대한 이론적 비판은 그들이 인간의 생명을 추상화의 독재본성에 빠뜨린 점을 폭로하여 "인간에 대한 추상의 통치"를 이탈하기 위하여, 인간의 생명의 구체성과 풍부성을 위하여 길을 개척하고 공간을 창조하려고 했다. 이러한 의미에서 마르크스의 형이상학 비판의 근본적인 취지는 "형이상학"에 대하여 "NO"의 태도로써 철학과 인류사회의 미래를 위하여 다음과 같은 명확한 임무를

95) 《馬克思恩格斯選集》第3卷, 北京: 人民出版社, 1995, p.642.
96) 《馬克思恩格斯文集》第1卷, 北京: 人民出版社, 2009, p.159.

제안하기 위함이었는바, 즉 인간의 생명을 추상하려는 형이상학의 일체 유
령들을 축출하여 자유롭고, 생동하며 형이상학의 추상 원칙에 은폐, 말살
당하지 않는 인간 생명의 "구체성"을 현시하고 수호하는 것이다.

위의 분석을 통하여 우리는 전통 형이상학의 사유방식을 해소하여 전통
형이상학에 의해 질식되어 있는 변증법의 합리적 내핵을 구출하는 것이 어
떻게 현실적 인간의 생명의 변증본성 문제를 이해하고 파악하는 것과 내재
적 연관이 있는지를 깊이 의식할 수 있다. 바로 현실 인간의 생명의 변증본
성에 대한 자각적인 이해 과정에서 변증법은 전통 형이상학의 유령을 이탈
하여 자신의 튼튼한 토대를 확립해야 한다.

∞ 제3장 ∞

인간 본원성의 생존방식과 변증법의 진실한 토대

1. 생존론본체론 시야의 극복에 입각한 실천관점의 유속화(流俗化)에 대한 이해

하버마스의 주장에 의하면 이론과 실천관계의 전도 또는 로고스중심주의의 극복은 현대 철학의 중대한 주제의 하나이다. 이러한 의미에서 마르크스는 현대 철학의 틀림없이 중요한 선구자이다. "마르크스주의 사상을 극단으로 밀어 최종적으로 이론과 실천 간의 고전적 관계를 전도했다. 하지만 퍼스(Charles Sanders Peirce, 1839~1914)에서 미드(George Herbert Mead, 1863~1931)를 거쳐 듀이(John Dewey, 1859~1952)의 실용주의까지이든, 장 피아제(Jean Piaget, 1896~1980)의 성장심리학 또는 레프 비고츠키(Lev Vygotsky, 1896~1934)의 언어 이론이든 모두 우리의 인식 능력이 과거 과학의 실천 및 우리의 인간과 사물의 교제 속에 깊이 뿌리박혀 있다는 점을 충분히 증명하고 있다. 이리하여 실천철학의 형상학과 마르크스주의 사이에 건립한 복잡다단한 관계를 청산했다."[1] 철학사에서 마르크스는 최초로 "실천"을 철학의 가장 기본적인 원칙으로 상승시킴과 아울러 그것을 기본적인 이론의 출발점으로 삼아 전통 형이상학의 이론범식을 전복함으로써 철학이론의 전통적

---

1) [德]于尔根·哈貝馬斯：《後形而上學思想》，南京：譯林出版社，2001，p.7.

인 성질과 방식을 개변했다. 실천 원칙의 확립은 마르크스로 하여금 철학본체론 영역에서의 한차례 근본적인 전변을 실현하도록 했으며, 철학을 위해 전통 형이상학과는 중대한 차이가 있는 이론경지와 사상적 가능성을 제공하였는바, 마르크스는 이로써 현대 철학의 중요한 창시자의 한 사람이 되었다.

중국 철학계는 개혁개방을 거쳐, 특히 20세기 80년대 중후반기 이래의 철학관념에 대한 반성과 변혁을 거쳐 많은 사람들이 이미 이 점에서 소중한 일치를 달성했다. 즉, 실천관점은 마르크스철학의 우선적, 기본적인 관점으로서 이는 인식론에서 인식의 진리성의 사후 등장을 위해 "부결권"을 행사하는 지식론 개념일 뿐만 아니라 전반 마르크스철학의 체계에서도 핵심적 지위를 차지하는 총체성 범주이다. 따라서 반드시 실천관점을 철저화하여 마르크스철학 전부의 내용과 모든 영역에서 관철해야 한다.

위의 인식은 중대한 이론적 의의가 있는바, 이것이 중국 마르크스주의 철학이 기초 연구 영역에서 획득한 가장 중대한 이론적 성과[2]라는 점에 완전히 동의하는 바이다.

하지만 우려되는 바가 없지 않은바, 바로 실천관점에 대한 이해에서 완벽하지 못하거나 더욱 심각한 것은 "실천"관점의 이해에 적지 않은 심각한 이론적 혼란과 사이비한 비속적인 이해가 존재한다는 점이다. 이는 본래 현대 철학의 정신에 충만되어 있던 실천의 원칙을 탈퇴의 위험에 노출시키고, 또 전 현대적, 심지어는 경험상식화의 개념에 심각한 위기를 초래한다. 이러한 경향에서 비교적 전형적인 표현은 다음과 같다.

(1) 실천관점에 대한 확대화된 이해는 "실천은 하나의 광주리이니 아무것이나 담아 넣는"현상을 초래한다. 많은 학술 논문과 저작은 구체 문제에

---

2) 王楠湜, 〈實踐哲學而不隻是實踐的觀点〉, 2000年全國哲學思想交流會會議論文, 哈尔濱, 2000.

대한 논술이든 아니면 기타 철학유파에 대한 평론이든 모두 자기의 실천관점을 견지한다고 하면서 실천관점을 문제에 대한 논술과 평가의 이론적 근거로 삼는다. 하지만 이러한 저술은 실천범주에 대한 명확한 규정과 해석이 거의 결여되어 있어 마치 무소불능, 무소불포(無所不包)하며 아무런 조건의 제한도 없는 "전능"의 개념처럼 행세한다. 일체문제, 오직 궁극적으로 "실천"이란 두 개의 "마술"을 지닌 글자로 귀결되기만 하면 해결 가능한 것이고 그 실천으로 인간의 각종 미미한 행동도 대충 지도할 수 있다는 것이다. 실천관점을 확대하는 이런 경향의 필연적인 결과는 바로 "실천"을 형식주의적, 추상적, 나약하고 무기력한 개념으로 추락시켜 엥겔스가 당시에 포이어바흐의 추상적 도덕을 비판할 때와 같이 "그것은 일체 시대, 일체 민족, 일체 상황을 위해 설계한 것으로서, 바로 그 이유 때문에 그것은 어느 때나, 어느 장소에서나 모두 적용할 수 없으며 현실 세계에 직면할 때는 칸트의 절대명령과 같이 나약하고 무기력하다"[3]는 꼴이 된다.

(2) 실천관점에 대한 용속적인 이해의 경향이 나타났다. 이러한 경향은 혹자는 실천을 간단하게 "해내다"와 "하다"로 이해하면서 천박하게 단순한 물질공리성 활동의 공구적인 실용주의로 구분하거나, 혹자는 마르크스가 당시에 비판했던 포이어바흐의 "비열한 유태인의 활동"에 대한 비판을 가다머와 하버마스 등이 비판한 공구성, 책략성 활동으로 이해하고자 한다. 그들은 실천관점이 철학 사상사에서 지닌 깊은 연원과 학리적 배경을 간과하며 실천관점의 본체론적 응낙과 그에 내포된 인문정신과 가치 취지를 망각했다. 이는 실천관점의 이해에서 비교적 심각하고 뚜렷한 경향으로서 실천관점의 독특한 생존론 의의와 인문가치를 완전히 덮어 감추어 버렸다.

(3) 실천관점을 가치와 무관한 중립성 개념으로 간주하면서 그에 대해 완전한 객관주의 기술적, "과학적" 분해를 실시한다. 이러한 경향은 인류의

---

3) 《馬克思恩格斯選集》第4卷, 北京: 人民出版社, 1995, p.240.

실천활동을 완전 객관적인 대상으로 삼아 완전 지성적, "과학적"인 방식으로 "실천"의 "유형", "구조"와 "기능"에 대해 표현하고 분석함으로써 "여실한", 추호의 누락도 없는 파악에 도달하고자 한다. 필자는 이러한 경향의 논문을 읽은 바 있는데, 거기에서 인류의 실천활동은 구체적인 16종으로 분류되어 있고 매 종류의 내용과 특성에 대해 아주 구체적인 표현이 있다. 이러한 경향은 표면적으로는 실천활동에 대해 완전히 "실사구시"적, "과학적"인 연구를 하는 것 같지만, 그 결과는 실천관점의 고유한 본체성 위도를 상실하게 된다.

이러한 경향들은 비록 표현이 동일하지 않을지라도 하나의 공통점이 있는바, 즉 기본적으로 상식적, 경험적, 자연주의와 객관주의 수준에 머물러 유속의 방식으로 실천관점을 이해하기에 중대한 의의를 지닌 철학적 원칙으로서 실천의 본래의 의미를 은닉함으로써 철학 사상사에서 지니는 변혁적 의의를 깡그리 상실하게 된다.

효과적으로 중국 철학계에 존재하고 있는 실천관점에 대한 여러 가지 유속화적인 이해를 극복하려면 실천관점의 진실한 의미에 대한 실사구시적인 해명이 필요한바, 그리하여 그러한 유속화된 이해에서 초탈하여 본래의 의미를 현시하는 것은 중국 철학계에서 여전히 절박한 이론적 임무이다.

위의 임무에서 관건적인 것은 철학 진화의 역사 속에서 실천관점의 이론적 영역을 밝히고 실천관점이 소속된 "이론범식"을 명확히 해야 한다. 부동한 이론범식이 의미하는 것은 완전히 부동한 이론적 영역이다. 토머스 쿤 (Thomas Samuel Kuhn, 1922~1996)은 과학의 변혁을 논의하면서 "범식이 개변할 때면 이 세계의 본신도 그들과 변화하게 된다. …… 범식의 개변은 분명 과학가들로 하여금 부동한 방식으로 자신 본연의 연구 사업 영역을 상대하게 했다. 그들은 단지 자신들이 보고, 행동하는 그 세계에 의지하여 담론을 펼치지만 1차 혁명 후에 과학가들은 부동한 다른 세계에 대해 답안을 제시한 것이라고 할 수 있다.["4]" 이는 철학 연구에서도 마찬가지로 이러한 것, 즉 부동한 범식에 대한 선택은 부동한 철학세계에로의 진입과 부동한 철학계에서의 사업을 의미한다는 도리가 적용됨을 보여주고 있다.

마르크스의 실천관점에 대한 이해는 주로 다음과 같은 세 가지 가능한 "이론적 영역" 또는 "이론범식"이 있다.

첫째, 경험상식적인 것. 전술한 세 가지 유속성의 이해는 기본적으로 이 부류에 속한다. 전술한 바와 같이 이러한 이해는 필연적으로 실천관점의 용속화를 초래함으로써 그것을 아무런 이론적 내포와 설득력이 없는 개념으로 만든다.

둘째, 지식론적인 것. 이는 전통 철학 교과서에서 보여준 이론범식이다. 그중에서 실천관점은 미약한 위치를 점하는데, 즉 인식론 중에서 인식의 감성재료 근원을 제공하는 체제와 인식의 진리성 표준에 불과하다. 따라서 실천관점은 근본적으로 하나의 지식론 범주인바 그 응용범위, 이론 해석력 등은 모두 지식론의 한도 내에서만 효과적이다.

셋째, 전술한 두 가지 이론범식은 모두 큰 차이가 있는 "생존론본체론 범식"이다. 그 요점은 실천관점을 인간의 본원적 생명활동 및 역사 발전의 생존론본체론 개념으로 파악하고 실천활동을 근본적으로 인간의 가장 기본적인 생명의 존재방식과 생명의 활동방식으로 간주하면서 실천관점의 중요성은 전면적으로 인간의 현실생명을 이해하고 그 역사 발전을 위해 기본적인 이론관점과 사고방식을 제공하는 데 있다고 주장한다.

전술한 3자 가운데 오로지 "생존론본체론 범식"이야말로 진정으로 실천관점의 이론성과 적응되는 이해범식이라고 할 수 있다. 중국 철학계에서는 비록 실천관점에 대해 장시기 동안 논의를 거쳤지만 명확하게 "생존론본체론"의 이론범식에 입각하여 그에 대해 본체론 측면의 해석을 하는 주장은

---

4) [美]T.S.庫恩:《科學革命的解構》, 上海科學技術出版社, 1980, p.91.

보기 아주 드물었다. 이 점이 바로 심도 있게 실천관점의 이론적 의의를 파악해야 하는 관건이다. 실천관점의 의미를 절실히 터득하고 그에 대한 편파적인 이해를 극복하여 반드시 자율적으로 스스로를 "생존론본체론"의 이해범식 내에 위치시켜야 한다.

2. 인간 "본원성"의 생존방식: "실천"의 근본적인 의미

생존론본체론의 시야에서 "실천"을 이해하는 것은 "실천"이 가리키는 것은 인간의 "본원성"적인 생명존재와 활동방식이며 인간 특유의 본체론적 의미를 지닌 생존방식이라는 점을 강조해야 한다. 또는 "실천"은 "인간의 존재" 내재적으로 상관하는 생존론본체론 개념으로 이해해도 무방하다.

"실천"은 인간의 "본원성"적 생명존재와 활동방식으로서 다음과 같은 가장 기본적인 몇 가지 면에서 분명하게 현시된다.

(1) 인간과 세계의 관계 시야에서 본다면 실천활동은 인간의 대상성 감성활동으로서 인간과 세계본체성의 원초관계를 구현하고 구성하고 인간과 세계의 추상적 인지관계의 기초지위보다 우위이다.

인간과 세계의 관계는 예로부터 모두 철학의 근본적인 문제였다. 마르크스는 인간과 세계는 전통철학이 설계한 것과 같이 주객관의 2원분립이며 다음 인지의 루트를 통하여 통일적인 관계를 추구하는 그러한 관계가 아니라, 생존실천 속의 본원적이고 부정적인 통일관계이며 절대로 "인간"이 현성존재자와 "세계"로 불리는 다른 한 기존자 간의 "어깨 겨룸"과 없으며, 다음 개념과 지성논리라는 루트를 통하여 두 개의 현성존재자를 "붙임"하는 그러한 것도 아니라고 했다. 생존실천활동에서 인간은 전통 형이상학이 가정하는 그러한 전반 세계의 이성적 정관자와 응시자가 아니라 감성적 실천활동을 통하여 전반 세계를 대상으로 하는 존재자이다. 그 시원관계이든 아니면 발전관계이든 인간은 모두 "세계적인 존재"로서 절대세계를 이탈하고, 세계와 "절연"하는 기성의 존재자가 아니다. 아울러 "세계"는 전통 형이상학이 간주하는 "세계 내부에 존재하는 기존 존재자의 총체"가 아니라 인간의 생존 실천활동 중에 생성한 "인연정체성(因緣整體性)"이다. 즉 그것은 인간이 직접 그 속에서 생활하고 있는 세계로서 대인관계속의 세계이며 인간의 활동 참여, 창조를 거친 "속인세계(屬人世界)"이다. 이러한 의미에서 "세계는 인간에게 속하는 것"이며 생존실천활동에 종사하고 있는 인간의 기본 규정이다. 인간은 "속세계성(屬世界性)"을 지니고 있고 세계는 "속인성"을 지니며 인간과 세계는 생존 실천활동을 통하여 결성된 상호 구성, 상호 생성하는 일체성 관계이다.

인간과 세계의 이러한 본원적인 관계는 우선 인간과 자연의 관계에서 구현된다. 마르크스는 한 방면으로 "인간은 자연존재물"이고 "인간은 대상적, 감성적 존재물로서 수동적인 존재물이며, 자기가 수동적임을 감지하기 때문에 또 감정이 있는 존재물이다. 격정, 열정은 인간이 강렬하게 주기의 대상을 추구하는 본질적인 역량이다."[5] 다른 한편으로 "인간은 자연존재물일 뿐만 아니라 또한 인간의 자연존재물이다. 즉 자위적으로 존재하는 존재물이기에 유존재물(類存在物)이다. 그리하여 반드시 자기의 존재 속에 있는 한편 자기의 지식 중에서 자신을 확증하고 표현한다."[6] "전반 인류역사의 제1전제는 생명의 개인적인 존재와 다름 아니다. 따라서 제1로 확인이 필요한 사실은 바로 개인의 육체조직 및 이 때문에 발생한 개인 대 기타 자연 간의 관계이다."[7] 다른 한 방면에서 "인간이 자기의 생활자료를 생산

---

5) 《馬克思恩格斯文集》第1卷, 北京: 人民出版社, 2009, p.211.
6) 동상서, 같은 쪽.
7) 《馬克思恩格斯選集》第1卷, 北京: 人民出版社, 2012, p.146.

하는 시작, 그들의 육체조직이 결정하는 첫 발걸음을 내딛는 때부터 인간 자체는 자기와 동물을 구별하게 된다. 인간은 자기의 생활자료를 생산하며 동시에 간접적으로 자기의 물질생활 본신을 생산한다."[8] 이러한 논술에서 앞의 "한 방면"은 인간이 감성적 존재물로서 포이어바흐식의 "정태적 직관" 의미에서의 감성이 아니고, 피동적, 소극적 자연감성적 존재물도 아니라 능동적인 자연존재물이라는 것이다. 인간은 자연의 부정자이며 자연은 또 인간에 속한다. 인간은 자연에 속하는 동시에 자연도 인간에 속하는바, 인 간은 자연에 의뢰하는 한편 또 자연을 부정하며, 인간은 자연존재물이자 또 자연을 초월하는 본성을 지닌다. 인간과 자연의 이러한 모순관계의 내 적 통일을 실현한 것은 바로 인간의 능동적인 감성 실천활동이다. 감성 실 천활동은 인간과 자연, 주체와 객체가 상호 규정하고 상호 작용하며 상호 전환하는 활동이다. 그것은 주관성과 객관성의 상대적인 대립을 조성하여 그 사이 모순성을 발전시켜 세계를 분화하는 활동이며, 주관성과 객관성 각자의 편면성을 해소하고 양자가 보다 높은 통일성에 이르도록 하는 활동 이며, 자연의 본원 작용을 구현하기도 하고 또 인간의 능동 작용을 구현하 기도 하는 활동이며, 자연을 인간에 종속시키기도 하고 또 인간을 자연에 종속시키기도 하며, 인간을 자연으로 생성하기도 하고 또 자연을 인간으로 생성시키기도 한다. 인간과 세계는 바로 이러한 감성 실천활동에서 가장 본원적으로 연관되어 있고 또 이러한 활동 가운데 인간과 세계는 동태적인 부정성 통일관계로 결합한다.

인간과 자연의 이러한 일체성 관계는 또 인간과 인간 사이 본원적 사회관 계에서도 구현된다. 인간과 자연의 부정성 통일관계는 오직 타인과의 "공재" 를 통해서야만 비로소 실현되는바, 또는 인간과 자연의 일체성 관계의 실현 은 반드시 인간과 인간의 사회적 일체성의 "유(類)"관계를 중개로 하며 "자연

---

8) 동상서, p.147.

계의 인간의 본질은 오직 사회의 인간에게 있어서만이 비로소 존재한다."
마르크스는 인간의 "활동과 향수는 그 내용 또는 존재방식을 막론하고 모두
사회적 활동과 사회적 향수이다. …… 오직 사회에서만 자연계는 인간에게
있어서 비로소 인간과 인간을 연계하는 유대이며, 비로소 그가 다른 사람의
존재와, 다른 사람이 그를 위해 존재하도록 할 수 있으며, 오직 사회에서만
자연계는 비로소 인간 자체의 인성에 알맞은 존재적 토대이며 비로소 인간
현실 생활의 요소이다. 오로지 사회에서만 인간의 자연적 존재는 비로소
인간 인성의 존재에 알맞은 것이고, 자연계도 그에게 있어서 비로소 사람이
되는 것이다. 따라서 사회는 인간과 자연계가 완성한 본질적 통일이며 자연
계의 진정한 부활이며 인간이 실현한 자연주의와 자연계이고 자연계가 실현
한 인도주의이다."[9] 마르크스는 또 "인간은 실천이나 이론적으로 모두 유(類)
──그 자신의 유 및 타물의 유──를 자신의 대상으로 …… 인간은 자신
을 현유의 생명이 있는 유로 대하고, 인간은 자신을 보편적으로 간주하고
따라서 자유적 존재물로 상대한다."[10] 여기에서 이른 바 "자신의 유", "보편
적", "자유적"이 강조하는 것은 모두 인간과 인간사이 본원성의 사회관계이
고, 인간의 사회관계 시각에서 인간의 존재를 강조한 것이며, 또는 "인간의
존재"적 사회관계 본질을 강조한 것이라고도 할 수 있다.

　인간의 감성 실천활동은 인간, 자연, 타인 3자를 부정적으로 일체로 연
결한 활동으로서 인간이 자연과 일체성과 통일성 관계 속에 처하도록 하는
한편 또 타인과 일체성의 통일관계 속에 처하도록 한다. "3위1체", 공동으
로 구성된 인간 "재세(在世)"의 생존구조라고 할 수 있다. 분명한 것은 전통
형이상학은 우선 인간과 세계를 지성적으로 분열시킨 다음 다시 이지와 지
성적 논리를 통하여 양자를 소통하는 관계와는 반대로 이러한 인간과 세계

의 본원적인 관계는 존재론에서 첫자리라는 우선적인 지위를 가지고 이지
적 인식과 지성적 논리는 감성적 실천활동에 뿌리내릴 때만이 비로소 합리
성을 획득할 수 있다.

(2) "세계"가 "세계"라는 시각에서 실천은 인간의 "본원성"의 생명 존재
방식과 활동방식으로서 인간이 생존하는 본원성의 현실 생활세계의 "비결"
과 심층적인 근거이다.

어떻게 "세계"를 이해할 것인가 하는 것은 철학의 중심 문제의 하나이다.
마르크스의 관점에 의거하면 "세계"가 "세계"인 것은 그것이 지성으로 파악
한 기성의 대상과 "존재자 전반"인 것이 아니라 그것과 인간의 생존 실천활동
간의 내재적 연관, 즉 "세계"는 인간 생존 실천활동의 내재적 단계로서 인간
의 생존 실천활동의 "연발구성(緣發構成)"적 "생활세계"이다. 하이데거의 표
현을 빌자면 "'세계'본신은 바로 조자인(Sosein)의 구성 요소이다."11)

인간세계의 이해는 특수한 어려움이 있다. 가령 인간이 이전에, 전반 세
계가 완전히 자연관계가 통치하고 있었으며, 자연법칙에 따라 끊임없이 순
환하는 단일성의 세계였다면, 인간의 생명의 탄생 때문에 "세계"의 존재방
식도 질적 변화가 일어나서 이미 다시는 인간 탄생 이전의 황막한 우주가
아니라 인간의 활동 참여 때문에 창조된, 이미 "2차 생성"을 거친 세계이
며, 다시는 단일적 자연관계가 통치하는 세계가 아니라 인간을 목적으로
한, 인간을 위해 존재하는, 인간의 본질적 역량이 침투된, 다중의 모순관계
로 충만된 속인세계이며, 다시는 자연의 인과법칙이 역할을 하는 것이 아
니라 인간의 생명과 상관되는 응연(應然)법칙이 갈수록 더 중요한 역할을
하는 것이고, 다시는 기계적인 순환상태가 아니라 끊임없는 생성의 변천과
발전 도중에 있으며, 다시는 죽은 듯한 필연왕국이 아니라 끊임없이 확대
되는 자유천지이다. 요컨대 인간의 세계는 이미 다시는 아무런 생기 없는

---

11) [德]馬丁·海德格尔:《存在與時間》, 北京: 生活·讀書·新知三聯書店, 1987, p.65.

적적한 세계가 아니라 인간의 생명과 밀접히 연관을 맺는 성격을 지니게 된다. 어떻게 인간세계의 이러한 모순성, 풍부성과 생성성의 성질을 이해할 것인가 하는 것은 시종 철학사의 중대한 이론적 난제이다.

마르크스는 인간세계의 이러한 "생명" 특징의 근원은 실천활동이란 이 인간 본원성 생명의 존재방식과 활동방식에 있다고 주장했다. 인간은 자연에 근원을 두고 있고 따라서 인간은 세계에 속하지만 인간의 실천활동은 인간 생명역량의 대상화를 통하여 자연계를 자기의 "무기체(無機體)"로 전환하며 자연관계를 "속인(屬人)"관계로 변화하여 전반 세계를 "활성화"시켜 생명에 빛을 부여한다. 이러한 의미에서 세계는 또 인간에게 속하는 것이다. 실천활동은 "인간이 세계에 속하다"와 "세계는 인간에게 속하다"는 이 두 개 방면을 내재적으로 통일시켜 인간의 "현실 생활세계"를 생성했다. 이에 대해 마르크스는 "이러한 활동, 이러한 연속부단한 감성노동과 창조, 이러한 생산이 바로 전반 현존하는 감성세계의 기초이다."[12]라고 했다. 이러한 의미에서 인간 현실의 생활세계는 완전히 인간의 실천활동이 "구성" 또는 "편성"한 것으로서 실천활동은 인간 현실 생활세계의 건축자이자 최종적인 근거이다. 실천활동을 떠나 인간의 세계를 논의한다면 인간의 세계를 "아무도 없는(無人身)" 자연세계와 완전히 같은 수준으로 취급하는 것이나 다름없어, 그 속인의 성질을 말살한 셈이다. 실천활동은 세계에 생명적 의의를 부여한 생명활동으로서 이 생기, 활력과 의의 있는 세계의 궁극적인 근거이자 비결의 소재이다.

구체적으로 말한다면 가령 실천활동을 인간본원적 생존방식이라고 한다면 인간의 현실 생활세계는 다음과 같은 선명한 특점을 갖게 된다.

우선, 그것은 죽은 듯 적막한, 인간과 무관한, 철판과도 같은 "죽음의 세계"가 아니라 인간의 실천활동이 창조한 "생생한" 세계이다.

---

12) 《馬克思恩格斯選集》第1卷, 北京: 人民出版社, 2012, p.157.

동물은 자연계를 그들의 "현실적" 세계로, 천연적인 낙원으로 간주한다. 하지만 인간에게 있어서 인간과 무관한 자연은 단지 잠재적인 의의만 갖는, 단지 실천활동을 통해서만 비로소 인간에게 "현실적" 세계로 생성될 수 있다. 인간은 감성적 대상화 활동을 통하여 자연의 "인간을 향한 생성 중"에서 "속인의 세계"를 창조하는데 이는 실천활동이 끊임없이 전개되는 과정임과 동시에 끊임없이 자연세계에서 속인세계로 전환하는 과정이며, 꾸준히 속인의 세계범위를 확대하는 과정이다. 이러한 의미에서 인간의 "현실 생활세계"는 인간 특유의 생활세계로서 종래부터 있었던 자재적인 세계가 아니라 실천활동이 개척하고 창조한 동태적인 속인의 "살아 있는 세계"이다.

다음, 그것은 단일한, 선적인 단일 방향의 세계가 아니라 다중적 모순관계로 구성된 풍부하고 다원적인 복잡한 세계이다. 인간의 "현실 생활세계"의 다중 모순성과 풍부한 다원성은 인간의 생명활동 즉 실천활동의 다원 모순성의 성질에 의해 결정된다. 재삼 강조했던 바와 같이 인간의 생명은 다중 모순관계로 구성된 부정성 통일체로서 실천활동은 다중적 모순관계를 포함한 능동적 활동이며 이러한 생명활동이 창조한 세계는 필연적으로 다중 모순성과 풍부한 다원성의 세계이다. 실천활동은 인간의 가장 기본적인 생명활동으로서 인간의 척도와 사물의 척도, 자연성과 인문성, 목적성과 인과성, 경험성과 초험성, 유한성과 무한성, 내재성과 초월성 등 다중의 모순관계의 교차점이다. 따라서 실천활동을 통해 창조된 "현실 생활세계"도 필연적으로 다중 모순관계로 구성된 다원의 세계이다. 그것은 자연세계와 같이 순수하지 않고 거기에서는 대자연의 역량이 유일한 주재이며, 극단 초월적인 이상의 세계처럼 단일하지도 않고 거기에서는 의지의 역량이 최고의 권위이며 목적과 응연성(應然性)에 의거하여 일체를 안배한다. 그것은 자연적이며 동시에 인간에 귀속되며 필연적이면서 또 자유적이며, 객체성을 지니는 동시에 관념성을 지닌다. 이러한 양극대립의 다중 모순적 요소와 역량은 여기에서 상통하여 부정적 통일을 실현하였고 우리가 살고 있는 그중의 다원개방적, 풍부유동적인 "현실 생활세계"를 형성했다.

마지막으로 "현실 생활세계"는 "실체 통일성세계"가 아니라 끊임없이 개방하는, 지속적으로 생성하는 과정에 처해 있는 "활동 통일성세계"이다.

"실체 통일성세계"는 모종의 고립된 실체가 통치하는 세계이다. 이 세계에서 한 극단의 모 실체는 일체 현상 배후에서 일체현상을 지배하는 절대적 존재로서, 시간과 인류를 초월하는 존재이며 아울러 세계를 구성하는 최종적 해석의 원칙이다. 전반 세계는 모두 이러한 실체를 중심으로 이러한 실체의 원칙에 따라 존재, 조직하고 운행하는 것이다. 인간의 세계를 "실체 통일성세계"로 이해하는 것은 일체 전통 형이상학의 공동적 특성으로서 그들은 혹자는 물질로, 혹자는 정신으로, 혹자는 하느님의 이름으로, 혹자는 자연을 세계의 종국적 실체로 삼아, 그러한 실체성 존재를 출발점으로 1로서 만을 지배하거나, 한 번의 노고로 평생을 안일하게 지내려는, 세계 최고의 진리적 "비밀카드"를 장악하려고 시도한다. 아주 명확한 것은 이러한 "실체 통일성세계"는 필연적으로 하나의 밀폐된, 경직된 세계로서 무소불재의 단일성, 배타적 실체 원칙이 지배하는 세계이다. 그것은 마치 일체를 삼키려는 거대한 블랙홀처럼 풍부하고 다채로운 인간의 생활세계를 1원성의 존재로 간소화하며 인간의 전부 생활과 일체 수요를 포함한 모든 현상, 모든 활동을 전부 유일한 "실체"의 안배에 복종시킬 것을 요구한다. 이러한 세계는 완전히 "인간을 적대시하는 세계"라고 해야 마땅하다.

인간의 "현실 생활세계"는 전술한 "실체 통일성세계"와 근본적으로 부동한 세계로서 세계의 단극적인 통일성을 추구하거나 또는 다시는 종극적인 실체의 통일성을 추구하는 것이 아니라 활동의 통일성과 창조 과정의 통일성을 추구한다. 어떤 구체적인 실천활동일지라도 모두 주관성 혹은 객관성의 존재를 전제로 하지만 이는 그들을 고립된 "실체"로 확정하는 것을 의미하지는 않는다. 실천활동에서 정신적 요소 또는 물질적 요소, 주관적 요소 혹은 객관적 요소, 경험적인 요소 또는 초험적인 요소 등은 모두 논리 기점으로서의 지위를 상실했기에 고립된 실체성 존재로 확정할 수 없다. 우리는 인간 이외의 자연계의 객관성을 승낙하지만 "비대상적 존재물은 비현실적, 비감성적인 것으로서 오직 사상상 즉 오직 상상해낸 존재물만이 추상적인 물건이다."[13] "추상적으로 이해된, 자위적인, 인간과 격리된 것으로 확정된 자연계는 인간에게 있어서 모두 무(無)인 것이다."[14] 아직 실천활동에 진입하지 못한 자연계는 오직 잠재적인 성질만 지니고 있을 뿐이다. 마찬가지로 실천활동 외에 처한 정신, "나는 생각한다(Cogito)", 자아 등은 아직 현실적, 감성적 대상성 활동에서 자체의 생명 본질역량을 표현하고 있기에 그 존재는 진정으로 현실성을 구비하지 못한 것이다. 오직 인간과 자연, 주관과 객관, 경험 요소와 초험 요소 등 현실에 진입한 실천활동 과정만이 비로소 잠재성을 양기하고 현실성의 품격을 획득할 수 있는 것이다.

철학가들은 역대로 세계의 최고 통일성 원리에 대한 추구를 자기의 중대한 사명으로 삼았다. 전통 형이상학이 집착했던 것은 이성의 인지를 활용하여 세계의 "실체통일성"을 추구하며 영원재장, 절대통일, 보편적 초감성 실체는 전반 세계의 궁극적인 존재와 근거로 간주되었다. 하지만 앞서 지적한 바와 같이 이러한 실체화 방식으로 실현한 세계에 대한 통일성의 추구는 인간의 현실생활 세계에 대한 추상과 와해를 초래하게 된다. "실천관점"은 마찬가지로 세계의 통일성을 추구하지만 전통 형이상학과는 근본적으로 부동한바, 추구하는 대상은 추상적 실체통일성이 아니라 "생존활동"의 통일성——감성 실천활동이란 인간의 본원 생존활동에서 인간과 세계는 동시에 현장에 있으며 오픈상태인데 이러한 오픈된, 상호 구성하는 영역에서 형성된 세계는 실체화의 과학세계도 아니고 실체화된 신학세계도 아닌, 풍부하고 모순적이고 유동하는 "현실 생활세계이다."

---

13) 《馬克思恩格斯文集》第1卷, 北京: 人民出版社, 2009, p.211.
14) 동상서, p.220.

(3) "인간의 존재"의 시각에서 실천은 인간의 "본원성"의 생명존재와 활동방식으로서 그것은 인간의 "특유"한 생존방식을 가리키며, 인간은 세간에 유일한 감성적 대상성의 존재물임을 표명한다. 인간이 존재할 수 있는 것은 바로 인간의 "생존"과 "생활"에 달렸다. 인간은 감성적으로 실천적으로 자신의 존재 과정을 확증하고 전시하는데 이는 인간의 생명존재가 동물의 가장 본원적인 분계점으로서 이로써 인간이 인간으로서의 "비결"과 심층적인 근거를 구성한다.

인간과 동물간의 구별은 막스 셸러(Max Scheler, 1874~1928)의 관점에 따른다면 "우주에서 인간의 지위"와 관련되는 중대한 문제로서 이 문제에서 전통 형이상학의 기본 관점은 인간은 이성적 동물로서 인간은 동물이란 이 "속(屬)"에다가 "이성"이란 "종(種)"을 합하여 형성한 존재자이며 "이성"은 동물의 본질속성보다 우위이라는 것이다. 하이데거의 관점에 따르면 인간에 대한 이러한 이해는 실질적으로 인간을 "기존 존재와 거기에 나열한 이러한 의미에 대한 터득"[15]으로서 사물을 이해하는 방식은 별로 본질적인 차이가 없는 것이다. 셸러는 보다 분명하게 이러한 이해방식은 실제에 있어서 "인간의 본질 및 가치를 자연사실의 자연적 연장으로 간주하는 것"[16]이라고 하면서 표면적으로 인간을 아주 높이 추켜세우지만 사실은 인간에 대한 가치 폄하와 인간의 가치의 전도라고 지적했다.

마르크스는 역시 인간과 동물의 구별은 그 어떤 특수한, 동물이 지니지 않는 이성 등 특성에 있는 것이 아니라, 문제의 핵심은 인간은 "생존"성질을 지닌 특수한 존재이고 동물은 단지 "현성의 존재자"라는 점을 터득하는 것이라고 했다. 이에 대해 마르크스는 명확하게 인간이란 "어떠한가 하는 것은 그들의 생산과 일치하다——즉 그들이 생산하는 것과 일치하며 또 그들이

---

15) [德]馬丁·海德格尔:《存在與時間》, 北京: 生活·讀書·新知三聯書店, 1987, p.60.
16) [德]馬克斯·舍勒:《人在宇宙中的地位》, 貴陽: 貴州人民出版社, 1989, p.7.

어떻게 생산하는 것과도 일치하다"[17], "생산생활은 유 생활이다. 이는 생명을 낳는 생활이다. 종(種)의 전반 특성, 종적 유의 특성은 생명활동의 성질에 있고 자유적이고 의식적인 활동은 바로 인류의 특성에 다름 아니다"[18]라고 했으며, 또 "의식에 근거하여 종교 혹은 임의의 아무 것으로나 인간과 동물을 구별할 수 있다. 인간이 자기의 생활자료를 생산하기 시작하면서, 즉 그들 육체조직이 결정하는 첫걸음을 내딛는 시작부터 인간본신은 자기와 동물을 구별하게 된다"[19]고 지적했다. 이러한 논술은 모두 하나의 공동한 취지, 즉 오직 인간의 특수성의 "생존"본성과 "생명활동의 성질"만이 비로소 인간과 동물을 구별하는 척도라는 것이다. 인간은 무엇인가, 이는 그의 생산과 일치한 것이다. 인간의 생명활동의 성질은 "자유자각적인 활동"으로서 그는 능히 "그의 필수적인 생활자료를 생산"할 수 있으며 이 점은 동물과 같은 "현성의 존재자"가 구비하지 않은 것으로서 따라서 가장 심각한 "유인원(人猿)구별"의 본원적인 분계가 된다.

인간의 "생존"특성과 "생명활동의 성질"의 척도는 인간과 동물의 다음과 같은 중요한 구별에서 구현된다.

(1) 동물의 생명활동은 밀폐된, 피동적인 것이고 인간의 생명활동은 개방적, 능동적이고 자유로운 것이다: "동물과 자기의 생명활동은 직접 동일한 것이다. 동물은 자기와 자기의 생명활동을 구별하지 못한다. 그들 자체가 바로 자기의 생명활동이다. 인간은 자기의 생명활동 본신을 자기의 의지적인 것과 자기의식의 대상으로 변화시킨다. 그들은 의식적인 생명활동

---

17) 《馬克思恩格斯選集》第1卷, 北京: 人民出版社, 2012, p.147.
18) 동상서, p.56.
19) 동상서, p.147.

을 확보한다. 이는 인간과 직접 접촉하는 일체의 그러한 규정성이 아니다. 의식적인 생명활동은 인간과 동물의 생명활동을 직접 구분하는데, 바로 이러한 점으로 인간은 유 존재적 물이 된다. …… 말하자면 그 자체의 생활은 그에게 있어서 대상인 것이다. 근근이 이 점에 의하여 그의 활동은 비로소 자유적인 활동이 되는 것이다."[20]

(2) 동물의 생명활동은 협애하고, 편면적이고 단일한 것이지만 인간의 생명활동은 전면적이고 풍부한 것이다. "동물은 단지 자기 또는 새끼들이 직접 필요한 물건만 생산하고", "단지 직접적인 육체적 수요의 지배 아래 생산"하지만 인간은 "심지어 육체의 수요와 영향을 받지 않고도 생산을 진행하며 오직 이러한 수요의 영향을 받지 않아야 비로소 진정한 생산을 한다." 동물은 "단지 자신을 생산"하고 그 제품은 "직접 그의 육체에 속하고", "단지 소속된 그 종의 척도와 수요에 따라 구조(構造)할 따름이다." 하지만 인간은 "전반 자연계를 재생산하고", 능히 "자유롭게 자기의 제품을 상대하며", "그 어떤 종의 척도에 맞추어서 생산을 할 수 있고, 도처에서 고유한 척도를 대상에 따라 적용할 수 있으며 또 미의 법칙에 따라 구조할 수 있다."[21]

(3) 동물의 생명활동은 의존적이지만 인간의 생명활동은 자아초월과 자아 창조적이다. 동물 자신의 자연물 종의 규정은 동물들로 하여금 생명의 본능에 굴종하도록 하고 외계환경에 의뢰하여 생존하도록 하는데 이는 동물의 행위는 완전히 그 생명본능의 지배를 받기에 대상화의 활동을 통하여 자체로 새로운 천지를 개척할 수 없다는 것을 의미한다. 심지어 동물은 근본상 자기의 "대상"이 없으며 오로지 "비대상적"인 존재일 뿐이라고 할 수 있다. "그들은 단지 흥분된 생활 속에서 주변의 세계와 일체로 융합하며 달팽이가 껍데기를 매고 다니듯이 주변의 세계를 구조물로 가는 곳마다 매

---

20) 《馬克思恩格斯選集》第1卷, 北京: 人民出版社, 2012, p.56.
21) 동상서, p.57.

고 다녀야 한다. 동물은 '주변세계'를 자기 특유의 방식으로 자기와 멀리 동떨어지게 만들어 그것을 '세계'로 명사화할 수 없으며, 또 정서와 충동의 제한을 받는 '저항' 중심을 '대상'으로 전환할 수 없다."[22] 이와 달리 인간은 실천활동을 통하여 생명을 "자아법칙"적인 자유존재로 변화시켜 생명으로 하여금 자연의 절대적 통제와 주재를 벗어나게 하는데 "인간은 그 행위의 무한한 '세계를 향한' 미지자"[23]라고 할 수 있다.

전술한 구별은 인간과 동물의 "생명활동성질"적인 근본적인 구별이다. 인간은 "자유자각"의 실천활동으로 자신의 특유한 "생존"특성과 "생명활동 성질"을 표현함으로써 동물 생명의 폐쇄적, 편면적, 협애함과 단일적 등의 특성을 돌파하여 자유, 자각, 개방, 전면적이고 풍부한 성질을 지니게 된다. 이러한 의미에서 실천활동은 인간이 "특유"한 것으로서 인간과 동물의 생명을 구분하는 생명활동 방식이다.

(4) 기본적인 이론취지에서 본다면 실천활동을 인간본원적 생존방식으로 이해하는 것은 실천활동에 내재한 생존에 대한 배려 때문이다. 실천활동은 "자유자각"적 생명활동으로서 "자유"는 실천활동의 가장 근본적인 정신적 귀결점이고, "자유"와 "실천"은 상호 해석하고 상호 규정하는 관계를 이룬다. 따라서 세계에 관한 "최고 지식"과 "궁극적 해석"인 것이 아니라 생존론 의미에서의 생명 자유로서 실천활동의 가장 높은 지취가 되고 있다.

(전) 유고슬로비아 실천파 대표인물 마르코비치 등의 고찰에 의하면 총체성 범주로서의 "실천"과 순인식론 범주로서의 "실천"은 중대한 구별이 있는 것이다. 전자는 "Praxis"이고 후자는 "Practice"로서, "Practice"는 무가치 지향적 중립성 개념이고 "Praxis"는 "규범적 범주로서 인류 특유의 이상 활동을 가리키는바, 이러한 활동은 목적 자체이고 기본적인 가치 과정을

---

22) [德]馬克斯·舍勒: 《人在宇宙中的地位》, 貴陽: 貴州人民出版社, 1989, p.28.
23) 동상서, p.28.

지님과 동시에 또 기타 일체 활동 형식의 비판 기준"[24]이며, "인간은 본질적으로 실천적 존재, 즉 자유로운 창조 활동에 종사할 수 있고 이러한 활동을 통해 세계를 개조하고 그 특수한 잠재적 능력을 실현하며 기타 인간의 수요를 만족시킬 수 있는 존재이다. 인간에게 있어서 실천은 하나의 근본적 가능성이고 이러한 가능성의 실현은 방해를 받게 된다. 개인의 실제 존재와 잠재적 본질 사이의 이러한 차이, 즉 실유(實有)와 응유(應有) 사이의 차이가 바로 소외이다. 철학의 기본 임무는 바로 소외현상에 대한 비판적 분석을 가하고 자아실천, 실천으로 나아가기 위한 길을 가리키는 것이다."[25] 마르코비치 등의 "실천"에 대한 이러한 규정은 강한 통찰력을 보이고 있다.

"자유"는 곧 "자유", 즉 "자기는 자기로서의 이유"로서 오직 인간이 스스로 자기의 운명을 결정하고 스스로 자기생활의 "이유"가 될 때만이 비로소 "자유"를 운운할 수 있다. 자유에 대한 이해에서 헤겔은 "자유란 곧 자기의 집으로 돌아가는 것이다", "자유는 곧 타물 속에 있는 것이 자기의 본체에 있는 것이고, 스스로에게 의지하며 스스로의 결정자이다"[26]라고 했다. 그렇다면 인간은 이러한 구상을 실현할 수 있는가? 인간이 자유를 실현하는 루트와 방식은 무엇인가? 헤겔은 절대정신적 자아복귀를 통하여, 정신의 "자아의 괴리"와 "자아의 2원화"를 통하여, 최후에는 "자아의 복귀"를 통하여 실현한다고 했다. 마르크스는 헤겔의 이러한 순정신적 나르시시즘을 힐책하고 자유의 깊은 지향을 수용하면서 헤겔의 정신적 자유를 인간의 현실적 생명활동 즉 실천활동으로 전환하여 오직 순수한 정신적 활동이 아니라 감성적 실천활동을 통해서만이 인간은 비로소 진정으로 "자유"를 실현할

24) [南]馬尓科維奇·彼德洛維奇 編: 《南斯拉夫"實踐派"的歷史和理論》, 重慶出版社, 1994, p.23.
25) 동상서, p.23.
26) [德]黑格尓:《小邏輯》, 北京: 商務印書館, 1980, p.83.

수 있다고 지적했다.

실천활동이 전술한 목표를 실현할 수 있는 가장 근본적인 원인은 그것이 인간의 자아규정, 자아주재적인 생명활동이기 때문이다. 동물의 존재는 완전히 외재적 역량이 주재하고 규정하기에 스스로 자기의 "이유"가 될 수 없다. 따라서 동물의 "자유"를 논의하는 것은 아무런 의미가 없다. 이와 달리 인간의 생명은 실천활동을 통하여 외부의 타 역량으로부터의 속박을 벗어나서 현존하는 일체를 끊임없이 "혁명화"함으로써 끊임없이 스스로 "인간"으로의 성장을 추진한다. 따라서 인간 자신은 자체의 존재의 "근거"이자 "이유"가 되는 것이다. 자연은 인간이 주재하는 것이 아니기에 실천활동은 자연 속에 있으면서 또 자연을 초월한다. 실천활동은 인간이 자기의 차안의 역량을 확증할 수 있도록 하기에 "신" 역시 인간이 주재하는 것이 아니다. 인간은 스스로의 실천활동을 통하여 진정으로 자기 운명의 주인이 된다. 이러한 의미에서 우리는 비로소 인간은 "자유"의 존재물이라고 한다. 이에 대해 마르크스는 "한 가지 종의 모든 특성, 종의 유(類)적 특성은 생명활동에 있는 성질이고 인간의 유적 특성은 마침 자유적이고 자각적인 활동에 있는 것이다"라고 개괄했다. "자유적이고 자각적인 활동"은 바로 실천활동의 본성이다. 바로 그것이 인간의 "자유"가 진정으로 가능하게 한다.

그러니까 실천활동은 인간의 생명가치와 생명의의를 실현하는 한 가지 활동이며 생명의 자유를 추구하고 창조하여 실천활동의 중대한 지취를 구성하고 있다.

(5) 생존철학활동과 인지적 이론활동 기본 관계의 시각에서 볼 때 실천활동을 인간 본원성의 생존방식으로 이해하는 것은 그것이 논리와 생존, 이론이성과 실천이성의 관계를 전도하여 "재장형이상학"과 "로고스중심주의"의 패권지위를 전복함으로써 인간의 현실적 생존의의, 생명질량의 상승, 생명의의의 충실과 생명내포의 풍부함을 진정으로 가장 우선적인 기초지 위에 올려놓았기 때문이다.

"재장형이상학"과 "로고스중심주의"의 전통은 고대 그리스 철학에서 가장 일찍 시작되었는데, 그 근본적인 사상충동은 "간(看)" 또는 "응시(凝視)"이다. 여기의 "간"은 고대 그리스 "사(思)"의 주요 이미지이다.[27] 하이데거 역시 정사(靜思)와 행동의 분리는 서양 전통철학의 가장 근본적인 특징으로서 "철학가들이 존재를 논의할 때 그들은 동사보다 명사를, 동사의 부정식(不定式)보다 동명사를 더욱 즐긴다."[28] 이른바 "간"과 "응시", 이른바 "정사적 태도"란 모두 서양철학의 주객관 2원분립설의 토대이고, 대상성 사고방식의 일종으로서 세계를 하나의 객관 대상으로 파악하려는 사상 전통이다. 그들이 추구하는 것은 세계의 궁극적 해석과 최고지식이고 따라서 이는 실질적으로는 지식론 전통의 일종이다.

분명한 것은 이러한 구상에 따른다면 이론이성은 실천이성보다, 이론의 태도는 실천의 태도보다 우위이고, 논리의 입장은 생존의 입장보다 우선적이라는 것은 필연적으로 문제 가운데 있어야 할 의미가 된다. 그들은 순수한, 정관적 이론생활은 다음과 같은 "우월성"이 있다고 주장한다.

첫째는 절대성이다. 철학 이론은 임의의 시간, 임의의 지점에서 모두 적용하는 "절대진리"를 대표하고 시공을 초월하며, "영원재장"의 성질을 지닌다.

둘째는 신성성이다. 철학은 소수 초인혜안을 구비한 인간이 종사하는 사업으로서 이러한 인간은 세속의 살아 있는 모든 것을 초월하여 진리와 같이하기에 범속함을 초월하고 심지어 신비한 성질까지 갖게 된다.

셋째는 폐쇄성이다. 철학은 세계와 인간의 생활실천의 규정자인 동시에 또 이론자아 존재의 규정자이기에 자족완비하여 외부의 지원이 필요 없다.

현대 철학가의 관점에 의하면 전술한 "재장형이상학"과 "로고스중심주의"의 치명적인 결함은 그것들이 이론이성과 실천이성 간의 관계를 전도하였고

27) 包利民:《生命與邏各斯》, 北京: 東方出版社, 1996, p.184.
28) [德]H.G.伽達默尔:《黑格尔與海德格尔》, 載《哲學譯叢》, 1991(5).

그에 따라 인간의 현실 생활세계를 잊어버렸다는 점이다. 따라서 "로고스에서 육체로의 전향은 현대 철학의 또 하나의 결정적 전향으로서 그 의의는 심지어 철학의 과학화보다 더 크며 이것은 셸러가 지적한 본능적으로 로고스에 반발하는 현대 철학 사상운동이다."[29]

현대 철학의 중요한 창시자 중 일인으로서 마르크스는 "재장형이상학"과 "로고스중심주의"를 향해 솔선적으로 진공을 책동한 선구자의 역할을 맡았고 마르크스를 추동하여 이 이론적 반역을 완성한 중요한 이론적 버팀은 실천원칙이다. 마르크스는 논리와 생존, 이론과 실천이 양자의 관계에서 생존 실천은 본체론 의미에서의 앞줄이고 우선적인 지위를 가진다는 것을 통찰했다. 『포이어바흐에 관한 제강』에서 마르크스는 "전부의 사회생활은 본질상으로 실천적이다. 무릇 이론을 신비주의의 신비한 것으로 인도하는 것은 모두 인간의 실천 그리고 이러한 실천의 이해 과정에서 합리적으로 해결할 수 있는 것이다", "철학가들은 오로지 부동한 방식으로 세계를 해석하는데 문제는 세계를 개변하는 데에 있다[30]"고 명확하게 지적했다. 『독일의 이데올로기』에서 그는 그러한 이론생활을 "유일한 인간의 생활"로 삼는 철학가들을 "지금에 이르기까지 철학 본신이 이 세계에 속해 있다는 것, 그리고 이 세계의 보충이라는 것,"[31] 비록 단지 관념의 보충이지만, 그것을 생각지도 못하였다"고 첨예하게 비판했다. 그는 또 "이론의 대립 자체의 해결은 오직 실천방식을 통해야만, 오직 인간의 실천의 역량을 빌려야만 비로소 가능한 것이다. 따라서 이러한 대립의 해결은 절대로 단지 인식의 문제가 아니라 현실 생활의 임무이며 철학이 해결하지 못한 이 임무는 곧바로 철학이 이것을 이론적 임무로만 간주했기 때문이다"[32]라고 지적했다. 마르크스

---

29) 劉小楓: 《現代性社會理論緒論》, 上海三聯書店, 1998, p.160.
30) 《馬克思恩格斯選集》第1卷, 北京: 人民出版社, 2012, pp.135~136.
31) 동상서, p.8.

는 추호의 여지도 두지 않고 인간의 현실 생존을 이탈하고 "개념신화"를 숭배하는 사람들에 대해 "어떤 호한이 문득 생각하건대 사람들이 익사하는 것은 바로 그들이 중력사상에 매혹되었기 때문이다. 만약 그들이 두뇌의 이 관념을 버린다면, 가령 그것을 미신관념이라고, 종교관념이라고 공언하기라도 한다면 그들은 그 어떤 익사의 위험도 피면할 수 있을 것이다. ······ 이 호한이 바로 현대 독일 혁명 철학가들의 표본이다"[33]고 조소했다. 마르크스는 이론의 논리는 반드시 실천의 논리를 준수하며 명사의 안광은 반드시 동사의 안광에 속해야만 비로소 자기의 현실성을 확증할 수 있다고 했다. 생활실천과 비교할 때 일체 이론체계는 모두 자족적인 것이 아니고 "결함"이 있는 것이며 동시에 필연적으로 다음과 같은 특점을 갖게 된다.

첫째는 파생성이다. 이론은 오직 구체적 생활실천과 생존 경우에 토대를 두어야만 비로소 그 가치를 확증할 수 있다. 모든 시간, 모든 지역에 모두 적용되는 절대성의 이론은 모든 시간과 지역에서 모두 적용되지 않는 것과 같으며 따라서 아무런 의미가 없는 것이다.

둘째는 세속성이다. 이론은 생활 위에 놓인 신성한 물건이 아니라 반대로 헤겔 이후에 "철학은 이미 세속화되었다."[34] 말하자면 철학은 투명하고 순정한 수정궁 안의 면벽사변(面壁思辨)이 아니라 끊임없이 변동하고, 모순으로 충만된 속세의 생활에 뿌리를 내리고 있다.

셋째는 개방성이다. 영구한 변동, 복잡다단한 생활 실천에 상대하여 그 어떤 이론도 모두 현실 생활의 모든 진리를 일망타진할 수 없고 따라서 불완전하고 불충분한 것이다. 세계와 인간의 현실생활을 하나의 원칙으로 제한하려는 일체 시도는 모두 이성의 환각과 참망(僭望)[35]에 불과하다. 오직

---

32) 《馬克思恩格斯文集》第1卷, 北京: 人民出版社, 2009, p.192.
33) 동상서, p.510.
34) 《馬克思恩格斯文集》第10卷, 北京: 人民出版社, 2009, p.7.

현실생활의 발전에 따라 자신을 개방하고 창조적으로 그 내용과 형식을 갱신해야만 이론은 비로소 끊임없는 생명력을 얻을 수 있다.

그러니까 마르크스는 자각적인 생활 실천관점에 입각하여 논리와 생존, 이론이성과 실천이성의 관계를 철저히 전도시키고 원칙과 교조에서 출발하여 강제적으로 생활 실천을 규범하려는 시도를 포기하고 이론을 자아폐쇄와 자아순환 속에서 해방시킴으로써 최초로 "이론적 해방"을 실현했고 이로써 "실천적 해방"을 실현했다. "생존 실천 우선"의 원칙은 마르크스 특유의, 일체 전통철학과 구별되는 이론적 경지이다. 바로 이 때문에 우리는 비로소 마르크스의 이론은 철학사상 최초로 "자각한 이론"이며 혹자는 마르크스는 철학사상 최초로 "이론본성의 자각"에 도달했다고 말하기도 한다.

논리와 생존, 이론이성과 실천이성의 관계를 전도하는 근원은 인간의 현실 생존, 생명가치 및 현실 생활을 이론보다 상대적으로 우위에 놓기 때문이다. 마르크스는 인간의 현실 생존과 생명자유에 대한 추구 및 생명이 행복한 생활 실천은 모두 이론사변의 절대우선성을 초월하며 이론은 유일하게 생존 실천에 복종하고 창조적으로 생존 실천을 향해 개방하고 그것을 위해 적극적인 사상적 지지를 제공하여야만 비로소 자기의 "현실성"과 존재가치를 확증할 수 있는 것으로 믿고 있었다. 이론은 인간의 현실 생명존재에 종속된 것으로 절대 이론교조를 위해 현실 생명을 희생하지 말아야 한다는 이것은 실천활동이 인간의 "본원성"적 생명 존재와 활동방식으로서 제안한 내적 요구이다.

이상에서 "인간과 세계의 본원성 관계", "세계가 세계인 것", "인간의 존재", "이론의 가장 기본적인 지취" 및 "생존실 천이성과 인지이성의 관계" 등 다섯 개 기본 방면에서 인간의 본원적 생명존재방식으로서의 실천활동

---

35) 참망(僭望): 환각과 주제 넘는 망상.

의 내포를 논증했다. 이 다섯 개 상호 관련되는 중대한 방면은 부동한 시각에서 오직 생존론본체론 시각에서 출발하여 실천활동을 인간의 본원적인 생존방식으로 이해해야만 비로소 경험상식과 순수인식론의 관점에서 "실천"을 이해함으로써 "실천" 관점의 고유한 생존론적 의의를 덮어 막는 것을 피면할 수 있다는 점을 표명하고 있다.

3. 실천 원칙과 "존재" 문제 해결의 새로운 방향
: "지식론"의 안목에서 "생존론"의 안목까지

생존론본체론의 시야에서 마르크스는 실천활동을 인간의 본원적 생존방식으로 이해했는바, 이는 깊은 이론적 의의가 있다. 이러한 의의의 가장 기본적인 것은 변증법이 철저히 전통 형이상학이 제공한 이론범식을 벗어나 "존재" 문제를 해결하기 위한 전연 새로운 방향을 제공했다는 데에 있다. 이를 출발점으로 인간은 다시는 지식론의 방식으로 초감성적이고 궁극적인 실체화의 존재를 탐구하려고 하지 않고 인간의 생존 실천활동으로 전향하여 생존 실천활동 중에서 "존재"의 의의를 터득하고 게시하고자 했다. 즉 이는 근본적으로 "존재" 문제 해결의 안목을 전환하였는 바, "명사"의 안목에서 "동사"로, "지성화실체본체론"의 안목에서 "생존실천본체론"의 안목으로 전향한 것이다.[36] 바로 이러한 전향을 통하여 변증법은 비로소 진정으로 자기의 진실한 토대, 즉 "생존론본체론 토대"를 확립했다.

전술한 바와 같이 "존재"의 해결이라는 철학의 가장 근본적인 문제에서 전통 형이상학과 변증법은 두 가지 전형적인 부동한 이론범식을 대표한다.

---

[36] "지식론"의 안목이란 실질적으로 "명사"의 안목이고, "생존론"의 안목은 "동사"의 안목이다. 따라서 본고에서는 "명사"의 안목과 "지식론"의 안목, "동사"의 안목과 "생존론"의 안목을 같은 차원에서 취급한다.

전통 형이상학은 지성논리를 바탕으로 한 지식론, 개념론의 범식으로서 주객 2원대립을 전제로 현상 배후의 영원재장, 절대동일의 초감성적 실체를 포획하여 이 초감성적인 실체를 존재자의 "존재"적 근거와 이유로 간주하고자 한다. 이와 반대로 변증법의 이론범식은 전통 형이상학의 이론범식보다 다른 변혁적 의의를 지닌 것으로서 시작부터 그것이 충분한 계시, 완전히 현시되지 못했다. 전통 형이상학 이론범식의 질곡에서 벗어나지 못하였기에 반성적, 개념형태적 변증법의 단계에서 변증법 "본체관"상의 혁명성 의의는 최종적으로 전통 형이상학의 블랙홀에서 질식당하고 있었다. 변증법의 진실한 의의를 게시하자면 반드시 전통 형이상학의 "본체관"을 철저히 폭리하고 변증법 이론본성과 적응되는 "본체관"을 확립해야 했다.

위의 목적을 위해 관건적인 돌파구는 "존재" 또는 "본체" 문제를 대하는 시각을 바꾸어야 했다. 만약 전통 형이상학 이론범식의 본성이 대표하는 것은 "명사"의 안목이라고 한다면 하이데거의 지적처럼 "철학가들이 존재를 논의할 때 그들은 동사보다 명사를, 동사의 부정식보다 동명사를 더욱 즐긴다."[37] 그렇다면 변증법의 이론적 본성과 적응하는 안광은 "동사"의 안목인데, 이른바 "명사"의 안목은 바로 "지식론"적이고, "시각중심주의"의 안목을 가리키고, "동사"의 안목은 "생존론"적, "실천철학"적 안목이다. "명사"의 안목에서 "동사"의 안목으로의 전환은 변증법의 진실한 본체론의 토대를 확립하는 관건이다.

마르크스가 확립한 "실천"관점은 바로 이러한 중대한 전향을 대표했다. 그는 "이전의 철학가는 모두 부동한 방식으로 세계를 해석했는데 문제는 세계를 개변"할 때 발생했다는 점을 명확히 의식했으며, "이론대립 본신의 해결은 오직 실천방식을 통하여, 오직 인간의 실천역량에 의지하여야만 가능한 것이다. 따라서 이러한 대립의 해결은 단지 인식의 임무인 것이 절대

---

37) [德]海德格尔:《思想的任務》, 載《哲學譯叢》, 1993年 第3期.

아니라 현실 생활의 임무이며, 철학이 이 임무를 해결하지 못한 것은 바로
철학이 이것을 근근이 이론적 문제로만 간주했기 때문이다"[38]라는 점을 분
명하게 발견했다는 것은 곧 전향의 공식적인 발생을 표명한다.

이러한 관점에 따라 "부동한 방식에 의한 세계의 해석"이 대표하는 것은
바로 "명사"의 안목, "정관(靜觀)"적, "이론"적, "지식성"적, "시각중심주의"적
안목이다. 그의 전형적인 질문방식은 세계의 존재란 "무엇인가?" 그들은
사상의 임무는 그 변동불거(變動不居)하는 사물의 배후에 영원재장적 초감성
적인 본체를 "간파"하고 사고를 통하여, 지성적 논리를 운용하여 일체 차이
성, 특수성 내용을 추상해버리고 현성적, 보편성, 동일적인 개념화 본체를
얻어서 "다른 한 세계"에 처한 "실재세계"를 현존자 존재의 이유와 근거가
되도록 해야 한다는 것이다. 전통철학은 이러한 안목으로 "존재" 문제를 해
결하려고 시도하면서 철학사에서 소위 "전통 형이상학의 이론범식"을 형성
했다. 하지만 앞서 분석한 바와 같이 이러한 이론범식은 "존재" 문제를 해결
할 때 극복불가한 이론곤경을 내포하는데 이러한 이론적 곤경은 "명사"의
안목의 고유한 결함과 부족함을 선고했다. 따라서 "존재" 문제를 해결하려면
반드시 "세계를 해석"하는 "이론철학"적, "지식론철학"적 전통을 돌파하고
"명사"의 안목을 초월하며 새롭게 다른 논리를 발견하고 새롭게 다른 안목을
찾아야 한다. 마르크스는 이러한 논리는 "지식론"철학의 "생존실천철학"의
논리와 부동한바, 이러한 안목도 "명사" 안목과 다른 "동사"의 안목이라고
인정했다.

"명사"의 안목에서 "동사"의 안목으로 전환하는 것, "지식론"적, "이론철
학"적 논리에서 인간의 생존실천철학 활동을 핵심으로 하는 "생존실천철
학"의 논리로 전향하는 것은 마르크스가 헤겔의 "변증법"과 "전반 철학"에
대한 철저한 비판을 거친 후에 획득한 가장 중요한 적극적인 성과이다. 마

---

38) 《馬克思恩格斯文集》第1卷, 北京: 人民出版社, 2009, p.192.

르크스는 헤겔의 변증법은 이미 "명사"적 안목에서 "동사"의 안목으로의 전환을 포함하고 있으며, "지식론"적, "이론철학"적 논리에서 "생존철학"적 "실천철학" 논리로의 전환을 내적 가능을 포함하고 있는 것으로 간주했다. 그의 "실체가 곧 주체"와 "정신적 본질은 그 존재에 있어서 곧 그의 활동이다"는 사상은 이미 이러한 점을 충분히 드러내고 있다. 하지만 여전히 전통 형이상학의 이론범식의 제한으로 말미암아 적극적인 요소는 최종적으로 질식하고, "명사"의 안목, "지식론"적, "이론철학"적 논리는 최종적으로 생존실천론적, 실천철학적 논리를 압도했다. 따라서 오직 헤겔변증법을 개조해야만 은폐되어 있는 적극적인 내재적 논리가 비로소 충분히 모습을 드러낼 수 있게 된다.

마르크스는 "헤겔의『현상학』및 그 최후의 성과 —— 변증법은 추진 원칙과 창조 원칙의 부정성 —— 의 위대한 점은 우선 헤겔이 인간의 자아생산을 하나의 과정으로 간주하고 대상화를 비대상화로, 외화(外化)와 이러한 외화의 양기로 간주했다는 것이다. 그는 노동의 본질을 틀어쥐고 대상성의 인간, 현실적으로 진정한 인간을 인간 자신의 노동의 성과로 이해한 결과라고 할 수 있다"[39]라고 했다. 이는 헤겔변증법이 확실히 전통 형이상학의 "명사사유"를 초월하고 나아가 "동사사유"로 전환할 뚜렷한 의향을 내포하고 있다는 점을 표명한다. 마르크스는 한 걸음 더 나아가 "헤겔이 부정적 부정이 포함한 긍정적 방면에 근거하여 부정적 부정을 진정으로, 유일한 긍정적인 것으로 간주했기에, 그리고 그것에 포함된 부정적 방면을 일체 존재의 유일하게 진정한 활동과 자아실천 활동으로 간주했다는 것으로 그는 오직 역사적 운동을 위해 추상적, 논리적, 사변적 표현을 찾고 있으며 이러한 역사는 아직도 기정한 주체적 인간의 현실 역사가 아니라 단지 인간이 태어난 활동, 인간의 형성 역사에 불과할 따름이다"[40]는 점을 간파했다. 이는 헤겔변증법이 전통

---

39) 동상서, p.205.

형이상학의 지성논리의 "긍정"관("긍정"과 "부정"을 절대적으로 대립시킴)을 확실하게 극복하여 긍정성을 부정성, 내재모순성을 포함한 생생한 생명의 자아긍정으로 이해했다. 더욱 중요한 것은 그것도 역시 전통 형이상학의 그러한 "절대허무"적 "부정관(否定觀)"(즉 "부정"을 "순수한 허무"로 간주)을 극복하고 부정을 한계를 타파하는, 적극적이고 능동적이며 자유롭고 활발한 창생(創生) 운동으로 간주했다. 이러한 "긍정"과 "부정"에 대한 전연 새로운 이해는 헤겔의 변증법이 "명사사유"를 초월하여 "동사사유"로 전향하는 강렬한 "생존론"의 충동을 명확하게 표현하고 있으며 그러한 정신을 본체론 토대로 삼는 변증법이 실제상 표현하고자 하는 것은 인간의 정신활동을 통하여 자아생성과 자아발전을 실현하려는 "인간 생명의 변증법"이다. 하지만 "헤겔이 유일하게 알고 승인하는 노동은 추상적 정신적 노동이다."[41] "단지 역사운동을 위하여 찾은 추상적, 논리적, 사변적 표현인데, 이러한 역사는 기정된 주체적 인간의 현실 역사가 아니다."[42] 전통 형이상학의 지식론적, 이론철학적 "명사사유"와 변증법의 이러한 실천론 성질의 "동사사유"는 격렬한 충돌 가운데서, 후자의 이론의 예봉은 시종 전자의 거대한 음영 아래 가려있어 헤겔은 최종적으로 이재(異在)적인, 비현실적 방식으로 변증법 생존론의 충동과 의의를 표현했다.

헤겔변증법을 가리고 있던 전통 형이상학의 외의를 벗겨버리고 실천활동을 진정으로 인간의 본원적, 현실적 생존방식과 생존성 활동으로 이해하면 변증법이 내포하고 있는 생존 실천의의는 비로소 진정으로 충분히 과시된다. 이는 동시에 철학이 "존재" 문제를 해결할 때 진정으로 범식의 전환을 실현했음을, 즉 "명사"의 안목에서 "동사"의 안목으로, "지식론"의 안목

---

40) 동상서, p.201.
41) 동상서, p.205.
42) 동상서, 같은 쪽.

에서 "생존론"의 안목으로 전향하였으며 변증법도 이로써 자체 생존론본체
론의 토대를 확립했음을 의미한다.

　"동사성"적, "생존론" 안목으로의 전환은 인간이 "존재" 문제의 해결에서
전연 새로운 사상 영역을 획득했음을 의미한다. "존재"는 근본적으로 정관
(靜觀)적, 지식적 대상(이 대상은 단지 존재자와 비존재임)이 아니고, 그 무슨 현성
적, 한 번의 노고로 영구적으로 안일하게 포획할 수 있는 선정(先定)적인
"존재"는 종래로 없었으며, "존재"는 늘 인간의 생존 실천활동에서만 비로소
"출현(涌現)"하고 "등장"했으며, 또는 오직 인간의 생존 실천적 활동에서만이
비로소 게시되고 개방되었다고 할 수 있다. 존재의 의의는 초감성적 초험실
체 가운데 있는 것이 아니라 인간의 생존 실천활동의 전개와 표현 과정에
있다. 따라서 존재자의 존재를 파악해야지 이성 형이상학의 방식을 채택하
여 현상 배후의 초감성적인 이성세계를 포획하려 하지 말고 반드시 인간의
실천활동이란 이 인간본원적 현실 생존활동에서 "존재"를 터득해야 한다.

　마르크스는 여러 존재자 가운데 인간이란 존재자는 여러 존재와 다른
지위에 처해 있는바, 즉 인간은 실천활동을 그 본원성 생존방식으로 삼아
생존 실천활동 가운데 자신의 존재를 전개하고 자각적으로 자신의 "존재"
를 터득할 수 있는 특수한 존재자이다. 즉 인간은 생존 실천활동을 통하여
자기의 존재를 현현하고 전개하며 또 생존 실천활동에서 자기의 존재를 터
득할 수 있다. "존재본신"의 의의는 생존 실천을 자신의 본원성 존재방식으
로 삼는 인간이란 이 특수한 존재자에게서 터득할 수 있는 것이고, "존재"
의 의의는 근본적으로 인간의 생존 실천활동을 멀리하지만, 초감성적 실체
의 세계에 있는 것이 아니라 생존 실천활동의 현현과 전개 과정 중에 있다.
따라서 "존재"의 의의를 이해하려면 우선 반드시 인간이란 이 특수한 존재
자의 생존활동을 탐구하여야 하는데 이는 인간의 생존 실천활동의 분석과
해석이 "존재" 문제를 해결하는 토대를 구성하도록 하여 "존재론" 즉 마르
크스의 "기초존재론"을 형성한다.

이러한 "기초존재론"은 "인간"과 "존재" 간에 특수한 친밀관계가 있는데, 인간은 전통 형이상학에서 말하는 그러한 현성적으로 거기에 놓여 있는 사물이 아니라 생존 실천활동에서 자신의 존재를 전개하고 터득할 수 있는 존재자로서 자신의 존재를 전개하고 터득함으로써 존재하면서 인간의 특수한 존재방식을 구성한다. 이러한 특수한 존재방식을 하이데거는 "생존"이라고 일컬었다.

"인간"과 "존재"의 이러한 특수한 친밀관계에 대해 마르크스는 이렇게 논의했다. "인간은 유(類) 존재물로서 그것은 인간이 실천과 이론적으로 유 (類) —— 그 자신의 유 및 기타 사물의 유 —— 를 자기의 대상으로 삼은 것 때문인 것이 아니라 그리고 —— 이는 단지 동일사물의 다른 한 설법 —— 인간을 자신 현유의, 유생명적 유로 대하기 때문이며, 인간이 자신을 보편적 그래서 자유적 존재물로 상대하기 때문이다."[43] "동물과 자기의 생명활동은 직접적으로 동일한 것이다. 동물은 자기를 자기의 생명활동과 구분하지 않는다. 그 자체가 곧 자기의 생명활동이다. 인간은 자기의 생명활동 본신을 자기 의지와 자기의식의 대상으로 삼는다. 그에게는 의식적인 생명활동이 있다. 이는 인간과 직접적으로 접촉하여 이루는 일체의 그러한 규정성이 아니다. 유의식(有意識)적인 생명활동은 인간을 동물의 생명활동과 직접적으로 구분한다. …… 자기의 생활은 그에게 있어서 대상이 된다."[44] 마르크스는 인간은 실천활동 과정에서 자신을 현유의, 유생명적 유로 대할 수 있고 보편적인 그래서 자유적 존재물인 것으로 상대할 수 있으며, 자기의 생명활동 본신을 자기의 의지와 의식적인 대상으로 변화시킬 수 있다. 이는 실질적으로 인간은 전통 형이상학이 가정하는 그러한 정관적 "존재"의 존재자가 아니라 생명활동 과정에서 자신의 "존재"를 전개하고 자신의 "존재"를 터득

---

43) 《馬克思恩格斯選集》第1卷, 北京: 人民出版社, 2012, p.55.
44) 동상서, p.56.

하고 통달하는 존재자이다. 인간은 실천활동이란 이 본원적인 생존활동에서 자신존재에 대한 터득을 전개하고 실현하는데 이는 인간이 기타의 "현성존재자"와 구별되는 관건적인 점이다.

구체적으로, 한 방면으로 인간이 자신의 생명활동을 그 "의지와 의식의 대상"으로 삼는 것은 자신을 "보편적 그래서 또 자유적인 존재물로 상대"할 수 있으며, 인간의 생명활동과 인간의 "자아의식"과 "유 의식"은 상호 관련되는 것이기 때문이다. "유 의식"은 인간이 인간으로서 지닌 공동적인 귀속감과 상호 의존성을 가리키는바, 그 실질은 인간의 사회적 관계본성에 대한 의식을 가리킨다. 그것은 인류가 상통하는 표준에 근거하여 인간의 동동활동을 인식하는 것을 가능케 하는데, 즉 인류 사업을 인류가 공동으로 참여, 창조하고 분향하는 사업으로 간주한다. 하지만 "유 의식"은 반드시 인간의 "자아의식"을 전제로 해야 한다. 여기에 "자아의식"은 데카르트의 "나는 생각한다(Cogito)" 또는 칸트의 "지성통일" 이러한 인식론의 함의가 아니라 생존 실천활동의 전개 속에서 인간이 능히 자신이 늘 생존 실천활동에서 타인과 끊임없이 교류하는 사회관계 속에 처해 있다는 것을 터득하고, 자신의 "생존활동"과 타인의 "생존활동"의 "공재"관계를 터득할 수 있음을 가리킨다. 여기에서 "자아의식"과 "유 의식"은 완전히 내재적으로 통일된 것이다. 바로 이러한 통일이 인간으로 하여금 인간과 동물을 구별하고 인간으로 하여금 생존 실천활동 중에서 자신의 생명활동을 그 "의식과 의지의 대상"으로 삼을 수 있다.

다른 한 방면으로 인간의 생명존재와 생명활동이 인간의 "의식과 의지의 대상"이 될 수 있으며, 자신을 "보편적 그래서 역시 자유적 존재물로 상대"할 수 있는 것은 인간이 대상세계에서 자신의 존재를 터득하고 검시(檢視)할 수 있기 때문이다. 마르크스는 인간은 감성적 생존 실천활동으로써 자신 본원성 존재방식의 존재물로 삼는데 "인간을 육체적, 자연력을 소유한, 생명적, 현실적, 감성적, 대상적 존재물이라고 한다면 이는 인간은 현실적, 감성적 대상을 자신의 본질적, 즉 자기생명 표현의 대상으로 삼을 수 있다는 것이며, 또는 인간은 현실적, 감성적 대상에 빙자하여 비로소 자기의 생명을 표현한다고 할 수 있다."⁴⁵⁾ 인간은 우선 생명활동을 통하여 자신의 본질적 역량을 감성의 대상 속으로 외화 또는 대상화한 후 감성적 대상 중에서 자신의 존재를 "직관"하거나 터득한다. 이러한 감성적 대상의 자아직관과 자아터득을 통하여 인간은 진정으로 의식적이고 인화(人化)적인 자연존재물이 되며 인간의 생명활동 역시 자유자각적, 역사적인 생명활동이 된다. 바로 이러한 의미에서 마르크스는 비로소 "공업의 역사와 이미 생성된 공업의 대상성의 존재는 오픈한 인간의 본질역량에 관한 서적이며 감성적으로 우리 앞에 놓인 인간의 심리학이다"⁴⁶⁾라고 했다. 이러한 "심리학"에서 우리는 인간의 본질적 역량을 직관함으로써 자신 생명존재에 대한 자아터득에 도달하여 인간의 생명활동을 진정으로 자기의 "의식과 의지활동의 대상"이 되게 한다.

생존 실천활동에서 인간은 타인 본체성의 "공재"를 터득할 수 있고, 자신의 생명존재를 "직관"할 수 있다. 양자는 인간과 그 존재는 확실히 분할 불가의 연계에 있다는 점을 충분히 표명하고 있다. 따라서 "존재"의의에 대한 계시는 인간의 본원적 생존활동, 즉 실천활동과 내재적으로 같이 연계되어 있다. 인간의 역사성적 생존 실천활동은 "존재" 의의가 해석을 얻도록 하는 경지를 구성하며 인간의 생존 실천활동은 인간에 관한 "존재"의 비결을 내포하고 있다. 하이데거는 "어떻게든 모 방식으로 그와 관련을 맺으려는 그 존재를 우리는 생존이라고 한다"⁴⁷⁾고 했다. 마르크스는 "생존"은 생존 실천활동의 전개와 현시 과정 자체라고 했다. 생존 실천활동에 대한 분석과 해석을 "기초존재론"이라고 한다면 실질은 바로 "생존론"인 바 실질적

---

45) 《馬克思恩格斯文集》第1卷, 北京: 人民出版社, 2009, pp.209~210.
46) 동상서, p.192.
47) [德]馬丁·海德格尔: 《存在與時間》, 北京: 生活·讀書·新知三聯書店, 1987, p.16.

으로 동일한 것이다.

전통 형이상학이 정관적, 지식론적 태도로 "존재"의 의의를 게시하는 것과 상대하여 마르크스는 전연 새로운 사상 영역을 개척했다. 그는 인간은 전반세계를 상대하여 무상 현상세계 배후의 그 "종극적인 존재"의 주관적, "응시적", "정관적" 존재자를 "간(看)"하는 것으로서 생존 실천활동의 추상적, 논리성적, 현성적 "인식자"로 독립된 것이 아니라 "실천을 통하여 대상세계를 창조하고 무기계(無機界)를 개조하며 스스로 자기를 유의식적인 유 존재물임을 증명하는, 이러한 존재물로서, 유(類)를 자기의 본질로 간주하고 또는 자신을 유 존재물로 간주한다고 할 수 있다."[48] 논리와 이지에 앞선 생존 실천활동은 논리, 이지보다 더욱 본원적인 존재 영역이고, 실천이성은 이론이성보다 더욱 기본적인 이성이다. "존재"의 의미에 관하여 현실 세계를 멀리 떠나 초감성적 "다른 세계"에서 찾을 수 없기에 실천이성이 이론이성보다 높다는 입장을 마땅히 견지해야 하고 인간의 생존 실천활동에서 터득해야 한다. 완전히 "존재" 문제의 추구구상을 개변하고 진정으로 "명사"의 안목에서 "동사"의 안목으로, "지식론", "이론철학"의 안목에서 "실천이성", "실천철학"의 안목으로 전향했다는 점은 의심할 나위가 없다. 이로써 건립된 존재론은 이미 다시는 "지식론" 성질의 존재론이 아니라 이미 "생존론"적 존재론이 되었다.

바로 이러한 "존재" 문제를 해결하는 새로운 방향이 변증법의 새로운 토대의 개척을 위해 새로운 논리의 길을 열었다. 그것은 우리에게 변증법의 진실한 토대를 확립하려면 반드시 전통 형이상학의 그러한 "명사"의 안목을 "동사"의 안목으로 바꾸어야 하고, 반드시 지식론적, 이론이성적 안목을 실천이성, 실천철학의 안목으로 바꿔야 한다는 것을 명시하고 있다. 변증법의 진실한 토대는 현실 생활 외의 초감성적인 이성본체의 세계에 있는 것이 아니라

---

48) 《馬克思恩格斯選集》第1卷, 北京: 人民出版社, 2012, pp.56~57.

인간의 본원성적 생존 실천활동에 대한 분석과 해석 가운데 있다. 변증법은 "존재"의 의의를 이해하려면 반드시 인간의 생존 실천활동 속에 들어가야지 생존 실천활동을 멀리한 초감성적인 "별개의 세계"에서 찾지 말아야 한다. 이러한 의미에서 인간의 생존 실천활동에 뿌리내린 변증법이 표현하려는 것은 곧 인간이 생존 실천활동 중에서 자신의 존재에 대한 이해이며, 변증법은 곧 생존적 "인간 존재"의 자아이해 학설이다. 심지어 변증법은 근본적으로 인간의 존재에 관한 "기초존재론" 또는 "생존론"이다.

"명사"의 안목에서 "동사"의 안목으로, "이론적", "지식론"적 안목에서 "실천이성", "실천철학" 안목으로의 전환은 변증법과 전통 형이상학의 진정한 "단열"을 실현함으로써 다시는 그러한 영원재장적, 절대동일적, 초감성적 본체세계로 변증법의 이론적 버티목을 삼을 필요가 없게 되었다. 반대로 차안세계 현실 속의 인간의 생존 실천활동은 변증법의 진실한 토대를 구성하였는데, 이 토대는 바로 변증법의 "생존론본체론 토대"인 바, "생존론 토대"로 약칭할 수 있다.

4. 인간 본원적 생존방식은 변증법의 진실한 토대이다

전술한 부분에서 우리는 생존론본체론의 이론적 시야에 입각하여 실천활동을 인간 본원성의 생존방식으로 이해하면서 이를 출발점으로 변증법은 진정 전통 형이상학의 이론범식과의 "단열"을 실현하여, 이제부터 그 이론적 토대는 명사성, 지식론 성질의 초감성적 세계가 아니라, "동사성"적 생존 실천활동이라고 지적했다. 이러한 토론을 통하여 우리는 점차 마르크스철학에서 변증법의 진실한 토대는 바로 인간의 본원성적 생명존재와 활동방식, 즉 실천활동이란 인식을 형성하기에 이르렀다.

『파리수고』에서 마르크스는 변증법의 생존론 토대에 대하여 "헤겔의

『현상학』및 그 최후의 성과——변증법은 추 진원칙과 창조 원칙의 부정성으로서——의 위대한 점은 우선 헤겔이 인간의 자아생산을 하나의 과정으로 간주하고 대상화를 비대상화로 간주했으며 외화를 이러한 외화의 양기로 간주했다는 점이다. 그가 노동의 본질을 장악했고 대상성의 인간을, 현실적이고 그래서 진정한 인간을, 인간 자체 노동의 결과로 이해하게 되었다는 점을 알 수 있다."[49]

이 내용은 다음과 같이 몇 가지 주목 필요한 점이 있다.

첫째, "추진 원칙"과 "창조 원칙"은 변증법의 가장 기본적인 이론원칙으로서 양자는 변증법의 전반 사상체계에 관통되어 변증법의 이론적 강령을 구성한다.

둘째, 변증법의 성질은 "부정성(否定性)"의 변증법으로서 "부정성"은 변증법의 정신적 실질과 이론적 정수를 구성한다.

셋째, 변증법의 "위대한 점"은 그 근본적 이론사명과 사상공헌이 인간의 자아생산을 하나의 과정으로 간주하고 대상화를 대상의 상실로 간주하며 외화와 이러한 외화의 양기로 간주한다는 것이다. 환언한다면, 변증법의 이론적 공적은 인간을 이해하는 "자아생산"적 과정의 이론관점과 사상방법을 제공했다는 점이다.

넷째, 변증법이 이러한 이론적 공헌을 할 수 있었던 관건적인 점은 "노동의 본질을 파악하고 대상성의 인간, 현실적이고 그래서 진정한 인간을 인간 자체 노동의 결과로 이해하고 있다는 점이다."[50] "노동" 실천활동은 인간의 "자아생산 과정"의 오묘함이다. 따라서 "노동"이란 본질을 파악하고 인간을 자기 실천활동의 결과라고 이해하는 것은 변증법이 성립되는 가장 중요한 이론적인 전제이다.

49) 《馬克思恩格斯文集》第1卷, 北京: 人民出版社, 2009, p.205.
50) 《馬克思恩格斯全集》第42卷, 北京: 人民出版社, 1979, p.163.

이상의 네 개 방면은 고리처럼 내재적으로 연결되는데 전 세 개 방면은 주로 변증법의 이론적 성질과 이론적 공헌에 대한 개괄로서, 하나의 핵심적인 사상 즉 변증법의 이론적 특질과 걸출한 점은 "인간의 자아생산 과정"을 위해 독특한 이론적 방법과 사고방식을 제공함으로써, 근본적으로 "인간의 존재"에 관한 전면적인 관점, 또는 "인간의 존재"에 관한 자아이해의 학설이라고도 할 수 있다. 마지막 방면은 변증법이 "인간의 존재"에 관한 이론적인 관점이 될 수 있었던 관건적인 요인은, 바로 "노동"이란 본질을 파악하고 "현실적이고 그래서 진정한 인간을 인간 자체 노동의 결과로 이해하며" "노동본질"에 대한 파악 등이 변증법이 가능한 심층적 근거가 되었기 때문이다. 이는 실제상 실천관점이 현실의 인간을 "자기노동의 결과"로 이해하였기 때문에 실천활동이 인간의 본원적인 생명존재와 활동방식으로 변증법의 심층적인 토대를 구성했다는 것이다.

이 네 개 방면은 실제상 하나의 인관관계 성질의 것으로 구성되었다는 판단이 선다. 헤겔은 "노동의 본질을 파악하고 대상성의 인간, 현실적이고 그래서 진정한 인간을 인간 자체 노동의 결과로 이해"했기 때문에 "추동 원칙"과 "창조 원칙"의 "부정성"으로서의 변증법은 비로소 "위대한 점"을 현시했다. 전자는 후자를 위해 이론적 토대를, 후자는 전자의 이론적 효과를 초래했다. 환언한다면 이 인과관계 성질의 판단은 바로 근본적으로 변증법의 진실한 이론적 토대는 바로 인간의 "노동", 즉 인간의 생존 실천활동인바, 이 점을 떠난다면 변증법은 그 "위대한 점"을 상실하게 된다는 것을 설명하고 있다.

우선 마르크스는 변증법의 양대 기본적 이론원칙, 즉 "추동 원칙"과 "창조 원칙"은 오직 실천활동이란 이 인간의 본원적 생명존재와 활동방식의 토대에 뿌리를 내려야 비로소 견실한 토대가 되고 진실한 함의를 충분히 현시할 수 있다고 지적했다.

"추동 원칙"과 "창조 원칙"은 변증법의 양대 중대한 이론원칙으로서 헤겔의 유심변증법에 대한 마르크스의 비판을 거친 기본적인 개괄이다. 헤겔은 "추동 원칙"과 "창조 원칙"의 이론적 기초는 정신적 능동성에 있다고 하면서 "절대정신"은 "실체"이자 또 "주체"인데 그것은 "죽은 물질"과 구별되는 자아생성, 자아발전과 자아창조적 능동성이며 "정신은 자기에 대한 2원화이고 자기의 괴리이지만 또 자기를 발견하고 자기를 회복할 수 있는 것"이라고 했다.[51] "절대정신"은 자족완비적인 것으로 자신의 추동자이자 자신의 창조자이다. 따라서 헤겔은 "추동 원칙"과 "창조 원칙"은 근본적으로 정신적 존재와 운동 원칙이라고 했다. 마르크스는 마찬가지로 "추동 원칙"과 "창조 원칙"을 변증법적 기본 원칙으로 승인했지만 헤겔과 달리 이 두 원칙의 토대와 정신적 능동성에 본질적인 부동한 이론적 토대가 있다고 하면서 완전 부동한 원칙에서 출발하여 해명했다.

이 새로운 이론적 토대와 해석 원칙은 바로 "생존실천"의 원칙이다. 마르크스는 "추동 원칙"과 "창조 원칙"의 내적 근거는 정신적 능동구조에 있는 것이 아니라 실천활동이란 인간의 본원적 생명존재와 활동방식에 있다고 했다.

마르크스는 인간의 본원적인 생존 실천활동은 본성적으로 "자아추동"과 "자아창조"적인 활동이라고 간주했다. 바로 전술한 바와 같이 실천활동은 인간과 세계의 원초적인 연관, 인간의 생존세계와 역사 발전의 비결을 구성했다. 동시에 또 인간과 동물을 구별하고 인간에게 전속하는 생명활동이기도 하다. 동물과 같은 폐쇄적이고 경직된, 단향도의 생명존재와 달리 인간의 생명존재 방식은 개방적, 능동적이고 창조적인 것으로서 이 구별이 나타난 원인은 바로 인간이 실천활동을 자신의 생존방식과 활동방식으로 삼는 데에 있다. 실천활동은 인간으로 하여금 기타 물종이 그에게 부여한 자연적 제한을 초월하도록, 인간의 생명으로 하여금 동물의 진화와 완전히 부동한 발전

---

51) [德]黑格尔:《哲學史講演錄》第1卷, 北京: 商務印書館, 1959, p.28.

방식을 갖도록 하였다. 자아생성, 자아개방, 자아"추동"과 자아"창조"는 실천활동으로서, 즉 인간 본원적 생명활동의 문제에서 반드시 포함된 의의이며 또는 "자아추동"과 "자아창조"는 바로 인간의 생명활동의 내적 원칙이라고 할 수 있다.

인간의 본원적 생명존재활동이 지닌 자아"추동"과 자아"창조" 성질은 마르크스가 다방면에 걸쳐서 천명한 바 있다. 일찍 그의 박사논문 「데모크리토스(Democritos)의 자연철학과 에피쿠로스(Epicouros) 자연철학의 차별」에서 마르크스는 데모크리토스와 에피쿠로스 철학에 대한 비교를 통하여 인간의 생명 창조성에 대한 숙명적 부정의 태도에 대한 비판 및 자유 창조정신에 대한 숭상을 피력했다. 그 후에 그 사상이 날로 심화됨에 따라 그는 인간 생명활동의 자아"추동"과 자아"창조"의 해명도 끊임없이 심화시켰다. 그는 "여기에서 인간은 어떤 규정상 자기를 재생산하는 것이 아니라 그의 전면성을 생산하고 있으며, 강력하게 그 어떤 기성적인 사물에 머무르는 것을 추구하는 것이 아니라 변화하는 절대적 운동에 처해 있다"[52]고 명확하게 피력했다. 엥겔스는 같은 의미에서 "인간은 유일하게 노동으로 순수한 동물상태를 이탈할 수 있는 동물——그의 정상적인 상태는 그의 의지와 상호 적응하며 그리고 그 자신이 창조해낸 것이다"[53]라고 지적했다. 마르크스는 형상적으로 노동을 "살아 있는, 형상을 소조(塑造)하는 불(火)"에 비유했고, "노동은 살아 있는 것, 형상을 소조하는 불, 사물의 역서성(易逝性), 사물의 잠시성으로서 이러한 역서성과 잠시성은 이러한 사물이 살아 있는 시간을 통하여 형식이 부여되는 데에서 표현된다"[54]고 했다. 하지만 "시간은 실제로 적극적인 존재로서 인간의 생명의 척도일 뿐만 아니라 인간 발전의 공간이다."[55]

---

52)《馬克思恩格斯全集》第46卷上, 北京: 人民出版社, 1979, p.486.
53)《馬克思恩格斯全集》第20卷上, 北京: 人民出版社, 1971, pp.535~536.
54)《馬克思恩格斯全集》第46卷上, 北京: 人民出版社, 1979, p.331.

"역사"의 본성을 논의할 때 마르크스는 또 "'역사'가 인간을 수단으로 자기에게 이르는 —— 역사는 독특한 매력을 지닌 사람과 방불하다 —— 목적에 도달한 것이 아니다. 역사는 자기목적을 추구하는 인간의 활동일 따름이다."[56] "일단 인간이 이미 존재하기만 하면, 인간, 인류 역사의 경상적 전제로서 역시 인류 역사의 경상적인 산물과 결과이며, 인간은 단지 자기본신의 산물과 결과로 될 때만 비로소 전제가 될 수 있는 것이다."[57]

『파리수고』에서 마르크스는 인간과 자연계는 "외재적 창조"에서 내원했다는 그러한 관념을 집중적으로 비판했다. 그는 "자연계와 인간의 창조문제를 거론했다면 바로 인간과 자연계를 추상해버린 것이다. 그것들을 존재하지 않는 것으로 설정하고 또 내가 그것들은 존재하는 것이라고 증명할 것을 희망하고 있다. 그렇다면 나는 이렇게 선언한다. 당신의 추상을 포기한다면 당신의 문제도 포기하게 될 것이다. 또는 당신이 자기의 추상을 견지하려고 한다면 당신은 끝까지 관철해야 한다. 만약 당신이 설정한 인간과 자연계가 존재하지 않는 것이라면 당신은 자신도 존재하지 않는 것이라고 설정해야 하는 바, 당신 자신 역시 자연계와 사람이기 때문이다."[58] 마르크스는 인간의 현실 생활은 자기의 창조에서 온 것인바, 이 점을 떠난다면 인간은 타인과 자연의 노예가 되어 독립성을 완전상실하게 된다고 주장했다. 그는 또 "소위 세계의 역사는 인간이 인간의 노동을 통한 탄생의 과정일 뿐이며 자연계는 인간에게 있어서 생성 과정이기에 그는 자신을 통해 탄생하고, 그 형성 과정에 관하여 그는 직관적, 불가항변적인 증명이 있다"[59]고 명확하게 지적했다.

———

55) 《馬克思恩格斯全集》第37卷, 北京: 人民出版社, 2019, p.161.
56) 《馬克思恩格斯全集》第1卷, 北京: 人民出版社, 2009, p.295.
57) 《馬克思恩格斯全集》第26卷 第3册, 北京: 人民出版社, 2009, p.545.
58) 《馬克思恩格斯文集》第1卷, 北京: 人民出版社, 2009, p.196.
59) 동상서, p.196.

이러한 논술들은 모두 부동한 각도에서 하나의 공동적인 정신적 실질, 바로 인간의 실천활동은 본성상에서 인간의 "자아추동"과 "자아창조"의 생명활동이며, 바로 이러한 활동을 통하여 인간은 비로소 자아탄생과 자아생성을 실현했다는 점을 표현하고 있다. 따라서 "자아추동"과 "자아창조"는 곧 인간의 특유한 생명존재와 활동 원칙으로서 인간의 현실 생명존재의 본성이다.

그러니까 "추동 원칙"과 "창조성 원칙"은 변증법의 기본 원칙으로서 실질적으로는 반성의식의 형식을 통하여 인간의 생명존재와 활동본성에 대한 자각적인 게시와 해석이며, 그 심층적인 근거는 실천활동이란 이 인간 본원적 생명존재와 활동방식에 있는 것이다. 오직 실천활동에서 출발하여야만 비로소 변증법의 이 두 개 기본 원칙을 진정으로 이해할 수 있다. 이점을 떠나서 "추동원칙"과 "창조원칙"은 절실한 이해를 얻을 수 없으며, 순수한 자연물질을 토대로 한다고 할지라도 거대한 이론적 곤경에 맞닥뜨릴 수밖에 없다. 오직 인간 본원성의 생명존재와 활동방식에 입각해야만 변증법의 "자아추동"과 "자아창조"의 이론원칙은 비로소 의존하고 존재할 수 있는 진실한 토대를 획득하게 된다.

다음, 마르크스는 또 "부정성"은 변증법의 이론본성으로서 오직 인간 본원성의 생명존재와 활동방식에 뿌리내려야 비로소 합리적인 이해를 얻을 수 있다고 지적했다.

"부정성"은 변증법의 영혼으로서 헤겔은 그것을 "일체 활동——생명적, 정신적 자체의 운동——가장 내적인 원천이자 변증법의 영혼"[60]으로 간주했고, 마르크스는 단연히 직접 "부정성변증법"이라고 변증법을 명명했다. 비록 사람들은 모두 "부정성"의 범주가 변증법에서 지니는 중요성을 승인하지만 과연 어떻게 "부정성"이란 이 변증법의 실질과 정수를 이해할 것인

---

60) [德]黑格尔:《邏輯學》, 北京: 商務印書館, 1976, p.543.

가에서 늘 여러 가지 사이비한 세속적인 견해에 빠져든다. 이러한 세속적인 견해가 발생하는 가장 근본적인 원인은 변증법의 진실한 토대에 대한 통찰이 결핍되어 있기 때문이다.

인간은 경험상식의 각도에서 변증법의 "부정성"을 이해하는 데에 습관되었고 "경험 대상의 범위 내에서 경험으로 관찰 가능한" 사례로써 "부정성"을 설명하는 데에 습관이 되어 있다. 전통 마르크스주의 철학의 교과서는 물론 적지 않은 학자들도 이러한 관점이다. 가령 장청칭(張澄淸)은 『헤겔의 유심변증법』에서 "부정"은 두 가지 함의가 있는바, "첫째, 어떤 사물의 어떤 성질을 규정하는데, 즉 어떤 사물이 이 성질과 반대되는 성질이 있음을 부정하는 것, 가령 광명에 대한 긍정은 암흑에 대한 부정과 같은 것이다. 그리고 어떤 성질을 규정하였다면 어떤 한계가 있는데 이 한계를 초월하면 자기에 대한 부정이 되는 것이다. 둘째, 뿐만 아니라 단순하고 고립적인 '반면'의 '정면'을 떠나면 아무런 규정성도 없게 되고 부정을 떠나면 긍정도 무의미한 것으로서 이른바 '규정성'이란 바로 그와 '상반'적인 대립 통일에서만 가능한 것이고, 비로소 규정이 되는 것이다."[61] 또 왕수런(王樹人)은 『사변철학의 새로운 탐구』에서 "부정"을 설명하면서 유사한 주장을 펼쳤다. "어떤 긍정일지라도 동시에 부정적 의의를 포함하는바, 가령 어떤 색상을 선택했을 경우 그 동시에 기타의 색상에 대한 포기를 암시하고 있는 것이다."[62] 물론 가장 전형적인 것은 우리 철학 교과서에서 가장 자주 출현하는, 사람들에게 아주 익숙한 사례인바, 보리 싹은 보리 종자에 대한 부정이고, 보리 이삭은 또 보리 싹에 대한 부정인데 이러한 보리 종자에서 보리 이삭에 이르는 것이 "부정의 부정"이다. 전술한 두 개 특징의 이해에서 하나는 "부정"을 두 개의 상반되는 규정 외의 상호 부정으로 간주하고

---

61) 張澄淸:《黑格尔的唯心主義辯證法》, 福州: 福建人民出版社, 1984, pp.163~164.
62) 王樹人(老樹):《思辯哲學新探》, 北京: 人民出版社, 1985, p.53.

하나의 규정을 긍정하는 것은 다른 한 규정에 대한 "부정"을 의미하는 것이라고 하는데, "부정성"은 두 가지 규정의 피차간의 "배척"과 "거척(拒斥)" 가운데서, 두 가지 규정의 "경직된 대립" 가운데서 표현되고 있다. 다른 하나는 "부정"을 경험화하여 경험적 사실이 지닌 성질로 간주하는데 이는 경험적인 사실의 사례로써 설명, 증명할 수 있는 것이다.

"부정성"에 대한 이러한 이해는 두 개 방면의 근본적인 착오가 있다. 첫째, 가장 핵심적인 한 방면이라고 할 수 있는바, 착오적으로 변증법의 "부정성"의 토대를 경험적 사실 위에 두었기에 "부정성"의 진실한 "본체"적 토대를 망각한 것이다. 이러한 망각은 두 번째 착오를 야기하는바, 즉 변증법의 "부정성"을 외재 규정적인 피차 배척하는 것으로 간주하면서 "부정"이 근본적으로 두 개 사물 간의 상호적인 외재적 부정이 아니라 동일한 "사물"(즉 동일한 "본체")의 자아부정과 자아초월이며 스스로를 양기하고 그 양기 속에서 자기를 실현하는 것이라는 점을 전연 터득하지 못한 것이다. 즉, "부정"은 실질적으로 동일한 "본체"의 "자아부정"이다.

이상의 분석에서 분명하게 나타나는 것은 "부정성"의 진실한 "본체" 또는 진실한 "토대"를 탐구하는 것은 변증법의 "부정성"정신을 정확하게 이해하고 속된 이해를 피면하는 관건이다.

철학사에서 헤겔은 정신적 "자아부정"과 "자아초월"의 본성으로써 변증법의 "부정성"의 내포를 전개하면서 이 때문에 "부정성"의 기초를 "정신"으로 귀결한 바 있다. 그는 마찬가지로 경험주의와 "반사 규정의 경직대립"을 반대하는 방식으로 변증법의 "부정성"을 이해하고자 했지만, "부정성"은 "정신주체"의 내적 본성으로서 오직 "정신본체"에 입각해야만 "부정성"은 비로소 경험주의적, 지성대립의 이해 속에 빠져들지 않고 토대를 확립할 수 있다고 강조했다.

"정신"은 헤겔철학의 최고, 그리고 유일한 실체의 전부이지만 이러한 "실체"는 스피노자철학의 그러한 정지경직화적 존재가 아니라 활발하고 능동적이며, 대화(大化)한 유행 과정이다. 이에 대해 헤겔은 "일체 문제의 관건은 진실한 것 혹은 진리를 실체로 이해하고 표현할 뿐만 아니라 똑같이 주체로 이해하고 표현해야 한다"[63]고 했다. 여기에서 "실체 즉 주체"는 "살아 있는 실체는 오직 자신의 운동을 건립할 때만, 또는 오직 자신이 자기 사이의 중개로 전환할 때만 비로소 진정으로 현실적 존재가 된다. …… 실체는 주체로서 순수한, 간단한 부정성이다. 바로 이 때문에 그는 단일한 물건 이분화 분열의 과정 또는 대립면의 이중화의 과정이며 이러한 과정은 또 아무런 관련이 없는 이러한 구별 및 그 대립의 부정이다. 따라서 오직 바야흐로 자신의 동일성을 재건 중이거나 또는 타물 중에 반영하는 것이야말로 비로소 진정한 진리이며 원시적 또는 직접적 통일성은 그 본신으로 말한다면 절대적인 진리가 아니다."[64]

여기에서 "부정성"은 "정신"활동의 가장 핵심적인 원칙을 구성했다. 정신이란 이 "실체"가 "주체"로 되는 것은 그것은 일종의 "자아부정", "자아초월"적 자유능동적인 정신이기 때문이다. 정신은 그 직접성에서 출발하여 자기가 자기를 규정하고 전개하며 이러한 전개 과정에서 끊임없이 자신을 부정하고 또 끊임없이 이러한 부정성을 양기하여 자신으로 복귀(부정의 부정)하는 것이다. 이러한 과정은 끊임없이 자신의 추상성을 부정함으로써 구체성, 풍부성과 현실성에 도달하는 과정이며 정신적 자아성장, 자아발전과 자아창조적 과정이기도 하다. 바로 이 과정에서 정신적 "자유"는 충분하고도 전면적으로 실현할 수 있는 것이다.

헤겔은 정신적 본성에서 출발하여 "부정성"을 이해하고 해석하면서 "부정성"의 토대를 "정신"으로 귀결시켰는데, 사람들이 주목한 것은 그 "유심주의"적 경향이었다. 하지만 사람들이 간과한 것은 "유심주의" 외에 그 가운데

---

63) [德]黑格尔:《精神現象學》上, 北京: 商務印書館, 1987, p.10.
64) 동상서, p.11.

포함한 "생존론"의 내포였다. 중국학자 덩샤오망(鄧曉芒)은 아주 예민하게 헤겔의 "정신"개념은 서양철학 로고스전통의 영향을 받은 것 외에, 보다 심각한 사상의 연원은 고대 그리스의 "누스(nous)"로 소급할 수 있는데 그것은 인간의 생명활동의 자아초월과 자아창조의 "생존론 충동"[65]을 표현한 것이라고 했다. 환언한다면 헤겔이 강조한 정신적 자아부정과 자아초월의 특징은 실질적으로 정신화된 방식이 표현하는 인간의 생명활동 본성이며 인간의 생명활동 및 인간에 대한 생명자유의 추구이며, 정신적 "부정성" 본성의 가장 심층적인 의미라는 것이다.

하지만 인간 생명의 "자아부정"에 대한 헤겔의 본성적인 표현은 필경 이재적인 방식으로 표현되었으며 그의 "생명"은 근본적으로 "논리화"된 "생명"이었다. "정신"적 "부정성"이 표현한 생존론 충동과 생존론 의미는 그 심층적인 지취와 동기를 구성하였지만 강대한 로고스주의의 압박아래 최종적으로는 압제를 당하고 말게 된다.

헤겔과 달리 마르크스는 인간 본원적인 생명활동 즉 실천활동에서 출발하여 "부정성"을 이해하고 그 토대를 확립했다. 마르크스는 헤겔을 "헤겔은 부정적 부정을 포함한 긍정적인 면에 근거하여 부정적 부정을 진정으로 유일한 긍정적인 것으로 간주하면서 그것이 포함하고 있는 부정적인 방면을 일체 존재의 유일하고 진정한 자아 실천활동으로 간주하였기에 그는 단지 역사적 운동을 위해 추상적, 논리적, 사변적 표현을 찾은 것이고 이러한 역사는 기정한 주체적 인간의 현실역사가 아니라 단지 인간이 발생한 활동, 인간 형성의 역사일 뿐이다"[66]라고 비평했다. 헤겔은 정신을 변증법의 토대로 일정한 정도에서 "변증법"의 경지에 대한 자각을 보였지만 시종 논리와 사변의 방식에 국한되어 이러한 자각을 이루고자 했다. 이러한 한계

---

65) 鄧曉芒:《思辯的張力》, 長沙: 湖南教育出版社, 1992, p.205.
66) 《馬克思恩格斯文集》第1卷, 北京: 人民出版社, 2009, p.201.

성은 마르크스철학의 창신을 위해 충분한 공간을 제공했다. 추상적, 논리적 사변적 표현에서 현실적, 구체적 표현으로 전환하여 "부정성"의 토대로서의 정신을 인간 본원적 생명활동으로 전환, 즉 실천활동을 "부정성"의 토대로 삼을 것을 요구했다. 마르크스는 "부정성"을 변증법의 정수로 삼고 그 "본체"화 "토대"는 단지 인간의 본원성의 생명존재방식 즉 실천활동 속에서 찾을 수밖에 없으며, 실천활동은 "부정성"이 "부정성"이 되는 가장 심층적인 근거라고 간주했다.

실천활동은 인간 본원성의 생명활동으로서 본성적으로 인간 생명의 일종 자아부정과 자아초월성 활동이다. 그것은 시간적으로 인간 생명의 내원이 자연이며, "자연성"은 인간 생명이 존재하기 위해 필요한 전제라고 인정한다. 육체를 떠난 자연존재는 인간도 허망한 유령으로 남을 수밖에 없다. 하지만 인간의 생명이 인간의 생명인 것은 인간은 육체적 생명에 국한되지 않고 실천활동을 통하여 자연생명을 "부정"하며 자기의 속인적인 "목적성"을 추구하며 또는 자연성을 초월한 "가치생명"을 초월하기 때문이다. 마르크스는 "의식, 종교 또는 임의의 그 무엇에 근거하여 쉽게 인간과 동물을 구별할 수 있다. 인간이 자기의 생활자료를 생산하기 시작한다면, 즉 그들 육체조직이 결정하는 첫걸음을 내디딜 때, 인간본신은 자기와 동물을 구분하기 시작한 것이다"[67]라고 지적했다. 실천활동은 자연육체생명을 전제로 함과 동시에 인간의 자연육체생명을 부정하고 초월하며 이러한 "자아실현"의 과정은 끝이 없으며 인간의 생명은 바로 이러한 진척 과정에서 끊임없이 장성하고, 성숙하며 자아발전을 이룩한다.

여기에서 자연에 대한 인간의 부정은 자연성에 대한 간단한 포기가 아니라 자연성을 내적 단계로 자신의 생명존재 속에 융합시키는 것이다. 인간은 자연에서 기원한 자연존재물이란 사실은 "자연생명"에 대한 인간의 부

---

67) 동상서, p.519.

정과 초월이 실질적으로 자연의 자아부정과 자아초월임을 결정한다. 자연에 대한 인간의 "부정"은 근본적으로 자연의 에너지를 이용하고 발휘하는 것에 지나지 않으며 자연생명이 내포한 창조적 재능을 인간의 실천활동에서 표현하는 것에 다름 아니다. "자연생명"은 실천활동을 통하여 끊임없이 자아부정과 자아초월을 실현하며 끊임없이 인간의 성장 과정을 이어간다.

마르크스는 인간의 본성을 "자유자각적 활동"으로 규정하였는데 거기에는 실질적으로 인간의 부정성 위도에 대한 응낙을 내포하고 있다. 그것은 인간은 대상성의 감성활동에서 자연존재물의 급정성(給定性)을 부정하고 양기할 뿐만 아니라 끊임없이 인조물과 인간의 활동의 소외를 부정한다. 부정성은 "자유자각적인 활동"이란 인간의 본성과제에 마땅한 포괄되어야 할 의미이다.

이러한 의미에서 심지어 인간의 생명활동 본성을 "부정성"으로 규정할 수도 있다. 여기에서 "부정성"이란 인간의 생명적 자아생성과 자아실현, 인간이 끊임없이 속박을 이탈하고 꾸준히 자유를 추구하며 끊임없이 자유공간을 확대하기 위하여 노력하며, 끊임없이 자신을 부정하고 미래를 향해 자아의 새로운 천지를 오픈하는 것을 의미한다. 이것은 사물과 구별되는 인간의 유일한 본성이다. 사물은 "부정성"을 지니지 않고 또 자신을 "부정"할 필요도 없지만 인간은 오직 "자아부정" 속에서 비로소 자아를 형성하고 그 과정에서 끊임없이 자아를 초월하고 생성하는바, 이것이 바로 인간의 생명이 지니고 있는 "부정성"적 본질이다.

인간의 본원적 생명존재와 활동방식 가운데서 "부정성"은 변증법적 이론실질과 사상정수로서 자신의 견실한 토대를 확립했다.

마지막으로 마르크스는 "변증법의 진정한 위대한 점은 인간의 자아생산 과정을 하나의 과정으로 보고 대상화를 대상의 상실로, 외화와 이 외화의 양기로 간주했다는 점이다"라고 했다. 변증법의 이 중대한 공헌은 마찬가지로 인간 본원적 생명활동에 뿌리내렸는데, 마르크스의 지적처럼 변증법은

"노동의 본질을 장악했고 대상성의 인간을, 현실적이고 그래서 진정한 인간을, 인간 자체 노동의 결과로 이해하게 되었다는 점이다."[68]

앞서 이미 논증한 바와 같이 변증법의 "자아추동"과 "자아창조"원칙 및 변증법의 "부정"성 본질은 실질적으로 동일한 "토대"에 구축한 것인 바, 그것은 인간의 현실 생명활동 및 그 역사 발전과정에서의 변증법의 이론적 토대로서 기계물질세계의 "일반법칙"을 구현하는 것도 아니고 추상적인 "무인신(無人身)이성"의 "원권식(圓圈式)운동"에서 구현되는 것도 아니며 오직 인간의 생명의 충분한 전개와 무한한 발전에서만 구현된다. 이러한 관점에서 출발하여 변증법은 필연적으로 "인간의 자아생산을 하나의 자아생산 과정으로 간주한다." 이 점은 전술한 인간의 생명활동의 본성에 대한 자아추동, 자아창조와 자아부정에서 얻은 필연적인 결론이다.

소크라테스는 변증법을 "정신 조산술(助産術)"이라고 칭한 바 있는데 이는 지식론 시야에 입각한 변증법에 대한 이해이다. 여기에서 우리는 생존론본체론의 시야에서 출발하여 인간의 본원성적 생명활동, 즉 실천활동을 토대로 하여 변증법을 더 이상 "정신 조산술"이 아니라 "인간의 생존"을 핵심으로 하는 "생명 조산술"로, 즉 "인간의 자아생산을 하나의 과정으로 간주하는" 인간의 생명 발전의 "생명변증법" 또는 "인학변증법"으로 되었다는 점을 다시 이해해야 한다. 인간과 자연, 인간과 인간, 인간과 자신, 자연성과 초자연성, 육체와 정신, 유한과 무한, 인과성과 목적성, 개인과 사회 등 일련의 "이율배반"식의 생존역설의 생성과 해결, 그 오묘함은 모두 인간 본원성적 생명활동, 즉 실천활동 속에 있는 것이다. 실천활동은 끊임없이 이러한 "생존역설"을 낳는 근본적인 원인이고 또 끊임없이 이러한 모순을 해결하고 초월하며 새로운 토대 위에서 새로운 모순의 근원이 발생하는, 즉 "모순-초월-새로운 모순-새로운 초월과 해결의 루트를 탐구-새로운 모

---

68) 《馬克思恩格斯全集》第42卷, 北京: 人民出版社, 1979, p.163.

순"의 끊임없는 순환이다. 인간의 생명궤적은 이리하여 끊임없는 자아부정, 자아초월의 "유동적인 생명의 흐름"으로 나타나며 인간의 생명활동 및 역사 발전 본신이 지닌 "변증"의 구주와 성질을 충분히 표명한다.

　이상 몇 개 방면의 논의를 통하여 우리는 마르크스의 이해에 따라 오직 인간 본원성의 생존방식, 즉 실천활동만이 비로소 변증법의 진실한 이론적 토대라는 점을 명확히 했다. 변증법은 오직 생존 실천활동 가운데 뿌리내려야 비로소 진정으로 전통 형이상학을 극복하고 이론범식의 근본적인 전환을 실현할 수 있다. 하지만 장시기에 걸쳐 우리는 시종 이 익숙한 논리에 대한 진정한 터득을 결여하고 있었다. 하지만 만약 이 점을 떠나 마르크스의 변증법 이론을 이해한다면 변증법은 헤겔의 시대로, 심지어는 전 헤겔, 전 칸트의 수준으로 퇴화할 수 있으며 변증법에 대한 마르크스의 진실한 이론적 공헌조차 이 때문에 깊이 매몰될 수 있다.

❀ 제4장 ❀

변증법은 "인간의 존재"에 관한 "내적 논리"이다

1. "인간의 존재"는 그에 관한 변증적 "생존"본성 속에 있는 것이다

실천이 인간 본원성의 생존방식과 생존활동이기에 "인간의 존재"는 자체의 특성을 지니게 된다. 실천활동에서 "인간의 존재"는 절대 거기에 비치한 "현성존재자"가 아니라 일종의 "생존" 과정, 한 개 모순의 부정성 통일체, 한 개의 끊임없이 생성되는 개방 유동의 과정으로 나타나고 있다. 일언이폐지한다면, "인간의 존재"는 더 이상 경직된 지성개념이 능히 파악할 수 있는 "현성존재자"가 아니라 "인간의 존재"는 곧 그의 변증법의 "생존"본성이다.

주지하다시피 "너 자신을 알라"는 델포이 신전의 격언은 시종 철학탐구 최고의 주제로서 "여러 가지 부동한 철학유파 간의 일체 쟁론 중에서 이 목표는 시종 개변되지도 동요하지도 않았다. 그것은 이미 아르키메디안포인트(Archimedean point)로서 일체 사조의 견고부동한 중심이 되었다."[1] 철학사는 어떤 면에서는 인간 자신의 존재에 관한 자아인식과 자아이해의 역사이다. 하지만 비록 철학이 인간의 존재를 인식하고 이해하는 것을 자기의 근본적인 목표로 삼는다고 할지라도 그것이 필연적으로 "생생하게 살아

---

1) [德]恩斯特·卡西尔:《人論》, 上海, 上海譯文出版社, 1985, p.3.

있는" "진실"하고 "구체"적인 인간의 존재로 통하는 도로를 찾을 수 있다는 것을 의미하지는 않는다. 정반대로 철학사에서 철학가들은 늘 인간을 인식하려는 목적의 무한한 열정에서 발단하지만 오히려 인간 존재의 잃어버림으로 종말 짓는다. 인간의 존재는 "생생하게 살아 있다"는 것, "구체"적 생존성질을 잃어버린다면 "현성"의 "존재자"로 "추상"화되어 버림으로써 인간의 "자아인식"의 위기를 초래하는데, 이는 철학사상 비일비재한 현상이다. 무수한 선철들은 전심전력으로 인간의 존재에 대한 명확하고, "본질"적인 설법을 얻고자 노력해왔다. 하지만 인간은 마치 장난기 심한 요정마냥 이리저리 숨어서 그에 대한 파악을 회피했다. 철인들이 모든 정력을 다 쏟아부어서 드디어 인간에 대한 이해를 얻었다고 생각했을 때 인간은 즉시 또 다른 한 얼굴로 나타나 소위 "일로영일(一勞永逸)"은 일방적인 환각에 지나지 않을 뿐이라는 것을 증명하곤 했다.

이러한 결과가 나타나는 근본적인 원인은 인간의 존재방식은 특수한, 변증특징적 "생존"본성을 지니기 때문이다.

인간의 이러한 특수한 "생존"본성에 대해 마르크스의 전문적인 논의가 여러 차례 있었다. 『파리수고』에서 마르크스는 "생산생활은 곧 유 생활이다. 이는 생명을 생산하는 생활이다. 하나의 종적 전반 특성, 종적 유 특성은 생명활동의 성질이고 자유적, 유의식(有意識)적 활동은 바로 인간의 유 특성이다"[2]라고 논술했다. 『독일 이데올로기』에서 마르크스는 진일보 "의식, 종교 또는 임의의 그 무엇에 근거하여 쉽게 인간과 동물을 구별할 수 있다. 인간이 자기의 생활자료를 생산하기 시작한다면, 즉 그들 육체조직이 결정하는 첫걸음을 내디딜 때, 인간본신은 자기와 동불을 구분하기 시작한 것이다", "개인이 어떻게 자기의 생명을 표현하는가, 그들 자신은 어떠한가, 따라서 그들은 어떠한가, 이는 그들의 생산과 일치하다 ── 즉 그들은 무엇을

───
2) 馬克思: 『1844年經濟學哲學手稿』, 北京: 人民出版社, 2018, pp.52~53.

생산하는 것과 일치하며 또 그들은 어떻게 생산하는 것과 일치하다"³⁾고 지적했다.

이러한 인간에 관한 집중적인 논의에서 우리는 다음과 같은 점을 분명히 할 수 있다.

(1) 마르크스는 인간의 유 본성을 "자유자각적인 활동"으로 귀결하였는 바, 이는 마르크스는 완전히 "현성존재자"의 시각에서가 아니라 "생존활동"의 시각에서 인간의 "본성"을 이해하였다는 것을 의미한다. 뿐만 아니라 마르크스는 또 "자유자각"으로 인간의 이러한 "활동성"을 규정함으로써 인간이 "현성존재자"의 생존특성과 구별된다는 점을 한층 더 강조하였다. "자유자각"은 인간은 실천활동을 통하여 끊임없이 자신의 초월적 존재를 부정하고 생성하고 "현성성"이 아닌 "가능성"으로 인간 특유의 존재본성을 구성했다.

(2) 마르크스는 인간이 동물과 구분되는 점은 인간이 그 어떤 독특한, 동물이 구비하지 못한 "본질특성"을 지녔기 때문이 아니라 인간의 전반 존재방식이 동물과 근본적으로 구분되기 때문, 즉 인간은 "생산활동"을 존재방식으로 삼는 특수한 존재자이기 때문인바, 바로 이러한 존재방식 때문이지, 그 어떤 현성의 선험본질로 인간과 동물을 상호 구분하는 분계점을 구성한 것이 아니다.

(3) 마르크스는 인간은 지성논리와 대상화의 지식론 태도를 운용하여 파악할 수 없으며 인간이 어떠한가는 완전히 그가 어떻게 자기의 생활을 "표현"하는 것과 연관되었으며 완전히 그의 "생산"과 일치한 것이라고 주장했다. 따라서 인간은 눈앞에 있는 인지 대상의 현성존재자가 아니라 생존활동 가운데서 자신의 역사성을 현현하고 전개하는 특수존재자이다.

---

3) 馬克思·恩格斯: 《德意志意識形態》(節選本), 北京: 人民出版社, 2018, pp.11~12.

구체적으로 말한다면 인간의 이러한 특유한 "생존"본성은 다음과 같은 몇 가지 방면에서 보다 충분히 표현되고 있다.

(1) 실천활동을 인간 본원적인 생존방식으로 삼은 "인간의 존재"는 "자아모순"의 "이율배반"적 역설성질을 지닌다. 이 점은 인간과 세계의 관계뿐만 아니라 인간의 내적 생명구조에서도 구현된다. 인간과 세계의 관계에서 "인간의 존재"는 다중 모순관계로 구성된 개방적인 네트워크로서 그중에는 인간과 자연, 인간과 인간사이의 확정성적인 구별이 있는가 하면 또 부정성적 통일의 복잡한 관계가 뒤엉켜 있는바, 인간, 자연과 타인, 3자가 3위일체를 이루어 불가분적이며 동시에 상호 대립되고 모순되는 것으로 인간은 자아중심을 이루는 한편 또한 자연과 타인에게 개방하는 신형의 관계를 형성했다. 인간 내부의 생명구조에서 인간의 생명은 다중 모순관계가 상호 침투, 상호 교착된 복잡한 계통인바, 자연성과 초자연성, 육체와 영혼, 감성과 이성, 역사성과 초월성, 유한성과 무한성, 자재와 자위, 자아와 타아, 본능과 지혜, 생과 사 등 이러한 것들이 상호 대립되는 양극성 모순관계가 인간의 신상에 공존하면서 상통하는 양극들이 인간 생명의 유기적 관계를 공동으로 구성하고 있다. 인간의 생명은 그 어느 한 극에 존재하는 것이 아니라 이러한 모순성 관계의 부정성 통일 가운데 존재하고 있는 것이다. 그러니까 인간과 세계의 관계에 대해서든 아니면 인간의 생명 내적 구조에 대해서든 간에 "모순성", "역설성"은 모두 인간 생명존재의 가장 현저한 특성으로서 "인간의 존재"는 바로 이러한 모든 관계를 포괄한 하나의 "전체"이고, 하나의 "완형(完形)"이며 이러한 모순관계의 어느 한 방면이라도 결여한다면 인간은 존재를 이룰 수 없다. 아주 명백한 점은 "인간의 존재"란 이 특성은 기타 어떤 현성존재적 존재도 구비하지 않은 것으로서 순수한 자연물 또는 순수한 초자연물(신)일지라도 모두 "모순"과 "역설"을 운운할 수 없는데, 전자는 철판과도 같은 "죽은 물질"이고, 후자는 극단적으로 초월적인 신성한 세계로서 단극

성, 일방향성이 인간 이외 일체 존재의 기본 특성을 구성하였고, 오직 "인간의 존재"만이 모순성과 역설성으로 충만되어 있다.

(2) 실천활동을 인간 본원성으로 삼는 생존방식의 "인간의 존재"의 다른 한 특수성은 인간의 거대한 포용성에 있다. 인간은 자연이 내원이기에 직접적으로 "자연존재물"이다. 하지만 인간은 자연변천의 절정에서 생성되었기에 존재의 최고정화를 집중하고 있다. 인간은 기타의 존재자의 존재처럼 대상범위가 한정되지 않는데 가령 동물은 그들 생존의 특정 환경에 속할 수밖에 없다. 인간은 여러 사물 심지어 일체 대상과 교류해야 할 뿐만 아니라 대상화적 활동을 통하여 그들을 자신을 이루는 구조의 구성 부분으로 변환시키고 "나를 위한 존재"와 "인간의 무기체(無機體)"가 되도록 할 수 있다. 인간의 이러한 거대한 포용성은 마르크스의 지적처럼 "동물은 단지 그 소속된 종의 척도와 수요에 따라 구조되지만 인간은 임의의 종의 척도에 따라 생산을 진행할 줄 알며 곳곳에서 고유의 척도로써 대상을 운용한다. 따라서 인간은 미의 법칙에 따라 구조하는 것이다."[4] 이러한 의미에서 인간은 실제로 "세계적 존재"로서 진정으로 인간을 인식하려면 반드시 전반 세계를 인식해야 하는바, 인간의 자아이해와 세계의 자아이해는 일체이다. 인간의 이러한 거대한 포용성은 그 어떤 존재자적 존재도 구비하지 않는 것이다. 인간이 일체이고 일체를 포함하는 한편 또 그 일체가 아니기에, 그 어떤 일체 가운데 어떤 한 부류에도 귀결할 수 없으며 우리가 일체를 인식했다고 할지라도 "인간의 존재"를 파악했다는 것과 동등시되지 않는다. 아주 분명한 것은 이것이 "인간의 존재"의 또 하나의 극히 특수한 점이다.

(3) 실천활동을 인간 본원성으로 하는 생존방식은 보편적인 연계 속에 처한 존재이다. 그것은 자연과의 보편적인 연계 속에 처해 있으면서 또 타인과의 보편적인 사회관계 속에 처해 있다. 전자의 입장에서 자연은 인간

---

4) 《馬克思恩格斯文集》第1卷, 北京: 人民出版社, 2009, p.163.

의 "무기체"이고 "인간이 반드시 끊임없이 교류해야 하는 인간의 신체"이고, 후자의 입장에서 인간은 대상화의 활동에서 늘 개체적 특수성을 초월하여 보편적, 사회 공동성을 지닌 인간이 되고 사회는 인간과 자연과의 교류 속의 중개 단계이다. "오직 사회에서만이 인간의 자연적 존재는 비로소 그에게 있어서 타적 인간의 존재이고, 자연계에는 그에게 있어서 비로소 인간이 되는 것이다. 따라서 사회는 인간과 자연계의 완성된 본질적 통일이고 자연계의 진정한 부활이며 인간이 실현된 자연주의와 자연계가 실현된 인도주의이다."[5] 인간과 자연, 인간과 인간이 실천활동 중에서 형성한 이러한 보편적인 관계는 원시적인 의의에서든지 아니면 발전적 의의에서든지 인간은 모두 전반 세계와 일체로 융합되었으며, 인간은 세계와 하나의 부정적 통일관계임을 표명한다. 아주 분명한 것은 "인간의 존재"라는 특성은 그 존재자의 존재가 구비하지 못한 특수성질이다. 일종 적합한 방식으로 인간의 이러한 보편적인 연계성을 파악해야만 인간과 세계를 지성적으로 분할하지 않을 수 있는데, 그것이 어렵다는 것은 자명하다.

(4) 실천활동을 인간 본원성으로 삼는 생존방식과 "인간의 존재"의 또 하나의 다른 점은 그것이 하나의 끊임없는 자아부정, 자아초월의 역사적 발전 과정이고 "부정성"과 "초월성" 및 이로부터 발생한 "역사성"은 인간 생존방식의 하나의 중대한 특성이라는 점이다. 상식적으로 이해한다면 부정은 두 가지 함의, 즉 ① 사물의 존재 혹은 사물의 진실성을 부인하는 것이고, ② 부인하는 것 또는 반면적인 것이다.[6] 이는 외재적, 소극적인 의의에서 "부정"을 이해하는 것이다. 철학적 각도에서 "부정"을 이해한다면 부정이 가리키는 것은 "내재적 초월"과 "변증법적 발전"인데, 이는 바로 인간의 생명존재의 근본적인 특징이다. 인간은 종래로 하나의 "현성"적인 것이 아

---

5) 《馬克思恩格斯全集》第42卷, 北京: 人民出版社, 1979, p.122.
6) 《現代漢語詞典》第7版, 北京: 商務印書館, 2018, p.397.

니고, 어떤 전정한 본질에 의해 규정된 존재자도 아닌바, 생존론적으로는 바로 "그는 그 능히 존재하는 가운데서 아직은 사물이 아닌"것이며, 그는 "능히 자기에게 터득할 수 있도록 말하면서 그것으로 되는 것"[7]이며, 생존 실천활동을 통하여 끊임없이 자아부정과 자아초월을 실현하며 "기소불시 (其所不是)이고, 기소시(其所是)가 아닌", 그리고 이 역사 과정에서 "성기소시 (成其所是)"하는 이것이 바로 가장 기본적인 생존본성이다. 아주 분명한 바로, 이러한 "자아초월"과 "자아부정"의 "역사"본성은 마찬가지로 기타 존재자의 존재가 미비한 것이며 순수한 자연존재 혹은 순수한 초자연적 존재는 "자아긍정"적이다. 전자는 자연이 준 울타리 안에서 "한 걸음도 경계를 넘지 못하며" 따라서 그는 근본적으로 "자아부정"을 운운할 수 없고, 후자는 자족완벽한 신성적 존재로서 "자아부정"과 "자아초월"이 전연 필요 없다. 따라서 자연존재이든 신적 시각이든 "인간의 존재"가 지닌 "자아부정"적 특성은 그들에게 있어서는 이해불가적이다.

인간의 이러한 특성의 "생존" 본성과 상호 구별되는 것은 동물이 드러낸 다음과 같은 "현성"의 본성이다.

(1) 폐쇄성: 동물 존재의 성질은 완전히 그의 물종이 결정하는 것이다. 동물은 세상에 오자마자 하나의 "전(全)"으로서 대자연은 그의 전부의 생활을 모두 규정해 놓았기에 그들은 자신을 초월하여 하나의 "기소시가 아닌" 존재로 될 수 없다. 따라서 동물의 존재는 완전히 자연이 부여한 것이고 전정성질(前定性質)이 규정한 것으로서 "본질전정"의 성질을 띠고 있으며 바로 이러한 "본질전정"의 성질이 그 존재의 폐쇄성을 결정한다.

(2) 무모순성: 동물의 존재는 기타의 자연물종의 규정과 완전히 일치한 바 동물 개체와 기타의 물종은 완전히 일치하고 동물 개체생활과 기타 자

---

7)   [德]馬丁·海德格尔:《存在與時間》, 北京: 生活·讀書·新知三聯書店, 1987, p.178.

연물종의 생활은 완전한 일체성을 지니고 따라서 동물의 생활은 늘 "원융 (圓融)"의 통일상태에 처하며 근본적으로 자연성과 초자연성, 육체와 영혼 등 내적 충돌이 존재하지 않는다. 따라서 마르크스의 지적처럼 동물과 기타 생명활동은 직접적으로 동일한 것이며 동물은 자기와 자기의 생명활동을 구분하지 않으며 그것이 바로 그들의 생명활동이다. 이러한 생명활동과의 직접적인 동일성이 동물의 생활의 필연적인 "무모순"의 혼돈상태를 결정하며 그의 생활은 필연적으로 단일하고 또 단조로운 생활이 된다.

(3) 고립성. 물종의 규정성은 동시에 그와 환경, 기타 물종 그리고 물종 내 개체 사이의 단절을 결정한다. 환경과의 관계에서 단일한 척도 즉 물종의 척도를 사용하여 환경과 물질과 에너지를 교환하는 것 외에 그들은 타물과 주위환경과의 능동적인 관계를 발생할 수 없고, 동일한 물종 내의 개체와 개체 간의 관계에서 물종과 개체의 직접 동일관계는 개체와 개체를 분리할 뿐만 아니라 또 그들로 하여금 개체의 자주와 차별을 잃어버리게 하며, 기타의 물종과의 관계에서는 약육강식의 자연법칙이 일체를 지배하기에 근본적으로 진정한 의의에서의 사회적 관계가 존재하지 않는다. 이러한 상태는 동물의 생활이 필연적으로 고립상태에 처한다는 것을 표명한다.

이러한 모든 것은 하나로 귀결되는데, 그것은 바로 실천활동이란 이 특수한 생존방식은 인간으로 하여금 특수한 변증법적 "생존"본성을 갖도록 했다는 점이다. 인간과 동물의 근본적인 구별은 인간은 "생존"성질을 지닌 특수한 존재이고 동물은 단지 "현성적 존재자"일 뿐이라는 것이다. 인간은 동물과 같이 현성적으로 거기에 놓인 존재자가 아니고 누가 준, 전정적, 고정불변한 존재자가 아니라 "생존"활동 과정에 놓인, "생존론 성질"을 지닌, 자기의 생존활동에서 창조 발생되는 특수한 존재자이다. 이는 심지어 인간은 이미 다른 것과는 다른 "존재논리", 즉 변증적 "존재논리"를 지녔다고 할수 있다.

"존재방식"이 "사유방식"을 결정하고, "존재논리"가 "이론논리"를 결정한다. 실천활동을 자신의 본원성 생존방식으로 삼기에 인간은 다른 것과는 다른, 변증적 "생존"본성과 "존재논리"를 지닌다. 이 점은 인간이 그에 상응하여 다른 것과 다른, 그 본성에 부합되는, 변증적 "이해논리"를 절실하게 파악할 것을 결정한다. 만약 그 본성에 부합되지 않는 "이론논리"로 "인간의 존재"를 파악하려고 한다면 "인간의 존재"의 은폐, 분열, 추상화는 필연적인 결과를 초래할 수밖에 없으며 인간은 그 특유의 생존본성을 상실하여 추상적 "현성존재자"가 될 것이다. 철학사에서 그러한 인간의 추락된 "관념모험"을 초래했던 그 근본적인 원인이 바로 여기에 있다.

2. 변증법의 "초상규성"과 인간 특유의 "생존"본성

인간 특유의 "변증"적 "생존"본성과 "존재논리"는 그와 상응되는 "이론논리"로 파악할 필요성이 있는데, 이러한 논리가 바로 "변증논리" 또는 변증법이다.

지성사유방식에 의하면 변증법은 퍽 "괴이"한 이론범식이다. 그가 지닌 그러한 "초상규"적 이론특성은 경험상식이나 실증과학의 관점에서 본다면 모두 극히 난해한, 심지어는 "전연 납득이 불가"한 것이다. 하지만 바로 이러한 "초상규"성이 "인간의 존재" 본성이 전통 형이상학 이론범식보다 거대한 우월성에 대한 변증법적 파악을 구현했다.

변증법의 이러한 "초상규성"은 비교적 뚜렷하게 다음과 같은 표현을 보인다.

(1) 지성사유방식의 요구에 의하면 "확정성", "명료성(淸晰性)"과 "논리일치성"은 일체 정확한 인식의 우선적인 조건인바, 이러한 조건을 떠난다면

인간의 인식은 필연코 혼란하기 짝이 없게 될 것이다. 바로 엥겔스의 정확한 지적처럼 그 사유공식은 "시는 시요, 불시는 불시이고, 이외에는 모두 귀신 씨나락 까먹는 소리이다"거나, 또는 하이데거의 지적처럼 "'동일률'은 모든 과학지식의 기초로서 동일률을 떠나서는 진정한 지식이 있을 수 없다"[8]는 것이다. 이에 반해 변증법은 "모순"을 사유의 핵심위치에 놓고 인간이 "모순" 속에서 "모순"에 대한 사고를 배울 것을 요구한다. 이는 낡은 세계관의 기본 원칙으로 하는 구 형이상학의 동일률에 대한 반대인바, 즉 "a=비a"를 강조하며 "자아모순"은 변증법사유의 근본적인 특질이며 "모순"이지, "동일"이 변증법에서 근본적인 지위를 차지하는 것이 아니기에 변증법(dialektik)이 모종 의미에서는 바로 "모순법"이라고 주장한다. 이 점은 마치 헤겔이 지적한 것처럼 장소나 때를 막론하고 오직 운동이 있기만 한다면 생명이 있는 것이고, 어떤 사물이 이 현실세계에서 실현된다고 한다면 필연코 모순이 거기에서 활동한다는 것이다. 모순의 진전은 일체 진정한 과학지식의 영혼이다. 아주 분명한 점은 지성사유방식에 의하면 모순은 엉터리없고 납득 불가한 것이다. 바로 이러한 이유로 현대 분석철학은 모순관점을 견지하는 변증법을 건전한 이지가 결핍된 터무니없는 말이라고 간주한다. 그렇다면 과연 변증법의 "모순"관을 어떻게 이해할 것인가? "모순관"이 의거하는 존재의 합법성 근거와 진실한 의미는 과연 무엇인가? 분명한 것은 이 점은 상식사유에 있어서든 과학사유에 있어서든 모두 "초상규"적 성질을 갖는다.

(2) 지성사유방식의 요구에 의하면 인식이 파악한 대상은 정확한 것이며 이러한 대상은 그 구체적인 규정이 있는바, 그들의 존재는 바로 그들의 본질이고, 그 본질을 장악해야만 그 해당한 존재를 파악할 수 있다. 이러한 의미에서 그들이 추구하려는 것은 원생 형태적인 존재이며 사물의 원형으로서 그들이 준수하는 가장 중요한 척도는 "객관성" 척도이다. 이는 그들이

8) 孫中興選 編:《海德格尔選集》上, 上海三聯書店, 1996, pp.648~649.

추구하는 것은 사물의 "긍정성(positive)"에 대한 이해이고 사물에 대한 "여실한 게시"에 도달함으로 말미암아 사물의 "객관지식"을 획득하려는 것이다. 이와 달리 변증법의 대상은 선천적으로 확정되는 것이 아니고 고정불변한 규정은 더구나 아니다. 그 반대로 그들은 존재를 자아부정과 자아초월 과정 속에 처해 있으며 시종 "미정"의 성질을 지닌다고 인정한다. 마르크스의 지적처럼 그것은 현존사물을 긍정적으로 이해하는 가운데 동시에 현존사물에 대한 부정적인 이해를 포함하는바, 즉 현존사물의 필연적인 멸망에 대한 이해이며, 변증법은 모든 기성적인 형식에 대해 종래 끊임없는 운동 가운데, 그리하여 그것의 잠시적 차원에서 이해하며, 종래로 그 무엇을 숭배하지 않는 것, 그 본질은 비판적이고 혁명적인 것이다. 따라서 "부정성(negative)"의 원칙이지, "긍정성" 원칙이 변증법을 구성한 것은 아니다. 그렇다면 "부정성"이 의존하는 존재적 합법성의 근거는 무엇인가? 그 진실한 의미와 가리키는 것은 과연 무엇인가? 분명한 것은 상식사유와 과학사유 등을 대표로 하는 지성사유에 있어서 이러한 문제는 극히 난해한 "초상규"적 성질을 지니고 있는 것이다.

(3) 지성사유방식은 주객관 2원 구분과 대립의 기초 위에 건립된 것이고 인식의 목적은 객체에 대한 조종과 통제를 실현하는 것이다. 하이데거의 지적처럼 "계산성사유"와 "통제론사유"는 이 사유방식의 근본적인 특점을 구성한다. 이와 달리 변증법은 주객관 2원의 추상적 대립을 해결하고 인간과 적대적인 이기적 존재를 해체하고 초월함으로써, 끊임없이 인간과 세계의 내적 천이를 추진해야 한다. 따라서 그것은 인간의 소외를 초월한 "인문해방지취"를 대표하며, 협애한 공리적 사상지혜의 초월을 표징하는 것으로서 고원 통달한 가치 이상과 인생 경지를 보여준다. 그렇다면 변증법은 "가치 이상"과 "인생 경지"로서, 어떠한 의미를 표징하는 것일까? 이러한 문제의 해답은 일방향적, 절대화, 동일성사유를 특질로 한 지성사유에 있어서 마찬가지로 "초상규"적임이 분명하다.

(4) 지성사유방식의 요구에 따르면 사물에 대한 파악에 이르기 위해서는 확정된 개념과 언어의 형식으로 자신을 표현해야 하는바 이는 자신을 체계화적, 전후 일관적인 지식체계로 현시해야 하며 따라서 보편성(普適性), 절대성, 자족성 등으로 이 지식체계의 기본 요구를 구성해야 한다. 이와 달리 변증법도 비록 개념, 문자를 사용하여 자신을 표현하지만 개념지성화를 고정, 경직화하는 현성존재자는 견결히 반대하며, 자신을 그 어떤 고전불변하는 지식체계로 변화하는 것에도 견결히 반대하는 한편, 바로 이러한 개념의 유동성으로 언어, 문자와 개념의 경직성을 해소하고 지식의 절대화적인 지성태도를 해소하고자 한다. 따라서 만약 변증법을 개념, 명제의 집합으로 간주하고 변증법의 법칙과 원리를 공식화, 절대화하여 변증법을 지식성의 형식과 규범으로 간주한다면 곧장 변증법의 반면[9]에로 나아가게 되어 변증법의 특유의 이론정신은 더 이상 존재할 수 없게 된다. 이러한 의미에서 변증법은 근본상 객관적 지식체계가 아니라 개념의 방식으로 자신을 표현하고 개념을 초월하는 특수한 인문지혜이다. 그렇다면 변증법이 지닌 이러한 이론특성에 내재한 근거는 과연 무엇인가? 변증법이 개념의 방식으로 "초월개념"을 실현하는 합법성은 과연 어디에 있는 것인가? 만약 지성사유방식의 안광으로 본다면 마찬가지로 난해한 "초상규성"인 문제이다.

변증법이 표현하는 "초상규"적 특성은 지성사유방식의 입장에서는 근본적으로 난해하거나 심지어 황당무계한 것이다. 따라서 변증법 이해의 난도는 바로 변증법이 이미 통상적인 이론형태와 사유방식이 아니라 상식과 실증과학의 사유논리를 초월하여 특수한 "범상치 않은" "새로운 논리"가 되었다는 데 있다.

이는 변증법이 신비하고 전달불가한 것으로서, 인간의 정상적인 이성으

---

9) 孫立天:《論辯證法的思維方式》, 長春, 吉林大學出版社, 1997, p.6.

로 파악할 수 없다는 것이 아니다. 그것은 진정으로 변증법을 이해하려면 반드시 지성사유의 제한을 초월하여 변증법의 본성에 부합되는 방식으로 이해해야 한다는 것을 의미한다.

이를 위해 가장 근본적인 문제는 전술한 변증법의 이론적 특성이 반영하는 것이 과연 어떤 대상의 존재 특성인가? 이러한 특성의 심층적 근거는 과연 어디에 있는 것인가? 인간의 창조한 이러한 "괴이"한, "초상규"적인 이론은 과연 어떤 문제를 해결하며 어떤 목적에 도달하려는 것인가? 변증법의 이론지취와 완성하려는 이론적 사명은 과연 무엇인가? 하는 것들이다.

변증법이 표현하는 전술한 초상규적인 이론특성이 전달하고자 하는 것은 인간의 특수한 "생존"본성으로서, 인간의 특수한 "존재논리"와 완전히 일치한 것이다. 전 장절에서 이미 논의한 바 있지만 "인간의 존재"의 독특성은 그것이 "생존"으로 규정되었고, 실천활동은 인간 본원적인 생존방식으로서 "인간의 존재"로 하여금 특유의 특징을 띠게 하는바, 심지어 인간으로 하여금 특수한 "존재논리"를 가지게 하며 인간의 특수한 "존재논리"는 내적으로 그와 상응되는 "이론논리"로써 파악하기를 요구하도록 한다. 변증법은 바로 이러한 이론논리인 것이다. 변증법의 전술한 모든 "초상규"적인 이론특성은 바로 부동한 측면에서 인간의 특수한 "생존"본성을 표현하는 데, 또는 이러한 이론특성은 실질적으로 "생존론" 성질로 간주할 수도 있다. 변증법의 "초상규성"은 "인간의 존재"의 "초상규성"과 상호 적응되는 것이다.

만약 전술한 변증법의 "초상규"적 이론특성을 앞 장에서 천명한 인간의 특수성의 "생존방식"과 비교한다면 양자 사이에 내적 "동구성(同構性)"이 있음이 분명해진다. 변증법의 "모순관"이 표현하는 것은 인간 생명존재의 "자아모순"과 "이율배반"의 본성이다. 변증법의 비판성과 혁명성이 표현하는 것은 생명존재의 "부정"본성이고, 변증법의 "비논리"와 "초논리" 특성이 표현하는 것은 생명존재의 "생존"본성이다. 변증법의 "초상규"적 이론특성이 표현하는 것은 곧바로 인간의 "초상규"적인 "존재논리"이다. 이러한 "초상규"적 이론특성은 우리에게 다음과 같은 내용을 보여준다.

(1) 인간이 인간이라는 근원으로부터 인간의 존재를 이해해야 하는바, 즉 "인간의 존재"를 이해해야 한다는 것인데, 우선 먼저 인간이 일체 "현성의 물(物)"과 구별되는 "생존"본성을 파악해야 한다. 인간의 인간으로서의 본성은 누가 준 것이나 현성적인 것이 아니라 생존 실천활동 중에서 생성, 창생, 발전한 것이며 따라서 현성의 물을 파악하는 지성방식으로 이해해서는 안 된다.

(2) 인간 생존방식의 역사변화 속에서 인간의 "역사성"을 파악해야 하는바, 즉 인간 존재를 끊임없이 자신을 부정하고 미래지향적이며 자신의 "자유자각적 존재"를 초월하는 것으로 이해해야지 고정된, 정지적, 경직된 존재자로 파악해서는 안 된다.

(3) 인간과 세계의 생존성관계로부터 인간의 존재를 파악해야 한다. 인간은 "유세독립(遺世獨立)"적, 고립된 "나는 생각한다(Cogito)"의 주체가 아니라 생존 실천활동을 통하여 세계와 상호 융합한 일체성관계 속에 처해 있기에 인간을 세계의 생존성 연관과 분열한다면 인간은 세계와 경직적으로 대립된 고립의 주체가 된다.

(4) 인간의 모순성, 다중성, 다면성과 전체성에서 인간의 존재를 이해해야 한다. 인간의 생존이 타물과 구별되는 것은 바로 "생존"의 풍부성, 유동성과 다중성을 의미하지만, 타물의 존재는 단일적이고 폐쇄적이기 때문이다. 따라서 현성의 물(物)을 파악하는 방식으로 인간의 그 어떤 단일적이고 절대적인 본질을 추구하거나 거기에 미련을 두어서는 안 된다.

이상의 몇 개 방면은 모두 변증법의 "초상규성"은 그것이 해결하려는 과제의 "초상규성"과 불가분적이며, 이 과제는 바로 생존론본체론적 의미에서의 "인간 존재"임을 설명한다. 이 과제를 두고 전통 실체본체론의 지성 형이상학은 문제를 해결했다기보다는 오히려 문제를 은폐하고 왜곡했다는 편이 더 정확할 것이다. 변증법의 이론사명은 전통 형이상학의 이론범식을 초월하여 인간 특수한 "존재논리"에 부합되는 방식으로 그에 대한 파악에 이르는 것이다. 이러한 의미에서 생존론본체론의 시야 속의 "인간의 존재" 의 "초상규성"은 변증법 "초상규성"의 심층적인 근거를 구성하고 있다.

변증법과 인간의 "생존"본성이 지닌 전술한 "동구성"은, 변증법은 오직 생존론본체론의 시야에 입각하여야만 비로소 자신의 이론합법성과 이론가 치를 확증할 수 있다는 점을 엄중히 표명하고 있다. 이 점은 마르크스의 지적처럼 변증법의 걸출한 점은 세계에 관한 객관지식을 제공하는 데 있는 것이 아니라 인간의 자아발생을 하나의 과정으로 간주하고 대상화를 대상 에 대한 상실로, 외화를 이 외화의 양기로 간주하며 이로써 "인간의 존재" 에 대한 파악을 실현했다는 데에 있는 것이다. 가령 생존본체론의 시야를 떠난다면 변증법의 그러한 "초상규"적 이론특성은 진정 "불가사의"한 것으 로, 난해하며 무소의탁지물로 변해버린다. 변증법과 인간 존재의 이러한 "동구성"을 통하여 우리는 변증법의 이론토대가 지닌 "생존론" 성질을 또 한번 깊이 체험할 수 있다.

3. 전통철학의 지성사유방식과 인간 변증의 "생존"본성의 소실

특수한 "생존"본성이 결정한 인간 특유의 "존재논리"는 내적으로 그와 상응한 특수한 "이론논리"를 부른다. 하지만 전통 형이상학에서 통치적 지 위를 차지하고 있는 것은 지성사유 방식 또는 지성논리이다. 이는 근본적 으로 인간 변증법의 "생존"본성을 은폐하고 따라서 인간의 변증법적 "존재 논리"와 상호 충돌되는 사유방식으로서 그것에 의거하여 "인간의 존재"를 파악하려고 한다면 필연코 인간의 진솔한 존재를 은폐하고 와해하게 된다.

전술한 내용에서 전통 형이상학의 이론특성에 대한 자세한 분석을 거치면서 그것이 대표하는 것은 영원재장에 대한 탐구, 절대동일적 초감성실체의 이론범식임을 지적했다. 초상적 "동일성" 관점은 전통 형이상학의 이론범식의 핵심을 구성하여 절대실재적 "절대주의", "심근정절"의 소급, 이원분립, 양극대립, 양극 중의 단극적인 "절대1원론", 비시간, 비담론적 "동일성사유", 실천보다 우위의 논리, 행동보다 우위인 정관적 취향 등에 대한 추구로써 이러한 이론범식의 기본적 특징을 구성하고 있다. 그들은 지성논리는 "존재"에 통달하는 가장 근본적인 과정으로서 주객 대립관계 속에서 이성의 추상활동을 통하여 세계에 관한 가장 보편성적인 개념을 형성하고 이어서 이러한 보편성, 동일성을 개념실체화하며 이러한 실체화된 개념이 바로 세계만물의 "종국적 존재"이며, 그에 대한 포획이 바로 "존재" 문제에 대한 해결이라고 주장한다. 이에 대해 엥겔스는 "구 형이상학에서 동일률은 낡은 관점의 기본 원리"인데 여기의 "낡은 관점"이란 바로 전통 형이상학의 낡은 세계관을 지칭하고 "동일률"은 전통 형이상학 이론범식의 기본 원칙을 지칭하는바, 즉 우리가 말하는 실체본체론의 지성사유방식 또는 지성논리라고 개괄한 바 있다.

전술한 이러한 이론특성으로 말미암아 지성논리가 전통 형이상학 실체본체론적 지성사유방식을 운용하여 "인간의 존재"를 파악하는 데에는 필연코 다음과 같은 특징을 드러낸다.

(1) 그들이 열중하는 것은 필연코 "인간의 존재"의 "실체통일성", 즉 인간 존재의 제 현상 배후의 그 어떤 종극적인, 초시공적인, 영원재장적인 실체성 본질에 대한 탐구이다. 이 실체성 본질은 인간 존재의 종극적인 해석원칙을 구성하고 전반 "인간 존재"는 모두 이 실체성 본질을 중심으로 하며 이 실체성 원칙에 따라 존재, 조직, 운영하는 것이다. 그 어떤 종극적인 실체성 본질을 "중추 원리"로 전반 인간의 존재의 통일성에 대한 이해를

실현하는 것이 바로 그들의 최고의 이론목표이다.

(2) 그들은 필연코 "인간의 존재"에 대해 "거짓을 없애고 진리를 지킨다(去僞存眞)"의 여과와 증류를 실시할 것이다. "인간 존재"에 대한 종극적, 절대적 실체성 본질의 장악을 위하여 그들은 필연코 인간의 전반 존재를 분해하여 인간의 생동한 현실 생존을 고정시키며 인간과 세계의 보편적인 관계를 잘라서 "인간 존재"를 억지로 현상과 본질, 잠시와 영구, 변과 불변, 다양과 항일(恒一), 표층과 심층 등 두 개의 등급으로 구분한 후에 전자를 "인간 존재"의 나머지 "가상(假像)"으로 포기하고 후자를 인간의 실재로 보류할 것이다.

(3) "거위존진"의 여과를 실현하기 위하여 그들이 통상적으로 채용하는 방법은 인간과 사물의 구별 속에서 인간의 실체성 본질을 파악하는 것이다. 그들은 오직 인간과 타물의 비교를 통하여 기타 일체 사물과 근본적으로 구별되고 또 전문 일체 인간에 속하는 특징과 속성을 추출한 다음 이러한 특징과 속성을 인간의 "본질속성"으로 간주할 수 있다고 주장한다.

(4) 인간과 사물을 구별하는 이 "본질적 속성"을 추출하기 위하여 그들이 운용하는 논리 도구는 "동일률"을 핵심으로 하는 형식논리인데, "구동법(求同法)" 또는 "구이법(求異法)", "귀납법" 또는 "연역법" 등을 운용하여 타물과 구별되는 인간의 여러 가지 속성에서 가장 근본적이고, 가장 중요한 하나를 추출하여 그것을 "인간이 인간으로서" 존재하는 가장 본질적인 규정으로 규정하는데, 이는 인간의 자아인식의 가장 관건적인 일환을 완성한 것과 동등하다.

(5) 인간의 가장 본질적인 이 규정을 부각하기 위하여 형식논리의 "속가종차(屬加種差)"적 방식을 운용하여 인간에게 본질성 정의를 내리고 하나의 본질적인 규정을 짓는데 이는 인간의 "본래"적 존재에 도달하였으며 인간의 자아인식의 사명을 완성한 것을 의미한다.

이것이 바로 전통 형이상학, 실체본체론의 지성적 사유방식이 "인간의 존재"를 파악할 때 채용하는 일반적 사유의 "절차"이다. 이러한 일련의 "절차"에서 실체본체론의 지성사유방식이 찾으려는 인간의 "원형"이란 인간의 "원형존재", 인간의 모종 "은밀한 본질"이다. 이러한 인간의 "원형", "본래존재"와 "은밀한 본질"이 "인간의 존재" 본신을 대표한다는 것이다.

철학사를 보면 전술한 사유절차를 준수하여 형성된 "인간의 존재"에 관한 비교적 전형적인 이해는 다음과 같다.

첫째, 인간을 "이성동물(rational animal)"로 이해하는 것이 가장 전형적인 하나인데 전통 형이상학은 세계의 존재를 초감성적 이성화의 실체로 이해하는바, 이러한 이성화된 실체는 곧바로 인간의 이성화 본질의 일종 외재적 투사로서 곧바로 인간의 "이성"본질의 설정을 반영한다. 그들은 이성은 오로지 인간만이 지니는 일종의 고급 천성으로서 인간이 타물과 구별되는 근본적인 특성이라고 주장한다. 따라서 인간의 그것은 인간의 본질을 구성하고 인간의 진실한 존재의 소재이다. 이 점은 하이데거의 개괄처럼 "인간은 이성적 동물로서의 존재방식은 현성존재와 그 의미에서 터득해야 할 바이다."[10] 고대 그리스의 소크라테스, 플라톤에서 헤겔에 이르기까지 철학사상 일체 유리주의의 전통 형이상학은 "인간의 존재" 문제에서 모두 이러한 공동의 입장을 취했다.

둘째, 인간을 "신성"한 존재로 이해하는 주장으로서 일체 신학은 모두 이 부류에 귀속되는바, 이러한 이해는 기독교신학의 깊은 영향을 받아 인간을 하느님이 자기의 형상에 따라 창조한 것으로 간주한다. 따라서 "인간으로서의 인간"의 가장 근본적인 점은 바로 천부적인 "신성"으로서 인간의 사명은 세속을 벗어나 초월, 등극하여 충분한 신성을 실현하기에 이르며, 신과 동재적인 경지에 도달하는 것이다.

---

10) [德]馬丁·海德格尔:《存在與時間》, 北京: 生活·讀書·新知三聯書店, 1987, p.60.

셋째, 인간을 제반 자연물 가운데서 "특이속성"을 지닌 물종으로 이해하
는데, 이러한 "특이속성"은 대개 다종다양하며 이성으로 귀결될 수도 없고,
신학의 기타 성지로 귀결될 수도 없는, 가령 "직립보행"하고 "말을 할 수
있는", "몸에 털이 없고 두 발로 기립"하는 등을 가리킨다. "인간으로서의
인간"은 바로 이러한 특수성질 속에 있고 이러한 특수성질이 바로 인간의
"본질"이다.

물론 또 인간을 자연물과 일치하며 근본적인 구별이 없는 존재로 이해하
는 주장(가령 기계유물론자)도 있다. 이러한 주장은 생물학, 또는 기계역학의
방법으로 인간을 이해하고자 하는데, 인간과 자연을 비교해도 아무런 특수
한 점이 없다고 한다. 따라서 인간은 무엇인가 하는 문제에서도 자연물이
무엇인가 하는 문제와 동일성을 지닌다고 간주한다. "인간은 기계", "인간은
바로 그의 유전 기인" 등은 그중에서 대표적인 주장이다. 이러한 경향은
비록 전술한 몇 가지 표현과는 다르지만 하이데거의 지적과 같이 전도한
형이상학으로서 여전히 형이상학의 일종이며 따라서 그 사유의 기본 절차도
전술한 몇 가지와 동일한 범주에 속한다.

이상은 비록 구체적인 설법에서는 각이하다고 할지라도 모두 완전히 일
치한 이론방법과 사유절차, 즉 실체통일적 지성사유방식과 절차를 준수하
고 있는 부류들이다.

이러한 방법과 절차는 "인간 존재"가 필연적으로 이러한 방법과 절차와
일치한 형상의 모습을 드러내도록 한다. 이러한 형상을 개괄한다면 주로
다음과 같은 특징이 있다.

(1) 인간은 인간들이 개념과 범주를 이용하여 파악하는 "현성존재자"로
변하여 "인간의 존재"는 완전히 그 본래 지녔던 "생존"성질을 상실했다. 이상
의 분석에서 전통 형이상학의 지성사유방식의 중요한 특점은 "대상성"인바,
즉 세계와 사물을 하나의 객관적 대상으로 간주하고 "과학"적으로 파악한다

는 것임을 알 수 있다. 이러한 사유방식에서 인간은 현성의 물(物)과 구별이
없는 "객관대상"으로 취급되어 형식논리적 방식으로 분해, 추상하는데──
인간도 현성의 "물"이 되어 대상성의 과학사유와 방법으로 단번에 영원한
인식이 가능한 것이며 차이는 근근이 인간이란 이 "물"은 어떤 면에서 일부
특수성을 보이는 특수한 물이며, 따라서 분석방법과 지성사유를 통해 개념
과 범주를 운용하여 이 특수성"을 중점적으로 드러내고 게시해야 한다.

　(2) 인간은 선천적, 전정적, 불변적, 영구적, 동일적 본질 규정을 지니는
바, 이 본질 규정은 우선, 중요한 가치와 지위를 지니고 인간이란 이 존재자
의 전부의 존재를 결정하며 이 본질적 규정을 획득하기만 하면 "인간의 존재"
에 대한 파악을 실현한 것이기에, "인간의 존재"는 바로 그의 "본질"에 있다
는 것이다. 전술한 바와 같이 지성사유는 사물을 인식할 때 중대한 목표를
대상의 "본질" 추출에 두고 "본질"이 사물에게 내린 "정의"에 의거한다. 이러
한 "정의"는 곧 "사물본신"과 사물을 "있는 그대로 존재한다(如其所是)"인 존
재의 이유와 근거이다. "인간의 존재"를 인식할 때 가장 중요한 것은 바로
제반 속성 가운데서 "정리(整理)"과 "순서배열"을 거쳐 가장 근본적인 속성을
골라낸 후 그것에 의거하여 인간의 "정의"를 내림으로써 "인간으로서의 인
간"에 대한 진정한 파악에 도달해야 한다. 이러한 의미에서 전통 형이상학은
인간의 "정의"가 생생한 "인간의 존재"보다 더 중요하며 인간의 "본질"은
인간의 현실 생존보다 더 중요하다고 주장한다. 모든 것이 다 중요하지 않으
며 유일하게 인간의 "정의"만이 영구한 것이며, 이로써 그들의 절대적인 신
조를 구성했다. 이는 필연코 인간의 "생존성"을 부인하고, "인간 존재"를
와해하고 분해하며 인간을 추상화하는 사유방식이다. 따라서 "인간의 존재"
가 선험적인 본지에서 이미 정리가 되었다면 인간의 일체 활동, 심지어 인간
의 미래의 종말도 필연적으로 허망한 것이며 인간은 완전히 선정본질의 피동
적인 도구와 허수아비(헤겔의 말하는 인간은 절대정신적 도구에 불과하다)가 된다.
이러한 주장에서 본다면 인간은 물종이 되었고 물종의 본성과 화룡은 완전히

그 물종의 본성이 규정한 것으로서 여기에 "인간 존재"도 완전히 그 "원형적 선정본질"이 주재하며 양자는 불일치한 점이 없다.

(3) 인간은 "정성화(定性化)"된, 한 번 노고로 영원히 안일하게 규정되는 것, 역사성, 초월성과 발전성을 상실한 존재가 된다. 전술한 바와 같이 인간의 생존근거가 그 전정성적 "본질"에 있고 그 "본질"이 늘 영구적, 초감성, 초시공과 초역사적 성질이라면 그는 과거, 현재 그리고 미래의 인간에게 있어서 모두 보편적인 통제성과 유효성을 지니면, 매개 구체적인 환경속의, 생명개성이 넘치는 개체에게 있어서 모두 절대적인 약속력과 "재장성"을 지니게 된다. 이러한 관점에서 출발한다면 인간은 필연코 이미 "정성"된 것, 피선험적으로 "완성"된 존재로서 그의 "본질"은 절대적인 한계를 구성하여 "반걸음의 한계"도 넘을 수 없으며, 그렇지 않을 경우에는 그 "본질"을 상실하여 "인간"이 될 수 없게 된다. 동시에 인간은 필연코 천부적인 "영구"의 초역사본성적 존재가 되어 감성세계가 쉽게 변동하거나 흥망할지라도, 인간의 육체의 생사와도 관계 없이 그의 선험적 "본질"은 늘 "불사"적이다. 따라서 소위 "역사성"과 "발전"은 단지 하나의 "이성의 간교함"에 불과하며 설령 헤겔이 가장 역사감과 인간의 발전성을 지녔다고 하더라도 최종적으로는 본체의 추상을 통하여 역사를 결정하는 것이지, 역사가 이성을 규정하여 절대정신의 자아운동이 최종적으로 초역사적 폐쇄 과정으로 표현되는 것이 아니다. "본래적 인간" 또는 "인간의 원형"은 늘 역사를 초월하여 영원재장, 절대불변의 "불휴성"을 지닌다.

(4) 인간은 모순관계를 초월하고 차이성, 풍부성과 구체성이 제거된 단극적, 단향적인 존재이다. "인간의 존재"의 제반 성질 가운데 현상과 본질, 변과 불변, 다양과 영구, 표층과 심층 등 2원 등급의 구조가 있고 후자가 절대적 우선과 통치지위를 차지하는 이상 인간의 "원형"적 "은밀한 본질"을 획득하기 위해서는 반드시 2원의 대립관계 중에서 절대1원화적인 1극을 찾아 인간 존재의 근거로 삼아야 한다. 그렇다면 양극 가운데서 그중의 1극을

희생하여 2원대립에서 1원을 아웃포커싱하여 차이의 "잡다성"을 제거한다면 곧 인간 형상 구축의 필연적인 선택이 된다. 이로써 본래 모순성, 다원성, 차이성의 내용을 내포하고 있던 인간의 생존구조는 단향적, 단극적 추상화된 유령으로 순화하고 증류된다.

"인간의 존재"가 드러내는 전술한 형상은 필연적으로 폐쇄된, 경직된, 추상화된 형상이고 단일적, 배타적 실체 원칙의 지배와 규범을 받는 인간의 형상이다. 실체본체론의 지성사유방식과 지성논리는 마치 일체를 삼키는 거대한 블랙홀처럼 풍부하고 온전한 "인간의 존재"를 1원적 존재로 간략화하여 인간의 생명 전부의 내용을 유일한 실체화 본체의 안배에 복종할 것을 요구한다. 인간이 지닌 모순성, 부정성, 발전성 그리고 세계와의 모든 보편 관련성도 전부 소실되고 인간은 현성적 존재자가 되어 그 "생존"성질을 잃게 된다. 요컨대, 인간이 지닌 변증적 생존본성은 제거되고 인간은 "물화"되어 버린다.

이로부터 전통 형이상학의 실체본체론적 지성사유방식은 인간의 초월성을 부정하여 인간이 자유를 잃어버리고 인간을 "순종"케 하는 사유방식이고 인간 생명의 다중적 모순본성을 와해하는 단향적인 사유방식이며 인간의 "역사성"을 무시하는 사유방식이다. 이러한 사유방식과 절차를 따른다면, 인간의 자아인식에 도달할 수 없을 뿐만 아니라 도리어 인간의 진실한 존재를 약화시킨다. 생동한 변증적 "생명존재"로서의 인간은 차단되고 이러한 차단은 인간을 "물"과 근본적인 구별이 없는 "현성존재자"로 탈변시켜 생동한 생명을 잃어버린 추상적 유령으로 만든다. 요컨대, 인간변증적 "생존"의 본성은 철저히 상실되어 버린다.

본체성의 "인간 존재"에 대한 파악에서 전통 형이상학 실체본체론의 지성사유방식은 근본적으로 적용할 수 없다. 지성사유방식은 그 적용 범위 내에서는 중대한 합법성과 가치가 있지만 "비생존성"의 "현성의 물"이 인식하던 원래의 방식으로 천성적인 "생존성"의 본체적 의미에서의 "인간 존재"를 파악한다면 필연코 "인간 존재"의 변증적 "생존" 본성을 망각하는 이론적 국면을 초래하고야 말 것이다. 이러한 점은 전통 형이상학 실체본체론의 지식사유방식의 철학본체론 문제에서의 결함과 부족점을 충분히 보여주었으며, "인간 존재"의 본체성 파악을 실현하려면 반드시 전통 형이상학의 이론범식을 돌파하고 철학의 본체론 문제와 상호 적응하는 새로운 이론사유방식을 탐구해야 한다는 것을 말해주고 있다.

4. 변증법 제반 "원칙"과 "법칙"의 내적 통일 및 생존론 근거

전술한 논의를 거쳐 다음과 같은 기본적인 의견을 형성했다. 생존론본체론의 이론적 시야에서 "인간의 존재"가 지닌 특수 변증 "생존"본성이 그 자신에 대한 파악을 결정한다. "현성의 물(物)"을 파악하던 전통 형이상학의 지성사유방식 또는 지성논리로써 파악하려 하지 말고 반드시 지성사유방식 또는 지성논리를 초월한 변증논리 또는 변증법을 채용해야 비로소 인간에 대한 파악에 이를 수 있으며 이러한 변증법은 "인간 존재"에 관한 "귀속논리"이다. 아래 내용에서는 위의 맥락에 따라 변증법의 사상체계에 심입하여 마르크스철학변증법의 기본적인 이론원칙과 원리가 지니고 있는 생존론본체론 근거를 설명함으로써 변증법과 "인간 존재" 사이의 심층적인 관련의 토론을 심화시키며 변증법 이론토대가 지닌 "생존론" 성질을 진일보 게시할 것이다.

통상적인 이해로 마르크스철학변증법의 이론체계에는 두 개의 가장 기본적인 원칙, 즉 "보편연계"와 "영구발전"의 원칙 그리고 세 개의 가장 기본적인 "법칙", 즉 "질량 상호 변환", "대립통일", "부정의 부정"의 법칙이 있다. 변증법의 전반 사상체계는 주로 이러한 가장 기본적인 "원칙"과 "법칙"

으로 조성되었다. 장시기에 걸쳐 진부한 이론범식의 국한 때문에 이러한 "원칙"과 "법칙"은 객관지식형태로, "과학"성질을 지닌 "원칙"과 "법칙"으로 이해되어 그들 생존론본체론의 근거는 철저한 은폐를 당했다.

변증법은 "진리내용"을 표현하는 "귀속논리"로서 그 본체론의 근거는 자연물질세계에서 온 것도, 인간의 사유 활동법칙에서 온 것도 아니라 인간 본원성의 생존방식과 "인간 존재"에서 온 것이다. 따라서 오직 생존론본체론의 이론범식 안에서 생존성의 "인간 존재"에 입각해야만 이러한 모든 원칙과 법칙은 비로소 진정한 이해를 획득할 수 있다.

1) 변증법의 "보편연계" 원칙과 인간 변증의 "생존"본성

변증법은 "보편연계"에 관한 학설로서 변증법은 보편연계의 관점으로 문제를 관찰하고 형이상학은 고립된 관점으로 문제를 관찰하는데 보편연계는 변증법 이론의 기본 원칙이다. 이는 모든 마르크스철학에 관한 일반 철학교과서에서 다 읽을 수 있는 내용이다. 하지만 "보편연계"란 이 변증법 기본 원칙의 진실한 바탕은 장시기에 걸쳐 은폐되어 드러나지 않았다. 인간들은 이미 그에 대한 자연주의와 지식론적 이해가 습관화 되었는데 진실한 이론적 근거와 토대는 날이 갈수록 더 깊숙이 은폐되어갔다.

"보편연계"란 이 변증 원칙의 심층적인 근거는 바로 인간의 생존본성 또는 "인간 존재" 속에 있다. "보편연계"는 인간의 "재세(在世)"를 고유한 생존론 본성으로 보며 이 고유의 본성은 내재적으로 그와 상응하는 이론적 원칙으로 파악할 것을 요구하는데 이 이론적 원칙이 바로 변증법의 "보편연계" 원칙이다.

마르크스의 관점에 의거하면 실천활동에 따라 이 인간 본원적 생존활동의 전개에서 "인간의 존재"는 우선 늘 자연과의 보편적인 관계 속에 처해 있다. 이러한 보편적인 연계는 두 가지 차원, 하나는 시원적인 차원인데 이는 인간과 자연 사이의 단순한 긍정적 연계인바, 인간은 자연에서 오고 자연에 귀속되며 자연은 또 인간을 포함하고 인간과 자연 사이는 완전히 상호 귀속, 상호 일체가 되는 관계이다. 다른 하나는 초월과 발전의 차원인데 이는 인간과 자연 사이의 부정적 통일관계로서 인간은 대상성의 감성활동을 통하여 "자연의 인화"를 실현하여 자연으로 하여금 자기의 "무기체"로 변하고 실천활동을 통하여 인간을 자연계에서 분화시키는 동시에 또한 인간과 자연 사이에 새로운 더욱 긴밀하고 더욱 심도 있는 일체성 관계를 건립했다. 이에 대해 마르크스는 "인간은 육체적이고 자연력적이고, 생명적이며 현실적 감성적, 대상적인 존재물인데 이는 인간은 현실적이고 감성적인 대상을 자기의 본질적, 즉 자기 생명표현의 대상으로 삼는다는 것과 같다. 또는 인간은 오직 현실적, 감성적 대상에 의거해야만 자기 생명을 표현할 수 있는 것이라고 할 수 있다."[11] "자연계가 없다면 감성적 외부세계도 없고 노동자는 아무 것도 창조할 수 없다."[12] 이러한 논의는 인간의 생명존재는 자연과의 보편적인 연계를 떠나 고립적으로 존재할 수 없다는 것을 표명한다. "인간의 존재"는 인간과 자연, 인간과 물의 단연한 구별에서 구현될 뿐만 아니라 인간과 자연, 인간과 물의 일체성 관계에서도 구현된다. 인간이 어떤 물종을 자신의 대상으로 삼든 간에 이러한 대상관계는 인간의 "어떤가"와 "어떻게"를 표징한다. 만약 "비대상성적 존재는 곧 무이다"라고 한다면 감성대상을 떠나 즉 자연계의 "인간적 존재"는 역시 "무"가 된다. 이러한 의미에서 "인간의 존재"를 이해하려면 인간과 자연의 보편적 관계를 떠날 수 없으며 그렇지 않을 경우 인간은 세상과 격리된 유령이 되어버릴 것이다.

　인간의 이러한 보편적 연계는 아울러 타인의 보편성적인 사회관계에서도 구현된다. 인간이 오직 외부 자연계와의, 즉 인간의 대상성 존재의 일체성

---

11) 《馬克思恩格斯文集》第1卷, 北京: 人民出版社, 2009, pp.209~210.
12) 동상서, p.158.

관계에서만 존재할 수 있듯이 인간은 또 오직 타인과의 내적 통일의 일체성
관계 속에서만 존재한다. 인간과 인간의 사회관계는 인간과 자연발생적 대
상성관계의 중개로서 인간과 자연의 보편적 연계는 반드시 인간과 인간 사이
의 보편적 사회연계를 전제로 해야 한다. 인간과 타인의 이러한 보편성적
사회연계에 대하여 마르크스는 투철한 논의를 허다하게 펼쳤는데, "사회성
질은 전반 운동의 보편성질이다. 마치 사회본신이 인간으로서의 인간을 생
산하는 것과 마찬가지로 사회 역시 인간이 생산하는 것이다. 활동과 향수,
그 내용 또는 그 존재방식의 시각에서 볼 때 모두 사회의 활동과 사회적
향수이다. 자연계의 인간의 본질은 오직 사회의 인간을 상대할 때만 비로소
존재하는 것인데, 이는 오직 사회에서만이 자연계는 인간에게 있어서 비로
소 인간과 인간 연계의 유대가 되며, 비로소 타인의 존재와 타인이 그의
존재를 위하는 것이며, 오직 사회에서만이 자연계는 비로소 인간 자체의
인성에 부합되는 존재의 기초이기 때문이다. …… 따라서 사회는 인간과 자
연계가 완성한 본질적 통일이고 자연계의 진정한 부활로서, 인간이 실현한
자연주의와 자연계가 실현한 인도주의이다."[13] 개인은 사회존재물이고 인간
은 "사회적인 동물일 뿐만 아니라 또 오직 사회에서만 독립할 수 있는 동물"[14]
이고 사회는 "인간의 상호활동의 산물"[15]이며, "사회본신은 사회관계 속에
처한 인간 본신"[16]이며, "인간의 본질은 인간의 진정한 사회연계이기에 인간
은 적극적으로 자기본질을 실현하는 과정에서 인간의 사회관계, 사회본질을
창조, 생산하며 사회본질은 단일한 개인과 상호 대립되는 추상적, 일반적
역량이 아니라 매개 단일한 개인의 본질로서 그 자신의 활동이고 그 자신의

13) 《馬克思恩格斯文集》第1卷, 北京: 人民出版社, 2009, p.187.
14) 《馬克思恩格斯選集》第2卷, 北京: 人民出版社, 2012, p.2.
15) 《馬克思恩格斯選集》第4卷, 北京: 人民出版社, 2012, p.6.
16) 《馬克思恩格斯全集》第46卷下, 北京: 人民出版社, 1980, p.226.

생활이며 그 자신의 향수이고 그 자신의 재부. …… 사회연계의 주체는 즉
인간은 자신 소외의 존재물이다. 인간──추상적 개념이 아니라 현실적이
고 생생한, 특수한 개체로서의 인간──은 곧 이러한 존재물이다. 이러한
개인은 어떠하면 이러한 사회연계 역시 그렇게 닮아 있다."[17] 더 이상의 논증
할 필요 없이 이러한 논의에서 우리는 타인과의 보편적인 사회관계가 "인간
존재"가 지닌 본체성 의의를 분명하게 터득할 수 있다.

인간과 자연, 인간과 인간의 보편적인 연관을 강조하는 것은 인간과 자연
의 차별성과 각자의 독립성을 부인하는 것이 아니라 반대로 이러한 일체적,
보편적 연계는 인간과 자연, 인간과 인간의 차별성, 개성, 다양성 등을 전제
와 조건으로 삼는다. 인간과 자연의 관계이든 인간과 인간의 사회관계이든
모두 실천활동은 인간과 자연, 인간과 인간 사이의 보편적인 연계의 중개로
서 인간과 자연, 인간과 인간을 내적으로 연결시켜 역사 발전 과정에서 일종
의 동태적, 개방적, 부정적 통일관계를 실현했다.

인간과 자연, 인간과 인간 사이의 보편적인 연계는 인간은 전반 세계를
향한 존재, 또는 인간 본신은 세계적인 존재라는 점을 충분히 표명한다.
실천활동이란 이 인간 본원적 생명존재와 활동방식은 인간과 전반 세계(자
연, 타인을 포함)를 부정적으로 함께 연계시켜 일체성의 내적 관계를 형성했
다. 이러한 의미에서 인간은 항상 자연과, 타인과의 "공재" 관계 속에 존재
한다. 중국 고대 철학가 정이천(程伊川)은 "천지인은 오직 한길에 있나니,
하나를 통하면 기타는 모두 통하리"라고 한 바 있다. 이 말을 여기에 적용
한다면 인간과 자연(천), 타인과의 "상통"의 의미로서 인간 특유의 생존본
성을 가리켜 일컬은 것이다.

하이데거는 그 현상학존재론의 입장에서 전문적으로 "세계 중의 존재"적
생존론 구조를 논의했다. 그는 인간은 늘 세계 속에 들어 있고 세계는 인간의

17) 《馬克思恩格斯全集》第42卷, 北京: 人民出版社, 1979, pp.24~25.

생존론 체제와 규정을 구성하는바 양자는 불가분적, 본원적으로 함께 연계 되어 있다. 한편으로 인간은 늘 상수(上手)사물의 인연연계에 처해 있고 다른 한편으로 인간은 늘 타인과의 "공동 존재"와 "공동 조자인(Sosein)", "무세계 적 단순주체는 우선적 '존재'가 아닌바, 종래로 정해진 바가 없다. 마찬가지 로 타인의 절연적 자아가 없다면 궁극적으로 우선적인 존재도 없게 된다."[18] 변증법과 하이데거 현상학존재론의 입장에는 비록 많은 중대한 차이가 있지 만 인간과 세계가 지닌 생존론 성질의 보편적인 연계를 강조하는 면에서는 방법은 다르지만 결과는 동일하다.

인간과 세계의 이러한 보편적인 연계는 인간 특유의 "생존성질"은 내재적 으로 그와 상응하는 이론원칙으로 파악할 것을 요구한다는 점을 표명한다.

전통 형이상학이 이 임무를 담당할 수 없다는 것은 아주 분명한 사실이다. 제3장 제3절에서 우리는 전통 형이상학의 실체본체론의 지식사유방식이 "인간 존재"를 파악할 때 준수하는 사유절차는 인간과 기타 존재자의 구별에 서 출발하여 인간이 기타 존재자와의 구별되는, 인간이 공유하는 그 어떤 특수 속성을 찾아서 타물과 구별되고 인간이 유일하게 특유한 속성을 파악하 는 것이 "인간의 존재"에 대한 파악에 도달한 것으로 인정한다. 이러한 사유 절차는 근본적으로 인간이란 존재는 근근이 인간과 타물의 구별성에 있는 것이 아니라 또 인간과 세계의 "상통성", 그리고 인간이 타물과 생존론 성질 을 구성하는 일체성의 보편적 연계, 즉 실천활동에서 타물과 부정적 통일관 계를 형성하는 데에도 있는 것이다. 따라서 전통 형이상학의 실체본체론적 지성사유방식은 물적 존재의 파악에는 적용될 가능성이 있다. 동물을 사례 로 그 물종의 자연적인 규정은 그와 환경, 기타 물종, 기타 물종 내 개체 사이에 모두 피차 단절의 관계이다. 환경과의 관계에서 본다면 그것은 오직 단일한 물종 척도와 환경으로 물질과 에너지의 교환을 하지 소위 보편적인

---

18) [德]海德格尔:《存在與時間》, 北京: 生活·讀書·新知三聯書店, 1987, p.143.

연계라는 것이 존재하지 않고 기타 물종의 관계에서 본다면 약육강식의 자연
법칙과 일체를 지배하기에 근본상 보편적인 사회연계를 운운할 수가 없다.
이러한 의미에서 동물의 존재는 고립적이고 폐쇄된 것이며 이러한 "고립"과
"폐쇄"적 "존재의 논리"를 마찬가지로 "고립"과 "폐쇄"를 본성으로 하는 지성
사유방식으로 파악한다면 과연 적합하지 않을 수 없을 것이다. 하지만 이러
한 사유방식으로 "세계성"적, 세계와 일체성 연계를 지닌 존재인 인간을 파
악하고자 한다면 무기력함은 너무나 분명한 사실이다.

전통 형이상학의 무기력한 점이 바로 변증법이 역할을 할 수 있는 영역
이다. 변증법의 "보편연계" 원칙이 표현하려는 것은 바로 "인간의 존재"의
본체적 생존론 성질로서 이 원칙은 전통 형이상학 실체본체론의 지성사유
방식과 같은 것을 반대하고 실천활동에 입각하여 인간과 세계의 생존성과
의 보편적인 연계 속에서 인간과 세계의 부정성 통일 중에서, 인간과 자연,
인간과 인간의 "상통" 중에서, "인간의 존재"를 파악하고자 한다. 이러한
의미에서 변증법의 보편연계 원칙은 "인간 존재"의 보편연계 본성과 바로
상호 적응되는 것이며 "인간 존재"의 보편연계성은 변증법 보편연계 원칙
의 내적 근거를 구성하고 있다.

2) 변증법의 "영구발전" 원칙과 인간의 변증적 생존본성

변증법은 "가장 완벽하고도 심각하며 편면성적 폐단이 없는 발전에 관한
학설"[19]로서 "영구발전"의 원칙은 변증법의 다른 한 중요한 기본 원칙이다.
"보편연계" 원칙과 마찬가지로 "영구발전"의 원칙은 통상적으로 "객관세
계"의 운동 원칙으로 이해되는바, 장시기에 걸쳐 주로 자연주의와 지식론

---

19) 《列寧全集》第19卷, 北京: 人民出版社, 1959, p.2.

범식 중에서 이해되었지, 그 진실한 의미는 진정한 이론토대 담론에서 오히려 별로 제기되지 않았다.

마르크스철학변증법의 "영구발전"의 원칙은 반드시 변증적 인간의 "생존" 본성 위에 자리 잡아야 비로소 절실하게 이해될 수 있다. "영구발전"은 "인간의 존재"에 고유한 생존본성으로서 이 고유본성은 내적으로 그와 상응하는 이론원칙으로 파악하기를 요구한다. 이러한 이론원칙이 바로 변증법의 "영구발전" 원칙이다.

"발전"과 "운동"과 "진화", 이러한 개념들을 비교한다면 보다 선명한 설명을 얻을 수 있다.

"운동"은 물질의 존재방식으로서 우주의 일체 변화와 과정을 포함하는 바, 일체 시공간 형식의 위치 변화는 모두 운동이라고 일컬을 수 있다. 따라서 운동은 내포가 극히 광범한 개념이다.

"진화"는 "운동"보다 더 명확한바 주로 유기체의 생리, 물리적 변화와 운동 과정을 가리킨다. 생물은 자연에 근거하여 선택하는바, 우승열태의 법칙에 따라 끊임없이 다양성, 복잡성과 보다 조직화된 방향으로 변천하는데 이것이 "진화"의 원시적 의미이다. 총체적으로 "진화"는 여전히 자연의 자발성 운동으로서 그 주동권은 생물 자체에 있는 것이 아니기 때문에 임의성이 아주 크다.

"발전"도 "운동"과 "진화"의 일종으로서 이 점은 기타 양자와 상통하는 점이 있다. 하지만 "발전"으로서의 "발전"은 또 절대 간단한 "운동"과 "진화"가 아니다. 그 특수한 의미에서 본다면 주로 존재의 특수한 형태, 즉 "인간"과 "인류사회"의 특유한 존재방식과 운동 형식이다. 여기에서 인간의 생존 실천활동은 주도적 역할을 하는데 따라서 "자주성", "자생성"은 발전의 근본적인 특징이 된다.

"자주성"과 "자생성"은 "발전"이 본성적으로 생존실천을 기본 존재방식으로 하는 인간의 자아초월적인 창조성 활동이라는 점을 표명하며, 따라서 오직 인간만이 지니는 활동방식이다. 자아초월, 자아양기, 자아부정과 자아창조는 오직 마르크스가 지적한 "자유자각적인 활동"을 자기의 "생명활동의 성질"의 존재자로 삼아야만 인간은 비로소 지니게 되는 본성이다. 이점을 이해해야만 비로소 "발전"을 이해할 수 있는데, 또한 이 점은 가장 난해한 것인바, "창조"가 그 본성에서 볼 때 마침 "무에서 유를 만든다"의 운동이기 때문이다. 그렇다면 "무에서 유를 만든다"가 과연 어떻게 가능한 것인가 하는 문제가 대두되는데, 바로 "발전관" 확립의 난점이다.

진정한 "창조"는 적어도 반드시 다음과 같은 특징이 구비되어야 한다. 첫째, 창조는 비존재에서 존재에 이르는 변화로서 본래 미존재적인 것의 산생이 비로소 창조로 불릴 수 있는 것이다. 따라서 창조는 창시, 창신, 수창(首創)의 의미가 있어야 한다. 둘째, 창조활동은 창신적 의미에서 필연코 일상을 초월하는 성질을 지니고 일상의 법칙에 부합되는데 "필연"적으로 발생되는 것을 "창조"라고 부르기는 아주 애매하다. 셋째, 창조는 필연적으로 창조자의 목적적인 내용이기에 목적적 활동의 일종으로서 창조의 결과에는 필연코 창조자의 본질과 내용이 구현된다. 이는 창조활동은 "무에서 유를 만든다" 활동의 일종으로서 "창조"는 미증유한 것의 산생을 의미하며 비존재에서 존재에로 이르는 변화를 대표한다.

이러한 의미에서 "창조"관념은 오직 인간만이 지닐 수 있는 것이라는 점이 아주 명확해진다.

고대 그리스의 철학가들이 견지하던 일종의 관념 중에서 "사물은 오직 유(有)에서 유에 이르는 것이지 무에서 유를 이를 수 없다"는 관념이 있다. 따라서 그들은 "창조"관념이 없고 이 때문에 "발전"이란 관념도 없었기에 이러한 "창조"관념은 기독교 교의에서 첫 탄생을 알렸다. 기독교의 상제창세의 교의에 의하면 천지만물은 모두 상제가 허무에서 창조한 것으로서, "무에서 유를 만든다"의 창조관념은 이로써 진정 산생을 선고했다. 근대 철학에서는 상제의 "인본화"와 "자연화"를 거쳐 상제의 창조본성이 인간의 신상으로

치환되었는데, 특히 독일 고전철학을 거쳐, 특히 헤겔의 개념변증법을 거쳐
"창조"는 정신적 창조성 형식으로 자각적인 설명이 있게 되었다. 이와 동반
하여 "발전"관념도 최초로 정신적 자아창조와 자아추진 형식으로 사변적
표현을 획득했다.

헤겔의 정신활동성이 표현한 발전관념은 명사성, 이론성 사유논리에 국
한되었기에 그 발전관은 현실적 근거와 토대가 결핍된 것이다. 이에 반해
마르크스는 인간의 본원적 생명활동에서, 즉 실천활동에서 출발하여 "발전
관"을 견실한 토대 위에 확립했다. 그는 실천활동을 인간 본원성의 생명활
동으로서 그것은 본성에서 인간 자아의 창조성 활동이며 따라서 현실적
"무에서 유를 만든다"의 활동이기도 하다. 실천활동에서 인간은 자신 본질
적 역량의 대상화를 통하여 대상을 개조하여 "인화적인 자연"을 창조하는
한편 인간 자신을 개변하여 인간의 새로운 자아를 창조했다. 발전은 바로
이러한 인간만이 지닐 수 있는 자아생성의 부정성 통일활동이며 따라서
"발전"은 실천활동의 내적 본성이고, 인간 생명활동의 내적 본성이다.

이상의 분석에서 본다면 "발전"은 물질 존재방식의 "운동"으로서 생물
존재방식으로서의 "진화"와 중대한 부동점이 있다. 발전은 인간과 인간사
회에 특유한 존재방식의 하나로서 인간이 끊임없이 자신을 부정하고, 속박
을 이탈하며 해방과 자유를 찾아가는 본성을 표현하고 있다. 마르크스가
"역사는 인간 활동의 역사", "역사는 자기의 활동을 통하여 끊임없이 탄생
하는 과정"이라고 했을 때, 여기의 "역사"는 사실 "발전"과 같은 의미를 가
지고 있다. 발전의 과정은 바로 "역사"의 과정, 즉 자아에 대한 긍정과 부정
을 통하여 자아생성의 과정을 실현하는 과정이다. 오직 인간만이 역사가
있는바, 동물의 "역사"는 자기 스스로 창조한 것이 아니라 외재적 자연환경
이 만들어낸 것이다. 따라서 정확하게 표현한다면 동물은 오직 "진화"만 있
지 "역사"가 없으며, "역사"와 "발전"이란 양자는 동등한 성질과 정도에서
"속인"적인 개념이다.

전통 형이상학의 실체본체론적 지성사유방식은 전술한 "인간의 존재"의 이러한 "발전"성질을 진정으로 이해하고 표현할 수 없다는 점은 분명하다. 이러한 사유방식은 선험본질에서 출발하여 "인간의 존재"를 이해하는 데에 습관되어 본체론상의 쌍향(雙向)세계를 가설하는 데, 가령 현상과 본질, 변동과 영구, 잠재력(潛能)과 실현, 가상과 진상 등을 가설하고 소위 "발전"은 전자가 후자에로 접근하고 매진하는 것으로 인정하는바, "발전"에 대한 이러한 이해는 천연적으로 형이상학의 비역사적 성질을 지닌다. 여기에서 실체화적 본체 자신은 초역사, 초시간적으로서 시종 "재장적" 만변의 불변자이다. "실체화의 본체"는 여래불의 손바닥처럼 일체를 엄밀하게 틀어쥐고 있기에 인간의 "발전"은 아무리 몸부림쳐도 그 견인과 통제를 벗어날 수 없다. 따라서 전통 형이상학의 실체본체론의 지성사유방식에 따르면 소위 "발전"은 허황한 가상에 지나지 않는 것이다. "발전"에 대한 이러한 이해는 전술한 인간은 끊임없이 창조, 자아발전하는 존재적 본성에 맞지 않으며 따라서 이러한 방식으로 "발전"을 이해한 결과는 곧장 "발전"에 대한 은폐가 된다.

"인간 존재"가 지닌 "발전"본성은 내적으로 그에 상응하는 이론적 원칙으로 파악할 것을 요구하며 변증법의 "발전" 원칙은 바로 이러한 이론적 역할을 담당하고 있다. 인간의 본원성 생존 실천활동에 입각하여 발전을 인간이 끊임없이 자아초월하는 창조성 활동으로, "인간 존재"가 지닌 생명 "진화"방식으로 이해하는 것은 변증법의 "발전" 원칙의 진실한 함의와 진정한 근거이다. 통상적으로 발전을 "객관물질세계"로 이해하는 활동 원칙은 "발전"을 세속화적으로 "운동"과 혼동하여 "발전" 원칙이 자기 본유의 생존론적 의미를 상실케 한다.

3) 변증법의 "대립통일" "법칙"과 인간 변증의 생존본성

변증법을 집약적으로 대립통일에 관한 학설이라고 개괄할 수 있는바,

이는 변증법의 실질을 파악한 것으로서 인간은 이 논술에 상당히 익숙해져 있어 반대의 의견이 적다. 대립통일의 "법칙"은 마르크스변증법의 가장 핵심적인 기본 원리이다. 하지만 자연주의와 지식론의 이론범식에서 이 원리는 극히 신비로운 것으로 간주되어 그 진실한 의미가 깊이 폐쇄되어 있다.

대립통일 "법칙"의 진실한 근거는 오직 인간 특유의 생명존재와 생존활동가운데서 찾아야 한다. 인간의 생명존재와 생존활동은 본성상 "대립통일" 또는 "모순"적으로서, "역설성" 또는 "이율배반"은 "인간의 존재"의 고유한 본성이다. 바로 이 변증성질 때문에 지성논리의 시야에서 인간은 "비논리" 또는 "초논리"적 형상으로 비쳐져 있다. 인간의 "비논리" 또는 "초논리"적 특성은 지성논리의 "동일률"을 초월하여 그 파악 능력 이외에 처하여 있는바, 이러한 인간 생명본성의 방식으로 인간의 생명존재의 파악에 도달하기 위하여 변증법의 대립통일 "법칙"은 내재적 이론적 수요가 된다.

헤겔은 대립통일성 또는 모순성을 "정신" 본체 위에 확립하고 정신적 본성은 자아모순, 자아대립을 통하여 끊임없이 자아부정과 자아발전을 추진하는데 있다고 주장했다. "정신은 자기를 2원화하고 자기를 괴리하며 자기를 발견하고 자기를 회복한다"[20]는 것이다. 이 점은 전술한 바와 같이 헤겔은 실질적으로 이재화, 추상화의 방식으로 인간의 생명활동의 본성, 그리고 모순속의 자아창조와 자아초월의 성질을 표현했다. 마르크스는 헤겔의 정신활동성을 비판적으로 인간 본원성 생명존재와 활동방식, 즉 감성 실천 활동의 토대 위에 치환하여 "모순성"과 "대립통일성"을 인간 현실 생명 속에 뿌리내리도록 하여 인간의 현실 생명존재의 특질로 되게 했다.

인간의 생명존재의 이러한 "모순성"과 "대립통일성"은 다음과 같은 몇 개의 전형적인 면으로부터 출발하여 고찰할 수 있다. (1) 인간의 생명존재 중 자연성과 초자연성의 모순관계, (2) 인간의 생명존재 내적 구조 중 각종

---

20) [德]黑格尔:《哲學史講演錄》第1卷, 北京: 商務印書館, 1959, p.28.

대립 요소들의 모순관계, (3) 인간의 생명존재 중 개성과 유성의 모순관계, (4) 인간의 생명존재 중 유한성과 자유초월성의 모순관계.

(1) 인간의 생명존재 중 자연성과 초자연성의 모순관계

인간과 자연의 관계는 "인생재세(人生在世)"의 가장 기본적인 관계의 하나이다. 인간은 자연에서 왔지만 실천활동 중에서 자연을 부정하고 초월한다. 따라서 "자연성"과 "초자연성"은 인간 생명존재의 가장 기본적인 관계의 하나이다.

인간 이외의 기타 자연물의 본성은 자연이 규정하고 활동의 방식과 범위도 완전히 자연에 의해 한정된다. 인간은 자연에서 왔기에 자연이 인간 생존의 모체라는 점은 인간과 기타 자연물과 같다는 사실을 규정하고 자연에 대한 일종의 영구한 의존관계를 이룬다. 그러니까 자연은 인간 생존 발전이 이탈할 수 없는 영원한 유대이다.

인간이 자연의 일원이라는 점은 "자연성"이란 인간의 중요한 성질을 구성한다. 마르크스의 지적처럼 "인간은 직접적으로 자연존재물이다. 인간은 자연존재물로서, 또한 생명이 있는 자연존재물로서 자연력, 생명력이 있는 능동적 자연물이며 이러한 역량은 천성과 재능, 그리고 욕망으로서 인간의 몸에 내재한다. 다른 한편으로 인간은 자연적, 육체적, 감성적, 대상적 존재물로서 동식물과 마찬가지로 수동적, 제약적, 제한적인 물인바, 즉 그의 욕망 대상은 그의 대상에 의존하지 않는 그 이외의 것이다. 하지만 이러한 대상은 그가 필요한 대상으로서 그의 본질적 역량을 표현하고 확증하는 불가결의, 중요한 대상이다."[21]

인간은 비록 자연존재에 속하지만 동시에 자연물 중에서도 "남다르다."

---

21) 《馬克思恩格斯文集》第1卷, 北京: 人民出版社, 2009, p.209.

인간은 대자연이 잉태, 양육, 변화시킨 정신과 지혜가 있는 존재물로서 자기의 정신과 지혜를 이용하고, 자기 능동적 실천활동을 통하여 자연을 초월하고 개조함으로써 대자연의 존재와 운동이 자기의 존재와 발전에 복종하도록 한다. 따라서 자연은 마르크스의 지적처럼 "인화(人化)한 자연"으로서 속인의 성질을 지니게 되었다.

이는 인간은 자연에서 왔지만 절대 자연의 순종자가 아니라는 점을 설명한다. 반대로 인간은 늘 자연의 제한을 초월할 것을 요구하며 자기의 창조적인 실천활동으로 자기의 생활자료를 생산하고 자기의 속인세계를 확대하며 이 과정에서 인간의 "생활질량"을 끊임없이 풍부화하고 업그레이드한다. 이러한 의미에서 인간의 생명존재는 기타의 생명존재와 같이 자연에 소극적으로 의지하는 것이 아니라 자기 능동적 생존 실천활동을 통하여 자연물을 "위아의 물(爲我之物)"로 개조하고 이 과정에서 끊임없이 자신을 생성한다. 이러한 의미에서 "초자연성"은 인간 생명의 본질 요소이기도 하다.

인간은 자연의 산물이자 또 자연의 초월자이다. 대자연은 본래 혼돈의 맹목적이고 완고한 물질의 필연성과 우연성을 기본적인 존재방식으로 삼았지만 내적으로는 일종의 정신적, 그리고 생물사슬 가운데 기계적인 한 고리를 달가워하지 않는 특수물종으로서, 그러니까 자연에서 진화되어 나온 "비자연"이라고 할 수 있다. "자연"은 자신에서 자연을 초월한 "비자연"적 존재를 생산했는데 —— 이는 역설적인 것 같지만 사실이다. 이는 대자연 본신의 존재 원칙과 법칙을 "위반"한 "사건"으로서 대자연의 "자아모순"과 "자아대반(對反)", "자아역설"이다.

"자연성"과 "초자연성"은 정반대되는 양극으로서 동시에 인간의 생명체에 존재하는바, 이러한 "동시존재"는 절대 외재적인 결합이 아니라 내적, 부정적 통일이다. 그것은 인간의 자연에 대한 초월이 외재적인 초월이 아니라 내적 "양기"이기 때문이다. 이는 인간이 자연에 대한 지배에서 표현되며 차용한 역량은 다른 곳에서가 아니라 자연본신에서 온 것이며 인간의 자연에 대한 초월은 자연을 버리고 돌보지 않는 것이 아니라 지혜를 이용하고 창조적인 실천활동을 통하여 자연역량을 "전화"함으로써 자연의 "인화"를 실현한다. 여기에서 "자연의 인화"와 "인간의 자연화" 양자는 동일한 과정에 속하는바, 인간의 자연에 대한 "의존"과 "초월" 양자는 동일한 과정에 속한다. 인간과 자연의 관계는 동물처럼 환경과의 소극적인 자재를 유지하는 자재적 동일도 아니고 신령처럼 자연에 대해 극단적인 외재적 초월의 태도를 취하는 것도 아니라 자연을 자기의 "무기체"로 삼아 능동적 생존 실천활동을 통하여 기정성(既定性)과 자재성(自在性)을 제거하는 동시에 자연을 자기 생활세계의 내적 구성 부분으로 만든다. 인간은 자연에 상대한 긍정적인 존재이고 또 끊임없이 자연을 부정하여 자연을 "인적 자연"으로 만들어간다. 양자의 관계는 진정으로 "대립" 또 "통일"적 변증관계라는 점은 자명한 것이다.

역사를 돌이켜 본다면 인류사회의 발전은 전술한 인간과 자연의 변증적 관계의 끊임없는 심화였음을 알 수 있다. 이에 대해 마르크스는 "전반 이른바의 세계역사는 인간이 인간의 노동을 통하여 탄생하는 과정에 다름 아니고, 자연계는 인간이 말하는 생성 과정이기에 자신을 통한 탄생, 자기에 관한 형성 과정에 대해 그는 직관적 불가항력적인 증명이 있는 것이다."[22] 인간의 "노동"은 "자연의 인간을 향한 생성"과 "인간의 자연을 향한 생성"의 통일 과정으로서 쌍방향적인 활동의 끊임없는 심입과 발전에 따라 인류의 "세계사"는 진정으로 형성 가능한 것이다. 인류 생성과 발전의 오묘함은 바로 자연에 "의존"하면서 또 "초월"하는 생존 실천활동 속에 있다.

인간의 생명존재의 자연성과 초자연성의 이러한 "의존"하면서 "초월"하고 "대립"되면서 "통일"되며, "부정"과 "긍정", "내재"하면서 "초월"하는 모순관계는 일반 지성논리의 이해와 시야 그리고 이해 능력을 완전히 초월했다. 지성논리는 절대 불상용의 대립사유에 습관되었기에 "모순"을 용인할

---

22) 《馬克思恩格斯文集》第1卷, 北京: 人民出版社, 2009, p.196.

수 없으며 모순으로 "발전"을 추진하는 것은 더구나 이해할 수 없다. 따라서 인간 특유의 생존 실천활동 및 이러한 생존 실천활동을 이유로 형성한 인간과 자연의 모순관계는 필연코 "불가사의", 심지어 "아무런 의의가 없는" 것으로 간주된다. 그들에게 있어서 인간의 생존 실천활동 및 이를 토대로 형성한 인간과 자연의 모순관계는 완전히 "비논리" 또는 "초논리"적인 것이며, 완전히 지성논리의 방법과 법칙을 초월한 "남다른" 성질이다.

지성논리의 종점이 바로 변증법의 기점이다. 지성논리와는 반대로 변증법 "대립통일", "법칙"은 바로 인간 생존의 자연성과 초자연성의 모순관계가 상호 적응한 것이다. 인간의 생명의 특수한 생존성질은 대립통일의 "법칙"을 위해 견실한 이론적 토대와 심층적 이론 합법성을 제공했다.

(2) 인간 생명의 내적 구조 속 각종 대립 요소의 모순관계

인간 생명존재의 "모순성"과 "대립통일성"은 자연성과 초자연성의 관계뿐만 아니라 인간 생명의 내적 구조 속의 각종 요소 간의 모순관계에서도 표현된다.

인간 생명의 내적 구조 속의 모순관계는 생명의 "정신위도"와 "물질위도"간의 모순관계에서 집중적으로 표현된다. 인간은 자연에서 왔다는 사실은 물질성적 육체가 필연코 인간 생명존재의 구성에서 불가결한 한 위도임을 결정하는바, 이 점을 떠난다면 인간 생명은 형언할 수 없는 유령이 될 것이다. 이러한 의미에서 "물질존재"는 인간 생명구조 속의 내적 요소 중 하나이다. 이와 동시에 인간은 또 영성(靈性)으로 충만된 존재로서 정신성은 인간을 동물왕국으로부터 초탈한 "만물의 영장"이 되게 한다. 가령 정신성적 위도를 상실한다면 인간은 무지하고 완고한 자연과 냉랭한 기계와 별다른 차이가 없게 된다. 이러한 의미에서 "정신존재"는 마찬가지로 인간 생명구조의 내적 요소를 구성한다.

"물질존재"는 인간의 생명의 자재성, 맹목성, 우연성과 공리성을 표명하며 인간의 감성욕망, 자연수요, 정욕충동과 세속적 추구를 의미하고, "정신존재"는 인간 생명의 주동성, 자각성, 초월성과 이상성을 의미한다. 양자는 완전히 부동한 성질과 의향을 지니고 각각 인간 생명의 한 자락을 잡고 있는 완전히 이질적인 "양극"이다.

하지만 인간의 현실적인 생명존재에서 피차간 대립되는 양극은 "부정성"적 방식으로 "공시성"적으로 통일되어 "네 속에 내가", "내 속에 네가"로 내적융합을 이루고 있다. 모든 생동한 현실 생명은 절대 단향적, 선정적 존재가 아니라 다중 모순관계로 구성된 부정성 통일체이다. 인간의 생명은 바로 자연성과 초자연성, 육체와 영혼, 공리성과 이상성 등 양극성 모순관계의 거대한 장력에 처하여 이성과 감성, 영과 육, 정과 이 등으로 모두 인간 내부세계를 이룬다. 진리는 어느 한 극에 있지 않고 이러한 내적 세계의 부정성 통일 속에 있다. 인간의 생존 실천활동에서 "정신성"과 "물질성" 양자는 진정으로 "양극상통"을 실현하여 "대립"되면서 또 "통일"된 변증관계를 형성했다.

인간 생명의 내적 구조에서 "물질성 위도"와 "정신성 위도" 간의 "대립"과 "통일"의 변증관계는 "충돌" 및 "충돌" 과정에서 형성한 "장력"으로 인간 생명존재의 고유특성을 구성한다.

"충돌"이란 인간 생명의 순수한 화협이 아니라 내적 긴장과 초조함으로 충만되어 있음을 표명한다. "물질성"과 "정신성" 위도는 각기 부동한 활동 원칙과 목표를 준수하면서 양자가 인간 생명 내부의 "역향(逆向)마찰"이 불가피하도록 하며 육체와 영혼, 세속과 초월, 공리와 이상, 물욕과 인문 등 사이의 충돌로 인간 생명진상의 중요한 내용을 구성한다. 어떤 의미에서 말한다면 이러한 생명의 충돌은 인간이 동물, 신과 구별되는 근본적인 표징의 하나라고 할 수 있다. 동물은 단일한 물종의 원칙에 복종하고 본능생명의 요구에 만족하며 그 생명은 "단향적 평형"과 "단순한 평정"을 유지하기에 이른 바 "생명충돌"을 근본적으로 운운할 수 없다. "신"은 속세를 철저히 이탈하고 초월한 순수한 정신으로서 절대적 화협과 원만을 의미하며 따라서 그 존재지취는 "생명충돌"에 대한 극복, 부정과 초월이다. 오직 인간에게만이 생명의 내적 충돌이 존재하며 이러한 충돌 때문에 긴장과 초조를 유발하며 바로 그러함으로 인하여 인간의 생명은 비로소 생생하고, 피와 살이 있는 것이다. 생명의 충돌을 부정하는 것은 인간이 "평면"화, "단향" 적 동물 또는 인간 세상을 떠난 신령이 되었다는 것을 의미한다.

생명의 "충돌"은 인간에게 있어서 영구적이고 항시 존재하는 사실로서 인간은 영원히 단번에 충돌을 포기하여 자족원만의 경지에 이를 수 없다. 생명의 충돌은 그것이 늘 분열상태라는 것을 의미하지는 않으며 인간은 늘 충돌 속에서 화협을, 모순 속에서 통일을 얻어 양극 중에서 장력을 찾으려고 한다. 인간의 실천활동은 바로 이러한 충돌, 모순과 양극 중에서 화협, 통일과 장력을 구하려는 생존활동이다. 실천활동의 과정은 바로 물질과 정신이란 양극대립의 요소들이 상호 작용하고 상호 영향을 주며 상호 융합하는 과정이다. 인간의 생존 실천활동이 산생한 것이 바로 물질성과 정신성, 세속성과 초월성, 공리성과 이상성 등 요소들을 일체에 집합시킨 "현실 생활세계"이다. 이러한 의미에서 생명의 "장력"과 "화협"은 같이 인간 생명의 내적 특성을 구성하고 있다.

충돌, 충돌 가운데서 형성된 장력, 그리고 새로운 토대위에서 재개한 새로운 충돌과 모순, 충돌-통일-재충돌-재통일, 부정-긍정-재부정-재긍정 …… 이것이 바로 물질성 위도와 정신성 위도의 인간 전반 생명 속에서의 내적 운동과정이다.

물질성과 정신성 위도는 인간 생명의 내적 구조 속의 "대립통일" 및 "부정의 부정"의 복잡한 관계로서 다른 한 측면에서 인간 생명의 "비논리"적 "역설" 특성을 표명한다. 지성논리의 방식, 실체주의의 태도로 인간의 생명을 분해하려는 시도는 그것이 생명을 "정신존재" 위에 입각했든 아니면 "물질존재" 토대 위에 입각했든 그 결과는 모두 "생명의 절름발이"라는 결과를

초래하여 생명으로 하여금 추상과 창백 속으로 빠뜨린다. —— 지성논리는
여기에서 또 한번 그 무능함을 현시하지만 변증법의 "대립통일", "법칙"과
"모순"은 재차 그 이론의 심층토대와 이론의 합법성을 과시한다.

(3) 인간 생명존재 속의 개성과 유성(類性)의 모순관계

인간의 생명은 우선 개체적인 형식으로 존재하는 바, 매 개체는 환원불
가능함의 "전명"으로 이 세계에 생존하고 활동한다. 마르크스는 이를 가리
켜 "전반 인류역사의 첫째 전제는 생명의 개인적인 존재 다름 아니다."[23]라
고 했다. 이러한 의미에서 원자화된 개인주의(듀이는 이를 "구 개체주의"라고
함)는 생명존재의 첫 번째 사실을 게시했고, 이와 동시에 인간은 또 "유(類)
적", 즉 "사회"적인 존재로서 완전히 사회를 이탈할 경우 철저히 자아폐쇄
된 "외톨이"가 되어 생명의 현실성을 상실한다. 이것이 바로 생명존재의 다
른 한 사실이다.

이 양자 가운데서 생명의 개성은 완전히 "사회성"으로 환원할 수 없는
바, 가령 개인이 완전히 사회로 치환된다면 사회는 개체 위에 군림한 추상
적 실체가 되기에 인간은 현실성을 잃어버리고 추상적 공상(共相)으로 전락
됨을 의미한다. 아울러 사회는 개인의 본신과 완전히 동등할 수 없는바,
거기에는 개인 사이의 활동으로 형성된 개인의 사회관계로 귀결될 수 없으
며, 사회조직과 사회제도 등 극히 복잡한 내용을 포함하고 있어 만약 사회
가 완전히 개인으로 환언할 경우 그것은 사회가 고유의 관계성질을 상실하
여 원자식의 파편으로 와해되었다는 것을 의미한다. 양자의 이러한 관계는
인간의 개성과 유성 사이에 내재적, 심층적인 긴장과 충돌이 존재한다는
것을 표명한다.

---

23) 《馬克思恩格斯文集》 第1卷, 北京: 人民出版社, 2009, p.519.

하지만 이와 아울러 양자 간에는 또 심층적인 통일성도 존재하고 있다. 한편으로 사회는 생명개체에게 있어서는 완전한 외재적 존재가 아닌 매 개체의 내적 수요로서 개체 생명은 오직 기타 생명과의 접촉과 연관 속에서만이 비로소 자신의 존재를 보증할 수 있으며 생명의 개성은 반드시 생명의 사회성의 도움 아래 비로소 실현된다. 다른 한편으로 사회성은 항상 개체생명의 사회성으로서 그 존재의 최종적인 토대이든 아니면 최종적인 귀속이든 모두 개체의 생명본신을 떠날 수 없다. 이러한 의미에서 개체생명과 사회 간에는 내재적, 심층적 친화력이 존재하고 있는 것이다.

"대립"되면서도 "통일"되는, 피차간에 상호 배척하면서 또 의존하는 이것이 바로 인간의 개성과 유성 사이의 모순관계이다.

이러한 모순관계는 절대추상적 이론차원의 한담에 머무는 것이 아니라 사회현실 중에 생동하고 진실한 현상으로 구현된다.

마르크스의 관점에 의하면 인간과 사회의 발전은 반드시 세 개의 기본 역사 단계 또는 3종의 기본 형태를 거쳐야 한다. "인간의 의존관계"를 특점으로 하는 "최초의 사회 형태", "물적 의존을 기초로 하는 인간의 독립성"적 "제2형태", 그리고 "개인의 전면 발전과 그들 공동의 사회생산능력이 그들의 사회 재부로 된 토대 위에 건립한 자유개성, 이는 제3개 단계이다."[24] 이 3개의 역사 단계는 시종 개성과 유성사이의 모순관계로 관통되어 있다.

인류의 장기 발전 과정에서 개성과 유성의 관계는 첫 역사 단계에 속한다. 개체는 보편적으로 그 위의 자연공동체에 의존하고 인신 의탁의 등급 종속관계 속에 처한다. 이때 "개인은 이토록 미미하여 개인의 이익은 쉽게 공공이익과 사회 자신(自身)이란 이 제단(祭壇) 위의 희생품으로 헌납된다."[25] 자연공동체는 단일한 생명의 역량을 전반적인 역량으로 응집시키는 한편 또 개인의

---

24) 《馬克思恩格斯全集》第46卷上, 北京: 人民出版社, 1979, p.104.
25) [英]史蒂文·盧克斯:《個人主義: 分析與批判》, 北京: 廣播電視出版社, 1993, pp.50~51.

창조력의 발휘와 발전을 제한하고 속박한다. 개체는 자연 공동체의 권위에 억눌려 양자는 표면적 통일성을 유지하면서 이러한 표면적 통일성을 통하여 양자의 심층적인 분열과 충돌을 은폐한다.

인류 발전의 제2 단계에서 전술한 자연공동체는 철저하게 와해당하여 개체는 실체화, 인격화적인 공동체의 속박에서 해방되어 자주권력과 자유의지를 구비한 독립적인 존재가 된다. 그들의 선언은 "너는 너 자신의 조소자와 창조자이니 야수로 타락할 수도 신명으로 재생할 수도 있다."[26] 라이프니츠의 "개체성 원칙"은 바로 이러한 상태의 가장 진실한 표징이다. 하지만 이 단계에서 개인은 군체본위의 인신 의뢰와 등급 종속의 속박에서 해방되어 나오는 동시에 또 금전과 물의 지배 아래 놓인다. 마르크스는 이를 "오직 18세기의 '시민사회'에서 사회연계의 각종 형식은 개인에게 있어서 비로소 그 개인적 목적에 도달하는 수단으로, 외재적 필연성으로 표현된다"[27]고 했다. 이 단계에서 개체는 사회 전반의 절대적인 승리를 취득했고 사회는 단지 개인의 공리적 목적에 만족하고 실현하는 외재적 도구에 불과했다. 개체생명은 물(物)을 중개로 외재적 통일을 실현하는 동시에 또 양자를 심층적인 분열과 충돌상태로 몰아갔다.

마르크스의 설계에 따르면 개인과 사회 사이에 진정으로 양자의 통일을 실현하려면 반드시 전 두 단계를 토대로, 양자에 대해 "부정의 부정" 비판을 진행하여야 하는데, 이것이 바로 마르크스의 "자유개성"의 연합체 단계이다. 이 단계에서 사회는 개체를 초월한, 개인의 추상적 실체의 외재적인 이 아니고 개인도 다시는 피차 고립, 상호 분립된 모나드식(單子式)의 고립된 영혼이 아니라 매개 생명개체 속에 존재하면서 일체로 통일된 "자유인의 연합체"이다. 매 개인의 인격은 충분한 발전을 이룸과 아울러 개인존재

---

26) 동상서, p.57.
27) 《馬克思恩格斯文集》第8卷, 北京: 人民出版社, 2009, p.6.

역시 타인의 본질 속으로 편입되면서 또 타인을 자신의 본질로 편입시킨다. 개체생명과 사회 전반은 여기에서 부정성 통일을 실현한다.

이상의 분석으로부터 개성과 유성의 관계는 "대립"되면서 "통일"되는 성질을 지니고 있음을 분명하게 확인할 수 있다. 이 성질은 인간 생존활동이 지닌 독특한 소질을 충분하게 표명하고 있다. 이러한 독특한 소질은 지성논리의 응고된, 실체화방식을 운용하여 파악할 수 없는 것으로서, 그 본성의 방식에 부합되는 방식으로 파악할 것이 절실히 필요한바 새로운 이론법칙, 여기에서 변증법의 쌍방의 통일 또는 모순 "법칙"이 재차 그 심층적인 합법성을 현시한다.

(4) 인간 생명존재 속의 유한성과 자유초월성의 모순관계

자연물의 존재는 절대 "유한"한 것인바, 자연계가 그의 물종 원칙은 이미 선천적으로 그의 전부의 한도를 규정하였다. "신"의 존재는 절대 "무한"적인 것으로서 이성이든, 도덕이든 생명이든 모두 아무런 제한과 저애가 되지 않는다. "유한적" 자연물은 그 물종규정에 의해 절대적으로 속박되어 있기에 자생자멸 이외에 근본상 "발전"을 운운할 수 없다. 신의 절대적 "무한성"은 아무런 규정(어떤 규정일지라도 신의 무한 원만성에 대한 부정임)도 없으며 따라서 절대적으로 자족원만한 것으로서 "발전"이 있을 수 없는 것이다.

자연물과 신의 존재와 달리 인간의 현실생명은 항상 "유한"과 "무한" 사이에 놓여있으면서 실천활동을 통하여 유한적인 토대 위에서 유한을 초월하고 무한을 추구함으로써 인간의 생명이 끊임없이 "발전"의 태세를 드러내도록 한다.

인간의 "유한성"은 인간의 실천활동이 지닌 "역사성"이 결정하는바, 인간의 이성도덕 내지 생명은 모두 완벽한 것이 아니기에 완벽화와 업그레이드가 필요하다. 인간의 인식 능력을 본다면 인간의 영원히 "모르는 것이 아는 것보다 많고도 많으며", "무지"는 영원한 인간 생존의 한계이다. 따라서 어느 누구도 "진리" 화신의 모습으로 나타날 자격이 없으며 매 개인은 모두 진리의 "추구자"에 불과하다. 도덕적인 면에서 본다면 인간은 천사가 아니고 금수도 아닌 단지 인간일 따름으로서 불가피하게 도덕의 약점과 한계를 포함한다. 비록 매 생명개체는 인격의 경지에서 높고 낮음의 구분이 있지만 이러한 구별은 "결함의 다소"에서 구현되는 것이지 "결함의 유무"에서 구현되는 것이 아니다. 인간의 생명에서 본다면 인간은 여전히 유한하고 개인은 모두 "유사성(有死性)"을 벗어날 수 없는 바 어느 누구일지라도 사망을 초월하여 "불휴"에 이를 수 없다. 이 점은 모든 사람들이 사망의 앞에서는 아무런 차이가 없으며 누구도 사망을 초월하여 영구적, 초역사적 입장에서 사고하고 행동하고 생활할 수 없다는 것이다. 요컨대 "유한성"은 인간 생명존재의 불가피한 사실로서 만약 인간 생명의 유한성을 부인한다면 인간을 "상제"의 지위로 제휴한 것이나 다름없어 인간을 추상화와 비현실의 세계로 함몰시킨다.

하지만 "유한성"은 인간에게 있어서는 동물과 같이 그러한 초월불가의 절대적 한계를 의미하지는 않는다. 유한성은 인간이 숙명적으로 따르면서 무위해야 함을 의지하지 않는바, 반대로 인간 생명의 유한성을 승인하는 것은 인간이 끊임없이 초월과 창조하는 전제와 기초이다. 이 면에서 생활은 "우리가 앞으로 무엇이 되는가를 결정하는, 곧 내일에 착안하는 것"이고, "생활은 곧 내일과의 연속부단한 접촉이다."[28] 인간은 그 생존의 유한성을 초월하려는 소망과 영원히 꺼지지 않는 자유를 지향하는 열정과 동경으로 넘친다. 이 점에 대해 사르트르는 "인간의 존재"는 "완전(全)"한 것이 아니라 "공석"을 남겨 놓았다――"인간의 존재"는 "현성"한 것이 아니라 "구성"하는 것이다. 가령 인간 외의 타물이 "시기소시"적 존재에 속한다면

---

28) [西]何·奧·加塞尔:《什么是哲學》, 北京: 商務印書館, 1994, p.122.

인간은 우주에서 "시기소시"와 "불시기소시"가 가능한 존재물이라고 적확하게 지적했다. 이러한 의미에서 우리는 "자유초월성" 역시 인간 생명의 본질적 규정이라고 한다.

"인간의 존재"는 "유한성"을 지닌 동시에 "자유초월성"도 함께 지니고 있는바 이 양자는 외재적 관계가 아니라 내적 연계 속에 처해 있다. 이 연계의 중개물은 별개가 아닌 바로 인간의 생존 실천활동이다. 인류의 실천활동은 늘 아주 구체적인 역사 환경 속에서 발생하는데 따라서 "역사성"과 "비지상성"은 인간의 생존 실천활동의 기본적인 특점을 구성하고 있다. 이와 동시에 실천활동은 또 미래를 향한 초월성 활동인데 늘 목적성과 이상성의 격려와 인도를 받아 유한적인 생존환경을 초월하고 현존상황보다 더 좋은 새로운 생활을 개척한다. 유한성과 초월성, 수성성(守成性)과 창조성 등 상호 대립되는 모순관계는 실천활동 가운데서 부정적 통일을 실현함으로써 인간의 생존으로 하여금 끊임없이 "발전"의 특점을 현시하게 한다.

유한성과 자유초월성의 모순은 변증법적으로 인간의 생존은 마치 "유동"하는 한줄기의 강물과도 같아 그 어떤 지성적, 실체화된 원칙과 교조가 선천적으로 규정할 수 없다. 어떤 만능적인 초역사적 추상 원칙으로 현실 생명을 규정하려는 사유방식은 모두 인간 생명의 생동한 "유동성"을 저애하여 그것을 경직된 원칙의 희생물로 전락시킨다. 여기에서 지성논리는 또 한 차례 자체의 국한성을 폭로한다. 지성논리의 국한성은 바로 변증법의 시작인바, 여기에서 모순법칙과 대립통일의 "법칙"은 또 한차례 그 독특한 해석력을 자랑한다.

이상에서 각각 인간 생명존재의 자연성과 초자연성의 모순관계, 인간 생명 내적 구조 속의 각종 대립 요소의 모순관계, 인간 생명존재 속의 개성과 유성적 모순관계 그리고 인간 생명존재 속의 "유한성"과 "자유초월성"의 모순관계 등 네 개 면에서 인간 생명존재가 지닌 지성논리를 초월하는 "역설성"과 "모순성"의 생존소질을 논의했다. 이러한 생존소질은, 인간은 "자아모순"

적 존재로서 심지어 세계에서 가장 큰 "이율배반"적 존재라고 할 수 있음을 알려준다. 이러한 대상에 대하여 만약 여전히 지성논리의 사유방식을 운용한다면 그 결과는 필연적으로 인간 생명의 현실성, 구체성과 복잡성을 은폐시켜 인간을 혹은 "물화", 혹은 "신화"시켜 그 때문에 인간 생명의 추상과 와해를 초래하게 된다. 인간 생명의 내재적 요구는 기타 생존양식, 생존소질과 상호 적응하는 이론적 법칙이다. 바로 이러한 내적 수요에 따라 변증법의 대립통일 "법칙"과 모순법은 비로소 진정 "태어날 기회가 마련된 것"이다.

(5) 변증법의 "부정의 부정" "법칙"과 인간 변증의 생존본성

"대립통일"의 "법칙"과 마찬가지로 마르크스철학변증법의 "부정의 부정" "법칙"은 마찬가지로 인간의 생명존재 속에 뿌리 내리고 있다.

변증법에서 소위 "부정"이란 외재적인 "배이(排異)"와 "배척"이 아니라 동일한 "사물"의 자아부정, 자아초월인바, 즉 변증적 "부정"은 "자부정" 혹은 "내적 부정"의 일종이다. 이는 "부정" 가운데 "본체"의 기초가 존재하며 "부정"은 이 "본체" 속에서 일관적인 원칙이며 "본체"의 자아초월임을 표명한다. 이를 토대로 소위 "부정의 부정"은 바로 "이중부정" 또는 부정의 "자신관계"이지만 "본체론"에서는 오히려 동일한 것이다. "부정을 끝까지 관철한다면, 부정이 하나의 규정된 보편적인 원칙이 되려면 반드시 그 자반(自反)관계를 포함해야 하며 부정본신은 원칙적으로 볼 때 필연적으로 부정의 부정 ―― 긍정적, 자신존재를 지닌 단순한 원칙이며, 반대로 만약 부정을 자신에게 운용하지 않는다면 그것은 보편적으로 관통되는 원칙이 될 수 없고 그는 아직도 어떤 점에서는, 즉 자신의 신상에는 그 원칙이 적용될 수 없다는 것이다. 그리하여 그것은 외재적 경직관계를 긍정하는 데에서 진정으로 상대를 부정할 수 없으며 단지 간단하게 상대를 배척할 수밖에 없게 된다."[29]

전술한 내용에서 "부정의 부정"은 변증법의 기본 "법칙"으로서 "본체론"의 기본 "법칙"이며 동일한 "본체" 자신의 자아부정과 자아초월을 의미한다는 점이 명확해졌다.

그렇다면 이 "본체"는 무엇인가? 헤겔은 이 본체를 "절대정신"으로 이해
하면서 절대정신을 "생명"이라고 칭하고 이 생명의 능동적 역량은 내재적
"고통"에서 내원하며 이러한 내적 고통은 그로 하여금 끊임없이 자신의 한
계를 타파하고 끊임없이 자아부정과 자아초월을 하도록 촉구한다고 했다.
"생명이 있는 사물은 고통을 감수할 우선적인 권력이 있다고 할 수 있는데
이는 무생명적인 것에는 없는 것이며, 심지어 생명이 있는 사물에서 매 개
별적인 규정성은 모두 부정적인 감각으로 변할 수 있는데, 이는 무릇 생명
이 있는 존재는 모두 보편적으로 생명력이 있기에 그 개별성을 초월하도록
촉구하고 그 개별성을 자신의 내부에 포함하고 있기 때문이다."[30] 절대정
신은 자아활동의 능동성을 지니고 있어서 그것은 자아부정을 통하여 자아
규정과 자아실현에 도달한다.

마르크스는 절대정신의 자아부정과 자아운동은 실질적으로 "무인신(無
人身)적 이념의 자아운동"이며 "헤겔이 유일하게 알고 승인하는 노동은 추
상적이고 정신적 노동"이며 그리하여 그가 말하는 "생명" 및 "생명의 고통"
은 극도로 강한 사변 심지어는 신비한 색채를 띠고 있는 것이라고 지적했
다.[31] 마르크스는 인간 본원적 생명활동, 즉 실천활동에 입각하여 추진 원
칙과 창조 원칙으로서의 "부정성"적 변증법을 인간의 현실 생명 및 역사
발전의 기초 위에 자리 잡게 하면서 "부정의 부정"이 변증법적 "법칙"을 새
롭게 해석했다.

전술한 바와 같이 인간 생명은 자연성과 초자연성, 유한성과 무한성, 역사
성과 초월성 등 다중적 모순관계를 포함하고 있다. 이러한 모순관계의 부동

29) 鄧曉芒:《思辯的張力》, 湖南敎育出版社, 1992, pp.160~161.
30) [德]黑格尔:《小邏輯》, 北京: 商務印書館, 1980, p.148.
31) [德]黑格尔:《哲學史講演錄》第4卷, 北京: 商務印書館, 1978, pp.39~40.

한 방면은 절대 단독으로 존재하는 것이 아니다. 이러한 부동한 모순관계는 상대적로 대립하는 부동한 규정인 것처럼 보이지만 실제는 일체성에 속하는 존재로서 그들 사이에는 내재적 연계가 있는데 이러한 내적 연계의 체제가 바로 "부정"과 "부정의 부정"이다. 부정과 부정의 부정은 실질적으로 인간 생명존재 속의 각종 모순관계를 해결하는 기본 방식으로서, 모순관계의 해결(여기에서 "해결"은 종말 짓는 것을 의미하는 것이 아니라 모순의 보다 더 높은 단계의 표현방식을 가리킴)을 통하여 인간 생명질량의 변천과 승화를 추진한다.

인간 생명 속의 자연성과 초자연성의 관계를 사례로 본다면 완벽한 인간 생명체에서 이 양자는 2원대립이 아니라 양자택일의 관계이다. 자연성의 존재는 인간으로서 필요한 전제이며 개체는 오직 육체의 자연생명 규정을 획득해야만 비로소 진정 생생하게 살아 있는 인간이 되는 것이다. 인간의 자연성질을 떠난다면 자연에 대한 인간의 초월성은 오직 허무맹랑한 유령이 될 수밖에 없다. 하지만 개체는 이로써 만족할 수 없다. 반드시 단순한 자연규정을 초월해야 하는데 실천활동을 통하여 자연을 "부정"해야 한다. 이러한 의미에서 인간은 동시에 초자연성을 지닌다.

여기에서 초자연성은 절대자연성에 대한 간단한 포기가 아니라 자연성을 내재적 단계로 자신의 내부에 융합하는 것을 말한다. 인간은 자연에서 왔기에 자연의 아들이며 이 사실은 인간의 자연성에 대한 초월은 실질적으로 자연의 자아초월일 따름이며 인간의 자연성의 초월은 근본적으로 자연의 에너지를 충분히 이용하고 동원하는 데 지나지 않으며, 자연생명으로 하여금 내포한 창조적 잠재 능력을 인간의 감성적 실천활동에서 충분히 구현한 것이다. 환언한다면 인간의 자연성의 초월은 자연성을 전연 돌보지 않는 것이 아니라 내재적 초월과 변증적 "부정"으로서 인간의 실천활동은 자연성과 초자연성, 양자를 하나로 융합하여 부정성의 통일을 실현한 것이다. 이리하여 자연성과 초자연성은 상호 규정하는 관계를 형성했는데 전자는 반드시 후자를 추구의 목표로, 후자는 반드시 전자를 실체적 의탁으로

하여 각자는 상대를 통하여서만 자신의 가치를 실현할 수 있는 것이다. 이러한 관계가 바로 "부정성"의 관계의 하나이다.

이러한 "부정"성에서 출발하여 인간의 생명은 필연코 정지가 아닌 동태적인 발전상태로 표현되고 여기에 "정제(正題)"에서 "반제(反題)"에, 다시 "합제(合題)"에서 "부정의 부정"에로 이르는 변증 과정이 포함된다. "자연성"에서 "초자연성"으로, 다시 자연성과 초자연성을 일체로 융합하는 인간 생명의 "총체성"에 이르기까지, 그 과정에서 구현한 것이 바로 인간 생명 내재적 초월의 자아발전 궤적이다. 헤겔은 추진 원칙과 창조성 원칙으로서의 변증법을 해석할 때 정-반-합, 즉 긍정에서 부정으로 다시 부정의 부정에 이르는 삼단론을 정신운동을 설명하기 위한 기본 원칙으로 삼았다. 사실 만약 우리가 인간 생명의 특성에서 이해한다면 이 원칙이 표현한 것은 바로 인간의 끊임없는 초월과 발전의 본성이다. 그리고 역사적 시각에서 볼 때, 이러한 초월과 발전은 끝이 없으며 인류 총체적 성장 과정은 항상 끊임없이 자연성을 기본 전제로 또 끊임없이 자연성을 초월함으로써 인간 생명의 "현실성"을 형성한다. 이 시점, 이곳에서 일정한 역사시기에 지녔던 "현실성"적 인간의 생명은 역사의 발전에 따라 또 그 현실성과 합리성을 상실할 수도 있는데, 그것은 필연적으로 또 어제의 나를 "부정"할 요구를 제기하여 보다 높은 차원의 생명경지를 추구하고자 하기 때문이다. 개체의 성장 과정이든 인류 전반의 성장사이든 모두 영원히 끝이 없는, 끊임없는 자아부정, 자아초월의 과정이다. 인간은 바로 이 과정에서 한걸음 한걸음씩 성숙하고 장대하는 것이다.

자연성과 초자연성의 모순관계와 마찬가지로 인간 생명존재의 기타 모순관계, 가령 인간의 개성과 유성의 모순관계, 인간의 물질성과 정신성의 모순관계, 인간의 유한성과 무한성의 모순관계 등은 모두 전술한 부정성의 방식으로 해결되는 것이다. 부정을 통하여 끊임없이 속박을 벗어나고 자유를 추구함으로써 자아의 발전을 실현하는데, 이것이 바로 "인간의 존재"의 본성이다. 바로 이러한 의미에서 마르크스는 "부정성"변증법의 가장 큰 공헌은 바로 인간의 자아생산을 하나의 과정으로 간주하고 대상화를 대상을 상실하는 것으로, 외화와 이러한 외화의 양기로 간주하는 것이라고 강조했다.

대립통일의 "법칙"과 마찬가지로 부정의 부정 "법칙"도 역시 인간의 생존 실천활동과 "인간의 존재" 위에 뿌리내리고 있으며 오직 생존론본체론의 시야에서만이 비로소 그 이론적 합법성을 획득할 수 있다.

이상에서 우리는 변증법의 "연계"와 "발전"의 원칙, 그리고 "대립통일"과 "부정의 부정" "법칙" 이러한 전부의 변증법체계에서 중요한 지위를 차지하는 "원칙"과 "법칙"의 진실한 내용과 이론적 토대를 분석했다. 그 가운데서 우리는 변증법의 초상규적인 "이론논리" 및 인간 특유의 생존적 "존재논리"는 완전히 일치한 것이며 변증법은 본성상에서 "인간의 존재"에 관한 "귀속논리"이다. 인간의 생존실천활동 그리고 "인간의 존재"는 변증논리라는 이 지성논리의 신형논리적 "진리내용"과 구별되며, 그리하여 변증법 제반 원칙의 내적 통일의 심층적인 근거를 구성했다. 이러한 분석을 통하여 우리는 변증법은 오직 생존론본체론의 토대 위에 뿌리내려야 비로소 진정으로 그 이론합법성을 획득할 수 있으며 그 전반 이론체계 및 기본 "원칙"과 "법칙"도 비로소 이해 가능하다는 점을 보다 깊이 터득할 수 있다.

∾ 제5장 ℃
마르크스철학변증법의 생존론 지취

1. 마르크스철학변증법: "자유"로운 이론표징

　　인간 본원성의 생명활동과 생존방식을 토대로 한 마르크스철학변증법은 다시는 세계에 관한 기계적 구조와 일반 과정의 "세계모식론"도 아니고 인간과 무관한 객관세계의 영구한 진리를 탐구하는 지식체계도 아니며, 심지어 사유와 존재의 모순의 해결을, 양자 통일을 탐구하는 사유활동원칙도 아닌, 이미 인간의 생명자유의 이론적 표징이 되었다.

　　헤겔변증법은 "정신적 본질은 그 존재, 바로 그의 활동에 있다"고 했다. 앞서 논증한 바와 같이 사실 여기에는 이미 이러한 내용, 즉 "자유는 정신의 유일한 진리이다"는 의미가 내포되어 있다. 마르크스는 헤겔의 "정신"(절대정신)을 토대와 캐리어로 삼는 변증법을 다시 생존 실천활동의 토대 위에 위치시키면서 "하나의 종적 전반 특성, 종의 유 특성은 바로 생명활동의 성질에 있으며 자유로운 의식적 활동이야말로 인간의 유 특성이다."[1]고 강조함으로써 "자유생명"에 대한 주목을 보여 견실한 생존론 본체성 토대를 획득했다. 그것은 변증법은 본질적으로 인간 자유생명의 자각적인 이론표현으로서, 또는 변증법은 자유생명 품성의 표현과 상징이라는 것을 표명하고 있다.

---

1) 《馬克思恩格斯文集》第1卷, 北京: 人民出版社, 2009, p.162.

"자유"는 인간에게 있어서 상당히 익숙한 개념이다. 마르크스의 철학 교과서이든 아니면 일상의 대화 중에서든 "자유"는 모두 그 뜻이 자명한 개념으로 사용된다. 하지만 자세히 반성해보면 인간의 자연스러운 이해 가운데 놀라운 오해가 들어 있다는 것을 발견할 수 있다. 그리고 보다 아이러니컬한 것은 인간은 "자유"를 이해하려는 목적을 시작으로, 결과는 이러한 "자유"에 대한 이해에서 "부자유"로운 경지로 함몰되었다.

"자유" 개념에 대한 여러 가지 세속적인 이해 가운데 가장 유행하는 견해는 자유는 필연에 대한 인식으로서 인간이 인식한 법칙이 많을수록, 장악한 지식이 많을수록 인간은 더욱 자유롭다는 것이다. 여기에서 "자유"는 완전히 순수한 지식론 개념으로서 지식과 관련된 것이지 인간의 생명활동과 관련된 개념이 아니다.

위의 이해에 대해 중국에서는 이미 다음과 같은 예리한 지적이 있었는데, 즉 이러한 자유관은 "현실 생활에서 필연코 엄준한 도전에 직면하게 된다. 첫째, 만약 자유를 단순한 인식론 문제로 환언된다면 풍부한 전문지식을 갖춘 자연 과학자, 공정사, 사회학자, 의사, 심리학자 등은 필연코 세계에서 가장 자유로운 사람이 된다. 둘째, 만약 필연적 자연계의 발전의 법칙과 사회존재 발전의 법칙 사이에 근본적인 차이가 존재하지 않는다면 자연과사회의 근본적인 차이는 또 어디에서 표현되는가? 무엇 때문에 칸트는 자연과 자유, 이론특성과 실천이성을 엄격하게 구분하였는가? 셋째, 만약 인류문화가 발전할수록 자유로운 것이라면 무엇 때문에 당대인은 과학기술이 고도로 발전한 상황에서 소외의 곤경에 빠지는 것인가"[2]라는 것이다. 이는 "자유"를 순수한 지식론 개념으로 이해하는 결과는 필연코 논리적으로 "자유"를 자아역설로, 즉 "자유"는 스스로 자기를 죽이기에 "자유"는 "부자유"를 초래하는 것이다.

---

2) 俞吾金: 《自由概念兩題義》, 載《开放时代》, 2000(7).

진정으로 자유의 진정한 의미를 이해하자면 관건은 자유의 진실한 이론적 토대를 이해하는 데 있다. 이러한 토대는 오직 인간 특유의 생존본성 속에 존재해야 하며 "자유"는 본성적으로 생존론 개념이어야지 지식론 개념이 아니어야 한다.

마르크스철학의 생존 실천관점에 입각하여 생존론 시각에서 자유를 이해한다면 "자유"는 다음과 같은 몇 층의 근본적인 의미를 포함한다. (1) "자유"는 인간 생명의 "자성(自性)"을 의미하는 바, 즉 인간의 생명은 인간 생명 이외의 그 어떤 원인이 결정하는 것이 아니라 자기 스스로가 자기의 원인과 이유로써 생존 실천활동을 통과하여 외재적 이재의 물(物)의 속박을 이탈하고 자기가 자기를 규정, 주재하는 것으로써 "자유"의 제1층의 규정을 구성했다. (2) "자유"는 생명에 대한 "자신"을 의미, 즉 자신의 창조성과 생존 실천활동을 통하여 생명의 고유의 잠재적 능력을 발휘하여 생명의 자아가치를 실현할 수 있다. (3) "자유"는 생명의 "자족"을 의미, 즉 생존 실천활동을 통화여 대상화의 활동에서 "자기를 2원화, 자기를 괴리"함과 아울러 또 스스로 "자기를 발견", 스스로 "자기를 회복"하며, 스스로 "자기를 확정"하는 바, "이가(離家)"의 길은 "귀가"의 길과 동일한 길이며 "대상"에 있는 것이 바로 "자기의 집"에 있는 것이다. (4) "자유"는 생명가치의 "자아확인"을 의미, 즉 인간이 자기의 생존 실천활동을 통해 세계를 위해 가치를 창조하는 동시에 자아가치를 창조하지만 스스로 자기가 가치의 원천이며 창조자이며 스스로 자신가치가 안신입명의 토대라는 점을 알고 있다.

인간 생명의 "자성", "자신", "자족"과 "자아확인"은 바로 생존론본체론의 시각에서 "자유"에 대한 해석이다. 이러한 이해는 지식론 시각의 해석과는 근본적인 구별이 있는 것이다. 이는 인간의 지식으로 자유의 근거를 구성하는 것이 아니라 지식론 의미에서의 "자유"는 오직 인간의 생존론본체론의 의미에서의 "자유"를 토대로 삼아야 비로소 진정으로 가능한 것이다.

"자유"에 대한 전술한 생존론본체론의 이해에 입각하여 다시 마르크스

철학변증법의 생존론 의미를 해석한다면 전술한 이러한 자유정신이 바로
변증법의 가장 본질적인 정신을 구성하고 있으며 생존론 변증법은 전술한
생존론본체론 의의에서의 자유정신과 심층적으로 일치성을 지니고 있음을
발견할 수 있다.

　전술한 논증에서 생존론본체론의 토대 위에서 변증법의 이론본성은 더
이상 세계의 일반적인 풍경도, 지식론 의미에서의 사유와 존재의 모순을
해결하는 사유능동의 활동 원칙도 아닌 인간의 생명존재에 관한 "귀속논리"
이다. 이는 지선논리와 중대한 차이가 있는 논리로서 이러한 "논리"로서 인
간을 이해한다면 인간의 존재는 현성의 물(物)과 근본적으로 구별되는 존재
이다. 인간의 생명은 "자성"적이고 현성의 물(物)은 "타성"적이며, 인간의
생명은 "자신"적이고 현성의 물(物)은 "타신"적이며, 인간의 생명은 "자족"적
이고 현성의 물(物)은 "의존"적이며, 인간의 생명은 "자아확인"적이고 현성
의 물(物)은 "피확인"이 필요한 것이다. 가령 물종의 경우 고유한 단일의
척도가 선천적으로 그의 전부 존재를 규정하고 이러한 의미에서 물종은 철저
히 "필연성"적인 존재가 되었다면 이는 인간이란 이 특유의 "물종"에게 있어
서 그 특수성은 실천활동을 통하여 선천적인 "물종" 척도를 돌파하고 끊임없
이 새로운 척도를 생성하고 창조한다. 즉 인간의 척도는 "현성"적인 것이
아니라 자 "구성"적인 것이며 "자유성"은 "필연성"이 아닌 인간 생명의 기본
적 특질이다. 이에 대해 마르크스는 고도로 개괄하여 "인간은 유 존재물로서
인간이 실천과 이론적으로 유를——그 자신의 유 및 기타 물종의 유——
자기의 대상으로 삼았기 때문만이 아니라 또——이것은 단지 동일 종류
사물의 다른 설법——인간은 자신을 현유의 유 생명인 유로 상대하기 때문
이며 인간은 자신을 보편적인, 그리하여 자유적인 존재물로 상대하기 때문
이다"[3]고 했다.

3) 《馬克思恩格斯文集》第1卷, 北京: 人民出版社, 2009, p.161.

인간의 생명본성에서 기인한 이러한 이해로 변증법은 일체 교조와 원칙에서 출발한 형이상학의 사유방식을 반대했다. 형이상학 사유방식은 추상적, 절대적 규정성에 편중하는데 그 잠언은 시(是)는 시, 불시(不是)는 불시, 그 외에는 모두 귀신 씨나락 까는 소리라는 것이다. 이러한 사유방식과 "현성의 물(物)"은 고유한, 단일 척도의 존재방식은 완전히 일치한 것이지만, 인간의 생명은 자기가 "구성"한 자기의 "자유" 원칙에 근거하여 존재하기 때문에, 이 점이 그 내적 요구가 형이상학 사유방식과는 본질적인 구별이 있는 신형의 사유방식, 즉 변증법적 사유방식임을 결정한다.

이러한 의미에서 인간 생명의 자유본성과 천부적인 자유정신은 변증법의 이론정신과 완전히 일치한 것이다. 헤겔의 유심주의변증법에서 이러한 자유정신은 이미 이재적 형식으로 표현되었다. 헤겔의 변증법은 "절대정신"을 변증법의 토대와 캐리어로 삼는데 "절대정신"의 가장 근본적인 특성은 "자립"의 "자유본성"이다. 이리하여 절대정신이 "자유"롭게 변증의 한 과정으로 전개될 때 변증법은 자유정신을 표징하는 이론성질로서 역시 그에 따라 전개된다. 마르쿠제는 『이성과 혁명』에서 독일유심주의가 프랑스혁명의 이론이라는 점은 그들이 프랑스혁명을 위해 이론적 선도를 제공했음을 가리키는 것이 아니라 그들이 "이론성 기초에서 국가화 사회를 건립하여 사회제도와 정치제도가 개인의 자유와 이익에 부합되는 프랑스대혁명을 상대로 제출한 일종의 도전과 반응"[4]으로서 그들이 프랑스대혁명의 "독일 종교개혁으로부터 시작된 개인의 자유를 자기 운명의 주인으로 만드는 사명의 완성"을 고평가했기 때문이며, 따라서 이론적 방식으로 프랑스대혁명에 공명을 표현했다. "인간의 세계에서의 지위, 그의 노동방식과 오락방식이 더 이상 어떤 외재적인 권위에 의거하지 않고 그 자신의 자유로운 이성활동에 의해 결정된다. 인류는 이미 자연과 사회역량의 노역을 받던 기나긴 유년기를 지나,

---

4) [美]馬尔庫塞:《理性與革命》, 重慶: 重慶出版社, 1993, p.1.

그리고 이미 점차 자아발전의 독립적 주체를 형성하였다. 지금부터 인간과 자연과 사회조직 속의 투쟁은 인간 자신이 지식상의 진보로써 지도하는 것이다. 세계는 이성이 지배하는 세계여야 한다."[5] 이는 사실 헤겔을 대표로 하는 독일 유심주의철학은 실질적으로는 사변적 방식으로 프랑스대혁명의 "자유정신"을 표현함을 의미한다. 바로 이러한 의미에서 당대 어떤 철학가들은 헤겔은 비록 사상적으로 난삽하고 추상적이며 그 체계도 극히 방대하고 엄숙하지만 골자에는 "실천철학"의 범주에 속하는바, 그에게 있어서 "자유", "정신"과 "이성"은 이미 순수한 인간 세상을 멀리한 추상적 범주가 아니라 이미 인간의 생명충동과 의향을 깊이 포함하고 있으며, 따라서 실천 영역에서 이미 내적 관련이 있기 때문이라고 주장한다. 하지만 헤겔의 변증법의 "자유정신"에 대한 이러한 표현은 여전히 논리에 대한 미련에 빠져 있고 이는 이중적 이론곤경을 내포하고 있는 것이다. 첫째, 그것은 논리이성과 인간의 생명을 동등시하기에 그 결과는 논리로써 생명을 해소하며 사변적 논리로 생명의 현실논리를 대체하고 완벽한 인간의 생명을 최후에는 단순한 이성논리로 증발시켜 최종적으로 "수정궁(人晶宮)에 사람을 볼 수 없는" 종말로 나가기에 "절대정신"의 변증법도 이 때문에 인간을 적대시하는 경향을 지니게 된다. 둘째, 그들은 "전체적 자유성"과 "단계적 필연성"의 통일을 시도하는데 이는 필연코 "자유정신"을 자아모순과 자아저촉의 국면에 함몰시켜 "자유"의 절대정신적 변증운동은 오히려 절대적인 "필연"의 원칙을 준수해야 하고 "이성의 교힐(狡黠)"은 구체적인 매개 생명개체로 하여금 "NO"를 표할 자유의 권리를 잃고 "자유"의 절대적인 이념에 복종하기 위하여 생명개체는 반드시 부득이하게 자기의 자유를 제물로 절대이념의 개선 도중에 헌납하게 된다. 이러한 필연성적인 "자유"는 아이제이아 벌린(Iisaiah Berlin, 1909~1997)이 지적한 "소극적 자유"와 상대한 "적극적 자유"와 유사한바 만약 현실

---

5) 동상서, p.2.

실천에서 관철된다면 개인의 자유를 박탈하는 대가로 독재와 공포를 초래할 것이다.

마르크스는 헤겔의 절대정신은 "형이상학적으로 변장한" "현실의 인간과 현실의 인류"[6]이다. 따라서 소위 절대정신의 변증운동이란 "형이상학적으로 변장"한 "현실의 인간과 현실의 인류"의 변증활동에 지나지 않은바, 즉 "자유자각"적 생존 실천활동이다. 이러한 의해는 헤겔의 절대정신을 토대와 캐리어로 하는 변증법의 정초를 "현실의 인간과 현실의 인류"의 실천활동 토대 위에 앉혀서, 절대정신의 "자유"는 곧바로 "현실의 인간과 현실의 인류"의 생명활동의 자유로 치환된다. 이러한 "형이상학의 전도"를 통하여 변증법이 표현하는 "자유정신"은 헤겔철학의 그러한 독단적이고, 독재적인 분위기를 포기하고 진정으로 현실 인간의 생존 발전의 "자유생명의 학설"이 된다. 여기에 헤겔변증법의 전술한 이중 곤경은 근본적인 반전을 가져오게 된다. 첫째, 현실의 인간과 현실의 인류의 생존 실천활동에 입각하여 변증법의 토대는 더 이상 정신적인 절대이념이 아니라 인간의 정체성, 구체성의 현실 생명존재이다. 여기에서 출발하여 변증법이 표현하려는 "자유정신"은 더 이상 논리이성의 기초 위에 건립한 추상적이고 공동한 자유가 아니라 인간의 생명정체 속의 현실적인 자유를 구현한——인간의 자유로운 본원적인 근거는 그의 이성적인 주체에 있는 것이 아니라 그가 자기의 생존 실천활동을 통하여 스스로 자기의 생활을 창조하는 존재자라는 데 있다. 마치 마르크스의 지적처럼 "개인이 어떻게 자기의 생활을 표현하면 그들 자기도 어떠한 것이다", 인간이 "어떠하면 이는 그들이 생산과 일치한 바——그가 생산하는 것과 일치할 뿐만 아니라 그들이 어떻게 생산하는 것과도 일치한 것이다."[7] 인간은 실천활동을 통하여 스스로 자기의 생활을 창조하고 또 이 과정

---

6) 《馬克思恩格斯文集》第1卷, 北京: 人民出版社, 2009, p.342.
7) 《馬克思恩格斯全集》第3卷, 北京: 人民出版社, 1960, p.24.

에서 자신을 창조하며 비로소 자유의 참뜻을 알게 된다. 둘째, "현실의 인간
과 현실의 인류"의 실천활동에 입각한 자유성은 더 이상 "단계의 필연성"에
의존하지 않고 역사에 토대를 두고 미래를 지향하는 "혹연성(惑然性)"과 "가
능성"으로 구현된다. 만약 헤겔의 유심주의변증법이 이성을 인간의 선험적,
영구적 원칙을 초월하여 인간의 전부생활을 사전에 규정하여 실질적으로
인간의 "자유"를 최종적으로 존재하지 않는 것으로 만든다면 마르크스에게
있어서 이러한 선험적, 본질적, 전정적인 이성 원칙에서 출발하여 문제를
사고하는 사유방식은 철저히 부정된다. 마르크스는 인간의 생명존재가 현성
의 물(物)과 부동한 하나의 가장 중요한 분야는 바로 후자는 완전히 그 물종
척도의 지배를 받고 인간은 아무런 선험적 척도의 제한을 받지 않을 뿐만
아니라 "자기의 척도"를 운용하여 곳곳에서 자기의 생활을 창조한다. 이 사
상은 마르크스가 역사를 논의할 때 분명하게 표현하였는바, "역사는 아무것
도 하지 않는다. 그는 '어떤 놀라운 풍부성도 없고' '아무런 전투도 하지
않았다' 기실 바로 인간, 현실적, 생생한 인간은 이 모든 것을 창조하고 있으
며 이 모든 것을 옹위하기 위해 전투하고 있다. '역사'가 인간을 수단으로
삼아 자기의 —— 역사는 독특한 매력을 지닌 인간——목적에 도달하려는
것이 아니다. 역사는 자기의 목적을 추구하는 인간의 활동일 따름이다."[8]
즉 선험적, 전정적 추상 원칙으로 인간의 미래에 대한 규정이 없고 인간은
역사활동의 도구가 아니라 자기 역사의 "자성", "자신", "자족"과 "자립"적인
규정자이며, 오직 이러한 의미에서만이 인간은 비로소 진정한 의미에서의
천부적인 자유본성의 존재물이 되는 것이다.

이상의 논의에서 인간의 생존 실천활동을 토대와 캐리어로 하는 자유정
신은 진정으로 마르크스철학변증법의 근본적인 이론정신이 된다. 마르크
스철학변증법은 진정으로 인간의 자유로운 생명활동을 표현하는 "자유의

---

8) 《馬克思恩格斯文集》第1卷, 北京: 人民出版社, 2009, p.295.

학문"이다. 자유정신을 떠난다면 변증법은 인간과 무관한 추상적 응고된 교조 무더기로서 무생명적인 죽어버린 체구에 지나지 않는다. 인간의 자유 생명을 구속하는 데에 그것은 아무런 가치 있는 것도 제공할 수 없다. 역사 상 존재했던 변증법에 관한 여러 가지 무근거한 이해는 바로 이러한 가장 소중한 생명자유정신을 상실했기에 모두 인간의 현실 생명과 적대의 입장 인 이론괴물로 변한 사실은 여기에 대한 가장 유력한 방증이다.

2. 대화와 관용: 마르크스철학변증법의 중대한 이론정신

"자유" 정신과 동반되는 "대화"와 "관용"은 마찬가지로 마르크스철학변 증법의 중요한 이론정신을 구성한다. 가령 "자유"와 상대하는 것이 "경직" 과 "독재"라고 한다면 "대화"와 "관용"과 상대하는 것은 "독단"과 "패권"이 다. 변증법의 이론정신은 "경직"과 "전제"와 대립될 뿐만 아니라 또 "독단" 과 "패권"과도 대립된다.

철학사적으로 고찰한다면 "대화"와 "관용"은 변증법의 본원적 함의이다.

어원적으로 본다면 "변증법"은 형용사 "dialegomai"라는 음성의 명사화 이고 "dialektiktikos"는 동사 "dialegomai" 또는 "dialego"가 그 내원이 다. 어근 lego는 두 가지 함의가 있는데, 즉 하나는 "적취(摘取)", "선택"이 고 다른 하나는 "담론", "언설"이다. "dia"은 전치사로서 항상 다른 단어와 조합되며, 뜻은 "통과", "오다", "목적도달" 등이다. "dia"와 "lego"로 구성 된 "dialego"와 "dialegomai"가 있는데, 기본적인 뜻은 "상호 담론"과 "조 리 있게 말하는 능력"이다. 그 뜻을 약간 바꾸면 일반적인 "대화" 혹은 "토 론"이 되는데 이로써 "dialektiktikos"를 형성, 대화와 변론을 통하여 논증 에 이르는 방법과 학문이 되는 것이다.

철학사에서 변증법은 최초로 고대 그리스의 변론 전통에서 기원되었는데, 그 가장 원초적인 뜻은 "대화"라는 사상방법으로서, 즉 대화, 상호 변론을 통하여 명제 또는 사물의 모순을 게시하고 모순 속에서 어떤 상대적으로 확정된 결론을 도출한다는 것이다. 소크라테스는 "자기가 자기를 아는 것은 무지"라는 것을 전제로 다른 사람과의 "대화"를 통하여 그의 "변증법"의 실천을 실행하였는데 그 가장 근본적인 지취는 아테네인의 맹목적인 오만함을 폭로하고 그들로 하여금 독선적인 독단에서 깨어나도록 하려는 것이었다. 가다머는 소크라테스의 변증법의 원초적인 동기를 평론하면서 "소크라테스의 문제는 하나의 새로운 문제인바, 즉 어떤 물종이 '무엇인가'의 문제이다. 이는 회의로서 어떤 물종의 인간도 그가 무엇을 말하고 있는지 모를 수 있는 경험을 기초로 한다는 것을 말하고 있다. 바로 수사술과 일반적으로 접근한 신념이 이러한 무지를 아주 위험하게 만든다. 따라서 반드시 이러한 위험을 제거할 희망이 있는 새로운 예술을 건립해야 한다. 이러한 새로운 예술은 일체 지식과 견해를 제거할 수 있고 최종적으로 혼란에 빠뜨리는 위험한 방식에 의해 토론을 인도한다." 환언하면 변증법의 시원적 이론의 지취는 "대화"와 "변론"을 통하여 "주류지위"에 있던 경직화된 "사상패권"을 전복함으로써 그들에게 가능하게 존재하는 "자아모순"과 "표류무근"함을 게시하는 데에 있다. 변증법은 그 본원에서 관용적, 자유적 심령습성을 과시하였는바, 독단, 독백과 패권에 대한 항의와 해체의 의향을 표현하였으며 따라서 아주 선명한 이론사상의 "대화"와 "개방"정신을 드러냈다. 의미 있는 것은 이러한 심령의 자유습성과 이론상의 대화의식은 그 시작부터 독단적이고 영략한 압살을 당했는데 소크라테스 "대화"의 변증법이 드러낸 대화와 개방의식은 아테네 법정에 의해 "종교 모독"과 "청년 독해"라고 선고되었고 이 변증법의 개척자도 끝내는 말문이 막히고 대화를 배척하는 사회역량의 박해로 사망했다.

변증법은 그 탄생의 시작부터 "독백", "절대권위" 및 "사상패권" 등 일체 언론을 저애하는 독단적인 경향과 계선을 긋겠다는 강렬한 동기를 보여주었다.

변증법의 이러한 "대화"위도는 전통 형이상학 중 일시 실체본체론의 독재 권위에 의해 질식당했는데 현대 서양철학의 언어가 생활세계로 전향함에 따라 변증법의 "대화"의 의의도 신생을 획득했다. 현당대 서양의 많은 철학 가들의 교류와 대화의 언론실천은 사상주제를 중점적으로 천명한다. 하버마스, 베른슈타인(Eduard Bernstein, 1850~1932), 카를오토 아펠(Karl-Otto Apel, 1922~2017), 가다머 등은 변증법이란 근본적으로 세계의 객관지식에 관한 계통이 아니라 대화, 교류의 활동과 실천이라고 주장했다. 대화와 교류는 인간 본원성의 생존양식과 생존경험을 구성하는바, 바로 "대화", 담론의 왜곡의 제거, 인류공동체의 형성을 추진하는 실천 가운데서 "생활세계"의 이성은 비로소 진정으로 가능한 것이며 전통 형이상학의 객관주의와 절대주의도 진정으로 초월되는 것이다.

"대화" 정신과 "관용" 정신은 밀접한 관계이다. "관용"에 대해 부동한 학과, 부동한 사람들은 각기 부동한 해석을 하고 있다. 권위적인『대영제국백과전서』의 해석에 의하면 관용(라틴어 tolerare)은 다른 사람의 행동과 판단의 자유를 허용하며 자기 또는 전통 관점에 동의하지 않는 견해에 대한 인내심과 공정한 용인을 의미한다는 것이다. 하지만『정치학의 블랙웰백과사전 *he blackwell encyclopedia of political science*』에 의하면 관용은 한 사람이 비록 필요한 권력과 지식을 구비하였다고 할지라도 자기가 찬성하지 않는 행위에 대해 저지, 방해 또는 간섭하지 않는 심중한 선택을 가리킨다. …… 관용은 정확한 부동한 의견에게 여지를 두는 판단을 요구한다. 인간들이 생활에서 "관용"에 대한 이해는 더욱 다양하다. 가령 공자는 "군자화이부동, 소인동이불화"라고 했으며 사람들이 늘 말하는 "하나의 세계, 다양한 소리" 등은 모두 "관용"에 대한 나름대로의 해석이다. 이러한 것들을 가령 이론적으로 개괄한다면 이른바 "관용"정신이란 본질적으로 차이, 구별, 모순, 다양성에 대한 용인의 정신인바, 따라서 추상적인 "동일성", "절대성", "총체성", "실체성"

의 담론패권에 대한 반항과 비판의 정신이다. 변증법은 구체적인 학과의 "관용"에 대한 여러 가지 특수한 이해에 섭렵하지 않지만 이론정신적으로 구체적인 학과와 관용에 대한 호소와 논증에는 심층적인 일치성이 있는데 주로 변증법이 여러 가지 상반되는 이질적 관점이 충분히 자신을 표현할 수 있도록 허용하며 이 과정에서 쌍방이 원래의 경직된 대립을 포기하고 그 어떤 종합에 이르도록 한다는 데 있다. 그것은 내재적으로 "대립"과 "모순" 가운데 사고할 것을 요구하기에 변증법의 이론정신은 모순성, 다양성과 차이성에 대한 용납정신이며, 추상적 "동일성"과 "실체성"에 대한 배척과 비판의 정신인바, 이 점이 바로 "관용"의 정수인 것이다.

진일보 학리적인 시각에서 고찰한다면 변증법이 과시했던 "대화"와 "관용"정신은 지성 형이상학의 독단과 독재성에 대한 초월과 극복에서 드러난다. 철학 발전 과정에서 변증법은 전통 형이상학 실체론본체론의 이론범식과 근본적으로 구별되는 참신한 이론범식이다. 변증법은 지성 형이상학의 대립면과 초월자로 출현하고 지성 형이상학의 특점은 바로 "독단성"과 "독재성"인데 그것은 근본적으로 "대화 배척", "절대 관용 불가"의 이론적 사유방식을 대표하는 것이다. 변증법은 그것들을 대신하고 그에 대해 비판적 태도를 시도하는 이론범식으로서 그 중대한 지취는 지성 형이상학의 독단성과 독재성을 해소함으로써 "대화"와 "관용"의 심령습성을 과시하고 수호하는 것이다.

지성 형이상학의 사유방식은 "사유의 규정인즉 사물의 규정이며 이러한 전제에 근거하여 사상을 견지하면 일체 존재를 인식하고 따라서 무릇 사유가 생각한 본신은 곧바로 인식되는 것이다. …… 그들은 추상적 고립 사상개념 즉 본신의 자족을 진리를 표현하는데 사용하고 또 효과적이라고 주장했다."[9] 그것에는 다음과 같은 몇 개 중요한 특점이 포함된다. (1) 유한성과 편면성:

---

9) [德]黑格尔:《小邏輯》, 北京: 商務印書館, 1980, p.95.

그것들은 인식할 때 의지하는 주요 인식도구는 추상이지적 지성규정인데, "무릇 직접적, 개별적으로 얻은 사유규정은 모두 유한적인 규정이다"[10], "판단의 형식은 늘 편면적이고 그것이 편면적이라고 할 때 그것은 진짜가 아니라는 것이다."[11] "유한성"과 "편면성"은 지성사유의 본질적 속성이다. (2) 배타성: 지성사유는 늘 고립적으로 사물의 규정성을 대하고 설사 각종 규정성의 관계 속에서도 "여전히 그 규정성의 고립 유효성을 유지한다."[12] 그것은 늘 유한적, 편면적 지성규정에 집착하면서 그것을 고정적, 독립자존적 것으로, 자초지종 진리본신으로 간주한다. 따라서 그것은 늘 자기와 상반되는 기타의 규정을 배척하고 기타의 규정을 진리의 "반대물"로 부정하며, "편면적인 지성규정을 견지하고 그 반대면을 배척"[13]하는데 바로 "배척이기", "동이불화"로써 지성 사유방식의 또 하나의 본질적 속성을 구성한다. (3) 독단성: 지성사유는 양자택일의 사유방식으로서 이러한 사유방식에 따라 형성한 "형이상학은 곧 독단론이 된다. 그것은 유한규정의 본성에 따라 이러한 형이상학적 사상은 반드시 두 개의 상반되는 논단 중에서 …… 그 하나를 진으로 긍정하기에 다른 하나는 기필코 착오적인 것이다."[14] 그의 잠언은 바로 시는 시요, 불시는 불시이고, 이외에는 모두 귀신 씨나락 까먹는 소리라는 것이다. 그것은 차이, 모순, 다양성, 영활성과 복잡성을 승인하지 않고 오직 고집스럽게 추상의 동일성을 진리본신으로 응고화하고 절대화하려고 한다.

이상의 세 개 내적 연계의 특징은 지성사유방식은 추상적 "동일성"을 견지하고 "차이성"과 "다양성"을 배척하며 고립적인 "실체성"을 견지하고 "부

---

10) 동상서, p.96.
11) 동상서, p.100.
12) 동상서, p.176.
13) 동상서, p.101.
14) 동상서, 같은 쪽.

정성"과 "모순성"의 사유방식을 반대하기에 그 본질적으로 "독백"적, 대화
거부적, 불관용적 사유방식이다.

전통 형이상학의 기나긴 발전과정을 살펴보면 그것은 지성사유를 고집
하였기에 "동일성"에 대한 추구로써 그의 가장 강력하고 지구적인 이론적
충동을 구성하고 거의 전통 형이상학의 모든 유파를 석권하고 전통 형이상
학 철학가 거의 전부의 이론사유와 가치 취향을 통제했다. 이러한 철학가
는 바로 앞서 칭했던 "실체본체론"의 전통 형이상학이다("실체주의" 또는 "실
체론"철학으로 약칭).

"실체론"철학의 이론사명은 아주 명확한바, 이 복잡다단한 세계에서 하나
의 절대적 중심과 최종의 기초를 확정함으로써 차안세계의 사람들을 대신하
여 하나의 철저히 이론의 무궁한 후퇴를 막아내고 그 출발로 일체를 설명할
수 있는 최후의 근거를 찾는 것이다. 그 인간들에게 최종적 재판권의 최고권
위를 제공하는 것이다. 이 최고권위는 바로 유일한, 절대적 "실체"이다.

"실체론"철학은 역사적으로 표현 형식이 다종다양했는데, 부동한 철학
유파가 설계한 "실체"는 각각 부동한 것이다. 하지만 그들은 모두 공동으로
지성사유방식을 관철하고 이러한 사유방식에 대한 관철이 있기에 그들이
설계한 "실체" 부분은 모두 아래와 같은 공동적인 특징을 향유하고 있다.

(1) 절대 진실성과 완미성. 그것은 현상 배후에서 현상의 순수한 초험본
질 영역을 규정화며 허황하고 부실한 현상으로서 "실제"만이 진상의 소재
로서 어떤 허위, 착오와 오염된 "본래존재"를 피면한다.

(2) 절대동일하고 영원재장적이다. 실체는 일체 "차이"를 "동일" 속에 통
섭하고 장래와 과거를 현재의 영구 속에 통섭하는바 그것은 "1원성", 보편
적 "절대통일체"이다.

(3) 그것은 종국적인 목적과 가치 원천이다. 그것은 영구적인 진리, 역
사와 무관한 가치 원칙과 가치의 틀을 제공하며 정의, 미덕, 선행을 위해

단번의 최후 기초를 닦는다.

그러니까 "실체"는 바로 최후의 "발언권"을 갖고 있는 최고의 권위로서 일단 그것을 포획한다면 일체는 모두 안정된 의지를 찾게 되고 무조건 복종할 수 있는 역량을 찾은 것이 된다. 그것은 "1"이지만 "다(多)"를 결정할 수 있고, 그것은 "점"이지만 "면"을 통치할 수 있으며 그것은 "외톨이"이지만 "운운중생(蕓蕓衆生)[15]"을 조종할 수 있다.

지성 사유방식을 관철하고 이러한 "실체"가 조종하는 세계는 필연코 대화를 배척하는 불관용의 세계이다. 이 점은 그 "독단주의적 진리관"과 "배타주의적 도덕관"에 집중적으로 구현된다.

실체주의 철학의 논리에 의하면 소위 "진리"란 사물 배후에서 일체를 결정짓는 "실체"로서 강철같이 강경한 객관성이 있는바, 인간이 "진리를 추구"하는 것은 인간의 주관성을 극복하고 기정된 선정본성에 복종하기 위함이다. 하지만 누가 인간의 "주관성"을 극복하고 인간 이외의 "실체"에 직면할 수 있을까? 일반인은 분명 "범심"의 장애로 육안으로 진정 자기의 주관의 장벽을 초월하여 더 높은 "객관"적 입장에 도달하며 따라서 진리의 파악에 이르기가 아주 어렵다. 오직 소수의 "지자(智者)", 혜안이 월등한 "영웅", 천부적으로 탁월한 "능인"이야말로 진리를 직면하고 진리와 같이 할 수 있는 것이다. 가령 플라톤의 『이데아』의 "철인", 헤겔철학 중 절대정신의 신비한 협력자 "사변대사" 등이 그러한 존재이다.

그리하여 최후에는 그러한 소수의 "능인", "지자"와 "권위"들이 진리의 화신으로 변하고 그들에게 접근하는 것이 "진리"에 접근하는 것이고 그들에게 복종하는 것이 "진리"에 복종하는 것이며, 그와 반대는 "진리"에 대한

---

15) 운운중생(蕓蕓衆生): 불교에서 말하는 무릇 살아 있는 모든 것. 곧 중생(衆生)을 가리킴.

배신이나 멀리하는 것이 된다.

실체주의 철학에서 "진리"는 독단적이고 차이성을 배척하는 권력담론으로서 모든 사람들이 공히 향유할 수 있는 민주성(民主性)의 이치가 아니라 소수인이 통제하고 독점하는 독단적인 이치라는 점을 알 수 있다. 이러한 진리관에서 출발한다면 근본적으로 진정한 "대화"와 "관용"의식을 생성할 수 없다.

실체주의 철학의 논리에 의거하면 "실체"는 절대적인 진리를 대표할 뿐만 아니라 도덕의 "지선(至善)"을 표징한다. 실체에 대한 추구는 "지선"의 원칙과 표준에 따른 "인간"이 된다는 것을 의미한다. 인간이 생활에서 하는 모든 일들이 전부 "지선"에 이르는 교량과 도로에 있어야 하며 모두 "지선"을 최종의 귀결점으로 삼아야 한다.

"지선"에서 출발하여 실체주의철학은 도덕을 "진경(眞境)"과 "속경(俗境)"이란 양극으로 분해하고 전자로써 후자를 폄하하고 부정했다. "진경"은 지선의 신성한 생존경지이고 "속경"은 일반인의 세속적 생존환경이다. 전자에서 출발하여 "속경"이 요구하는 모든 것은 아무런 가치가 없으며 심지어는 더러운 것이다. 따라서 반드시 운운중생의 "반성없는", 용속한 요구를 부정하고 세속 생존과 완전히 다른 극단적으로 초월적인 생존경지로 대신해야 한다.

실체주의 철학이 선도하는 것은 농후한 "준종교" 성질의 "신성도덕"임을 알 수 있다. 그것은 궁극적 목표를 "지선"에 두고 이상적 인격을 "성인"과 "신인"으로 확정하고 세속생활에서 "헤매는" "신성한 도덕"을 구원하는 천부적 사명을 띠고 있으며 자신의 순정한 이상으로 인간의 세속적 행위를 규범하고 요구한다. 플라톤은 개인의 사유재산을 인간 타락의 근원으로 간주했고, 아우구스티누스(Augustinus, 354~430)의 "상제의 성[16]"과 "진세지

---

16) 상제의 성: 하느님의 도시(문명)

성($塵世之城$)[17]"을 대립시키는 관점은 모두 실체주의도덕이 지닌 준종교성질을 분명하게 표명하고 있다.

이리하여 "신성도덕"과 "세속도덕" 간의 산생한 이 거대한 차이, 전자가 주목하는 것은 높디높은 단향적인 도덕이상이기에 필연코 세속생활의 합리성을 부인하여 인간의 일상생활과 긴장한 대립관계에 처하게 된다. 높이 걸려 있는 신성한 도덕에 직면하여 인간은 오직 우러러 보며 최선을 다해 노력할 수밖에 그 어떤 이의도 제기할 수 없다. 순수하고 신성한 도덕 앞에서 풍부한 현실생활은 반드시 자기를 "쥐어짜서" 단일한 것, 바싹 마른 존재로 만들어 "신성성"의 요구에 적응해야 한다. 이러한 도덕관이 강제성적으로 절대적 "선"의 표준으로 현실 생활을 재단하고 있음이 확연한바, 따라서 극단적이고 협애한 배타주의 경향을 지닌다.

진리는 "독단"적이고 도덕은 "배타"적이며, "차이"는 철저히 말살되고, "개성"은 완전히 축출되었다. 이러한 지성사유방식을 관철하기 위하여 형성된 실체주의 철학의 사상공간에서는 오직 하나의 "독백"만을 허용하지 근본적으로 "대화"와 "관용"의 공간적 존재가 있을 수가 없다.

그러므로 지성사유방식의 독단을 철저히 양기하고 "동일성" 권위의 독재를 해소하여 "다양성", "모순성"과 "차이성"이 자유호흡의 공간을 얻게 해야 하는바, 이는 "대화"와 "관용" 생성의 중요한 조건이다.

변증법사유방식은 이러한 이론추구와 포부를 지니고 출현했다. 그것은 지성사유방식의 독단성과 배타성을 해소하고 "모순성", "다양성"과 "차이성"의 합법적 지위를 승인하는바, 여기에 변증법 내에 내포된 "대화"와 "관용"정신이 선명하게 구현되고 있다.

헤겔의 유심적 개념의 변증법에서 추상동일성에 대한 훼멸과 모순정신에 대한 발양은 이미 아주 중요한 심층적인 동기를 구성하고 있다. 헤겔의 논리

---

17) 진세지성($塵世之城$): 인간의 도시(문명)

학에서 그는 항상 "변증법"과 "모순" 원칙을 동등시하면서 늘 이러한 변증법
의 모순 원칙과 절대 "동일성"을 추구하는 지성사유방식의 상호 대치, 상호
구별 가운데서 규정하고 해석했다. 지성사유와 상대하여 "변증법은 오히려
일종의 내재적 초월이고 이러한 내재적 초월 과정은 지성개념의 편면성과
국한성의 본래 면모, 즉 지성개념의 자신부정성을 표현하고 있다. 무릇 유한
한 것은 모두 자신을 양기하지 않는 것이 없다. 따라서 변증법은 과학 진전을
추진하는 영혼이다. 오직 변증법의 원칙을 통해야만 과학내용은 비로소 내
적 연계와 필연성에 이를 수 있으며 오직 변증법에서만이 일반도 외재적
초월유한(超越有限)이 아닌 진실한 초월유한을 내포할 수 있다."[18] 가다머의
주장에 의하면 독일 유심주의변증법의 중대한 역사공적의 하나는 철학사에
서 가장 최초로 절대동일성을 추구하는 실체본체론 사유방식의 해체를 시작
했으며 헤겔철학은 서양 형이상학의 완성이자 서양 형이상학에 대한 해소라
고 했다. 헤겔변증법의 기본 목적은 직접 모순의 첨예화를 통하여 모순 통일
의 더욱 높은 진리의 과정으로 진입하며 정신적 역량은 일체 모순을 종합하
고 중개하는 데 있는바, 그리하여 실체 형이상학의 경직화, 응고된 동일성실
체화 실체를 "연소하는 하류"[19]로 활화하려는 것이다.

　헤겔의 유심주의변증법은 독단적 실체 형이상학에 대해 중대한 타격을
가했지만 헤겔변증법의 이론적 토대와 캐리어는 여전히 "절대정신"이었기
에, 비록 그가 본체를 자아의식의 모순적 진전으로 이해했고, "실체"가 바
로 "주체"이며, 실체가 자신의 모순운동을 통하여 독단 형이상학의 추상동
일성을 해소했지만 가장 심층적인 이론적 바탕에서 "본체"를 순사(純思)의
논리 보편성과 필연성으로 간주하고 여전히 시공을 초월하는 "영원재장"의
초감성적 실체로 간주하였기에 여전히 "동일성" 권위의 음영을 완전히 이

18) [德]黑格尔: 《小邏輯》, 北京: 商務印書館, 1980, p.176.
19) [[德]H.G.伽達默尔: 《黑格尔與海德格尔》, 載《哲學譯叢》, 1991(5).

탈하지 못하고 "본체론상의 자아순종"을 보류하고 있다. 이는 헤겔의 변증법이 진정으로 자기의 원칙을 끝까지 관철할 수 없게 했다. 모순은 화해에서, 발전은 동일에서 종결되며 헤겔은 최종적으로 "동일성"의 권위의 유혹에 굴복함으로써 자신을 "형이상학적 완성자와 집대성자"의 역사적 "죄명"으로 빠뜨려 후인의 재삼 지적을 받을 수밖에 없었다.

오직 진정으로 현실의 "인간 생명존재"라는 이 생존론본체론의 토대 위에 자리 잡았을 때만이 변증법이 내포한 "비동일성" 이론지취도 비로소 충분한 표현을 얻을 수 있고, 독단을 반대하는 내적 "대화"와 "관용"정신도 비로소 충분히 모습을 드러낼 수 있다. 이 점은 바로 마르크스를 창시자의 하나로 꼽는 현대 철학의 중요한 주제이다.

마르크스가 확립한 실천의 관점은 변증법을 위해 새로운 본체론 토대를 마련했는바, 즉 전술한 "생존론본체론" 토대이다. 생존론본체론의 토대에 입각한 변증법의 이론본성은 세계 일반법칙의 본질적 구조에 관한 것도 인류 인식의 선험의식 원리에 관한 것도 아닌, 인간 특유의 생명존재의 "귀속논리"이다. 인간 특유의 생존방식의 변증적 터득을 통하여 변증법은 일체 "독단성 교조"와 "동일성 패권"의 "시기 지남"과 "무효"를 선고했다. 가령 헤겔변증법에서 변증법은 형이상학 성질의 "절대정신"에 토대하였기에 변증법의 "비동일성"과 "모순성" 원리가 철저히 관철되기 어려워서 최종적으로 자아이론의 역설에 함몰되었고, 전통 마르크스철학의 교과서 체계에서 변증법은 객관"자연물질"에 토대하여 "비동일성"과 "모순성" 원리의 신비화와 실증화를 초래하여 최종 궤변에 함몰되었다면, 인간 본원성의 생명존재 방식을 토대와 캐리어로 삼은 "비동일성"과 "모순성"의 원칙은 인간 생명본체에 뿌리를 두어서 진정한 자각에 도달했다.

마르크스철학 생존론변증법의 시야에서 인간의 생명존재와 기타 현성하는 존재물의 관건적인 분야의 하나는 모순성과 비동일성으로 전자의 존재 원칙을 구성한 것인데, "동일성"과 "비모순성"은 후자의 존재 원칙을 구성한다. 동물과 스스로의 생명활동은 직접 동일한 것이다. 동물은 자기를 자기의 생명활동과 구분하지 못한다. 그들이 바로 자기의 생명활동인 것이다. 인간은 자기의 생명활동 본신을 자기의지, 그리고 자기의식의 대상으로 변화시킨다. 그것은 유의식적인 생명활동이다. 이것은 인간과 직접적으로 일체로 융합되는 그러한 규정성이 아니다. 유의식적인 생명활동은 인간과 동물의 생명활동을 직접 구분한다. 그 자신의 생활은 그의 대상이다. 동물의 생명활동은 직접동일(直接同一)한 것으로서 이 점은 "동일성", "무모순성"이 그 기본적 활동 원칙이 되도록 결정했다. 하지만 인간의 생명활동은 "자기의 생명활동을 자기의식의 대상으로 변화"시켰는데, "이것은 인간과 직접일체로 융합되는 그러한 규정성이 아니라 유의식적인 생명활동이 직접 인간과 생물의 생명활동을 구분한 것"으로서, 이 점은 인간의 생명은 근본적으로 복잡한 "모순통일체"이고 인간의 생명구조 내에 여러 가지 모순관계의 산생, 전개와 해결을 결정하며 재생산, 재전개와 재해결의 무궁한 과정 속에서 인간 생명존재와 발전의 실질적 내용을 구성한다.

소위 인간 생명의 "비동일성"과 "모순성"은, 종래로 "순수한 것", 모순의 단일적, 선적인 인격을 이탈한 인격은 없으며, 인간 생명의 귀속과 존재양식은 무한히 풍부하고 다양하며 인간의 생명을 그 어떤 단일한 모식으로 환원할 수 없으며, "곧바로 인간의 본질 규정과 활동이 다종다양한 것처럼 인간의 현실도 다종다양한 것이며"[20] 더욱 중요한 것은 인간 생명은 오직 다종적 모순관계의 내적 장력의 네트워크, 즉 자연성과 초자연성, 육체성과 정신성, 인과성과 목적성, 수동성과 능동성, 유한성과 무한성, 역사성과 초월성, 의의와 무의의, 생과 사…… 이러한 본래 상호 대립, 피차 충돌적, 양기적, 이율배반 성질의 모순관계를 이룬 인신에 공존하면서 모두 인간 생명의 내적 단계를 구성함으로써 인간 생명으로 하여금 극히 풍부하고 복잡한 모순통일

---

20) 《馬克思恩格斯文集》第1卷, 北京: 人民出版社, 2009, p.189.

체를 이룩하도록 한다. 이러한 모순은 바로 인간 생명이 일종 특수한 "생명"으로서의 심층적인 저력이다. 가령 인간이 이러한 "모순성"을 상실하여 완전히 "자아동일"적인 존재가 된다면, 그것은 오로지 "생명"의 성질을 상실하고 "행시주육(行尸走肉)" 같은 죽은 사물이 될 수밖에 없다.

인간의 생명의 이러한 "모순성"과 "비동일성"은 영원히 그 어떤 단번에 이룩한 "화협"과 "통일"의 목적에 도달할 수 없는바, 그것은 인간 생명의 "상태"로서 어떤 "본원성"을 지닌다. 전술한 바와 같이 실천활동은 인간의 기본적인 생명존재 양식으로서 바로 다종 모순관계의 집결점이다. 실천활동의 전개 과정은 동시에 이러한 모순관계의 전개 과정이다. 인간의 실천활동은 영원한 무종지성이 있는데, 이는 이러한 모순관계의 존재와 전개도 종결할 때가 없으며, 오직 인간이 존재하는 이상, 오직 "인간의 존재"에 내적으로 수반되는 실천활동이 여전히 진행되는 이상, 인간의 생명구조 속의 여러 가지 모순관계는 소실되지 않을 것이라는 점을 결정한다. 가령 성공적으로 인간이 언젠가 현실 생활세계를 떠난 신령이 된다는 점을 증명할 수 있다면 모를지라도 그렇지 않을 경우 인간의 생명이 모순을 이탈하여 인간과 자신의 "절대동일"의 종극상태에 이를 수 있다는 것도 증명할 수 없다. 이 증명이 아직 성립되지 않기에 인간이 생명모순을 초월한 절대적으로 화협적인 소위 "인성 유토피아"의 상태에 이른다는 것은 영원히 허망한 주장이며 영원히 충족한 합법성으로 인간의 숭배를 받을 수 없게 된다.

인간 생명의 "비동일성"과 "모순성"에 대한 확인은 마르크스철학변증법은 진정으로 "비동일성"과 "모순성"의 자각적인 의식 형식이 되었다. 아도르노는 "변증법의 명칭은 객체가 추호의 누락도 없이 완전히 객체의 개념 안에 진입함을 의미하며 객체는 전통과의 충족한 이유와 모순되는 것이다. 모순은 헤겔의 절대유심주의가 말하는 반드시 미화해야 할 대상이 아니고, 헤라클레이토스가 말하는 본질도 아니다. 그것은 동일성은 비진실한 것, 즉 개념은 끝까지 표현될 수 있는 사물이 아니다"[21]라고 했다. 아도르노의 논술은 주로 인간의 인식에서 사물에 대한 "인식"에 도달할 수 없다는 것이기에 "모순성"과 "비동일성"은 본성의 의의에 대한 인간의 인식에 대한 것이다. 만약 그가 전술한 "객체"와 "사물"을 인간의 생명존재라고 이해한다면 "비동일성"과 "모순성"은 생존론변증법의 가장 근본적인 이론원칙으로서 진정 가장 철저한 관철이 되는 것이다.

인간 생명의 "비동일성"과 "모순성"의 심각한 체험과 해명은 "대화"와 "관용"정신으로 하여금 진정 마르크스철학변증법의 근본정신이 되게 했다. "동일성" 아닌 "비동일성"과 "모순성" 정신이 인간 생명존재의 진상을 구성한다면 분명한 것은 어느 누구도 모순을 이탈하여 신으로 될 수 없으며, 그리하여 어떤 누구도 높은 자리에 올라앉아 군림하는 자세로 자기가 완전히 인격의 모순과 충돌을 벗어났기에 "순수한", "초절적" 인간으로서 타인을 재제할 권력이 있다고 선고할 수 없으며, 더욱이 인성의 "순수화"와 "신화"를 통하여 당당하게 모순을 초월하고, 충돌을 이탈한 "초인"의 위치를 차지할 수 없으며, 높은 자리에 올라앉아서 순수하고 티 없는 "성인", "신인"과 "진인"의 화신이 되어 모순, 충돌과 곤혹 중에 "모대기는" "일반 대중"을 통제할 수 없으며, 그리하여 각종 불관용적인 행위를 위하여 합리화한 근거를 제공할 수도 없다. "모순"과 "충돌"을 해결하려면 유일한 루트는 바로 "대화"와 "교류"인데 인간의 생활세계에 속하는 것이지 독단적인 권위의 담론 속에 있는 것이 아니며 인간의 진솔하고 허위 없는 대화와 교류의 실천가운데서 생성된다.

진일보 더 나아가 말한다면 마르크스철학변증법은 인간 생명의 "비동일성"과 "모순성"의 체험, 그리고 "동일성"에 대한 패권적인 소해를 통하여 인류에게 전시하는 것은 전연 새로운 세계, 즉 차이성, 모순성, 다양성으로 충만된 세계이다. 세계의 본래 모습은 추상적 "동일성"이 아니라 "모순성"

---

21) [德]阿多尔諾:《否定的辯證法》, 重慶: 重慶出版社, 1993, p.3.

과 "차이성"이다. 또는 세계의 본질은 "모순성"이지 추상성의 "동일성"이
아니라고 할 수 있다. 근본상 하나로 만(萬)을 통제하는 신성한 "동일성권
위"는 존재하지 않으며 오직 천차만별의 각기 개성을 지닌 "모순"적, 생생
한 생령이 있을 뿐이다. 만약 누가 타인의 위에 군림하여 소위 "동일성 권
위"로 자부한다면 이는 필연코 "인조"적인 것으로서 퇴고의 고비를 넘길 수
없는 허위적인 우상일 것이다.

"모순성"과 "차이성"이 "동일성" 보다 우선적인 지위를 승인한다면 우리가
확립하는 것은 분명 "모순성"과 "차이성"의 "세계관"이 될 것이다. 이러한
"세계관"에서 출발하여 세계를 "관"한다면 반드시 이러한 결론, 즉 "동"을
추구하는 것은 절대 "진"과 "선"을 추구하는 것과 다를 뿐만 아니라 정반대로
"동"에 대한 열광적인 추구는 종종 진리를 제압하고 재난을 제조하는 수단과
도구로서 오직 동일성 권위를 해체하고 인간과 세계의 모순성과 차이성을
승인하고 그 토대 위에 진솔한 대화와 교류방식을 통해서만이 철인은 비로소
진정으로 "진", "선"을 추구하기 위한 광활한 공간을 제공할 수 있다.

따라서 소위 세계의 "실체통일성"이란 사실이 아닌 허구한 우상에 불과
하며 "대화"와 "관용"의식이 뿌리내리고 싹을 틔우려면 바로 이러한 우상을
깨뜨리고 인간과 세계의 진상을 새롭게 드러내야 한다. 인간과 세계의 본
질은 "1"이 아니라 "다"이며, "동일성"이 아니라 "모순성"과 "차이성"이다.
이러한 관용의 기질로 모순을 존중하고 "차이"를 긍정하며 이를 토대로 대
화와 교류에서 상대적 "공식(共識)"을 탐구하는 태도야말로 인간의 생명의
의를 긍정하고 세계의 고유한 본성을 존중하는 것이다. 이러한 의미에서
"대화"와 "관용"의식은 바로 인간의 "생명의식"이며 "대화"와 "관용"정신은
바로 인간의 "생명정신"이다.

여기에 이르러 우리는 인간의 생명존재 본성에 대한 심각한 터득을 통하
여 마르크스변증법의 아주 선명하고 강렬한 "대화"와 "관용"정신을 표현했
다. "대화"와 "관용"정신을 떠난다면 변증법은 "독단", "교조"와 "독재"의 동

일성 실체주의 철학과 구분하기 어려우며 필연코 자기 이론의 반대면으로 나가게 된다. 과거의 마르크스주의철학변증법 연구 및 현실의 역사적 실천 가운데는 바로 이 점에 대한 충분한 자각적 인식이 결핍되어 있기에 극히 침통한 역사적 교훈을 초래했다. 이에 대한 심각한 반성은 여전히 아주 중대한 이론과 현실적 과제이다.

3. 비판과 부정: 마르크스철학변증법의 이론 본성

인간 본원성의 생명존재 방식에 입각하여 마르크스변증법은 다른 한 중요한 이론적 본성——비판과 부정정신도 견실한 토대 및 분명한 현시와 철저한 표현을 얻게 되었다.

비판과 부정정신은 마르크스철학변증법의 가장 근본적인 이론정신으로서 변증법은 "본성적으로 비판과 혁명적"인데 이에 대해 인간은 별로 부인한 바가 없다. 하지만 이러한 비판과 부정정신은 과연 어째서 가능한 것인가? 그의 진실한 함의는 과연 무엇인가? 비판과 부정정신의 진실한 토대와 궁극적 지향은 과연 무엇인가? 이러한 문제에 대한 설득력 있는 답안은 극히 적다. 오직 변증법이 인간의 생명존재라는 이 토대 위에 뿌리내린다면 마르크스철학변증법의 특유한 비판과 부정정신은 비로소 절실하게 터득될 수 있다.

국내 마르크스철학계의 비판과 부정정신을 변증법 이론본성으로 삼는 데 대한 이론적인 해석을 살펴보면 두 가지 대표적인 관점을 발견할 수 있다. 하나는 "자연, 인류사회와 사유"라는 이 "객관물질세계"가 항상 끊임없이 "변동"과 "발전"상태에 처하였다는 데에서 출발하여 변증법적 비판과 부정본성을 이해하는 것. 그들은 마르크스의 변증법에 관한 "현존사물의 긍정적인 이해에는 동시에 현존사물에 대한 부정적 이해, 즉 현존사물의 필연적인 멸망에 대한 이해가 포함된다. 변증법은 모든 기성의 형식에 대해 모두의 끊임없는 운동 가운데, 그리하여 그의 잠시적인 차원에서 이해하고자 한다. 변증법은 그 어떤 것도 숭배하지 않고 그 본질상으로 본다면 비판적이고 혁명적이다"[22]라는 언급은 주로 객관적인 물질세계는 그 어떤 고정 상태에 머무르지 않고 끊임없이 유동하는 변화 속에 있다는 의미에서의 논술이다. 따라서 소위 변증법의 비판과 부정성이란 주로 객관물질세계가 끊임없이 발전과 초월하는 "변증"본성을 준수하는 것을 가리킨다. 다른 하나는 "사유와 존재"란 "철학의 기본 문제"에서 출발하여 변증법의 비판과 부정본성을 이해하는 것. 그들은 "사유와 존재" 이 두 계열 사이에는 시종 내재적 모순이 존재한다고 주장한다. 이 모순을 극복하기 위하여 사유는 반드시 끊임없이 자신에 대한 "전제비판"을 하여 끊임없이 자신을 초월하고 부정하여 사유와 존재의 통일을 실현해야 한다. 따라서 소위 변증법의 비판과 부정성이란 주로 사유에 입각한 자아비판과 자아초월의 주관능동성인 바, 또는 이론사유의 "전제비판" 본성이다.

전술한 두 가지 이해방식에는 모두 중대한 이론적 어려움이 있다. 첫 번째 이해방식은, 객관물질세계의 "발전"과 "초월"의 본성은 어째서 가능한 것인가? 그 "발전"과 "초월"의 동력원천은 무엇인가? 만약 신 또는 어떤 신비한 역량이 작용한다면 어떻게 객관물질세계가 소위 "변증"운동을 준수했다고 설명할 것인가?라는 힐난에 직면할 수 있는데, 이 방식으로는 설득력 있는 해답이 어렵다. 두 번째 이해방식은, 제1의 이해방식의 소박성과 비반사성을 극복하고 사유와 존재의 기본 모순에서 출발하여 변증법의 비판과 부정본성을 이해하려고 하였기에 제1의 이해방식보다 계시성은 더 강하다. 하지만 마찬가지로 다음과 같은 이론의 어려움, 즉 사유와 존재의 2원대립을 전제로 했지만 사유의 자아부정과 자아비판 분성을 통하여 이 2원대립

---

22) 《馬克思恩格斯選集》第2卷, 北京: 人民出版社, 2012, p.94.

을 미봉하고 사유와 존재의 통일성 탐구를 시도하는데 이론적으로 이것이 가능한 것인가? 그 외에 사유의 자아부정과 자아비판의 "원동력"의 내원은 무엇인가? 논리적으로 어떻게 자흡(自恰)할 것인가? 그 외에 사유의 자아부정과 자아비판의 천부적 능력은 무엇인가? 아울러 사유의 자아부정과 자아비판 본성의 궁극적인 지취는 과연 무엇인가? 사유가 자신의 자아부정과 자아비판 본성을 발휘하는 목적은 근근이 존재와의 통일에 이르기 위함인가? 이러한 힐난에 직면할 경우 이 이해방식도 설득력 있는 해답을 하기 어렵다.

마르크스주의 변증법의 비판과 부정본성은 오직 인간 특유의 생명존재와 발전방식에 입각해야만 비로소 견실한 토대를 획득하여 진정으로 유력한 해명을 할 수 있다.

인간 특유의 생명존재와 발전방식에 입각한 마르크스철학변증법의 비판과 부정정신은 어떤 외래적인 것이 아니라 인간의 자아부정, 자아초월의 생명본선에 입각한 것이다. 변증법의 비판과 부정정신의 최종적인 지취는 일체 인간의 자아발전을 저해하고 인간의 생명자유를 방해하는 소외역량을 비판 부정함으로써 끊임없이 인간의 자아초월과 자아진급을 실현하는 데 있다.

전술한 토론에서 재삼 강조한 것은 인간의 생명존재가 현성의 물(物)과 구별되는 가장 중요한 특징은 사물이 자연의 선천물종의 규정에 속박되기에 그것은 종래로 자기의 직접환경과 현존세계를 부정하지 않는다는 것이다. 하지만 인간의 생명은 오직 끊임없는 "자아부정"과 "자아비판" 가운데서 비로소 존재할 수 있으며 자아부정과 자아비판은 인간 생명 특유의 존재방식 또는 인간 생존의 기본적인 원칙을 구성했다고 할 수 있다.

더욱 중요한 것은 인간 특유의 생명존재에서 기인된 변증법 비판과 부정의 이론본성의 최종적 지향성도 따라서 모습을 드러냈는데, 즉 "비판"은 간단하게 어떤 사물의 "호악(好惡)"을 선고하는 것이 아니고, "부정" 역시 간단하게 어떤 사물을 "포기"한다는 것이 아니라, "비판"과 "부정"의 근본적인 지취는 일체 인간의 생존발전과 부적응되는 요소들을 타파하여 인간 생명의 가치를 제고하는 데에 있다. 이러한 의미에서 비판, 부정정신은 근본적으로 인간의 생명가치의 풍부와 중심지위에 있는 인본정신과의 내재적 통일을 실현하는 것, 그리하여 인본정신으로 비판, 부정정신의 심층적 내포를 구성하기에 비판, 부정정신은 인본정신의 내적 요구이다.

변증법의 비판, 부정정신의 근본적인 지취는 인간의 생명 발전을 지향하여 인간의 생존상태와 생존방식에 대해 반성과 비판을 가하는 데 있다. 그것은 인간에게 영원히 사상적 회의 능력을 자극하여 영원히 멈춤 없이 명석하거나 확정된 것들을 회의함으로써 정확하고 합법적으로 공인되는 것일지라도 다른 한 "일면"이 있을 것이라는 사실을 확인시켜줄 것을 요구한다. 그것은 또 인간들에게 끊임없이, 인간 현존의 생존상태와 생존방식은 합리한가? 어떤 생존상태와 생존방식이 상대적으로 더 "좋은 것"인가? 어떤 루트를 통하여 이러한 생존상태와 생존방식에 도달할 것인가 하는 문제를 추궁하기를 요구한다. 이러한 전제성적인 질문으로 인간의 전부 생활이 구진(求眞)의식, 향선(向善)의식과 심미의식을 유지토록 하여 끊임없이 인간이 미래를 향하여 자아초월과 자아창조의 공간을 오픈할 수 있도록 추진해야 한다. 이와 긴밀히 관계를 맺는 것으로서, 이론의 "자아반성"과 "자아초월"정신을 유지할 것을 요구하는데, 이는 이론사유가 실천의 발전에 따라 끊임없이 자아추궁을 할 것을 요구하는바, 즉 이론전제를 구성하는 요소들이 여전히 적절한가? 어떻게 이론과 인간 생활지취와의 필요한 화협을 어떻게 유지토록 할 것인가? 어떻게 개념의 경직화와 응고성을 초월하고 개념의 유동성과 개방성을 유지하여 인간 생명활동과 생명 발전과의 일치를 유지할 것인가? 등 문제가 대두한다. 이러한 자아추궁을 통하여 변증법은 비로소 지성 형이상학의 경직성과 편집성을 초월하고 영원히 자아갱신 욕구와 능력을 유지함으로써 이론이 끊임없이 여러 가지 새로운 "가능성"을 오픈하도록 추진할 수 있다.

이상에서 본다면 오직 인간 특유의 생존본성에서 변증법적 비판과 부정정신만이 비로소 견실한 토대를 확립하고 완벽한 의미를 실현할 수 있는 것이다.

이는 변증법의 "비판"활동은 근본적으로 "계선을 확정"한 철학활동임을 의미한다. 이 "계선"의 확정은 추상적 관념과 추상적 역량이 인간 사상과 현실 생활에 대한 왜곡과 은닉을 해지하여 인간의 생명의 해방을 추진하는데, 이것이 바로 변증법의 "비판"활동의 중요한 내용과 기본 작업방식이다.

인류 사상사에서 최초로 철학적 시각에서 "비판"개념에 대해 자각적이고 심각한 논의를 했던 철학가는 의심할 나위 없이 칸트이다. 『순수이성비판』의 제1판 서언에서 그는 "내가 말하는 비판은 서적과 체계에 대한 비판이 아니라 이성이 일체 경험을 떠나서 노력하여 탐구하려는 일체 지식에 대하여 보편적인 소위 이성 능력에 대한 비판을 가리킨다. 따라서 이러한 비판은 보편적인 소위 현학의 가능 여부, 그 원류, 범위 및 한계자(限界者)를 결정하는 데—— 무릇 여러 가지가 모두 그러한 원리와 상호 어울리도록 하려는 것이다."[23] 여기에서 비판의 주제는 "이성비판"이고 "이성비판"의 "비판성"은 이성의 내원, 범위 및 한도에 계선이 그어져 있다. 구체적으로 순수이론성에 대한 비판은 이성의 초경험적 사용에 대해 한정함으로써 무조건적인 잠월과 따라서 초래되는 인식의 환상을 방지하려는 것이다. 실천이성에 대한 비판은 경험적 실천이성의 한정에서 집중적으로 구현되는데 그 공리성, 기술성, 실천성 행위가 인간의 자유의지와 보편성 도덕법칙에 대한 차단을 방비하려는 것이다.

칸트의 "비판"에 대한 이해는 철학의미에서의 "비판"의 가장 심층적이고 정수적인 함의를 게시했다. 첫째, 철학의 "비판"은 추상관념과 독단교조적

---

23) [德]康德:《純粹理性批判》, 序言, 北京: 商務印書館, 2009.

반성활동에 초점을 두고 있으며 이러한 활동은 자각적이고 주동적으로서 추상관념과 독단교조에 대한 회의와 재차의 심의 중에서 발생한다. 둘째, 철학 비판활동의 정수는 "계선의 확정"인데 즉 추상관념과 독단교조의 한계초월을 시도함으로써 무조건적으로 총체성 원리를 추구하는 형이상학의 욕망을 한정함으로써 일체를 포괄하고 통솔을 시도함으로써 "전횡적인 형이상학 퀸"이 되려는 환각을 밝혀놓는 것이다.

푸코는 칸트를 회고하는 『계몽이란 무엇인가』에서 "비판"에 대한 동공이곡(同工異曲)의 이해를 보였다. 푸코는 "비판은 바로 극한적인 분석과 한계에 대한 반성이다. 만약 칸트의 문제가 어떤 한계 초월을 피면해야 할 것인가에 대한 인식을 분명하게 하는 것이었다면 나는 오늘 비판의 문제는 응당 보다 적극적인 문제, 우리가 말하는 보편적, 필연적, 불가피적인 것에서 어떤 것이 개별적이고 우연적이며, 독재적이고 강제적인 성분인가라고 생각한다. 요컨대 문제는 필연적인 제한의 형식에서 비판은 가능한 초월 형식의 실제 비판으로 전환해야 한다."[24] 이렇게 "비판"을 이해하는 후과는 "비판은 보편적인 가치를 지닌 형식을 탐구하기 위해 진행되는 것이 아니라 우리가 우리 자신을 구성하도록 하는 것을 통하여, 우리가 자신을 우리의 소작(所作), 소상(所想), 소설(所說)의 주체적 여러 가지 사건임을 승인함으로써 일종의 역사적인 조사가 되는 것이다. 이러한 의미에서 이러한 비판은 불가초월적인 것이 아니고 그 목적도 형이상학을 불가능하도록 할 수 없는 것이다."[25] 따라서 푸코는 특별히 다음과 같은 점을 강조했다. 첫째, 철학비판의 실질은 "극한적인 분석과 한계에 대한 반성"이다. 둘째, "극계" 화 "한계"를 반성하는 하나의 중요한 동기는 "우연적, 독재적, 강제적 성분"을 분별하고 그에 대해 실질적인 반성과 비판을 가하는 것이다. 셋째, "극

---

24) 許斗斗:《質疑與辯駁》── 馬克思哲學的實踐性與現實性硏究》, 北京人民出版社, 2020.
25) 杜小眞 編選:《福柯集》, 上海: 上海遠東出版社, 2003.

한"과 "한계"에 대한 반성과 비판의 최종적인 목적은 "형이상학의 불가능"
을 선고하는 것이다.

진일보 추궁해볼 문제는, 무엇 때문에 "한계"의 확정과 반성이 변증법
비판의 핵심을 이루었는가? 또는 무엇 때문에 변증법의 비판정신은 반드시
"한계"의 확정을 자기의 업무 중심과 기본 방식으로 간주하는 것인가?

가장 근본적인 원인은 추상관념과 추상역량의 본질이 자아팽창을 일체
의 보편성 존재 위에 군림하고 통제하는 보편성 존재로 만들려고 시도하는
데 있다는 것인데 이로써 풍부성과 이질적 자주생성과 운동을 순종시키려
는 근거로 삼아 "인간에 대한 추상의 통치"를 초래하려는 것이다. 철학이론
에서 추상관념의 가장 전형적인 표현은 전통 사변 형이상학으로서, 사회관
념적으로 가장 전형적인 표현은 마르크스가 제시한 "이데올로기"이다. 전
자는 하나로 만을 지휘하려는 "절대" 혹은 "대전"식의 궁극적 원리를 목표
로, 후자는 "특수한 것을 보편적인 것으로 간주"하는 것으로 진일보 "보편
적인 것을 통치적인 것"으로 만들려는 것인데 그 근본적인 취향은 모두 동
질성으로 이질성을 말살하고, 원서사(元敍事)로써 다원화의 국부적 서사를
해소하며, 독단성의 동일성 원리로서 사상과 존재의 유동성, 변이성과 개
방성 향도를 취소하려는 것이다. 후자는 진일보 이러한 동질적, 독단적 동
일성 원리와 원서사를 통치성과 통제적 권력담론으로 전환하고 현실생활
에서의 정치경제권력연맹을 결성함으로써 현실 생활의 지배와 제를 도모
하려고 한다. 추상역량은 현실 생활 속의 그러한 무한 팽창하여 전부의 생
활을 통제하려는 사회존재를 가리키는바, 가령 현대 사회의 자본, 기술 등
이다. 하이데거에 의하면 그것들은 "형이상학적의 현실 운영"을 대표하는
것으로서 가령 사변적 형이상학과 이데올로기가 자유와 풍부성의 사상을
추상적 동질성원리로 증류하려는 것처럼 "형이상학의 현실운영"은 무한 풍
부한 것과 자유창조의 현실생활을 단일한 추상적 원칙으로 삭평(削平)하는
것이다. 마르크스는 자본은 현대 자본주의 현실의 형이상학으로서 그것은

인간의 생명을 완전히 동물과 같은 빈궁한 존재로 편면화시킨 것이라고 했다. 하이데거는 기술은 형이상학이 현대 사회의 완성과 최고 형식으로서 그것은 물의 배치자와 세계도상의 표상자로 삭평했다고 했다. 이상의 여러 가지 주장은 추상관념이든 아니면 현실 생활의 추상역량이든 모두 변계를 초월한 무한한 확장과 팽창을 취향으로 하지 않은 것이 없다. 이러한 의미에서 그것들은 필연적으로 전횡적이고 독재적이다.

바로 이러한 전횡과 독재적 추상관념 및 추상역량의 존재가 내적으로 "계선의 확정"을 변증법의 비판활동의 중심 주제와 임무로 결정했다. "계선의 확정"을 통하여 추상관념과 추상역량이 인간의 사상과 생활에 대한 무소부재의 통제를 해소하고 인간 생명의 해방을 추동하는 것은 인간의 사상과 생활이 철학에 대한 내적 부름이며 따라서 변증법의 "비판"의 근본적인 사명을 구성했다.

"계선의 확정"은 전술한 독단, 전횡적인 추상관념에 대한 고발 및 추상역량의 유한성, 비무조건성과 비절대성에 대한 고발을 의미하기에 철판과 같은 폐쇄적 경직구조가 헐거워지기 시작하면서 그 틈새를 폭로했으며 그의 동요불가할 것 같은, "천경지의(天經地衣)"적인 지배와 통치지위를 뒤흔들었다. 전술한 바와 같이 추상관념과 추상역량은 계선의 초월, 무한 확장과 팽창으로 인간의 사상과 현실생활의 전면적인 주재를 실현을 취향으로 삼는다. 이에 대해 구체적인 과학이든 아니면 인간의 상식이든 모두 자각적인 반성을 하지 않았다. 이와 달리 변증법의 특유한 사상특질은 반성과 비판성 활동을 통하여 추상관념과 추상역량의 무조건적이고 절대화한 외관아래 내포한 극복불가적인 내재 모순을 게시함으로써 이 외관이 지닌 환상과 기변성이 충분히 현시되도록 했다. 칸트의 사변성이 무조건적 총체를 파악할 때 필연코 이율배반과 선험적인 환상에 빠져든다는 분석과, 마르크스의 자본논리의 내적 모순 및 이러한 내적 모순은 필연코 자본주의 제도의 붕괴로의 함몰을 초래한다는 분석은 곧 철학비판을 통한 추상관념과 추상역량의 유한성을 게시한 전범이다.

전술한 바와 같이 "한계의 확정"은 추상관념과 추상역량의 유한성을 게시했고 "모든 것을 말했다"와 "일체를 장악"하는 "종극적인 존재"라는 의심을 용허하지 않는 신성한 광환의 왕좌에서 추락시켜 강제적 담론권력과 통제성적인 전횡의 역량이 무조건적인 권위를 상실케 했다. 이러한 의미에서 변증법의 비판활동은 권위담론과 압박성 역량에 대한 공소, 반항과 저지로서, 변증법의 비판이 특수한 철학활동으로서 드러낸 정신적인 선택이다. 이러한 의미에서 변증법의 비판은 필연코 "해체"와 "초월"의 정신적 기질을 지닌다. 만약 권위성 담론과 압박성 역량에 대한 이러한 자각적인 항의와 부정태도가 없다면 변증법의 비판활동은 그 영혼과 생명을 잃어버릴 것이다. 따라서 이러한 구분은 진정으로 변증법의 비판과 비판의 명의로 출현한 철학 위조품의 시금석이다. 전술한 바와 같이 추상관념과 추상역량은 일체 초급적인 담론과 궁극적인 역량을 대표하기에 항상 "유아독존"의 신성한, 비판 면책의 형상을 과시했었다. 변증법의 비판활동은 바로 이러한 허황한 신성성을 종말 지어 "황제"를 "백성"으로 개변하는 것이다. 마르크스는 『헤겔법철학의 비판 서언』에서 한 명언은 가히 변증법의 비판본성의 이 측면의 의미에 대한 가장 훌륭한 천명이라고 할 수 있다. "진리의 피안세계가 사라진 후 역사의 임무는 차안세계의 진리를 확립하는 것이다. 인간의 자아소외적 형상이 폭로된 후 비신성 형상을 지닌 자아소외는 역사를 위해 봉사하는 철학의 절박한 임무가 되었다."[26] 이러한 점은 최종적으로 이와 같은 "절대명령", 즉 "반드시 인간으로 하여금 모욕받고, 노역을 받고 포기와 멸시를 당하는 모든 것의 일체 관계를 뒤엎어야 한다"[27]는 데 관한 관철이다. 이러한 의미에서 변증법의 비판활동이 "계선"에 대한 확정은 일체 종극적인 진리, 최고가치와

---

26) 《馬克思恩格斯選集》第1卷, 北京: 人民出版社, 2012, p.2.
27) 동상서, p.10.

최후권위의 종결을 선고했으며 철학비판은 이 때문에 "반 조류", "반 우상"의 선명한 성질을 지니게 되었다.

변증법의 비판활동이 "계선"을 확정하는 최종적인 목표는 무한히 팽창, 확장된 추상관념과 추상역량에 의해 질식된 사상활력, 현실 생활의 풍부성과 창조성을 석방함으로써 사상과 생활이 진정으로 있는 그대로, 통제와 강압을 받지 않고 왜곡되지 않은 상태의 존재와 성장을 보장하기 위함이다. 이러한 의미에서 "계선"을 확정하는 목적은 철학비판이 소극적인 부정과 해체가 아니라 추상관념과 추상역량의 "반의어" 즉 사상과 생활의 이질성, 자유창조 본성과 미래지향적 개방성에 대한 자각적인 수호와 긍정의 사상활동이다. 이 점은 변증법의 비판활동의 가장 심층적인 가치 배려와 근본적인 지취를 구성하고 있다. 칸트의 "이성"비판을 통하여 사변이성의 계선을 한정한 것은 인간이 자연의 인과성과 필연성을 초월하는 자유의지 및 이 자유의지를 근거로 한 실천이성을 위해 독립적인 공간을 개척하기 위함이며 따라서 인간의 물을 초월하는 자유와 존엄을 위해 변호하는 것이다. 마르크스의 자본논리 계선에 대한 확정은 자본논리를 초월하고 인간에 대한 자본의 통치를 이탈하여 인간의 자유개성적 현실 도로를 실현하기 위해서이다. 그들의 공작은 모두 진정한 철학비판의 진정한 의미, 즉 "계선의 확정"인데, 최종적으로 "계선의 충격"을 통하여 "계선을 초월"함으로써 "계선"이 저격과 억압으로부터 사상과 생활향도를 위해 갑문을 열고 통로를 개척하며 희망을 창조하려는 것이다.

이상의 분석을 통하여 분명하게 된 것은 가장 중요한 두 가지이다. 하나는, 변증법의 비판과 부정정신은 인간의 자연이 정한 생명본성에 대한 끊임없는 초월, 부정과 양기의 토대 위에 건립한 것이다. 이 점을 떠난다면 소위 비판과 부정은 목표 없는 화살, 뿌리 없는 돈키호테식의 편집과 광란 속에 함몰된다. 둘째는, 변증법의 비판과 부정정신의 귀결은 인간의 생명발전과 생명제고를 저해하는 속박을 극복하여 인간의 생명해방과 생명자유를 추진하기 위함에 있다. 마르크스의 그 명언, 즉 변증법은 "현존사물에 대한 긍정적인 이해와 동시에 현존사물의 부정적인 이해를 포함하는데, 즉 현존사물의 필연적인 멸망에 대한 이해이다. 변증법은 모든 기성적인 형식에 대해 모든 끊임없는 운동 중에, 그리하여 그를 잠시적인 차원에서 이해한다. 변증법은 그 어떤 것도 숭배하지 않는바 본질적으로 그것은 비판적이고 혁명적"[28]이므로 오로지 전술한 두 가지 면에 입각해야만 비로소 진정으로 터득할 수 있는 것이다.

4. 자강불식, 구체무위(無僞)와 생명의 장력
: 마르크스철학변증법의 특유한 생명의 지혜와 인생태도

인간 본원성의 생존방식을 토대와 캐리어로 한 마르크스철학변증법은 인간 생명존재에 깊이 뿌리내린, 인간의 생명과 일체로 융합된 본체적 "생명의 학문"이다. 본체성의 "생명의 학문"으로서 마르크스철학변증법은 인간 가치태도와 무관한 중성적 인식의 틀이 아니며 필요에 따라 함부로 부리고 이용되는 외재적 기술은 더구나 아닌, 전면적으로 인간의 생명의의 본체성을 현시한 터득과 이해이다. 그것은 인간에게 전연 새로운 "생명관"을 현시하는바, 즉 어떻게 인간의 생명존재를 이해하는가에 관한 기본 관점, 태도와 경지인데, 이러한 "생명관"은 인간의 마음을 열어가는 생명지혜와 인생경지를 내포함으로써 특유한 계발성이 있는 인생태도와 생활이상이다. 마르크스철학변증법의 특유한 생명지혜와 인생태도는 바로 변증법 생존론 지취의 중요한 내용이다.

마르크스철학변증법이 내포한 특유의 생명지혜와 인생태도에 대한 해석

---

28) 《馬克思恩格斯選集》第2卷, 北京: 人民出版社, 2012, p.94.

은 "자연주의범식"의 변증법이든 "인식론범식"의 변증법이든 모두 이러한
내용을 용납할 수 없었다. 하지만 마르크스주의철학변증법을 생존론본체
론의 토대 위에 확립한 특유의 인생지혜와 인생태도는 진정 변증법의 내재
적 문제에 있어야 마땅한 내용이다.

변증법의 생명지혜와 인생태도에 대하여 여러 방면의 해석이 있다. 우
리의 입장에서는 다음과 같은 세 개의 내용이 가장 돌출한 의의가 있는 것
으로 판단한다.

우선, 인간의 생명활동 본성의 변증적 각성은 변증법이 우리에게 현시
한 "자강불식(自强不息)", "강건유위(强健有爲)"의 생명지혜와 인생태도이다.

변증법의 시야에서 인간의 생명존재와 기타 현성의 물(物)의 중대한 부
동점은 후자는 단지 단일한 물종의 척도에 따라 존재하는 것이고, 자연의
규정은 그가 반드시 무조건적으로 복종하는 전정 원칙인 바, 이 점이 그로
하여금 반드시 무조건적으로 자연에 복종해야지 한 걸음도 비뚜로 나갈 수
없음을 결정한다. 이러한 의미에서 그의 존재는 "현성적" 존재자이다. 이와
달리 인간 생명은 "현성"적 존재자가 아니라 끊임없이 자신을 초월하고 미
래를 지향하는 "생존"의 흐름이고 "생존"이 의미하는 것은 인간의 자아초월
과 자아생성이다. 인간은 자연생명의 토대 위에 자기의 생존 실천활동을
통하여 인간에게 속하는 가치생명과 문화생명을 탐구하고 창조하며 이 과
정에서 끊임없이 자신을 생성해야 한다. 인간 생명의 깊은 곳에는 현 상황
에 굴종하지 않고, 초월과 창조의 자유충동과 해방지취를 추구하며 미래를
지향하고 전진에 최선을 다하는 생명갈망과 정신적 의향이 내포되어 있다.
가령 인간이 이러한 갈망, 충동과 의향을 상실한다면 오로지 그것은 단지
인간 생명의 위축과 물화를 의미할 따름이며, "생존"의 본성을 잃어버리고
물과 아무런 구별이 없는 "현성" 존재자로 전락해버리고 말 것이다.

마르크스철학변증법은 인간의 생명존재에 대한 이러한 자각적인 이해를
통하여 인류에게, 인간이 현성의 물(物)을 초월할 수 있는 것은 "인간이 더

이상 자연에 순종하는 기계가 아니라 인간이 자기 행동의 목표가 되었다는
데 있으며", 현존세계는 영원히 인간에 상대하여 완벽하지 못해서 개진과
제고가 필요한 것이다. 실천활동에서 인간은 생명의지, 지적 창신을 신세계
의 창조 가운데 대상화시켜, 신세계가 총체적으로 낡은 세계를 양기하고
초월하며, 보다 아름다운 생존의 경지로 매진하는데 이 점은 "인생재세"의
가장 근본적인 사명을 구성했다.

　이러한 터득을 갖고 만약 자신의 생명실천에서 자각적으로 변증법의 사
유방식을 관철한다면 어떠한 시기일지라도 모두 자각적으로 현상에 만족
하거나 절망적이고 무위한 인생태도를 거절할 수 있으며 견정하게 인간은
능히 현상에 대한 제고와 비극에 대한 초월을 실현할 수 있으며 초조와 희
망, 절망과 자심의 변증을 실천활동에서 최선적으로 초월, 창조라는 현실
과정에 존재시킨다면 인간의 전도와 운명은 자기의 결단과 행동에 의해 결
정된다. 이러한 의미에서 변증법은 인간을 위하여 낙관향상적이며 강건유
위(强健有爲)한 인생경지와 생명지혜를 제공하며 "천행건(天行健), 군자자강
불식"은 변증법이 매 개인에게 부여하는 격려와 호소이다. 이러한 의미에
서 변증법은 일종의 끊임없이 자아초월과 자아부정을 하고 있는 "유토피아
정신"이며, 변증법은 유토피아정신의 철학적 표현이다.[29]

　다음, 인간 생명본성의 변증적 이해를 통하여 마르크스철학변증법은 "그
어떤 것도 숭배하지 않으며" 우리에게 어떤 추상적인 교조와 경직된 원칙은
모두 인간 생명본성과 적대적임을 게시했다. 따라서 인간은 무생명한 교조
가 주재하는 생활을 복종하지 않고 생활 속에서 자각적으로 일체 교조의
속박을 배척하여 "구체무위"하고 "생기발랄"한 인생태도를 추구해야 한다.

　마르크스변증법의 사상시야에서 인간의 생명활동은 늘 아주 구체적인
조건 아래 전개된다. 인간은 역사의 창조자이지만 항상 일정한 조건에서

---

29) 賀來:《現實生活世界: 烏托邦精神的眞實根基》, 長春, 吉林教育出版社, 1998, pp.1~35.

비로소 창조활동에 종사하며, "역사성"은 인간 생명의 내적 규정이다. 따라서 인간은 유한성과 비지상성을 지닌다. 이와 동시에 바로 인간의 이러한 역사성 그리고 이 역사성으로부터 나타난 유한성과 비지상성 때문에 비로소 선택의 자유가 있으며 비로소 무한한 개방성을 위해 가능성을 제공했다. 인간의 발전은 바로 끊임없이 역사적 규정을 초월하고 자기를 위해 자아초월의 공간을 열어놓고 점차 해방을 향하여 나아가는 것이다. 이러한 의미에서 인간은 또 무한하고 지상적인 존재이다.

이는 마르크스철학변증법이 인간 생명의 변증적 해석을 통하여 인간의 생명활동을 자각적으로 유한성과 무한성, 비지상성과 지성성의 내적 통일로 이해한다는 것을 표명한다.

(1) 인간은 유한성, 역사적 구체 존재인데, 가령 인간을 "신화"하여 인간을 상제로 모셔 인간을 무한한, 초역사적 신의 지위에로 끌어올려 임의로, 무제한적으로 그 생명활동을 전개할 수 있다고 생각한다면 인간은 추상화되어 대지를 이탈한 유령이 될 것이다.

(2) 유한성과 역사성은 인간의 숙명무위를 표명하는 것이 아니라 반대로 인간은 바로 유한 중에 무한을 추구하며 역사 속에서 자신을 초월하고 영구를 추구하며 유한성과 개방성, 역사성과 초월성은 비단 모순되지 않을 뿐만 아니라 내적으로 통일된다는 것을 표명한다. 만약 편면적으로 유한성과 역사성의 일치를 강조한다면 인간은 더 이상 "생생하게 살아 있는" 사람이 아니라 동물처럼 추상화된 소극적, 피동적인 존재이다.

(3) 이러한 유한성과 무한성, 비지상성과 지상성의 변증관계는 인간 생명의 구체성을 의미하며 역사 속에서 초월을 탐구하고 유한 속에서 무한을 추구하며 실속 있는 자기 운명의 주인이 되기에 노력하는바, 이는 인간이 추구해야 할 진실한 생활이다. 따라서 인간은 더 이상 인간의 밖에서 단번에 인간을 완벽한 결말로 인도하는 궁극적인 실체와 초인의 권위를 탐구할 필요

가 없다는 것이다. 구체적인 생명존재에 상대하여 그 어떤 추상적인 원칙과 영구한 교조도 전부 입각할 자리가 없는바, 또는 구체적 인간 생명은 전형적으로 교조와 추상 원칙과 저촉되는 것이며 인간 생명은 근본적으로 "비교조", "초교조"적 존재이다.

이는 인간 생명의 변증적 해석을 통하여 마르크스철학변증법은 근본적으로 추상교조와 각박한 원칙의 합법성을 제거했음을 표명한다. 그리하여 인간 생명은 대지를 밟고 일어서는 동시에 미래에 시야를 돌리며, 역사를 승인, 존중함과 아울러 개척, 창신적 생활을 잃지 말아야 하며, 인간의 역사적 한계를 긍정함과 아울러 용감하게 기존의 제한을 초월해야 한다는 것이다. 오직 이러한 생명만이 비로소 자유적, 자주적인 고상한 생명이며, 오직 이러한 인생경지만이 비로소 진실하고 은닉이 없으며 생기발랄한 인생의 경지이다.

마지막으로, 인간 생명본성에 대한 해석에서 마르크스철학변증법은 인간에게 인간의 생명활동은 모순으로 충만되고 모순 속에서 자기를 위해 "길을 여는" 변증 과정임을 알려준다. 따라서 인간은 생존활동의 장력네트워크에서 필요한 "생명의 장력"을 유지하는 것을 배워야 하며, 그 어떤 편면적인 생활방식에 탐닉하지 말고 종합적, 전면적인 것을 추구하고 전반 생활 질량을 강조하는 인생경지를 추구해야지 지성적으로 그 어떤 극단에 편집(偏執)함으로써 양자택일의 악성순환에 함몰되지 말아야 한다는 것을 말해준다.

전술한 바와 같이 마르크스철학변증법의 시야에서 인간의 생명은 단향적, 선성적인 존재가 아니라 다중 모순관계로 구성된 부정성 통일체이며 인간의 생명은 자연성과 초자연성, 육체와 영혼, 공리성과 이상성 등 양극성의 모순관계로 구성된 거대한 장력 속에 처해 있다. 이성과 감성, 영과 육, 정과 이 등은 모두 인간 생명의 내적 단계로서 진리는 그 어떤 한 극단에 존재하는 것이 아니라 이러한 단계의 부정성, 통일성에 존재한다.

인간 생명에 대한 이러한 자각적 이해에 입각하여 마르크스철학변증법은 현실생활에서 우리는 최선을 다하여 가능한 인간 생명을 지성적으로 몇 개로 "자르는" 편면적인 인생태도를 초월하고 자연성과 초자연성, 공리성과 이상성, 역사성과 초월성 등 모순 사이에서 자각적으로 변증적 화해와 양성적 상호보완을 실현하여 현실적 인간의 생존을 전술한 각종 모순관계의 거대한 장력 사이에 처하도록 하며 "그러나 동시에 또 양자를 조화롭고 질서 있게 하나의 존재방식과 행동에 융합시켜야 한다."[30]

일종의 지성의 방식으로 인간 생명을 추상적 대립의 경직된 규정으로 "분화"시키고 양자택일로 자연성과 초자연성, 공리성과 이상성 등 모순관계를 단절하려는 것은 인생태도에서 늘 나타나는 편파적인 실수이다. 이러한 편파적인 실수는 편면적으로 인간 생명의 초자연성의 한 극에 집착하거나 그리하여 현실 생활의 허황하고 극단적인 초월적 이상주의의 인생태도를 초래하는 것, 또는 편면적으로 인간 생명의 자연성 한극에 집착하여 인간의 초자연성 극을 완전 간과함으로써 인간을 평면화된 "인형동물"로 변화시켜 최종적으로 극단적인 자연공리주의로 나가는 경향도 있다.

마르크스변증법의 중대한 사명의 하나는 바로 인간 생명의 변증적 해석을 통하여 두 가지 인생태도의 편면과 허황함을 보여 인간에게 인류 생존 활동의 "장력네트워크" 중에서 "대립통일"을 유지할 수 있는 생명적 지혜를 제공하는 것이다.

마르크스철학변증법의 시야에서 인간은 "자아모순"의 이중성 심지어는 다중성의 존재로서 인간의 일체 생존활동, 일체 사상과 행동은 모두 이중성 심지어 다중성의 효능을 지니고 있다. 가령 근근이 인간의 초월성 한 극에만 치우친다면 인간의 생활은 현실을 이탈하여 허황 속으로 빠지는 것

---

30) [德]古茨塔夫·勒内·豪克: 《絕望與信心》, 北京: 中國社會科學出版社, 1992, p.212.

을 피면할 수 없을 것이고, 만약 단지 인간의 자연성 한 극에만 국한된다면 인간의 생활은 불가피하게 자연공리적 경지에 함몰되어 초월의 욕망과 소망을 상실하게 된다. 이 두 가지 편면적인 경향은 모두 인성의 허망과 편집이며 그 결과는 필연코 인성의 편면적인 발휘로서 인간의 생명에 불리한 후과를 가져온다. 변증법의 시야에서 인간 생명은 신과도, 동물과도 다른데, 그 고명한 점은 바로 그것이 대립 중에서 화협을 탐구하고 양극의 "장력" 속에서 평형을 찾는 것이다. 자연공리성이든 이상적 초월성이든 모두 인간 생명의 내적 단계로서 모두 인간 생명의 내적 수요를 구성하고 있다. 인간 생명은 끊임없이 이러한 모순관계 속에서 "대립면의 통일"을 탐구하면서 이러한 탐구를 통하여 인간 생명 질량의 끊임없는 제고를 추진한다.

마르크스철학변증법은 인간의 생명본성과 생명활동의 반성을 통하여 자각적으로, 인간 생명은 극단적으로 풍부하고 모순으로 충만된 것인바, 우리는 이상과 현실, 신성과 세속 등 모순관계 속에서 부정성의 통일과 변증법적 화해를 실현하여 자각적으로 현실에 입각하지만 공리에 빠지지 않고, 이상을 추구하지만 허황한 생존방식에 빠지지 말고 인간의 구체적 현실 생존 경우와 초월적 가치 추구를 결합하여 인간 현재의 현실과 높고 먼 이상을 결합시키며 "입세"의 열정적 투입과 "출세"의 명리에 담백함을 결합시켜 자기의 진실하고 고차원적인 생활질량을 지닌 생활을 창조함으로써 그 가운데서 달관적이고도 무실적이며 내적이면서도 초월적이고 입세정신이 있으면서도 출세정회도 갖춘 정신적 경지를 추구해야 한다.

"자강불식", "구체무위", "생명장력", 이는 마르크스철학변증법이 인간의 생명본성에 대한 자각적인 터득을 토대로, 인간에게 계발성이 풍부한 생명지혜와 인생경지를 전시했다. 이는 재차 우리에게 마르크스철학변증법을 공부한다는 것은 절대로 일군의 현성적, 기계적 지식을 장악하는 것이 아니라 더욱 중요한 것은 생명의 진의와 지혜를 탐구하고 터득해야 하는 바, 생명의식과 생명배려를 잃어버린다면 마르크스철학변증법의 사망이나 다름없는 것이다.

5. 고품위의 생명경지: 마르크스철학변증법 이론의 인격적 요구의 터득과 운용

마지막으로 마르크스철학변증법의 생존론적 내포, 그리고 토론하지 않을 수 없는 중요한 내용, 즉 마르크스철학변증법이론을 학습, 장악, 운용을 살펴볼 것인데 이는 인간에게 아주 특수한 생명경지와 인격적 품위의 요구를 제출하고 있다. 환언한다면 진정으로 변증법 이론을 장악하고 운용하려면 그 장악하고 운용하는 자에게 특수한 "자격"상의 요구가 있다는 것이다. 이 점은 생존론본체론의 변증법적 내적 요구이다.

생존론본체론의 이론 영역에서 마르크스철학변증법과 지성의 구체과학(자연과학과 사회과학 이론을 포함)은 중대한 부동함이 있다. 구체과학을 학습, 장악하고 운용하기 위한 자격은 주로 이지 수준상의 요구에 한정되어 있는 것이지만 변증법은 인간의 생존활동과 내적으로 상관되는 본체론 의의상의 "생명의 학설"로서 만약 장악, 운용하는 자가 단지 지성과 이지에 의하여 변증법을 일종의 현성적 지식체계로 수용하고 생명경지와 인격, 품격상에서 변증법이 현시한 생존론본체론의 위도에 진입하지 못하다면 변증법은 생명과 영혼이 없는 개념의 해골이 되거나 또는 궤변론자들이 개념을 농락하고 심지어 음모를 실시하는 장이 될 것이며 심지어는 일부 사람들의 사욕을 만족시키는 이론적 도구가 될 것이다. 한 시인의 말처럼 진정으로 단테의 "신곡"을 이해하려면 반드시 단테의 안광과 식견을 갖추어야 한다. 마찬가지로 마르크스철학변증법의 생존론 의의와 그것이 과시한 생명경지도 역시 그와 상응한 생명경지와 인격품위를 갖춘 인간만이 비로소 절실하게 터득하고 장악할 수 있는 것이다.

진정으로 마르크스철학변증법을 장악하고 운용하려면 다음 몇 가지 면의 인격상의 요구는 아주 중요한 것이다. (1) 자유, 민주와 관용적 심령품성, (2) 미래지향적이고 용감히 변혁하는 생명활력, (3) 진리를 견지하고 인류 행복과 해방을 위해 헌신하는 인도적 정감.

우선, 진정으로 변증법 이론을 장악하고 운용하려면 내적으로 인간이 자유, 민주와 관용적인 심령품성을 갖출 것을 요구한다.

소위 자유, 민주와 관용의 심령품성은 이러한 인격의 경지, 즉 능히 자각적으로 "영구진리", "종국실체", "절대가치", "신성원칙", "추상동일성" 등 일체 "사상법권"의 독단과 허망함을 배척하고 지식과 진리의 "혹연성", "필연성"과 "개방성", 생존가치의 "모순성", "다양성"과 "역사성", 현실 생활의 "풍부성", "구체성", "차이성"과 "다각성"을 절실하게 터득하고 접수해야 한다. 그것은 세계에 인간의 생활운명을 장악하고 조종하는 그 어떤 선험원칙도 없으며, 인간의 미래를 규정하고 지배하는 그 어떤 현성적 종극원칙과 규정도 없으며 인간이 자기의 자유롭게 자기의 생명가치를 추구하고 창조하는 것을 속박하는 그 어떤 절대적 역량도 없다는 것을 진정으로 믿어야 한다. 그것은 일체 인간의 자유를 억압하고 속박하는 역량과 비타협적인 항쟁태도를 취하며, 그리고 생활 속에서 자유, 민주와 관용적인 흉금으로 세계를 이해하며 타인과의 관계를 처리하고 생활의 모순과 충돌을 해결하는바 전술한 의식과 신념을 절실하게 일종의 자각적인 생활습성과 생존방식으로 관철, 확정해야 한다.

전술한 바와 같이 마르크스철학변증법은 인간의 생명존재와 생명활동에 관한 자아이해의 학설로서 독단, 교조와 경직된 전통 지성 형이상학의 대립면으로 출현했다. 전통실체론 지성 형이상학이 표현한 농후한 독재적 색채에 상대하여 "자유"와 "관용"정신이 마르크스철학변증법의 중요한 이론적 특성을 구성했다. 마르크스철학변증법이 견지하는 모순 원리, 발전 원칙, 초월창조의식 등은 그로 하여금 전통 지성 형이상학의 현대 철학과 구별되는 이론적 품격을 지니도록 했다. 이러한 품격의 핵심은 "자유", "관용"
과 "민주"이다. 이러한 이론은 필연코 내적으로 장악자와 운용자가 상응한
현대적 품성을 지니도록 요구할 것은 분명하다. 독재적이고 협애하며 이기
를 배척하기에 열중하는 독단적인 사람이 진정으로 변증법 이론을 장악하
고 정확하게 운용할 수 있으며 변증법의 이론적 경지를 착실하게 이해할
수 있다는 것은 아주 믿기 어려운 일이다. 가히 예견할 수 있는 것은 독단,
협애하고 이기를 배척하기에 열중하는 독단적인 사람은 생존방식과 생활
습성에서 독단, 협애한 전통 형이상학과 내재적 친화력이 있을 것이며 마
르크스철학변증법의 본성과는 필연코 천성적으로 상호 배척하는 것이다.

역사적으로 마르크스철학변증법을 아주 중요시하는 일부 사람들이 심지
어 그 중요성을 사회 전진, 역사 발전을 지도하는 지고무상의 위치에 올려
놓는 것을 흔히 볼 수 있었다. 하지만 현재 돌이켜 볼 때 이러한 사람들의
장악하에서 변증법은 완전히 이기를 타격하고 언론을 봉쇄하며 자기의 극
히 협애한 사리를 도모하는 "담론패권"의 이기가 되었던 것이다. 역사적으
로 일부 사람들은 변증법을 실체화, 지성화적으로 "일반법칙의 과학"으로
이해하기에 열중했는데, 그 이유라면 배후의 의도는 변증법이 어떤 것에
관한 일반적인 "법칙"의 "과학"이 될 때 그들은 아주 편리하게 변증법을 "담
론의 권력"과 "사상적 패권"으로 만들 수 있기 때문이다. 첫째로, 만약 "변
증법"을 수용한다면 "과학"과 "법칙"을 수용하는 것이기에 그것은 또 "대도"
와 "천리"에 대한 수용과 동등하기에 "과학", "법칙", "천리"와 "대도"에 대
해서 어느 누구도 절대적인 복종 이외에 "NO"라고 할 여지도 없으며 어떤
이의도 모두 "과학법칙"의 위배된다는 이유 때문에 질식을 당할 것이며, 일
체 "NO"라고 할 수 있는 자유는 취소되고 일체 "선택"의 공간은 축소되며
그들은 즉시 "천경지위"적인 합법성을 얻게 된다. 둘째, 변증법을 "법칙"과
"과학"으로 규정하면 일부 사람들에게 과학과 진리의 화신으로 자처할 사
상적 토대——변증법의 법칙이 인간 밖의 "인간의 의지에 의해 이전되지

않는" "객관적 법칙"으로 간주된다면 어느 누가 "주관성"을 초월하여 인간 밖의 이러한 인간과 무관한 존재를 파악할 수 있겠는가? 일반인들은 "주관편견"의 제압을 받게 되어 이렇게 하기 어렵고 오직 소수의 범속함을 벗어난 인간들만이 주관성을 벗어나 초주관, 초역사적 "객관중립"의 입장에서 "변증법칙"에 대한 파악에 이를 수 있는 것이다. 중생은 이러한 "객관법칙"의 "동업자"에게 복종하는 외에 별다른 도리가 없다. 그들에게 복종한다는 것은 바로 "법칙"과 "과학"에 복종하는 것이며 그들을 위반한다면 그와 반대로 되는 것이다. 이러한 사상논리의 필연적 후과는 소수인이 "진리"를 독점하고 "담론패권"을 제조하기 위한 사상적 지지를 제공하며, 자유와 인성의 억압을 "합법"적으로 만드는 것이다.

이상의 분석에서 무엇 때문에 역사상 "변증법"에 대한 학습이 가장 뜨거울 때가 바로 독재와 미신이 가장 범람할 때였으며, 무엇 때문에 "변증법"에 가장 유력함을 제공한 자들이 바로 사욕이 팽창하고 전횡적이고 협애한 사람이었던가를 충분히 이해할 수 있다. 이러한 인간들은 변증법을 제창하지만 그 진실한 동기는 변증법 이론을 장악하고 운용하기보다는 "담론권력"을 장악하고 "이론폭력"과 "언어폭력"을 행사하는 데 있다고 해야 할 것이다.

바로 이러한 의미에서 우리는 진정으로 마르크스철학변증법 이론을 장악하고 운용하려면 일종의 자유, 민주와 관용적인 심령품성이 얼마나 중요한가, 일종의 본래 자유, 민주와 관용의 빛으로 충만된 이론이 독단, 협애하고 경직된 심령의 여과를 거쳐 자유, 민주와 관용정신의 가장 무서운 적으로 변하는 결과를 강조한 것이다. 오직 자유, 민주와 관용적인 인격의 경지만이 비로소 절실하게 마르크스철학변증법의 자유, 민주와 관용사상의 정수를 터득할 수 있고 현실 생활에서 자각적으로 인생태도와 생활방식에 구현할 수 있다.

다음, 진정으로 마르크스철학변증법의 이론을 장악하고 운용하려면 또 반드시 "감히 변혁"하고 "미래를 지향"하는 흉금과 용기를 구비해야 한다.

소위 "감히 변혁", "미래를 지향"하는 흉금과 용기란 그 어떤 현존하는
권위와 우상에 항복하지 않고 비판과 변혁의 안광으로 인간의 생활과 세계
에 대한 이해를 견지하며, 감히 일체 인간의 생명발전을 저애하는 신념을
초월하고 부정하며, 감히 일체 인간의 생존발전과 적응하지 못하는 사상관
념과 행위방식을 질의하고 비판하며 일체 인간의 자유와 해방을 속박하는
비인도적 역량에 대해 견결히 배척하고 항쟁하며 자기의 관념과 행위를 자
각적으로 상대적으로 더욱 아름다운 미래와 연결시키고 이를 위해 자기의
창조적인 노력을 바칠 수 있는 것을 가리킨다.

전술한 바와 같이 마르크스철학변증법은 현존사물에 대한 긍정적인 이
해 속에 현존사물에 대한 부정적인 이해, 즉 현존사물의 필연멸망에 대한
이해도 포함하고 있는바 그 어떤 것도 숭배하지 않는데, 본질적으로 말한
다면 그것은 비판적이고 혁명적이다. 비판성과 부정성은 마르크스철학변
증법의 사상본성과 이론영혼이며, 비판과 부정의 근본적인 지취는 일체 인
간 발전을 속박하는 비인간적 역량이며 사회변혁과 인간의 발전을 추진하
는 것이다. 마르크스철학변증법은 추호의 "노비 표정"과 "노비꼴"이 없는
이론인바 일체 기득 이익의 시시한 변혁을 두려워하는 이론과는 근본적으
로 부동하며 일체 "잔꾀를 부리고", "영예나 노리며", "공덕이나 치하하는"
그러한 거짓 학문(鄕愿地學)과는 본질적으로 구별된다. 이러한 이론적 품격
을 지닌 이론에 상대할 때도 역시 오직 기성적인 것에 집착하지 않고 개척
과 진취에 노력하며 비판적 부정의식을 지니고 창신적 품격을 갖춘 자만이
비로소 진정으로 이해하고 수용할 수 있는 것이다. 낡은 제도에 기대어 안
신입명하는 낡은 제도의 인간은 절대로 변증법을 즐기지 않으며 절대 변증
법을 장악하지 않을 것이다. 마르크스철학변증법은 일체 진부한 세력을 돌
파하고, 일체 불합리한 사물에 비판의 예봉으로 질의하는바, 낡은 제도와
체제에 기생하는 자는 필연코 공포에 충만되어 본능적으로 이에 대해 배척
의 태도를 취할 것인데, 비판, 부정과 변혁은 그들 자신의 멸망을 의미하며

그들 유일한 선택은 오로지 천방백계로 독재적 "형이상학"의 방식으로 변증법의 혁명과 비판정신을 질식시켜 자기의 기득 이익을 "보수"하려고 한다. 마르크스는 자기의 저작에서 자산계급제도를 대표하는 "국민경제학"과 기타 자산계급학설에 대해 비판하는 가운데서 충분히 이 점을 표명했다.

하지만 이는 그렇게 진정으로 마르크스철학변증법을 장악하지 못한 사람들이 변증법 이론을 이용하지 않는다는 것을 의미하지 않는다. 반대로 그들은 늘 "변증법"을 고취하는 것을 통하여 자신들이 수구적인 입장을 은폐하고 자기들을 변혁의 형상으로 위장하기 위한 이론적 근거를 제공한다. 본질적으로 그들은 자기들의 보수적 입장을 은닉하기 위해 내부에서 변증법을 와해하여 자신들의 책략수단으로 삼는 것이다. 이러한 책략수단은 바로 혁신, 변혁, 발전이란 슬로건을 통해 형이상학의 방식으로 그것을 극단적으로 추대하는 것이다. 이러한 의미에서 그들의 "변증법"에 대한 고취의 목적은 비판과 부정이 아니고, 변혁과 발전도 아니며 더욱 훌륭한 수구와 변혁에 대한 더욱 유력한 방법이다.

이제까지 우리는 무엇 때문에 우리 역사에서 극력 변증법을 주장하는 그러한 사람들의 실질이 바로 이러한 가장 부후하고 가장 낙후한 역량의 대표임을 잘 이해할 수 있었다. 이 점은 마르크스가 당시에 『독일의 이데올로기』에서 청년 헤겔파를 비판할 때 지적한 것처럼 그들 "입에는 온통 '세계를 전율한다'는 낱말로 넘치지만 실제적으로 그들은 가장 큰 보수분자이다."[31] 진부하고, 보수적이며 비판을 두려워하고 변혁에 항거하는 인간은 변증법을 왜곡하고 실용주의적 방식으로 이용하는 것 외에 성실한 태도로 진정 마르크스철학변증법 이론을 장악하고 운용할 수 없는 것이다.

마지막으로 진정 마르크스철학변증법을 장악하고 운용하려면 반드시 진리를 견지하고 인류의 행복과 해방을 위해 헌신하려는 인도적인 정회가 있

---

31) 《馬克思恩格斯全集》第3卷, 北京: 人民出版社, 1960, p.22.

어야 한다.

소위 진리를 견지하고 인류 행복과 해방을 위해 헌신하는 정회는 바로 이러한 정신을 가리킨다. 즉 그 어떤 외재적 강제성 권위에 굴복하지 않고, 진정으로 개인의 생명가치를 지고무상한 지위에 놓고 절실히 존중하며 "인간의 발전과 해방"을 자기가 일체 사물의 합리 여부를 판단하는 가장 근본적인 좌표계로 삼으며 일체 인간의 자유해방을 저해하는 소외역량을 타파하고 인간의 복지와 해방 그리고 사회 발전을 추진하는 것을 가장 중대한 사명으로 삼는 것이다.

전문에서 논증한 바와 같이 마르크스철학변증법은 인간의 생명본성과 생명활동을 "본체"로 하는 특수한 의식의 형식으로서 그 중대한 사명은 인간 특수한 생명존재 방식에 대한 자각적인 반성을 통하여 자신의 생명에 관한 인간의 주체의식을 업그레이드하며 인간의 자아발전과 자아해방으로 나아가는 것이다. 이는 바로 마르크스철학변증법은 근본적으로 일종 비판적 지취를 대표하며 본질적으로 그것은 "인간해방"에 관한 이론임을 말해 준다. 이러한 일종의 이론은 오직 인간의 행복과 해방에 깊은 배려의 마음을 안고 있는 사람만이 그 사상정수에 대해 절친한 인정을 갖게 되고 사상과 행동 가운데서 절실하게 장악하고 운용할 수 있다는 것을 분명하게 알려준다. 마르크스 본인은 전형적인 사례이다. 마르크스가 능히 변증법적 이론을 창립하고 철저히 운용, 관철할 수 있었던 것은 그의 평생의 진리를 견지하고 인류 행복과 해방을 위해 선신하려는 생명의 정감과 내적으로 함께 연계되어 있다. 이와 반대로 협애한 사욕, 열광적인 편견과 팽창된 야심으로 충만된 인간은 진정으로 변증법을 터득하고 장악할 수 없다. 이러한 자들은 심지어 아주 열심히 "변증법"의 깃대를 내어 휘두를 수도 있는데, 그때가 되면 변증법은 이미 그들이 함부로 편리하게 사용하는 도구로서 그들이 궤변을 부리고 농락하는 수단이 되어 버린 것이다.

앞에서 지적한 바와 같이 마르크스철학변증법과 실체론 형이상학의 한

가지 중요한 구별은 그것이 인간 생명본성과 생명활동의 자각적인 터득에 기초하여 개념적 응고성과 경직성을 초월하고 인간 생명의 끊임없는 자아 창조와 자아부정을 파악한 활동본성이다. 환언한다면 개념 영활성에 대한 변증법의 강조는 인간의 생명활동의 "영활성"과 상호 호응되는 것으로서 이러한 "영활성"은 함부로 하는 주관임의성이 아니라 내재적으로 인간의 생명활동이란 이 심층적 "본체"의 제한과 규정을 받는다. "영활성"은 "원칙성"과 그 "내적 척도"를 이탈할 수 없으며 "원칙성"과 "내적 척도"를 이탈한 "영활성"은 변증법이 아니라 궤변론이다. 이러한 "원칙성"과 "내적 척도"에 대한 승인 여부는 변증법과 궤변론을 구분하는 본질적인 표징이다.

역사를 돌이켜 본다면 변증법은 일부 사람들의 손에서 혼란을 조성하는 궤변의 도구로 전락되었다. 중국 민중의 예리한 관찰과 표현에 의하면 그 "변증법"은 마법술이 된 것이다. 만약 오늘 "투쟁"의 수요로 "발전은 곧 대립면의 '투쟁'이다"라는 것이 바할 바 없는 중시를 얻었다면, 내일은 "단결"과 "안정"이 모든 것보다 우선시된다고 인정하면서 "발전은 대립면의 '동일'"로서 무상의 숭배를 받았다. 따라서 이러한 것들은 모두 "변증법"의 슬로건으로서 모두 "변증법"에서 이유를 찾을 수 있다. 이러한 "변증법"의 운용자들은 마치 영원히 진리를 장악하고 있는 "오뚝이"처럼 어떠한 시기일지라도 늘 "상대", "상유리"적이다. 오늘 우리는 이러한 이 지성극단에서 저 지성극단의 변증법적 궤변의식이 남용된다면 심층에서는 "변증법"을 장난하는 공동의 마음상태 그것은 바로 "변증법"을 완전히 자기 사욕과 야심을 만족시키는 도구로 간주했음을 말해주며, 변증법의 내적 요구 즉 진리 견지와 인류 행복과 해방의 인도주의 정감 소유는 여기에서 갖은 고생을 겪은 실용주의의 기획에 양도했다. 수백 년 후에 한 철학가는 이성을 일컬어 "이성, 너는 창부이다"라고 했는데, 현재 어떤 사람들의 손에서 "변증법"은 그들 함부로 부리는 "창기"가 되었다.

진실한, 내심으로부터 우러난 인도적 정감이 없이 협애한 사용과 공리적 동기를 품는다면 진정으로 변증법 이론을 장악, 운용할 수 없는 것이다. 헤겔의 아래 논단은 의미심장한 것이다. "변증법은 절대 단순한 구변과 상호 혼돈하지 말아야 한다. 궤변의 본질은 고립적으로 사물을 보면서 본신을 편면적이고 추상적으로 규정하며 믿을 만한 것이라고 인정하는데 오직 이러한 규정이야말로 개인에게 당시 특수한 상황하의 이익을 가져다 줄 수 있다."[32] 이러한 경지가 높은 이론은 오직 인성으로 충만된 심령에서만이 뿌리내리고 싹을 틔울 수 있지 만약 협애한 사심에 이용된다면 맺어지는 결실은 필연코 사악한 과일일 것이다.

이상의 논의를 통하여 변증법 이론을 장악하고 운용하려면 그 장악자와 운용자에게 아주 높은 인격적 요구가 있다. 자유, 민주와 관용의 심령품성, 감히 변혁하고 미래를 향한 용기, 진리를 견지하고 인류 행복과 해방에 헌신하려는 인도 정감은 마르크스철학변증법의 이론적 본성임과 아울러 또 진정으로 마르크스철학변증법 이론을 장악하고 운용하는 자에 대한 인격적 요구이다. 여기에서 우리는 재차 심각하게 변증법은 "지식성"적 "현성"한 "과학"이 아니라 인간의 생명존재와 절실히 관계되는 "생존론철학"이라는 점을 터득할 수 있다.

---

32) [德]黑格尔:《小邏輯》, 北京: 商務印書館, 1980, p.177.

제6장

변증법 생존론 토대의 이재화의 표현

일종 역사적 탐구

1. "분열세계"의 철학과 생존론적 충동
   : 변증사유의 생존론 토대는 고대철학 중의 이재화 표현이다

철학사상 철학의 기원은 세계 "최고진리"에 대한 추궁이다. 고대 철학가들은 눈앞의 세계를 두고 변화무쌍하고 아무런 뿌리도 없는 "현상세계(現象世界)"라고 했기에 철학은 이를 시작으로 현존세계를 부정하고 초월하여 현존세계의 "배후"에서 보다 "본래"적 세계를 찾으며 그것을 근거와 원칙으로 후자를 설명하고 해석하려고 시도했다. 이 때문에 초래된 이론적 후과는 "두 개의 세계"사이의 첨예한 대치, 즉 본질세계와 현상세계, 진상세계와 가상세계, 초감성의 이성세계와 세속적 감성세계, 영혼세계와 육체세계 등의 대립이다. 이리하여 철학은 자기를 쌍향도의 영역, 즉 "실재계(實在界)"——인간과 본질이 존재함. "현상계(現象界)"——인간과 비물질이 존재하는 두 개 영역을 설정했다. 이 쌍향도의 세계를 토대로 일련의 2원대립의 긴장관계와 심도 모식, 즉 존재와 비존재, 현실과 잠재력(潛能), 실시(實是)와 응시(應是), 진상과 현상 등이 연이어 나타나게 되었다.

인간은 본래 하나의 "통일"된 세계에 조용히 살고 있었는데 철학가들은 굳이 세계를 분열하여 초감각적인, 불가견적인 세계로 설정해놓고 다시 세

계의 통일성을 탐구하려고 했다. 문제를 사고하는 이러한 방식은 실제로 왜곡된 방식으로 변증사유의 내용을 표현하는 것으로서 그 심층에는 생존론 충동이 도사리고 있다.

이러한 변증사유의 내용은 주로 그것들이 분열된 세계를 통하여 일련의 중요한 모순관계를 전시했으며 그의 전부 철학적 사고는 모두 현상과 본질, 질료(質料)와 형식, 감각과 이성, 잠재력과 실현 등의 모순관계위에 터전을 잡았다는 것이다. 비록 그는 최종적으로 일종의 1원화적 방식으로 이러한 모순관계를 통일시키지만 필경 "모순"의 존재를 고발하고 오직 모순 속에서 사고해야만 진정으로 철학적 사유가 가능하다는 점을 보여주었다. 이 점은 이후에 자각적인 변증사유의 발생 및 변증사유가 적합한 방식으로 다시 이러한 모순을 이해하고 통일하기 위한 필요한 이론적 전제를 제공했다.

더욱 중요한 것은 현상과 본질, 질료와 형식, 감각과 이성, 잠재력과 실현 등 일련의 모순관계의 분해를 통하여 고대 철학은 인간이 끊임없이 일종의 비판의 태도로 현존하는 일체를 부정하며 그리하여 끊임없이 현재상태의 "생존론 충동"을 초월하고 있다고 표현했다. 이러한 일련의 모순관계의 분해를 통하여 쌍향도의 세계를 건립하는데 이 점은 그들이 현존의 생존상태와 현성의 피공급세계에 만족하지 않고 새로운 생활을 추구하고 하나의 이상세계를 창조하려는 "유토피아정신"을 표현했다. 따라서 비록 그들이 설계한 "이상세계"는 이 세계 밖의 추상적 "다른 한 세계"에 속하지만 이 "다른 한 세계"의 실질은 여전히 인간 현실의 생존소원과 생존충동의 외적 투사이며 따라서 그 내용과 의의는 완전히 현실적이고 인간의 현실 생활의 비판과 추구를 표현하고 있다. 앞에서 분석한 바와 같이 인간의 생명이 기타 일체와 구별되는 점은 그것이 일종의 초월성적인 존재로서 실천활동 과정에서 끊임없이 세계를 분화하고 그 분화 과정에서 세계의 통일을 탐구하는 것은 다른 것과 부동한 생존방식에 속하기 때문이다. 인간이 존재하는 이상 이러한 끊임없는 세계의 분화, 세계의 분화를 토대로 또 끊임없이 세계를 통일하고 또 더 높은 차원에서 진일보 세계를 분화하는 생존 실천활동은 영원히 멈출수 없을 것이다. 인간의 생명은 이러한 분화 속에서 생성, 통일, 재분화의과정으로 끊어지지 않는 운동과정 속에 처해 있다. 이러한 각도에서 본다면고대 철학이 세계를 분화하는 이론적 충동은 바로 인간의 이러한 특유한자아초월과 자아부정의 생존방식과 상호 적응되며 그것은 바로 인간이 끊임없이 현존세계를 초월하고 부정하는 생명본성이다.

　이러한 의미에서 비록 전통 형이상학의 실체론본체론철학이 추구하는것은 인간 이외의 초감성적 실체이지만 이러한 초감성실체의 심층에는 "속인"의 성질을 지니고 있는바 이러한 굴절과 변형의 형식으로 인간의 관점에서 대상세계를 이해하고 파악하는 일종의 방식을 구현하고 있다. 볼 수 있고감지할 수 있는 현존세계를 포기하고 불가견, 감지불가적인 초감성의 본체세계를 추구한다는 것, 이는 오직 인간의 생명이 비로소 지닌 특성이다.인간의 생명은 이미 존재하는 것에 만족하지 않고 항상 자아초월과 자아부정을 추구하는데 이것은 인간 "형이상학"적 본성이다. 전통 형이상학 실체본체론철학은 세계를 분열하고 초감성적 본체세계를 탐구하는데 그들이 표현하는 것은 바로 인간이 특유한 이런 "형이상학"적 "자연경향"이다.

　전술한 분석이 표명하는 바와 같이 변증사유는 최초의 맹아로부터 시작하여 깊은 생존론 충동을 내포하고 있었다. 마르쿠제는 철학은 "진리에 따라사고하는 것은 바로 진리에 따라 생존한다는 것에 대한 응답이다"[1]라고 했다. 변증사유는 "최고진리"에 대한 추궁이지만 이러한 "최고진리"에 대한탐구는 과학과는 달리 객관세계의 "본질"과 "본체"에 대한 묘사에는 늘 생존론의 관점을 깊이 감추고 있으며 인간의 생명형상에 대한 응낙을 포함하고있다. 세계의 분열을 통하여, 설정한 "본질과 현상" 등 일련의 2원대립 관계를 통하여 그것은 이러한 생존론적 요구, 즉 현존하는 일체는 그 "본래면목"

---

1)　[美]赫伯特·馬尔庫塞:《單向度的人》, 上海: 上海譯文出版社, 1989, p.119.

에 따라 존재하는 것이 아니고 그의 "소응시(所應是)"는 모순적이며 따라서 현존하는 일체는 반드시 초월되고 개변되어 "응당소시(應當所是)"로 회귀하고 실현될 것을 요구한다. 이리하여 "현상"은 반드시 "본질" 취향적이고, "현존"은 반드시 "응당" 취향적이며 "현상"은 반드시 "진상" 취향적이며, "잠재력"은 반드시 "실현" 취향적이라는 마르쿠제의 지적처럼 철학은 "정확한 정의(定義), 선, 정의(正義), 충의와 지식을 탐구하는 개념으로서, 하나의 전복성적인 사업이며 그것이 탐구하는 개념은 일종 새로운 도시국가를 가리키고 있기 때문이다."[2]

고대 그리스의 첫 철학파 밀레투스학파가 탄생한 이래로 전술한 이러한 생존론 충동은 줄곧 철 자들을 격려하고 있었다. 고대 그리스의 최초의 철학가들은 늘 "자연 철학가"로 불리는데 이는 "최초의 철학 연구자들은 대개 물질적 본원을 만물의 근원으로 삼았고 그들이 보기에 한 사물, 만물은 모두 그것으로 구성되었고 모두 그것에서 발생하고 최후에 또 그것으로 전환······ 그것은 바로 만물의 원소이고 만물의 본원이다."[3] 비록 이러한 철학가들은 명확하게 "변증법" 혹은 "변증사유"를 제기하지는 않았지만 이러한 가장 간단하고 소박한 철학가들에게 있어서 변증법적 사유특성은 이미 초보적으로 모습을 드러내었고 변증사유가 고유화하고 있는 생존론 의미도 이미 충분히 모습을 드러냈다. 탈레스(Thales, B.C.624~B.C.546)는 세계의 본원을 "수(水)"로 이해했는데 이는 아마 가장 소박한 관점일 것이다. 하지만 이러한 관점은 그가 기존의 감성세계에 만족하지 않는다는 것을 표현했기에 현존세계를 부정하고 다른 "초월세계"를 추구하려는 생존론적 충동을 보였다. 전문가의 고증에 의하면 당시의 사람들은 "수"는 바로 "생명"을 대표하고, 생명의 생성

2) 동상서, p.120.
3) 北京大學哲學系外國哲學史教研室 編譯:《西方哲學原著選讀》上卷, 北京: 商務印書館, 1987, p.15.

과 변천을 대표했다. 아리스토텔레스는 "그(즉 텔레스, 인용자 주)는 이 관점을 얻었는데 아마 만물은 모두 습윤한 것을 자양분으로 삼고 열본신은 바로 습기에서 발생하며 습기로 유지하는 것이다(만물은 거기서 발생한 것이라 곧 만물의 본원임). 그가 이러한 관점을 얻은 것은 바로 이것이 근거였을 가능성이 있고 또 만물의 종자가 모두 습윤한 본성을 지니고 있고 물은 습윤본성의 내원이었기 때문일 가능성도 있다."[4] 이는 고대 그리스의 철인들에게 있어서 "수"는 이미 보통의 사물이 아니라 "생명"의 상징과 화신임을 말해준다. 그 뒤로의 철학가들에게 있어서 이러한 생존론 충동은 마찬가지로 강렬하게 구현되었다. 아낙시만드로스는 "무정형물"을 세계의 본질로 간주하면서 고대 그리스인이 생명을 "미정형"으로 간주하는 존재와 내적 연관을 이루었으며, 아낙시메네스는 "기"를 세계의 본원으로 간주하여 직접 생명원칙과 동등함을 이루었고, 엠페도클레스는 만물을 결합과 분리시키는 "애"와 "한"을 주장, 아낙사고라스(Anaxagoras, B.C.500~B.C.428)의 만물운동을 추진하는 것은 신비한 "누스"라는 등은 더욱 이러한 형상적 방식으로 생명의 능동성과 활동성을 은유한 것에 해당된다.

최초의 철학가들 가운데서 헤라클레이토스는 변증사유의 생존론 의향을 표현한 가장 전형적이고 가장 선명한 대표자의 한 사람이다. 그는 영원히 연소하는 "활화(活火)"를 세계의 "본원"으로, "로고스"를 이 "활화"운동의 기본 원칙과 "근거"로 간주했다. 헤라클레이토스는 난삽하고 이해하기 어려운 것으로 유명하지만 그의 사상핵심을 이룬 "변증정신"은 오히려 아주 분명하다. 보다 중요한 것은 그의 "로고스"에 대한 변증정신의 이해는 강렬한 생존론 동기와 생존론적 충동으로 충만되어 있다는 점이다.

헤라클레이토스의 가장 유명한 논점은 "이 보편적으로 일체에 적용되는 우주의 질서는 신이 창조한 것도 인간이 창조한 것도 아니며 과거에도 이

---

4) 동상서, p.16.

러했고 현재도, 장래에도 영원할 것인바, 영구한 이 활화는 일정한 분촌(分寸)에서 연소하고 일정한 분초에서 꺼질 것이다."[5] "화"는 세계의 "본원"으로서 그 운동은 일정한 "분촌"을 따르는데 이 "분촌"이 바로 "로고스"이다. "로고스"는 세계질서의 근거 소재로서 그의 운동은 가장 기본적인 원칙 즉 "대립통일"의 원칙을 준수한다. 헤라클레이토스의 그러한 극히 신비하고 난삽한 표현은 종종 사람들을 어리둥절하게 만드는 일면이 없지 않다. 일부 사람들은 경험상식에서 출발하여 그들에게 조소를 표하면서 그들이 "논리에 부합되지 않는" "허튼소리"에 불과하다고 하며, 어떤 사람들은 소박한 생활경험에서 출발하여 그들이 생활 중에서 접촉한 사물의 일종 직관적인 파악이지만 사유추상력의 부족으로 인하여 인류사유 초급 단계의 "빈약"함을 표현하면서 농후한 "고대 종교미신의 잔여"를 보였다고 주장했다.

하지만 만약 우리가 생존론의 각도에서 "에베소(Ephesus)의 난삽한 철인"과 같은 "초논리"적인 담론으로 이해한다면 그것들은 즉각 전연 새로운 의미를 창출할 수 있다.

생존론의 각도에서 헤라클레이토스의 세계의 본원은 즉 "화"라는 설정, 그리고 "로고스"의 논의는 실질적으로 우주생명과 우주생명관의 관조 아래 인간의 생명에 대한 상징적인 표현이다. "화"를 일종 자연성의 원소로 이해하기보다 그것을 시화의 상징으로 이해한다면 그것은 우주생명의 연속에 대한 상징, 즉 초일상 척도의 우주생명의 시간의 흐름에 대한 상징이 되는 것이다.[6] 즉 헤라클레이토스의 "화"의 상징이 표현하는 것은 본연적, 생생한 사물의 시간성에 대한 그의 터득이고 사물(생명) 자신 및 끊임없이 성장하고 번식하는 운동리듬에 대한 터득이다.[7] 바로 연속부단한 시간의 흐름이 상호

5) 동상서, p.21.
6) 包利民:《生命與邏各斯》, 東方出版社, 1996, p.79.
7) 동상서, p.81.

대립한 것들을 융합시켰고 피차 상호 구별되는 존재의 대립과 차이를 용해하여 상반되는 자들이 상호 침투되고 심지어 하나로 일치하게 한 것인데, 간단하게 말하자면 일체 대립자들의 통일을 실현한 것이다. 이 역시 헤라클레이토스의 "로고스"가 준수하는 "대립통일"운동 원칙의 진실한 의미 ──"대립통일"의 근거는 우주생명이 시간의 흐름 속에서의 대변화의 흐름과 끊임없는 성장, 번식에 있는 것과 맞먹는다. 이러한 각도에서 출발하여 헤라클레이토스의 이러한 파악하기 어려운 설법은 합당한 해석을 얻게 되는바, 즉 "사물의 총체가 강물같이 흐르는 것"이라고 하는 것은 "인간이 두 번 다시 동일한 강물에 들어설 수 없으며 인간은 진정으로 온당하게 그 어느 죽은 사물을 파악할 수 없으며 사물은 산개한 것이기도 합쳐진 것이기도 하고, 형성되면서 소실되고 왔다가는 떠나가는 것이기 때문이며", "우리는 동일한 강물에 들어갈 수도 못 들어갈 수도 있으며, 우리 존재기도 존재가 아니기도 하며", "원주에서 기점과 종점은 공동한 것" 등은 우주생명이 시간의 흐름 속에서의 율동이 자신과 동등하면서도 분리되고 주기 중의 비주기, 유실 중의 부단한 회귀 등 "변증적 성질" 때문이다.[8] 이러한 시각에서 이해한다면 우리는 헤라클레이토스가 무엇 때문에 아래와 같은 난해한 말을 했는가, 즉 "대다수 사람의 지도자는 헤시오도스(Hesiodos, ?~?)인데 그들은 그가 지혜롭다고 인정한다. 기실 그는 백주와 야밤도 모른다 ── 실은 1이다", "우리의 신상에서 생과 사, 깨어남과 잠, 젊음과 연로함은 모두 동일한 것인바, 이것이 저것으로 저것이 또 이것으로 변하기 때문이다", "냉이 열로, 열이 냉으로, 습은 건으로, 건은 습으로 변한다" 등 말의 이유를 알 수 있다. 이는 인간이 우주생명의 거대한 시간 척도에서 인간 세상의 시간을 볼 때 시간의 수축과 압박감이 산생될 수 있기 때문이다. 인세의 시간계통에서 일체 대립은 모두 무시할 수 있는 것이고 모두 피차의 침투, 융합과 일치를 실현할 수 있는바,

---

8) 동상서, 같은 쪽.

즉 "대립면의 통일"을 실현할 수 있다.

진정으로 헤라클레이토스의 "화(火)"와 "로고스"에 관한 논의를 이해하려면, 반드시 경험상식의 시야를 벗어나 진정으로 그 속에 내포된 생존론 함의를 체험해야 하며 진정으로 "생명"본진 의의에 대한 게시에 귀를 기울여야 한다. 헤라클레이토스의 "생존론"은 여전히 소박한 것이고 "생명"의 본원성 의의에 대한 그의 이해와 해석은 직관적이지만 "생명"운동에 대한 그의 "변증정신"으로 충만된 이해와 해석은 여전히 인심을 움직이는 역량이라는 데는 의심할 여지가 없다. 본 장에서 논의하고자 하는 과제, 즉 "변증법의 토대"에 입각한다면 헤라클레이토스의 계시는 보다 직접적인바, 즉 반드시 "생명"의의에 대한 터득으로부터 변증법의 진실한 "캐리어"와 "토대"를 이해해야 한다는 것이다.

소크라테스에서 시작하여 고대 그리스 철학은 중대한 전향을 보였는바 이러한 전향을 철학사가들은 "인학"의 전환, 또는 "가치학 전향"이라고 부르는데, 에른스트 카시러(Ernst Alfred Cassirer, 1874~1945)는 이를 두고 "소크라테스와 전 소크라테스를 분간하는 표징은 바로 인간의 문제에 있다"[9]고 했다. 그 기본적인 특점은 철학의 주목점을 자연성 "시초"에 대한 탐구에서 윤리, 사회와 인생 문제로 돌렸다는 것이다. 여기에 변증사유 특유의 생존론 바탕이 보다 선명하고 돌출한 형식으로 표현되고 있다.

철학사가들의 상대적으로 근접한 관점에 의하면 비록 과거의 철학가들이 그들의 사고에서 이미 풍부한 변증사유를 표현했지만 철학사상 최초로 명확하게 변증법을 제기하고 사용한 사람은 소크라테스이다. 토닉(Тоник, М. Я) 등이 편저한 『고대변증법사』는 "변증법이란 낱말은 소크라테스가 최초로 사용한 것", "크세노파네스(Xenophanes)의 논술에 의하면 변증법이란 단어 자체는 소크라테스와 모여서 토론하던 사람들의 '종속에 따라 대상을 획분'

---

9) [德]恩斯特·卡西尔:《人論》, 上海譯文出版社, 1985, p.6.

하는 활동에서 유도한 것이다"[10]라고 했다. 소크라테스 본인은 변증법을 "정신의 조산술"로 비유하였는데 그 목적은 상대와의 일문일답의 "문답"과 "대화"를 통하여 상대 해답에서의 모순을 게시하고 상대의 스스로의 앎과 도덕의식을 깨우치며 도덕성에 대한 앎의 탐구를 계시함으로써 도덕적 인격을 양성하도록 깨우치려는 것이었다. 즉, 그 근본적인 목적은 "부정을 통하여 긍정에 도달"하며 상대 담론의 모순을 게시하고 상대가 현상적, 표면적, 사이비한 관념을 포기하도록 촉구함으로써 보편적, 필연적인 "진리"에 도달하자는 것이었다. "진리"에 대한 인식은 내적으로 진리에 따라 생활할 것을 요구한다는 점에서 본다면 "진리"와 "미덕"은 내적 통일을 이룬다.

플라톤에 이르러서 "변증법"은 최고급, 최순수의 정신활동으로서 도덕 "지선"에 이르는 가장 유효한 루트로 한층 더 발돋움했다. "지선"은 등탑처럼 전부 인류활동의 최고의 추구를 구성했고 변증법은 이 목적에 도달하는 근본적인 방법을 구성했다. 이에 대해 가다머는 플라톤이 애초에 변증법을 제출한 이론적인 근본 출발점은 바로 "선"이었다고 명확하게 지적했다. 그는 "진정한 변증법의 논리와 윤리적 방면의 전반적인 과계는 플라톤 모든 저서에 관통되어 있다. 플라톤은 인간이 인간으로서의 인간은 반드시 선의 문제를 거론, 즉 반드시 정확한 생활을 분간하고 선택해야 하며, 선택은 인간의 절대적 기본적인 처지이기에 선택은 반드시 이유를 포함해야 하는데 이는 이유를 알고 이유로써 구분한다는 것을 의미한다. 소크라테스의 대화자가 해야 할 바가 바로 이것이다. 변증법, 또는 사유는 인간의 원시적 선택에서 기원한 것으로서 학습 가능한 기술이 아니라 인간 생존본신의 활동이다. 따라서 인간본신은 변증적이다"[11]라고 했다. "인생본신은 변증적이다." 이는 변증법과 인생의 이토록 밀접한 관계를 보임으로써 변증법이

---

10) [蘇]米·亞·敦尼克 等 編:《古代辯證史》, 北京: 人民出版社, 1986, pp.30~31.
11) 張汝倫:《歷史與實踐》, 上海人民出版社, 1995, p.328.

내포한 생존론 의미를 충분하게 표명하고 있다.

아리스토텔레스의 "변증법"은 적지 않은 면에서 플라톤과 같지 않다. 하지만 "지선"을 변증법의 기본적인 지취로 한다는 점에서는 완전히 일치하다. 그는 사물의 존재방식은 잠재력에서 현실로의 운동과 비약을 드러내는데 "지선" 또는 "신"은 세계만물의 내재한 목적과 추진하는 역량으로서 비교적 낮은 "이념"과 아래의 세계를 흡인함으로써 전반 세계로 하여금 저급에서 고급으로, 가장 최저의 가치에서 최고의 가치로 운동과 과도하는 계열이라고 했다. 플라톤이든 아리스토텔레스이든 모두 "지선"은 생명의 최고원칙과 최고목표를 표징하는 것임이 분명하게 드러나고 있다. 이를 전반 철학의 중심에 위치시키는 것은, "변증법"의 핵심에서 요동하고 있는 것은 바로 생명이 끊임없이 요구하고 있는 자아초월로서, 보다 높은 생존가치와 의의를 추구하려는 강렬한 충동과 욕구이다.

요컨대, 소크라테스, 플라톤과 아리스토텔레스 등의 변증법 사상의 다음과 같은 몇 가지 경향은 고도의 주목을 요구할 만한 것이다.

우선, "변증법"이 내포하고 있는 것은 경직화된 교주에 대한 배척과 진정으로 개방된 정신적 경지에 대한 탐구의 요구이다. 주지하다시피 소크라테스와 플라톤에게 있어서 변증법의 최초의 함의는 "대화"이며 "대화"를 통해 "진리"를 탐구하는 것인데, 이는 소위 "정신 조산술"의 원초적 의미이다. "대화"는 여러 가지 피차간의 대립, 상호 모순되는 부동한 관점 사이의 충분한 충돌과 교류를 의미하며, 각종 상반된 이질적인 관점의 충분한 표현 자체를 의미하며 이 과정에서 양자가 원래의 경직적인 대립을 포기하고 그어떤 종합으로 나가기를 촉구한다. 이는 "정신 조산술"은 내재적으로 "대립"과 "모순"의 사고를 요구하며 그것은 "독백"과 "담론패권"은 상호 허용 불가적이다.

경직된 교조를 배척하고 진솔하고 개방적인 경지를 추구하는 것은 소크라테스 특유의 "문제의식"과 불가분적이다. 소크라테스는 "인간의 자기에

대한 인식"을 자기의 철학사명으로 간주하지만 인간 인식과 사물 인식은
근본적으로 부동한 것이다. 가령 사물 인식이 소크라테스 이전의 철학가들
처럼 경험 관찰과 논리 분석의 방법을 사용한 것이라면, 인간에게 있어서
단지 대화의 방식, 즉 변증적 사유방식에 의거하여 파악할 수밖에 없다.
왜냐하면 인간의 존재방식은 사물과 본질적인 부동한 점이 있으며 사물의
존재는 "현성"적으로서 이미 사전에 규정해진 것이기 때문이다. 따라서 사
물의 "진리"는 이미 "현성"하는 동전처럼 "지성"적으로 인식되지만 인간은
"현성"적인 존재가 아니기 때문에 물리적 사물본성을 탐측하는 방법으로
인간의 본성을 발견하고 파악할 수 없다. 이 점은 칸트가 후에 지적한 것처
럼 인과론은 전반 우주를 해석할 수 있지만 자그마한 벌레의 생명은 오히
려 해석하기 어려우니 "인간의 생명"[12]은 더 말할 것도 없는 것이다. 인간
의 "진리"를 인식하려면 오직 사물을 인식하는 방식과는 다른 방식을 택해
야 하는바, 이러한 방식이 바로 "변증법"이다. 또는 인간의 진리를 바로 그
본성에서 볼 때 변증사상의 산물이라고 할 수도 있는바, 인간에게 있어서
"만약 인간의 상호 질문과 대답 중에서 끊임없는 합작을 통하지 않는다면
진리는 획득할 수 없는 것이며 따라서 진리는 경험의 대상과는 달리 반드
시 일종의 사회활동의 산물로 이해되어야 한다. …… 인간의 지식과 도덕
은 모두 이러한 순환적인 문답활동 과정에 포함되어 있다. 바로 이러한 기
본적은 능력 —— 자기와 타인에게 해답(response)하는 능력을 통하여 인간
은 '책임적(responsible) 존재물로서의 도덕적 주체가 되는 것이다."[13] 이 점
은 "변증법"은 철학이 파악하려는 주제 —— 인간 및 존재의 내적 요구라는
것을 충분히 표명하고 있다.

　　소크라테스는 이미 이에 대해, 즉 변증법과 인간 생명 사이의 일종의 내

12) 李澤厚:《批評哲學的批判》, 人民出版社, 1979, pp.395~399.
13) [德]恩斯特·卡西尔:《人論》, 上海譯文出版社, 1985, p.8.

적 연관에 대한 고도의 자각을 가지고 있었다. 인간의 이해는 반드시 사물과는 다른 부동한 이해방식을 취해야 한다는 이러한 이해방식은 오직 "변증법"일 수밖에 없다. 반드시 인간의 생명존재의 입장에서 변증법의 토대를 이해해야 하며, 반드시 변증법에서 출발하여 인간의 생명존재를 이해해야 한다는 것이 바로 소크라테스가 우리에게 남겨준 심각한 계시이다.

다음, 변증법이 내포하고 있는 현존관념과 현존사물에 대한 비판과 부정의 정신이다. 소크라테스의 "대화법"은 그 어떤 현성 지식의 기술적 방법을 제공하는 것이 아니라 일종의 회의, 비판과 부정적인 "활동"으로서, 그것은 사이비한 관념에 대해 반성적인 심사를 하고 그러한 득의양양하는 속지(俗智)들에 가차 없는 해체를 진행해야 한다. 변증법은 인류사상의 반성, 부정과 위도에 대한 초월을 대표하는 것으로서 비판성은 가장 근본적인 특질을 구성하고 있다.

주지하다시피 소크라테스는 아테네사회의 최고봉에서 쇠락기로 가는 시대를 살았는데 여러 가지 유속적인 견해와 혼란시기의 도덕관념이 전반 사회에 충일되었고 또 전반 사회의 기본을 동요하고 있었다. 소크라테스는 아테네의 등에를 자처하면서 인간들을 속지에서 깨우치려고 사용한 가장 효과적인 수단으로 "변증법"(대화법)을 채택했다. 그는 "스스로 자기의 무지를 아는 것", 여러 부류 사람들과의 대화, 대화 가운데 상대를 자아모순으로 빠뜨리고 하는 수 없이 끝내는 무한한 자신의 관념을 포기하도록 하겠다고 자처했다. 그와 대화한 모든 상대는 논쟁에 빠져들어 무슨 대화로 시작했든 항상 상대를 오리무중에 빠뜨리고 늘 상대가 당연하다고 믿어온 도덕관념을 "실효(失效)"로 만들며, 그들이 절대로 천경지위처럼 믿어온 신념을 불신적으로 만들며, 그들을 "아름다움 꿈"에서 깨어 놀라 돌연 원래 동요불가적인 것들이 급기야 "흔들리"는 것으로 받아들이게 하며 원래 있던 사물의 "다른 일면"이 믿음성을 상실했음을 발견하게 한다. 바로 이러한 의미에서 당시 사람들에게 있어서 "변증법"은 "파괴"의 상징이었고 소크라테스는 아테네인들의 질투의 대상이 되어 결국은 "철학가의 사망"이란 비극을 초래한 것도 전혀 이상한 일이 아닌 것이다.

여기에서 "변증법"은 완전히 비판과 부정성의 반성활동이 되어 마치 동요불가적이었던 관념과 존재를 동요하고 일체 신성시하던 관념과 존재에 대해 전제성(前提性)적인 추궁을 진행했다. 부정성과 비판성이란 변증법의 이 영혼은 변증법의 이 창시자에게서 남김없이 구현되었다. 이 점은 특히 변증법을 현존 일체를 수호하는 "변호방법"으로 간주하던 사람들에게 있어서 청천벽력 같은 게시력이 되었다.

마지막으로, 변증법이 구현한 인간의 생명존재에 대한 강력한 배려와 인문정감이다. 반성과 비판은 변증법이 "해체"와 "파괴"가 목적이 아니라 절대 "호전(好勵)"에 만족하는 것이 아님을 의미한다. 반대로 그것이 "이렇게 하는 것은 인간의 사상을 깨우치고, 인간의 신심이 동요한 후에 그들을 회의하는 전제로 인도하여, 그들은 또 그 추진 아래 스스로 긍정적인 답안을 찾는 데에로 나간다."[14] "부정"에서 "긍정"적인 것을 탐구하고 "비판"에서 "진실"의 존재를 과시하는 것, 즉 변증법의 근본적인 목적은 "진리"——"생명의 진리"의 탐구에 있다. 여기에 변증법이 내포한 생존론 의향이 집중적으로 표현되고 있다.

소크라테스, 플라톤과 아리스토텔레스에게서 변증법의 운용은 시종 가장 핵심적인 문제를 중심으로 전개되었는데 그렇다면 과연 가장 가치 있는 생명이란 어떠한 것인가? 인간은 응당 어떠한 생활을 추구해야 하는가? 그들은 변증법과 "지선"적 생명에 대한 추구는 불가분의 내적 연관이 있는 것이라고 주장한다.

소크라테스는 "심사를 거치지 않는 생활은 체험할 가치가 없는 것이다"는 명언을 남겼다. 그는 변증법의 궁극적인 지취는 바로 "과연 어떠한 것이

---

14) [德]黑格尔:《哲學史講演錄》第2卷, 北京: 商務印書館, 1960, p.53.

비로소 체험가치가 있는 생활인가"를 탐구하는 것이었지만, 그는 "세계의 기원과 실재적 구조에 대한 자연적 사변에 주력하지 않고 인류의 사회생활과 정치생활이란 가장 보편적인 배경 속에서 우리의 인식과 신념의 근거를 찾는 데에 헌신"하면서 "가령 용기, 공경, 의무, 사망 및 사망에 대한 공포 이러한 일상 문제에 대한 사고"[15]에 주력하였다. 이를 위해 그는 각종 유속적인 견해의 모순을 고발하고 각종 표면적인 존재를 부정하고, "미덕", "공정", "용기", "절제", "공경" 등의 본질적인 정의를 반성하고 탐구했다. 그는 이러한 본질적인 정의는 영구한 가치를 대표하는 것으로서 인간은 오직 그들에 관한 본질적인 정의를 파악하고 끊임없이 이러한 영구한 가치를 추구해야만 비로소 우연성, 표상성과 감성적인 사물에 좌우지되지 않고 자기의 생명도 따라서 영구함을 획득할 수 있다고 했다. 소크라테스는 생명이 아니라 좋은 생명, 이것이 바로 가치라고 주장했다. "좋은 생명"이 되어 생명의 경지를 제고함으로써 "진정한 인간"이 되는, 이것이 바로 소크라테스 "변증법"의 최고의 목표인 것이다.

플라톤에 이르러서 변증법과 "좋은 생명" 사이의 이러한 관계는 진일보 "본체"론적 경지로 상승되었다. 그는 인간 생명의 미덕은 세계의 "본체"를 인식하는, 즉 이념인데, 이 이념에 대한 인식은 오로지 인간의 이성영혼(감성적 욕망과 격정이 아닌)에 의지해야 한다고 했다. 따라서 오직 철학적 추리와 사변, 즉 오직 "변증법"에 관한 지식, 재능이 이념에 대한 파악에 도달해야 한다. 이러한 의미에서 "변증법"의 지식은 가장 고상하고, 가장 순수한 지식으로서 이러한 지식에 대한 파악은 최고의 생명 의의와 가치를 의미한다. 이러한 "변증법"을 장악하고 운동하는 사람은 바로 "지선"의 경지에 도달한 사람이다. 플라톤은 이념은 진실한 "본체"로서 끊임없는 변증운동 속에 처하여, 그리고 "운동, 생명, 영혼과 사유를 지녔는바, 가령 심령이 운

---

15) [美]M.W.瓦托夫斯基: 《科學思想的概念基礎》, 北京: 求實出版社, 1982, p.115.

동하지 않는 것이라면 그것은 그 어느 곳이든, 어느 사물 속에든 존재 불가한 것이다"[16]라고 했다. 따라서 인간은 반드시 자기의 심령을 최고급의 정도, 즉 "변증법"의 지식의 장악에 도달하여야만 비로소 순수한 이념적 운동을 파악하고 이로부터 "지선"의 경지에 도달할 수 있다. 플라톤의 "변증법"과 인간 생명의 "지선" 간에 일종의 상호 규정하는 친밀한 관계가 존재하고 있음을 분명하게 찾아 볼 수 있다.

아리스토텔레스는 진일보 플라톤의 변증법과 인간 생명 사이에 존재하는 관계를 "목적론"의 고도에로 추진했다. 그는 4인설에서 "목적인"(형식인)은 특별한 의미가 있는바 그것은 사물운동의 근본적인 원인과 동력으로서 사물이 자기의 내적 목적을 완성하여 "자아실현"에 이르도록 인도하며 이로써 사물의 존재방식은 잠재력에서 현실에 이를 수 있는 운동과 비약으로 구현된다. "지선" 원칙은 세계의 최종적 목적이며 세계 변증운동의 원동력이기도 하며 변증법과 "지선" 간의 완전한 불가분의 관계이다.

이상에서 철학사상 최초의 철학가들의 철학사고에 내포한 변증사상을 살펴보았다. 그중에서 변증법의 시점은 인간의 생명존재와 불가분의 연원이 있음을 분명하게 확인했으며 또 그 시작부터 선명하고도 강렬한 생존론 충동과 의향으로 충만, 표현되고 있음을 확인했다. 물론 고대 철학이 당시의 여건하에서 마르크스처럼 진정으로 인간 본원성의 생명활동 즉 실천활동에 입각하여 인간 고유의 생존본성에서 출발하여 변증법의 생존론 토대와 생존론 의의를 이해할 수는 없기에 그들은 오직 소박하고 직관적인 형식(헤라클레이토스와 같은) 또는 현설한 지식론 성질의 초감성본체의 형식(플라톤과 같은)으로 표현할 수밖에 없었다. 하지만 변증법과 인간 생명 사이에 있는 내적 친화력은 이미 굴곡적인 방식으로 표현되었으며 변증법이 지닌 생존론 충동도 이미 변형된 방식으로 표현되었다. 이 점은 과거 고대 철학

16) [德]黑格尔:《哲學史講演錄》第2卷, 北京: 商務印書館, 1960, p.208.

을 고찰할 때 늘 간과하였지만, 실제로 가장 매력이 있는 점이기도 하다.

2. 생명의 우연성과 생명탐구의 구제 루트: 고대 그리스 후기와 중세기 철학의 변증사유 및 그 생존론 충동

　최초의 철학가들의 변증법 사상은 후계자들에 이르러서 진일보 전개되었는데 그 과정에서 변증사유가 지닌 생존론 충동과 의향은 진일보 표현되었다.

　문제의 제기는 분명하게 이러한 모습으로 나타났다. 인간 생명은 우연한 존재로서 이러한 우연성은 초월 가능한 것이며 이로써 자아구제를 실현할 수 있는가? 인간의 우연한 상태는 구제할 방법이 있는가? 인간 생명은 과연 철저히 우연한 것인가, 낙착이 없는 것인가 아니면 자신을 초월하여 일종의 비우연적이고 의지할 상태에 도달할 수 있는 것인가?

　고대 그리스 후기와 중세기의 철학가들은 모두 이러한 점을 깊이 감수하고 있었다. 즉 인간은 유한적, 잠시적이며 결함으로 충만된 존재이다. 인간은 시간상의 기점이 있을 뿐만 아니라 시종 시간 진척의 제한을 받기에 시간이 인간에 대한 규정을 초월하기 어렵다. 이러한 유한적, 잠시적 상태는 인간 생명의 비극성을 충분히 표명하고 있으며 그들은 이러한 상황이 인간에게 있어서 인내할 수 없는 것임을 감지했다. 그들은 이러한 비극성을 초월하고 우연성을 이탈할 과정의 탐구를 갈망하면서 인간 생명을 위해 안신입명의 근거와 구출의 도를 찾고자 했다.

　신플라톤주의자 플로티노스(Plotinos, 205?~270)를 한 사례로 살펴보기로 하자. 그는 인간의 우연성을 극복하는 유일한 과정은 우주의 본원 "태일(太一)"로 귀환하는 것이라고 주장했다. "태일"은 유일하게 절대적, 비우연적이고 자신과 동일한 것으로서 외적으로는 세계만물로 인간의 영혼을 포함한 것들을 유출하고 따라서 "인간 존재"의 진정한 "본질"은 그의 경험 존재의 밖에 있는 것이다. 인간 경험생명은 우연적으로서 이러한 우연성을 극복하는 유일한 과정은 영혼의 변증운동을 통과하여 "태일"과의 이화를 극복하고 새롭게 "태일"과의 본질 동일성을 발견함으로써 절대적 "태일"을 향한 복귀를 실현하는 것이다. 플로티노스의 명언은 "변증법은 일부 공허한 이론과 법칙으로 구성된 것이 아니라 사실에 관계되는 것, '실재물'은 변증법의 소재이며 적어도 그것은 절차 있게 '실재물'로 전진하여 진일보 개념과 현실을 옹유하는 것이다"[17]라는 것이다. 인간 생명의 우연성을 이탈하고 자각적으로 생명의 본질과 사명을 의식함으로써 절대적 "태일"로의 회귀를 실현하는 것은 변증법이 섭렵하려는 "사실"이다. 이는 변증법은 인간 생명과 함께 암암이레 존재하는 우연의 상태에서 해방된 것이며 "낙원"으로 재복귀하는 사명과 내적으로 연관되며, 또는 플라티노스의 변증법은 그 "구세론"과 밀접히 연계되어 있는 것이라고도 할 수 있다.

플라티노스는 그 뒤의 중세기 철학가들의 변증법에 대한 이해를 위해 기조를 마련했다. 철학가들의 구체적인 주장은 같지 않지만 사유모식은 완전히 일치한 것이다. 이러한 사유모식은 전반 기독교철학에 관통되어 후세의 철학에 깊은 낙인을 남겨놓았다.

이러한 사유모식의 특점은 신의 운동이 준수하는 "변증적 법칙"을 준수한다는 데 있다. 신의 존재는 시작할 때는 "잠재적인 절대"였지만 아직 충분한 현실성을 지니지 못했기에 충분한 현실성을 지니기 위하여 반드시 자기의 경계를 초월하여 잠시성, 우연성 등 특색으로 비절대적 현실을 창조하고 발전시켜야 한다. 이러한 비절대적 현실은 절대적 자아실현으로 발전하는 필요한 단계로서 거기에서 신은 스스로 거울을 보는 것처럼 자기를 관조할 수 있는데 바로 다시 자기의 외화된 존재를 흡수하기 위해서이다. 인간의

---

17) [波蘭]科拉科夫斯基:《馬克思主義的主流》第1卷, 遠流出版事業股份有限公司], 1992, p.28.

생명, 즉 신이 발전해낸 우연적인 존재의 하나, 이는 신의 외화로서 "인간의 존재"로 하여금 그 본질과는 잠시적인 분열상태에 처하도록 한다. 하지만 인간은 영원히 이러한 상태를 유지한다. 인간은 일단 자기의 진실한 본질을 충분히 의식하게 되면 영혼이 바로 무한에 도달하고 인간의 생명은 곧 우연성을 이탈하고 주체와 객체의 대립을 이탈하여 존재와 본질의 내적 통일에 도달, 즉 재차 신의 모체로 회귀하여 인성과 신성이 동시에 실현된다.

구체적으로 이러한 사유모식은 다음과 같은 기본적인 신념을 포함한다.

오직 절대적으로 자신과의 완전한 동일, 인간이 분리성의 장애를 가질 때 그리고 인간은 잠시적인 존재물이기에 자아동일에 이를 수 없다.

인간의 본질은 자신 이외, 또는 일종의 실현되지 않은, 실현을 갈망하는 절대로서 인간 속에 존재하는 것이다.

인간은 절대와 상호 결합하면 존재의 우연성을 도피할 수 있다.

인간이 부름을 받고 이러한 도피를 할 때는 자기의 "존재물"로 복귀함을 표시하는데, 이는 역시 절대적으로 완벽함에 가까운 방법으로서, 만약 결함이 있는 창조물세계를 떠난다면 이는 불가한 것이다.

조건적인 존재는 절대에서 변화되어 온 과정으로서 절대는 자신의 손질로써 자아충실을 실현한 것이고 자기의 격을 낮추는 것은 "존재물"의 최고 양식을 추진하는 하나의 조건이다.

세계의 역사는 무조건적인 "존재물"의 역사인바, 무조건적인 "존재물"은 유한한 심령의 거울 속에 비추어지며 그 결과로 최후의 완벽함을 달성한다.

이 최후의 단계에서 유한과 무한의 구별은 사라지는데 절대가 자기의 성과를 재흡수하여 신성한 "존재물"에 통합했기 때문이다.

결과로 주체와 객체의 구별은 사라지고 영혼은 무한성을 취득하며 더 이상 그 본래의 그러한 별개의 어떤 것들과 상호 대립하는 "물건"이 아니다.[18]

이상에서 중세기 때 변증법에 대한 철학가들의 이해는 주로 인간의 구제와 신의 활동과 내적으로 연계되어 있으며, 변증법이 표현하는 것은 "신"이 잠재적 상태에서 자신의 활동 궤적으로 "하강" 또는 외화, 양기하는 것이며, 바로 이 과정에서 인간은 자아의 초월과 구출을 실현한다.

전술한 변증법에 대한 이러한 이해는 현실의 생명에 있어서는 틀림없이 거대한 사상의 소외이다. 여기에서 변증운동의 토대와 캐리어는 현실의 인간 생명이 아니라 높이 위치한 신령이며 인간의 현실 생명은 도리어 이 변증운동이 실현할 수 있는 수단과 도구였다. 이러한 의미에서 변증법에 대한 이러한 이해는 농후한 인간 생명과 적대시되는 성질이 있는 것이다.

하지만 포이어바흐의 지적처럼 신의 본질은 근본적으로 인간의 본질을 표징하는 것이며 따라서 신은 실질적으로 일종의 이재적이고 전도적인 형식이 표현한 인간의 생명일 따름이다. 그러니까 고대 그리스 후기 및 중세기의 철학가들의 변증법에 관한 이해는 실질적으로 일종의 이재적이고 전도적인 형식이 표현한 변증법 생존론 의향과 내포이다. 그것은 인간 생명의 우연성에 대한 초월, 구출의 길을 탐구하는 각도에서 변증법의 의의 및 그 토대에 대해 논의하고 있으며, 이 사고방식(만약 적대시하는 인간의 경향을 이탈했다면)은 우리의 오늘날 새롭게 변증법의 진실한 토대와 캐리어를 사고하는 이 중대한 문제에서도 여전히 중요한 계시적 의의를 지닌다.

3. 생명자유의 추구와 탐색: 독일 고전철학의 변증법적 생존론 충동

독일 고전철학은 변증법 사상의 고봉으로서 그 연구 성과는 한우충동이

---

18) 동상서, pp.34~42.

다. 여기에서 그 매개 대표인물과 관점에 대해 구체적인 코멘트는 불가하지만 하나의 실질적인 사실, 즉 그들이 생명자유에 관한 신념 및 그에 대한 논증이 전반 독일 고전철학변증법의 사상의 핵심을 구성했다는 점만 밝히려고 한다. 칸트, 요한 고틀리프 피히테를 거쳐 프리드리히 셸링, 그리고 헤겔에 이르기까지 생존론 충동은 점차 그 분명한 윤곽을 드러내었다.

칸트는 『순수이성비판』에서 "순수이성의 종극적 목적이 근거를 결정한 것으로 간주하는 최고선의 이상"을 논하면서 다음과 같은 내용을 남겼다.

"나의 이성이 소유한 일체의 관심 사항(사변적 및 실천적)은 모두 이하의 세 문제에 총괄되어 있다. (1) 내가 알 수 있는 것은 무엇인가? (2) 내가 할 수 있는 것은 무엇인가? (3) 내가 기대하는 것은 무엇인가?"[19] 만년에 그는 또 총체성과 강령적인 문제, "인간은 무엇인가?"를 제기했다. 칸트의 변증법 사상은 이 네 개 문제와 긴밀한 연관을 가지고 있는바, 또는 보다 본질적으로 말한다면 이 네 번째 문제, 즉 "인간은 무엇인가"와 내재적으로 연계되어 있다.

"순수이성비판"이 해답하는 첫 번째 문제에 대해 그는 이 저서에서 사변이성은 "본체"에 대한 인식에 도달할 수 없기에 그 효과적인 범위는 현상계에 한정되었지 "물자체"에게는 적용되지 않는다는 것을 증명했다. 칸트는 증명 과정에서 사람들에게 "모순"은 인간 이성활동의 필연적 표현과 결과임을 표명했다. 인간의 이성은 만약 현상 영역을 초월하여 "물자체"의 세계로 진입하게 된다면 필연코 모순을 드러내고 이율배반을 초래하지만 이성은 천연적으로 계선을 넘어서 "물자체"를 파악하는 참망(僭望)적 경향이 있기에 이 이율배반은 불가피한 일로 변하게 된다. 이러한 의미에서 "모순" 또는 "이율배반"은 이성의 우연한, 임의적 성질이 아니라 이성의 내적 본성이다. 이에 대해 헤겔은 "칸트는 변증법을 비교적 높은 차원에 위치시켰는

---

19) [德]康德:《純粹理性批判》, 北京: 商務印書館, 1960, p.550.

데, —— 그리고 이 방면은 그의 공적에서 가장 위대한 방면의 하나, ——
일반적인 생각으로 변증법은 수의성(遂意性)이 있는데 그는 변증법에서 이
러한 수의성을 제거해버리고 변증법을 이성의 필연적 행동으로 표현 ……
그가 창안하고 논증한 일반적인 관점, 바로 가상적 객관성과 모순의 필연
성인데 모순은 사유가 규정한 본성에 속하는 것이다"[20]라고 평가했다. 모
순은 이성의 필연적 본성으로서 변증법 사상사에서 칸트는 이에 대해 이렇
게 심각한 해석을 했던 사람이다.

사변이성의 모순본성을 게시하는 목적은 생명의 자유를 위한 공간 제공
을 확증하는 데 있다. 『실천이성비판』에서도 칸트는 "실천이성" 범위에서
모순과 이율배반을 게시했는데 그것은 "덕성"과 "행복" 양자 간의 모순과
이율배반이지만 사변이성 영역의 모순과 이율배반은 부동하기 때문에 이
러한 모순과 이율배반은 해결 가능한 것이다. 그것은 "실천이성 영역"은 인
간의 자유 영역으로서 인간의 생명가치를 탐구하고 도덕 "지선"의 추구를
귀결점으로 하기 때문이다. 따라서 칸트는 상제의 불사, 영혼의 불휴와 의
지의 자유 등 "실천이성의 공설"을 설정하고 이 공설의 보장 아래 인간은
가히 "덕"과 "복"을 사이의 이율배반을 극복하고 "지선"에 도달할 수 있다고
했다. 칸트의 이러한 관점에 대하여 국내에 유행하는 이해는 칸트가 앞문
으로(『순수이성비판』을 가리킴: 인용자 주) 상제를 구축하고 후문으로(『실천이성
비판』을 가리킴: 인용자 주)으로 다시 모셔왔다는 것이다. 사실 인간의 생명가
치의 좌표에 입각하여 이를 새롭게 이해한다면 칸트는 상제는 본질적으로
도덕의 "지선"의 상징에 불과한바 "일체 가능한 존재 중의 가장 완선자"이
며 인간의 도덕생명이 자아초월을 실현하고 "지선"을 취향하는 근본적인
가치 척도이며 "가치론" 의의에서 "본체"로서 "논리적 진실, 내지는 도덕적
진실"[21]이 아니라는 것이다. 바로 이러한 "도덕전 진실"에 대한 추앙 그리

---

20) [德]黑格尔: 《邏輯學》上, 北京: 商務印書館, 1974, pp.38~39.

고 이러한 "도덕적 진실"에 대한 꾸준한 탐구를 통하여 인간의 생명의 존엄
과 인격의 가치는 비로소 진정으로 실증되었다.

『판단력비판』에서 칸트의 생명자유와 생명가치에 대한 이러한 긍정과
정상으로의 추진에 대해 사람들은 항상 『판단력비판』을 미학저서로 간주
하지만 가장 심층적인 의미에서 이는 인간의 자유에 관한 "인학" 저작이다.
『실천이성비판』에서 칸트는 도덕가치에 대한 논의를 통하여 문제를 사변
이성 영역에서 인간으로 전환했다. 그는 도덕가치의 신성성에 대한 증명을
통하여 인간의 가치 주체의 지위를 확립했는바, 이로써 순수이론이성의 문
제는 가치 문제가 아니고 이론이성 인식의 대상으로서 자연계는 가치 문제
가 존재하지 않지만 실천이성 영역에서 인간은 절대적 가치의 주체이고 동
요불가적인 가치 목표가 되었다는 것을 표명했다. 하지만 또 하나의 첨예
한 문제가 대두되었는데, 즉 자연세계의 필연성과 인간의 가치 영역의 자
유성, 지성 영역의 비가치성 및 실천이성 영역의 목적성 간의 분열과 대립
이다. 칸트는 『판단력비판』의 근본적인 주지는 바로 이 상황을 개선하려는
것인데, 즉 "이론이성, 자연개념의 영역을 '인간이 목적'이라는 가치의 빛
발 아래 그 자신이 가치 판단이 발생하지 않는 것들을 인간이 그에게 가치
를 부여하도록 한다"[22]는 것이다. 이를 위해 칸트는 "자연의 합목적성"이란
저명한 명제를 제안, 논증했는데 심미 대상으로서의 자연은 "무목적적 합
목적성"인 것으로서, "무목적"이란 그것이 자연법칙을 준수한다는 것을 의
미하고 "합목적성"은 자연이 지닌 인간에 상대한 목적성을 가리킨다. 인간
은 자연계의 최고목적으로서 가령 세계에 존재하는 사물이라고 할 경우 진
정한 존재는 모두 그 무엇에 의존하는데 그러한 것은 목적에 따라 행동하
는 최고의 목적이 필요하다. 이때 인간은 창조의 최고목적이 된다. 즉 인간

21) [德]康德:《純粹理性批判》, 北京: 商務印書館, 1960, p.564.
22) 黃克劍:《心‧蘊》, 中國靑年出版社, 1999, p.289.

은 전반 자연계운동의 최고의 가치 목표와 최고의 추구 목표가 된다는 것이다. 이리하여 자연계(현상계)의 필연성은 본체계의 자유성으로 지성 영역의 비가치성과 실천 영역의 가치성 간의 분열은 "자연의 합목적성"이라는 명제에서 내적으로 미봉되고 따라서 지성 대상으로서의 "자연" 개념 영역은 이성대상으로서의 "자연"개념 영역에로 과도한다.

전술한 분석에서 칸트는 인성의 "모순"을 게시한 대사라고 할 수 있는바, 이 점은 전부의 3대 비판 속에 관통되어 있고 이러한 모순의 게시와 해결은 계선이 있고, 분공이 있으며 층차가 있는 점진적인 추진이다. 『순수이성비판』에서 그는 이론이성의 잠월이 초래한 모순 또는 이율배반을 게시하고 이로써 『실천이성비판』을 위해 가치 본체를 드러내어 인간 가치 주체성의 확증을 위한 공간을 제공했다. 하지만 또 필연 극(極)과 자유 극, 자연 극과 가치 극, 무목적성의 극과 목적성의 극 사이의 모순과 분열을 초래하였고, 그리하여 『판단력비판』에서 또 이 근본적인 모순과 분열을 미봉하려고 "자연의 합목적성"이란 중요한 사상을 제출했다. 만약 "모순"을 변증법의 핵심 관점으로 승인한다면, 칸트의 인생 "모순"에 대한 통찰은 칸트의 변증법 사상을 이해하는, 심지어 그의 전반 철학을 이해하는 가장 중요한 포인트이다.

더욱 중요한 것은 칸트의 인생 "모순"에 대한 게시와 해석 가운데서 그의 변증법 사상은 시종 "인간은 무엇인가"라는 근본적인 문제와 연관을 맺고 있다. 그 근본적 지취는 세계에서 인간의 지위를 게시하고 파악하며 인간의 생명가치와 생명자유를 현시하고 확립하려는 것이다. 중국 철학계에서 칸트의 변증법 사상을 논의할 때 비교적 유행하는 관점은 그의 변증법 사상을 『순수이성비판』의 "선험변증론"에 국한시키고 그의 변증법을 "소극적인 변증법"이라고 규정하면서 칸트의 변증법 사상은 주로 그가 게시한 사변이성의 참망(僭望) 및 초래된 이율배반에 있다고 주장한다. 하지만 칸트는 모순의 부정성 결과를 보았고 모순 또는 이율배반을 이성의 "오점"으로 간주하면서 그에 대해 소극적인 부정을 가했고 따라서 칸트의 변증법은 "소극적 변증법"

이지 "실재"적 또는 "적극"적인 변증법이 아니라는 것이다. 이러한 관점은 그 합리성이 있지만 부족한 바는 바로 "모순"에 대한 칸트의 게시가 절대"인식" 영역에 한정된 것이 아니라 진, 선, 미 등 각 개인성 향도를 관통하고 있으며 전반 인간의 존재 영역을 포괄하고 있다는 점을 간과한 것이다. 따라서 그의 변증법 사상을 이해하려면 반드시 칸트의 전반 철학사고의 범주 내에서, 특히는 반드시 그것을 평생의 종극적인 주목점──"인간은 무엇인가"라는 핵심적인 주제를 잊지 말아야 한다.

칸트 이후의 철학가들은 주로 『순수이성비판』의 "소극적 변증법"에서 출발하여 칸트의 변증법을 해독하고자 하면서 진일보 자기의 변증법 사상을 제출했다. 그들은 칸트가 문제를 이해할 때 지녔던 계선의식, 그리고 인성의 풍부성, 복잡성과 다중성에 대한 심각한 통찰과 자아의식을 결핍하였고 또 칸트와 같은 전통 형이상학이론범식의 내적 결함에 대한 통찰력과 비판정신도 결핍했다. 하지만 그들은 한 가지 공통점이 있는데, 즉 그 변증법 사상과 인간 생명자유에 대한 천명과 추구는 내적으로 연관되어 있는바, 심지어 인간의 "자유"가 그 변증법 사상의 키스톤을 구성했다고 할 수 있다.

피히테는 자기의 절박한 이론사명은 바로 칸트가 "물자체"의 존재를 승임함으로 초래된 2원론을 제거하는 것이라고 했다. 그는 이러한 2원론은 인간의 수동성과 유한성을 승인한 것과 같기에 인간의 자유에 대한 엄중한 제한이며 따라서 인간의 사명을 엄중히 위반하는 것이라고 주장했다. 『학자의 사명을 논함』에서 그는 전반 철학, 전반 인류사유와 학설의 목적은 오로지 하나의 최후와 최고의 문제, 즉 일반적으로 말하는 인간의 사명은 무엇인가, 무슨 방법으로 가장 믿음성 있게 이 목표에 도달할 수 있는가 하는 것이다. 나는 나의 공개연설에서 이 문제를 해답했는데, 이는 어떤 철학연구에서도 최후의 과제인바, 마치 최초의 과제가 일반적으로 인간의 사명이 무엇인가에 있는 것과 같다. 하지만 인간의 사명은 바로 "자기의 존재역량에 의지하여 신체 이외에는 일체 통제를 받지 않고 절대자신으로, 그리고 자신에게 의지하여 존재한다. …… 인간은 영구적이고 독자적으로 자기의 역량에 의지하여 존재한다."[23] 환언한다면 인간의 사명은 자연의 속박을 이탈하여 정신적 해방을 획득하여 철저한 자유의 경지에 도달하는 것이다.

따라서 피히테의 지식학이 확정한 첫 번째, 그리고 최후의 원칙은 바로 "자아가 자아를 규정한다"이다. "자아가 자아를 규정한다"가 표명하는 것은 인간은 바로 그 본성에 있어서 자기의 규정자이며 인간 자신이 바로 자기의 "이유"라는 것이다. 환언한다면 인간은 본성적으로 자유로운 존재물로서 인간은 바로 "자유"본신이라는 것이다. "자유는 그 무슨 별개가 아니라 자신과 동일한 것이며 자기가 자기를 규정하는 원칙이다. 경험의 원칙, 자연계는 자신이 규정하는 것이 아니라 기타의 사물이 결정한다."[24]

자유는 인간의 본성이지만 자유는 현성한 급여물이 아니기에 자유는 반드시 인간의 노력과 추구를 통하여만 끊임없이 실현될 수 있다. 따라서 "자아가 자아를 규정한다"는 것은 인간에게 있어서 호소이고 요구인바, 그것은 자기의 노력을 통하여 자유를 실현하라는 호소이다. 즉 자아는 충분히 자신을 실현하고, 직적적인 자아동일에 만족하지 말아야 하며, 일종의 자아반성과 자아동일을 요구하는 것이다. 이를 위해 피히테는 진일보 지식학의 제2, 제3의 원리, "자아가 피아를 설정한다"와 "자아가 자아와 피아를 설정한다"는 것을 제출했다. 자아는 자아의 행동을 통하여 자기를 대상화하여 자아와 상호 제한하는 "피아"를 창조한다. "피아"는 본래 자아의 창조물이지만 일단 "자아"에 의해 건립된 후에는 "자아"의 자유본성에 대한 제한을 이룬다. 따라서 자유를 실현하기 위해 "자아"는 반드시 진일보 이러한 제한을 극복하여 "자아"를 외화의 산물 즉 "파아"를 다시 자아로 복귀시켜야 한다. 자아가 피아를 급복하고 자신의 통일을 실현하는 과정은 단변에

---

23) [德]費希特:《論學者的使命》, 北京: 商務印書館, 1980, p.6.
24) [蘇]捷·伊·奧伊則尔曼 主編:《辯證法史》(德國古典哲學), 北京: 人民出版社, 1982, p.105.

이루어지는 것이 아니라 무궁한 추구의 과정을 거쳐야 한다. 인간은 영원히 절대적으로 자아와의 동일에 이를 수 없으며 자아와 피아의 상호 제한은 영원히 존재하는 것이다. 하지만 인간의 사명은 끊임없는 제한 속에서 제한을 초월하고 끊임없이 "피아"의 자유에 대한 제한과 저애를 초월하고 꾸준히 자유를 추구하고 쟁취하는 것이다.

피히테에게 있어서 "자아가 자아를 설정한다"와 같은 자아동일의 상태는 영원히 인간의 일종의 자유에 대한 호소로서 인간을 끊임없이 자아제한을 극복하고 인간 자신 즉 자유로운 인간이 되어야 한다는 것이다. 자아의 발전은 끊임없이 피아의 제한을 초월하여 자아의 변증도로로 회귀하는 것으로서 "자아 – 피아 – 다시 꾸준히 자아에로 복귀"이며 인류의 역사는 바로 이러한 끊임없는 속박의 이탈과 자유 쟁취의 변증역사이다.

피히테의 전부의 변증법 사상은 "자아" 및 "자아"의 변증운동을 캐리어와 토대로 삼고 있으며 그가 표현하려는 가장 근본적인 주지는 바로 인간의 자유에 대한 해석이고 인간의 자유를 위한 변호이다. "자유정신"은 그 변증법 사상의 본질정신을 구성하였고, "자유철학"은 피히테의 "지식학"의 심층적인 저력이다. 이 점을 떠난다면 피히테의 변증법 사상을 이해할 수 없다.

피히테의 "자아의식변증법"은 그의 후래자들에게 하나의 화제를 남겨주었다. 그는 "자아"의 "피아" 설정을 통하여 그리고 또 "자아"의 "피아" 제한의 극복을 통하여 끊임없이 "자아"의 자유를 추구하고 실현하였지만 "자아"는 오히려 영원히 "피아"를 철저히 극복할 수 없고 "피아"와의 통일을 이룰 수 없었는바, "이러한 철학은 그 시작부터 자연계와의 분리를 의식하고 있기에 원시 동일성의 원칙은 시종 그 의식의 범주 외에 머물러 있기 때문이다. 결과 피히테의 자연관은 어떤 면에서 칸트의 그 '인식불가적' 물자체를 중복하고 있다. …… "[25] "자아"와 "피아"의 단절과 대치는 시종 존재하고

---

25) 동상서, p.105, p.184.

있다. 이리하여 그 뒤의 철학의 중대한 사명은 바로 주체와 객체 간의 이 대립의 해결에 주력하는 것이었는데 헤겔이 이론을 정상으로 확립할 때까지 지속되었다.

헤겔변증법의 근본적 사명은 바로 "이성과 현실의 화해"에 이르는 것, 즉 주체와 객체, 사유와 존재의 내적 통일을 실현하는 것이다. 그의 "절대정신"은 바로 이러한 주객대립의 절대주체를 초월하는 존재이다. "절대"는 단순한 주관성과 단순한 객관성을 의미하고 "절대" 즉 "무대", "무대" 즉 "유대" 지모로서 자족완비하며 외적인 수요가 필요 없는, 그의 본성은 "자유"라고도 할 수 있다.

"절대정신"의 "자유"본성에 대하여 헤겔은 『철학사강연록』에서 아주 다채롭게 "정신 자신이 자기를 2원화하고 자신이 자기를 괴리하지만 오히려 그것은 자기를 발견하고 자기에로 회복하기 위한 것이다. 이것이야말로 자유이고(설사 외부에서 보기에 그렇기 때문에 우리는 여전히) 자유는 타물에 의존하지 않는 것(외부역량을 안 받는다) 타물에 연관되지 않는다. 정신이 이러한 자기로 회복될 때 그것은 더욱 자유로운 경지에 도달한 것이다. 오직 여기에서 비로소 진정한 자성(自性)이 있으며, 오직 여기에서만 비로소 진정으로 자신이 있는 것이다. 오직 사상 속에서, 그 어떤 사물에서가 아니라, 정신은 비로소 이러한 자유에 도달할 수 있다."[26]

헤겔은 이러한 천부적인 "자유"본성의 절대정신은 바로 변증법의 진실한 토대라고 했다. 변증법의 모든 특성은 전부 이 "절대정신"이라는 캐리어에 뿌리내렸으며 절대정신이란 이 토대에 입각하고 있는바, 변증법은 이미 외재적인 부속물이 아니라 절대정신 자신이 지닌 본질 규정성, 또는 이미 절대정신의 "본체론 원칙"이 되었다고도 할 수 있다. 바로 이러한 의미에서 사람들은 비로소 변증법은 진정 철학본성의 방법에 부합되는 것이며 이때 철학탐

---

26) [德]黑格尔:《哲學史講演錄》第1卷, 北京: 商務印書館, 1959, p.28.

구의 대상, 즉 "절대정신"의 존재와 활동본성이 바로 "변증"적이기 때문에
—— 절대정신의 자아 전개 과정은 동시에 바로 변증법의 현시과정이며 절대
정신의 활동과 변증법 내용의 전개 이 양자는 완전히 "동구"인 것이다.

"절대정신"이란 이 토대와 캐리어에 입각하는 것은 변증법의 내적 원칙,
이론정신, 가치 취향 등 절대정신의 "고유본성"과 "제목에 마땅히 해야 할
의미(題中應有之義)"로서 자연스럽게 생장한 것이다. 가령 "부정성" 원칙이
변증법의 가장 근본적인 원칙이 될 수 있는 것은 그 근거가 천부적 "자유"
본성의 절대정신, 즉 실체는 "내적 부정성"에서 자아 운동과 발전을 실현하
고 이러한 "내적부정"을 통해 자아규정, 자아생성과 자아발전을 실현하여
절대정신활동의 심층적인 체제를 구성하기 때문이다. "모순"정신이 변증법
의 본질정신 될 수 있는 근거는 절대정신 본신이 바로 "존재하는 모순"에
불과하며 정신과 그 자아가 상호 모순되며 "자아모순" 중에서 그 자신의
존재상태의 "초월"을 촉구하여 그 "본질"을 실현하려고 함으로써 정신의 활
동본성을 구성하는 데 있다. 이 점은 바로 가다머의 지적처럼 헤겔은 "인류
역사와 운명이 보여준 혼란무질서한 무서운 모순 속에서 역사의 이성을 볼
것을 가르치며, 원래 인간의 인식과 식견으로 간파할 수 없어 신앙과 신뢰
가 천부적인 것을 사유의 왕국을 귀속시킨다", "헤겔변증법의 뜻은 바로 직
접 모순의 첨예화를 통하여 모순 통일의 더욱 높은 진리적 과정으로 도약
하며 정신의 역량은 바로 일체 모순을 종합하고 중개하는 데 있다는 것이
다."[27] "자아초월"과 "자아발전"이 변증법의 중대한 이론적 특징이 될 수 있
는 근거는 "초월"과 "발전"이 절대정신 운동의 본질적 규정이라는 데 있으
며 "자아모순" 중에서 "자아부정"을 통하여 자아초월과 자아발전을 실현하
는 것은 절대정신의 내적 충동과 욕구이다. "부정", "모순"과 "초월", "발전"
이란 변증법의 중요한 이론원칙과 이론정신은 헤겔에게 있어서 모두 절대

---

27) [德]H.G.伽達默尔:《摧毁與解構》, 載《哲學譯叢》, 1991(5).

정신이란 이 "본체성"의 토대와 캐리어에 뿌리내렸다. 만약 후자를 떠나 소위 헤겔의 "변증법"을 논의한다면 그 결과는 필연코 헤겔 본인이 엄격하게 비판했던 "형식사유"와 "지성사유"의 오류에 빠질 것이다.

헤겔의 절대정신 및 그가 지닌 변증적 성질은 실질적으로는 이재화의 형식으로 표현한 인간의 생명활동 및 본성이다. 헤겔의 "정신"과 칸트의의에서의 "지성"은 중대한 부동함을 보이는바, 일정한 의미에서 그것을 "생명"이 개념과 동등시할 수 있다. 이 점은 덩샤오망의 탁월한 견해처럼, 헤겔이 칸트의 "이성"에 대한 비판의 요지는 바로 개체생명의 존재, 즉 마그누스 (Magnus)정신으로 형식주의의 로고스의 속박을 돌파하여 내용과 생명활력으로 충만된 신형의 로고스를 찾는 것이다. 헤겔변증법의 가장 심층적인 이론지취는 규정불가한 생명, 생존, 능동성과 자유를 언어 또는 논리로 규정하거나 또는 그 반대로, 이미 추상화되고 경직된 언어, 논리 형식에 내적 생명과 "자기운동"의 동력을 부여하는 것이다.[28] 따라서 헤겔은 절대정신을 변증법의 진실한 캐리어로 하는데 그 실질은 정신화된 방식으로 인간 생명의 본성을 표현하는 것인바, 헤겔의 정신변증법은 실질적으로 정신화된 방식으로 인간의 생명본성의 변증법을 표현하는 것이다. 이러한 의미에서 마르크스는 "헤겔의 『현상학』 및 최후의 성과──변증법은 추동 원칙과 창조 원칙의 부정성──위대한 점은 우선 헤겔은 인간의 자아생산을 하나의 과정으로 간주하고 대상화를 비대상화로, 외화를 이러한 외화의 양기로 간주하였다는 것이다. 그는 노동의 본질을 파악하고 대상성의 인간, 현실적 그리하여 진정한 인간을 인간 자체의 노동의 결과로 이해했다"[29]고 유명한 평가를 내렸다. 이 논단은 헤겔이 절대적 정신을 토대와 캐리어로 하는 변증법이 지닌 잠재적인 의의를 지적했는데, 이를 한마디로 개괄한다면, "정신변증

---

28) 鄧曉芒:《思辯的張力》, 長沙, 湖南教育出版社, 1992, p.59.
29) 《馬克思恩格斯文集》第1卷, 北京: 人民出版社, 2009, p.205.

법"의 진리는 그 "생명적 변증법"에 있다는 것이다.

이상의 논의를 통해 전반 독일 고전철학의 변증법 사상 속에 침투되어 있는 것은 생명자유에 대한 추구정신임을 알 수 있다. 비로 그것은 아직 마르크스처럼 인간 본원성의 생존 실천활동에 입각하여 인간 고유의 생존 본성에서 출발하여 변증법의 생존론 의의에서 자유의미를 천명하지는 못했지만 현오한 추상사변의 미궁에 은폐되어 있는 그러한 생명자유에 대한 갈망과 구가는 아주 선명하고 강렬한 것이었다. 만약 이 점을 떠나 독일 고전철학을 이해한다면 그 결과는 아주 많은 경직된 자료에만 집착하여 가장 중요한 영혼, 즉 "자유의 정신"을 상실하게 될 것이다.

이상에서 역사에 대한 회고를 통해 변증법은 시종 인간 특유의 생명존재와 극히 긴말한 내적 연계가 있으며 변증법의 이론본성은 시종 인간의 생명본성과 불가분적 친화성이 있다는 점을 표명하고자 했다. 마르크스철학이 나타나기 전에 변증사유에는 시종 전통 형이상학의 이론범식이 도사리고 있어 겨우 일종의 이재의 방식으로 이러한 생존론 토대와 생존론 내용을 표현할 수밖에 없었다. 이는 변증사유가 지닌 비판적 의의를 엄중하게 저애, 심지어는 변증법이 지닌 생존론 의의조차 깊숙이 가려 엄중한 질식을 당했다. 하지만 변증사유는 이러한 이재적인 형식에서 생존론 충동을 표현하면서 변증법과 인간의 생명존재 사이의 내적 관련은 완전히 은닉할 수 없으며 설사 전통 형이상학의 첩첩 막힘 아래에서도 그것이 굴곡적, 변형적인 방식으로 표현하고 현시되는 것을 억제할 수 없었다. 마르크스의 철학의 변혁은 바로 철학사상 이러한 깊고 두터운 배경 아래 건립되었는바, 마르크스는 전통 변증법 이론에 포함된 생존론 의식을 충분히 이해하고 흡수하였으며 그것을 현실적 토대 위에서 개조하여 변증법 생존론본체론 토대의 자각에 도달했다. 이 점을 떠난다면 마르크스가 생존 실천활동을 토대로 한 생존론 변증법은 내원 없는 것이 된다. 이러한 의미에서 과거 변증법의 각종 교주주의의 경직된 이론에 대한 이해는 아주 큰 의미에서 "인류사유의 역사와 성취"

에 대한 무시와 무지의 토대 위에 건립되었다고 할 수 있다. 철학 발전사에 대한 심층적인 이해가 결여된다면 소박하고 직관적 층면에서 그러한 반성, "천경지위"적 상식성 "변증법 진리"를 중복할 수밖에 없으며, 그러한 경우 마르크스의 변증법 이론이 지닌 진실한 의미와 그 철학사상 변혁의의 역시 바람에 날리는 연기마냥 사라지고 말 것이다.

제3부

마르크스철학변증법과
현대 서양철학변증법 연구의
대화와 소통

루카치와 변증법의 사회역사 본체

1. 마르크스철학변증법의 진실한 토대에 대한 탐구
: 루카치의 이론적 사명

루카치가 변증법 연구에 종사할 때 직면한 이론적 현실은 아주 준엄했다. 이때 마르크스철학변증법은 이중의 왜곡과 훼손을 받고 있었는데 변증법을 구출하고 그 이론적 합법성을 수호하는 것이 루카치의 중대한 이론적 사명을 구성했다.

소위 변증법에 대한 이중의 왜곡과 훼손이란 주로 두 가지 경향을 가리킨다. 하나는 자연과학으로 변증법을 취소하며 경험자연과학을 유일한 "믿을만한 지식"으로 간주하고 이를 유일한 참조로 하여 변증법의 존재와 정당성을 부인하려는 경향, 다른 하나는 비록 변증법의 이론적 가치를 승인하지만 일종의 자연주의와 과학주의 방식으로 변증법을 이해하여 변증법 실증화와 용속화를 초래하는 경향이었다.

자연과학으로 변증법을 취소하며 경험자연과학을 유일한 참조체계로 삼아 변증법의 이론정당성을 부인하려는 것은 당시 "안광이 짧은 경험주의자", 가령 마하주의(Machism)자들——"자연과학의 방법, 과학을 통하여 관찰하고 추상하고 실험하며 이로써 '순' 사실과 사실과 관련되는 연관 속에 두는 방법을 제안하여 일체 이론을 회피하려 했다. 그들은 당시 바로 이러한 사상

적 인식방법으로 변증법의 강제성 구조를 대항했다"[1] —— 의 행위이다. 그
들은 사실상 경험생활의 매 수치, 매 통계자료, 매 원시자료를 모두 중요한
"사실"로 구성했으며, 실증적 자연과학의 방법으로 이 "순화"된, 고립적 "사
실"에 대해 "객관"적 고찰을 하는 것이다. "그것을 순수 수량의 본질로 귀결
시키고 숫자와 숫자 사이의 관계의 표현으로 귀결시킨 것"[2]이 바로 이론연구
의 사명 전부였다. 이러한 관념은 사회역사 영역에서 현존사회를 기정된
사실로 수용하며 경험과학의 방법으로 사회사실에 대한 "정확", "과학"적
파악에 도달하려고 한다. 마르크스주의 연구영역에서 일부 용속한 학자들은
바로 전술한 이러한 경험주의 입장을 취하면서 변증법의 존재가치를 부정했
다. 이러한 부류는 "추호의 비판도 없이 그것이 부여한 객체성질과 불변의
'과학' 기초로서의 그러한 사회적 법칙을 수용했다." 에두아르트 베른슈타인
은 바로 이러한 "정확과학의 명의로 변증법을 공격한" 대표로서 "줄곧 가장
요란한, 가장 첨예한 소리로 변증법을 반대하였는데 기타 부분적 원인은
임의의 철학 인식이 제거하려는 '편견'을 '이탈'하기 위함이었다. 그에 의하
면 변증법 방법이 헤겔주의의 '변증법의 술책'을 이탈시키려는 시도였는데,
그가 여기에서 얻은 진정한 정치결론과 경제결론은 오히려 분명하게 이 노선
이 어디로 통하는 것인가를 표명했다. 이러한 결론은 확실하게 만약 철저한
기회주의 이론을 건립하려면, 즉 아무런 혁명도 없는 진화 이론, 아무런
투쟁도 없는 '자연장인(自然長人)'의 사회주의 이론을 건립하려면 반드시 변
증법을 포기해야 한다는 점을 표명했다."[3]

이러한 입장에서 출발하여 변증법은 "비과학"적, 무의미한 "위학(僞學; 가
짜 학문)"으로 해석되어 포기와 말살을 당해야 할 것으로 되고 변증법은 완

---

1) [匈]盧卡奇:《歷史和階級意識》, 北京: 華夏出版社, 1989, p.6.
2) 동상서, 같은 쪽.
3) 동상서, p.8.

전히 존재의 이론 합법성이 없게 되었다.

이와 동시에 변증법의 구성에 대한 왜곡과 훼손의 다른 한 위협은 자연주의와 과학주의 방식의 변증법에 대한 이해이다. 이러한 태도는 변증법을 수호하는 것 같지만 실질은 오히려 변증법을 그 토대로부터 송두리째 뽑아서 변증법의 사상정화를 깡그리 잃어버리게 한다.

"유물변증법은 혁명적 변증법이다. 이 정의는 아주 중요한바 유물변증법의 본질에 대한 인식에 결정적인 의의가 있다."[4] 하지만 루카치는 변증법의 이 "혁명"성질이 많은 마르크스주의 사상가의 신상에서 오히려 아무런 흔적도 찾아볼 수 없다는 것을 발견했다. 루카치의 주장에 따르면 우선, 엥겔스의『반듀링론』은 "변증법의 토론에 허다한 혼란을 조성했다."[5] 그는 변증법의 "가장 중요한 상호 작용── 역사 과정 속의 주체와 객체 간의 변증관계, 그가 마땅히 있어야 할 돌출한 위치는 더 말할 것도 없다. 물론 하지만 만약 이 요소가 없다면 변증법은 더 이상 혁명적이지 못하다. …… 왜냐하면 일체 형이상학에서 객체는 여전히 시종 불변하다는 것을 인식할 수 없으며, 이러한 사상은 시종 직관적인 것으로서 실천이 될 수 없으며 변증법에 있어서 중심 문제는 그래도 현실을 개변하는 것이기 때문이다."[6] 는 것을 간과했다. 더욱 엄중한 것은 베른슈타인, 알프레트 아들러(Alfred Adler, 1870~1937), 카를 카우츠키(Karl Kautsky, 1854~1938)를 대표로 하는 제2국제 사상가들은 완전히 일종의 과학주의와 자연주의의 태도로 변증법을 이해하려고 했다. 가령 카우츠키는 사회다윈주의의 입장에서 사회역사는 "특수한 법칙을 지닌 자연계의 특수한 부분으로서 이러한 법칙이 만약 원한다면 자연법칙으로 칭해도 무방하다. 왜냐하면 그 실질에서 본다면 전

---

4) 동상서, p.2.
5) 동상서, p.3.
6) 동상서, p.4.

자와 후자는 별반 차이가 없기 때문이다"[7]라고 했다. 이러한 이해에서 사회역사적 변증운동은 완전히 자연생물의 진화 과정으로 환원되어 일체 인간의 생명 특성을 상실했다. 아들러는 변증법을 "실증과학의 일종"으로 묘사하면서 이러한 과학은 "마르크스가 말한 진정한 변증법의 주요한 것이다"[8]고 했다. 이러한 과학주의태도와 내적으로 상관되는 이론가들은 헤겔의 변증법과 마르크스주의 철학 사이의 내적, 심층적 관계를 철저히 부정하는 태도로 "마르크스주의 중의 헤겔주의"를 깨끗이 청산하겠다고 하면서 심지어 마르크스철학의 "신칸트주의화"를 주장했다. 이 점에 대해 레닌은 "철학 방면에서 수정주의는 부르주아 교수의 '과학'의 꽁무니를 따른다. 교수들은 '칸트에게로 돌아가자'고 하고 수정주의는 곧장 신칸트주의자의 뒤를 따라 간다. …… 교수들은 헤겔을 멸시하면서 헤겔을 '죽은 개'로 취급한다. …… 수정주의자는 그들을 따라 과학을 철학적으로 용속한 수렁 속으로 기어들어 가는데 '소박한'(평온한) '진화론'으로 '교활한'(혁명적) 변증법을 대체하려고 한다"[9]고 개괄했다.

이것이 바로 루카치가 직면한 준엄한 이론의 형세였다. 경험주의와 실증주의자의 태도로 변증법을 취소하려거나 아니면 자연주의와 과학주의 태도로 변증법을 왜곡하려거나 후과는 동일한 것인바, 즉 변증법 이론의 정당성과 합법성을 전에 없는 위기로 몰아가는 것이다. 루카치는 이 점을 냉철하게 인식하고 있었기에 변증법의 이론합법성을 수호하는 것을 전반 마르크스주의 철학의 "정통성"을 수호하는 가장 근본적인 내용으로 간주했다. 루카치는 "이미 단번에 마르크스의 모든 개별명제를 부정했다고 할지라도 '정통' 마르크스주의자는 여전히 조금도 남김없이 이러한 현대의 새로운 결론을 전부

---

7) [蘇]布賴奧維奇:《卡尔·考茨基及其觀点的演變》, 北京: 東方出版社, 1986, p.83, 재인용.
8) [匈]盧卡奇:《歷史和階級意識》, 北京: 華夏出版社, 1989, p.12.
9) 《列寧全集》第15卷, 北京: 人民出版社, 1959, p.15.

수용할 것이며 마르크스의 명제 전부를 포기할 것이다. 하지만 마르크스주의의 정통성은 포기하지 않을 것이다. 따라서 정통 마르크스주의자들은 결코 비판불가적으로 마르크스주의 연구 성과를 수용한다는 것을 의미하는 것이 아니다. 그것은 이러한 또는 저러한 명제에 대한 신앙이 아니고 '성서'의 해석도 아니다. 정반대로 정통은 단지 방법을 말할 뿐이다"[10]라며 가정할 수도 있을 것으로 간주했다. 변증법은 마르크스철학의 영혼과 생명을 구성하고 있기에 위기에서 변증법 이론의 합법성을 구원하고 변증법 이론의 생명력을 해명하는 것은 마르크스철학을 수호하는 첫 과제이다.

변증법 이론의 합법성을 구원하고 수호하려면 어디서부터 착수해야 할 것인가? 그는 냉철하게 이를 위한 요해처는 변증법이 의거하여 존재하는 진실한 "본체" 또는 "캐리어"를 현시하고 확립해야 하는바, "근본이 서야 도가 존속할 수 있는 것"이란 도리를 익히 알고 있었다. 비록 루카치의 변증법 사상이 포함한 구체적인 내용이 아주 풍부하고 전후기에도 일정한 변동과 조절이 있었지만 변증법의 진실한 토대를 현시하고 확립하는 이 점은 그의 모든 변증법 연구의 축심과 동요 없는 주제였음은 의심할 바가 없다.

2. 사회역사: 마르크스철학변증법의 진실한 토대에 대한 루카치의 탐구와 해명

루카치는 변증법에 대한 실증주의의 부정을 반박하려면 변증법을 자연주의와 과학주의의 왜곡에서 구출해야 하고 변증법을 반드시 견실한 토대 위에 뿌리내려야 하며 이 견실한 토대는 다름 아닌 바로 "사회역사"라고 했다. 그는 명확하게 오직 역사변증법뿐이고 자연변증법은 없다고 하면서

10) [匈]盧卡奇:《歷史和階級意識》, 北京: 華夏出版社, 1989, p.1.

"아주 중요한 것은 이러한 방법은 역사화 사회 영역에만 적용된다는 것을 인식해야 한다. 엥겔스로부터 시작하여 변증법 형성에 관한 오해는 주로 아래와 같은 사실 때문에 조성된 것이다. 엥겔스는 헤겔의 착오적인 인도를 받아 이러한 방법을 자연계에 응용했지만 변증법의 일부 기본 요소 가령, 주체와 객체의 상호 작용, 이론과 실천의 통일, 사상 변화의 근본적인 원인으로서 각 범주의 기초적 현실역사 변화 등등은 우리가 자연에 관한 인식에서 온 것이 아니다."[11] 루카치는 진일보 명확하게 "마르크스주의의 구체화된 무산계급이 과학 관점은 헤겔을 초월한 위대한 진보를 조성했고 이는 그것이 반성적 범주에서 인류인식의 어떤 '영구'한 단계를 찾으려는 것을 거절하였고 이러한 범주는 부르주아 사회의 사상과 생활의 필연적인 모조품이며, 사상과 생활의 물성화라는 주장을 견지하는 데 있다. 그에 동반하는 것은 역사본신에 대한 변증법의 발견이다. 따라서 변증법은 외부에서 역사에 수입한 것이 아니고 역사를 근거로 역사를 해석하는 것도 아닌, 직접 역사에서 도출해낸 것으로서 사람들은 이러한 역사의 일정한 발전단계에서의 논리적 표현을 의식할 수 있다."[12]

이는 루카치가 변증법의 진실한 토대의 역할을 담당하는 것이 '사회역사'이고 기타 존재가 아닌 것은 바로 사회역사 본신의 존재와 운동이 "본성"적으로 "변증"이기 때문이며 또는 사회역사 본신이 특유의 "변증본성"을 지니고 있기 때문이라고 인정함을 표명한다. 이러한 "변증본성"은 내적으로 그 본성과 상응하는 방식으로 파악하기를 요구하는데 이러한 방식은 변증법밖에 없다. 따라서 루카치는 비로소 "만약 변증법을 포기하거나 말살한다면 인간은 역사를 이해할 수 없다. 이는 변증법의 도움을 떠난다면 특정한 인간과 시대에 대하여 많거나 적은 설명을 할 수 없다는 것을 의미하

---

11) 동상서, p.5.
12) 동상서, p.190.

지는 않는다. 하지만 이는 역사를 하나의 통일적 과정으로 이해할 수는 없는 것이다"[13]라고 강조했다. 사회역사의 토대 위에서 변증법은 그 캐리어와 같이 모습을 드러내고, 같이 규정되었다. 변증법은 사회역사에 관한 변증법이고 사회역사는 본성적으로 변증법적이므로 양자는 하나가 둘로, 둘이 하나로 되는 일이다.

이에 대해 더욱 설득력 있는 논증을 위하여 루카치는 사상사 깊이 침투하여 전반 근대 철학의 내적 논리와 변천 과정을 심층적으로 소급했다. 그는 오직 "사회역사"의 이론적 토대 위에서 전반 근대 철학을 곤경에 빠뜨린 형식과 내용, 주체와 객체, 자유와 필연 등을 이율배반을 조성, 추상적 대립되도록 해야 비로소 변증적 통일을 실현할 수 있다고 생각했다. 따라서 "사회역사"를 변증법 이론의 토대로 하는 것은 사상사가 논리에 맞춘 필연적 산물이다.

형식과 내용, 주체와 객체, 자유와 필연의 모순은 전반 근대 이성주의 철학을 곤혹에 빠뜨린 하나의 근본적인 과제로서, 이 모순을 해결하지 않는다면 철학은 한 걸음 앞으로 나갈 수 없다. 『물화와 프로레타리아의식』의 "부르주아 사상의 이율배반"에서 루카치는 집중적으로 전반 근대 이성주의 철학이 이 문제에서 표현한 심층적 곤경을 분석한 다음 분명하게 오직 "사회역사"의 "본체"화 "토대" 위에서 이러한 모순은 비로소 절실한 해결을 얻을 수 있다고 지적했다.

루카치는 근대 철학은 과거의 철학과 하나의 근본적인 구별이 있는바, "현세를 인식 주체에서 독립하여 형성된 어떤 사물(또는 가령 상제가 창조한 것)로 간주하는 것을 거절하면서 그것을 인식 주체의 산물로 굳이 간주하자는 것이다"[14]고 했다. 전반 근대 철학 발전의 중심적 선색은 이러한 사상

13) 동상서, p.13.
14) 동상서, p.113.

속에, 즉 "인식 대상이 우리에게 인식되는 이유는 인식 대상이 이미 우리에게 창조되었기 때문이고, 창조 대상의 정도와 인식대상의 정도는 일치하기 때문이다."[15] 이리하여 삼라만상의 이론체계를 구축하고 이 이성화된 이론체계에 의거하여 전반 세계를 소조하며 전부의 객관존재를 모두 이 이성화의 이론체계에 수용하면 전반 근대 이성주의 철학의 최고의 이론목표가 되는 것이다. 하지만 이 과정에서 근대 철학은 거대한 내적 충돌과 모순을 은폐했는데, "이성주의의 형식상, 체계상의 통일성은 그 아래 현상의 방면적 경향에서 발생한 것으로서 인류의 이해력은 이러한 현상 방면을 파악하여 이 현상적 방면을 인류 이해력의 통제, 측산과 예시에 복종하도록 할 수 있다. ······ 하지만 이러한 체계에서 인류 존재의 '최종' 문제는 여전히 인류의 이해력과 대칭되지 않는 상태에 처해 있다. 이러한 체계는 이러한 '최종적' 문제에 접근할수록 이러한 체계의 국부적, 보조적 성질과 '본질'을 파악할 수 없는 능력은 더욱 현저하게 폭로된다."[16] 내용과 형식, 주체와 객체, 자유와 필연, 자연과 인간 등은 첨예한 분열과 충돌 속에 있는 것이다.

이러한 분열과 충돌은 칸트에게서 가장 선명하고 전형적인 표현을 보였다. 칸트는 "인간이 자연계를 위해 입법"함을 주장하면서 인식 과정의 감성적인 고비는 시공간의 선천적인 감성직관 형식이 있는바, 그것들은 자석마냥 잡다한 감성재료들을 통괄하면서 그것들이 보편성과 필연성을 지니도록 하고 지성이란 단계에서는 선천적 범주가 보편적 필연적 의의를 지니게 하여 전반 현상계를 통솔하여 보편필연적인 지식을 형성한다. 다른 한편 또 하나의 체계적인 문제가 뒤따르게 되는데, 이는 이성주의의 방법론에서 발생한 필연적 요구인바, "이성주의 보편화의 시도로 하여금 필연코 어떤 체계에 대한 욕구를 발생하도록 하는 것"[17]인데, 이러한 체계화의 충동은

---

15) 동상서, p.114.
16) 동상서, p.116.

전부의 내용이 모두 체계에서 도출할 것을 요구한다. 하지만 칸트는 이러한 요구는 근본적으로 도달할 수 없는 것이라고 하면서 "인간은 일단 그 어떤 이성 속의 각종 조건을 사고하면 즉 인간이 일단 자각적으로 체계 문제를 제출한다면 분명 이러한 욕구는 실현 불가한 것이다."[18] 이는 칸트가 동시에 "물자체"의 존재를 인가하였기 때문이다. 이러한 "자존의 물(物)"은 두 가지 기본 함의가 있는데, "제일, 물질 문제(논리적, 전문적 의미에서)로서, '우리'가 세계를 인식하기 위해 의존 가능한 그러한 형식의 내용 문제로서 우리가 이미 이 세계를 창조했기 때문이다. 둘째, 정체의 문제인바, 인식의 최종적 실질 문제로서 그러한 '최종적' 대상 문제에 대한 인식이며 각 국부적 체계에서 원만하게 정체적인 것으로, 완전히 이해되는 세계체계로 전환하는 데 이는 인식의 '최종' 대상을 필요한다."[19] 이러한 "자존의 물(物)"에 대해 순수이성은 종합과 정의를 할 수 없는데, 순수이성에 있어서 그것은 "비이성"적이기 때문이다. 이리하여 "체계화된 원리는 어떤 '진실성'을 승인하는 것과 어떤 '내용'에 대한 승인과 조화불가적이며 원칙적으로 형식의 원리에서 이러한 내용을 도출할 수 없기에 부득이 이러한 내용을 실제존재적인 것으로 간주해야 한다."[20] 칸트는 체계에 보편적 기능을 부여한 초심은 "물자체"이란 이 초월불가할 장애를 만났고 이성주의의 체계화의 목표는 미봉 불가할 단열을 발생했다.

이러한 형식과 내용, 주체와 객체, 자연과 자유의 분열은 근대 철학이 내포한 심층적 곤경을 충분히 설명하고 있다. 이러한 양난의 곤경을 어떻게 초월할 것인가 하는 것은 철학의 앞에 놓인 반드시 해결해야 할 근본적인

17) [匈]盧卡奇:《歷史和階級意識》, 北京: 華夏出版社, 1989, p.120.
18) 동상서, p.120.
19) 동상서, 같은 쪽.
20) 동상서, p.117.

과제이다. 현대 철학은 이 곤경을 해결하기 위해 갖가지 시험을 했는데, 이를 루카치는 "바로 이러한 문제가 비로소 우리가 현대 철학의 여러 가지 과정의 분기에 대한 이해를 가능하도록 했으며 오직 이 문제만이 비로소 현대 철학의 발전의 주요단계에 대한 우리의 이해를 가능토록 했다."[21] 소위 실증주의의 과정이란 이 과정이 이 문제를 해결할 여러 가지 시도를 포기하고 일체 본체론 의의에서의 형이상학을 거절하며 각 고립된, 고도로 전문화된 영역의 인식을 철학의 목적으로 하며 지식화된 전반 영역의 통일에 대한 파악을 얻는 것은 시도하지 않는다는 것이다. 빌헬름 빈델반트(Wilhelm Windelband, 1848~1915), 하인리히 리케르트(Heinrich Rickert, 1863~1936) 등 신칸트주의자의 과정과 같이 논리적으로 사물의 비이성을 "최종"적 사실로 확정하였기에 실질적으로 진실한 문제를 회피하고 진정 문제를 해결한 것이 아니었다.

루카치는 독일 고전 철학과 마르크스주의 철학의 변증법은 이 과제에 대한 적극적인 이론응답으로 발생한 것이며 그것의 철학사상의 중대한 공헌은 바로 근대 철학의 곤경을 초월하는 유효한 과정을 발견하여 철학으로 하여금 혁명적인 도약을 실현한 것이라고 했다.

주체와 객체, 사유와 존재, 자유와 필연, 형식과 내용 등의 분열을 극복하고 그들의 내적 통일을 실현하려면 그 관건은 그들이 분열을 극복하고 통일을 실현하는 변증적 중개와 토대를 확립하는 것이다. 오직 헤겔만이 진정으로 이 문제에서 중대한 한 걸음을 나갈 수 있었는데, 그가 이렇게 할 수 있었던 것의 가장 중요한 점은 바로 그가 이 중개와 토대를 발견, 즉 "절대정신"의 "역사운동"을 발견하고 "과정으로서의 역사개념"을 확립하였다는 것이다. 데카르트, 칸트 이래의 철학 곤경은 오직 헤겔의 "역사" 학설에서 해탈되었다. 현상과 본질, 사유와 존재, 주체와 객체, 형식과 내용 등 이율배반은

---

21) 동상서, p.123.

"오직 역사에서 비로소 그들의 상호배리와 그에서 유래된 경직성을 극복할 수 있는바, 그것은 역사가 유동하는 과정으로서 이 과정 중의 각 요소의 독립성을 양기했기에 일체를 모두 총체적 역사과정에서 파악이 가능했다 ."[22] 헤겔의 역사개념은 이러한 가능성을 위해 도로를 개척한 것이다.

루카치는 헤겔변증법은 "절대정신" 자아운동의 변증법이며 동시에 "역사변증법"이라고 주장했다. 헤겔은 절대정신을 스피노자의 "실체"와 피히테의 "자아"의 통일로 간주하고 칸트의 형식과 내용, 현상과 사물 자체 간의 거대한 격차를 메워버렸다. 절대정신이란 내용이자 형식이며, 사유이자 존재이고, 주체이자 객체이며 자유성이자 또 필연성이다. 그것은 모든 이러한 모순관계의 통일이다. 하지만 절대정신은 이러한 모순관계의 통일을 실현함에 있어서 "권총발사"마냥 단번에 이룩한 것이 아니라, 그 "본신은 길고도 곡절적인 과정을 거쳐 결과에 도달한 것이다."[23] "절대정신"은 오직 발전, 변천과 자아복귀의 변증운동 과정을 거쳐야만 비로소 전술한 이러한 모순이 내적 통일 과정을 실현할 수 있는데, 즉 반드시 진정한 역사 과정을 거쳐야만 비로소 전술한 모순의 내적 통일을 실현할 수 있다.

하지만 루카치는 아주 예민하게 전통 이성주의의 고유한 제한 때문에 헤겔의 역사개념은 불철저한 것이며 따라서 변증법도 불철저함을 발견했다. 전통 이성주의의 입장은 헤겔로 하여금 이성과 역사의 관계를 처리할 때 필연코 이성이 역사보다 높다는 입장을 견지하게 하였는데, "이성은 역사 속 있는 것"이 아니라 "역사는 이성 속에 있는 것"이고 "이성"이 "역사"를 창조하고 제약하는 것이지 "역사"가 "이성"을 창조하고 제한하는 것이 아니며, 이성왕국의 통제 아래 "역사"는 궁극적으로 어떤 단계에서 종말된다. 따라서 "헤겔철학은 이 점에서 무정하게 신학의 품으로 던져졌다. 헤겔철학

---

22) 동상서, p.151.
23) [德]黑格尔:《精神現象學》上卷, 北京: 商務印書館, 1987, p.113.

은 이미 역사 속의 주-객체의 동일성을 발견할 수 없기에 핍박에 의해 역사를 초월하게 되었고 여기에서 자아발견의 이성의 왕국을 건립하였다."²⁴⁾ 그 결과는 "역사에 대한 이러한 부적당한 그리고 불철저한 태도는 역사 본신이 헤겔체계에서 십분 중요한 그러한 본질을 잃게 했다."²⁵⁾

헤겔의 불철저한 "역사" 개념은 최종적으로 근대 철학의 양대 곤경을 해결하는 노력을 수포로 돌아가게 했고 근대 철학에 남겨진 문제는 여전히 현안 상태를 계속했다. 루카치는 헤겔에 대한 마르크스의 비판을 인용하여 이 점을 설명했다. "바로 마르크스가 헤겔에 대한 비판에서 강조한 것처럼 '정신'과 '이념'의 세계창조자적 역할 개념 신화의 왕국에 진입했다. 그렇다면 세계창조자가 마치 역사를 창조했고 반드시 재차 그리고 헤겔의 관점에서 출발하여 이 점을 설명해야 한다. 하지만 이러한 표면적 표현은 고전철학의 억지로 형식적인 것과 이성주의(부르주아, 물성화적) 사상에 가한 갖가지 제한을 탈출하려는 전부의 노력을 환산시키기에 충분하며 사상적으로 이러한 물성화에 의해 파괴된 인성의 재건도 마찬가지이다. 사상은 다시 주체와 객체의 사변적 2원성 속에 함몰되었다."²⁶⁾

루카치는 헤겔이 남겨놓은 이론의 불철저성은 마르크스에 이르러 비로소 극복되었다고 했다. 마르크스는 진정한, 성숙된 "역사"개념을 창시함으로써 주체와 객체, 형식과 내용, 자유와 필연 등 이율배반을 극복했다. 마르크스가 이렇게 할 수 있었던 관건은 그가 혁명적 "실천"개념을 발견함으로써 역사관념이 철저한 관철을 얻도록 했기 때문이다.

루카치는 "실천의 본질은 우리가 물자체의 문제에서 발견한 형식과 내용의 분리를 취소하는 데 있다"²⁷⁾고 지적했다. 마르크스의 실천관점은 근대

---

24) [匈]盧卡奇:《歷史和階級意識》, 北京: 華夏出版社, 1989, p.156.
25) 동상서, p.157.
26) 동상서, p.158.

철학의 직관적, 정사(靜思)적 사유방식을 극복하고 역사운동을 진정한 "현실"로 이해하며 "이러한 관점에서 역사운동은 진정한 현실이며, 초험적인 과정이 아니라 일체 사건에서 모두 그로부터 발생한, 경직한, 물성화적 경험세계보다 더 높은 과정이다."[28] 실천활동에서 형성된 역사 과정에서 주체와 객체, 자유와 필연, 형식과 내용 등 양극의 대립된 모순관계는 실천이란 이 변증적 중개를 통하여 내재적 소실된다. 근대 철학이 남겨놓은 이율배반도 이로써 진정한 극복을 이루었다.

실천활동을 토대로 형성한 역사 발전 과정에서 주체와 객체, 개념과 사물, 형식과 내용의 경직성은 해소되었다. 주체, 사유, 개념, 형식, 자유의 면에서 본다면 역사는 인간이 창조한 산물로서 주체, 사유, 개념, 형식, 자유 등은 모두 역사를 형성하는 적극적인 내적 단계이다. 이에 대해 루카치는 "만약 우리가 전부의 현실을 역사(우리의 역사로 간주하는바 다른 역사가 없기 때문에)로 간주할 수 있다면 실제상 자기를 이러한 입장으로 제고시킨 것으로서 현실은 우리의 '행위'로 파악할 수 있는 것이다"[29]고 했다. 역사는 주체적 산품과 결과로서 객체, 자연, 사물, 내용면에서 그것은 인간 밖에서 인간과 대치상태에 처한 "물자체"가 아니라 역사 속에 내재하여 역사 과정을 구성하는 한 내적 단계이다. "자연은 본질적으로 한 사회역사 범주"로서 "오직 역사과정에서 비로소 진정 (실제적으로) 객관대상의 자주성을 배제하고 비로소 진정으로 자체가 발생한 견실한 내용의 객관대상에 관한 개념을 배제할 수 있다."[30] 역사에서 "자연"과 "사실"은 자재적, 독립적인 성질을 잃고 유동하는 역사의 흐름 속에서 소실되었다. 이 양 방면의 내재적 통일은 "역사"는

---

27) 동상서, p.131.
28) 동상서, p.219.
29) 張之滄 等:《西方馬克思主義哲學研究》, 北京: 人民出版社, 2015, p.150에서 재인용.
30) [匈]盧卡奇:《歷史和階級意識》, 北京: 華夏出版社, 1989, p.153.

근본적으로 주체와 객체, 사유와 존재, 자유와 자연 등 모순관계의 "상호작용"의 "동일"한 과정이란 점을 표명한다. "사유와 존재, …… 그것들의 동일성은 그것들이 동일한 진정한 역사적인 것과 변증의 과정의 두 개 방면"[31]이며 "한편으로 역사는 인간 자기활동(비록 비자각적이지만)의 산물이고, 다른 한편으로 역사는 이러한 활동이 채용한 형식 및 자기(자연, 타인에 대한)의 관계가 변혁된 과정에 대한 인간의 연속"[32]이며, "변증법의 전제는 바로 일체 사물은 모두 증명된 제반 과정의 여러 방면"[33]이다. 이러한 의미에서 마르크스의 변증법은 역사를 캐리어로 하는 "주객체 통일"의 변증법인바 또는 바로 "역사방법으로서"의 변증법이라고 할 수 있다.[34]

마르크스는 이러한 "역사"를 캐리어와 토대로 변증법은 진정으로 근대 철학이 남겨놓은 이율배반을 극복하고 변증법과의 화해와 통일을 실현했다. 이에 대해 루카치는 "오직 역사적 변증법만이 이러한 참신한 국면을 창조할 수 있다. 이는 역사적 변증법이 일체 국한성을 상대화하였을 뿐만 아니라 더 적절하게 말한다면 역사변증법이 일체 계선을 모두 유동상태에 두었기 때문이다. 이러한 상황은 바로 일체 절대적인 것을 구성하는 대응 부분의 그러한 존재 형식이 분해되는 과정이 역사의 구체적 표현으로 간주되었기 때문이며, 이리하여 더욱 많은 절대적인 것들을 거절한 것이 아니라 절대적인 것들에게 구체적인 역사 형태를 부여하고 그것을 과정본신의 한 단계로 간주했다."[35]

이상은 루카치가 역사 심처에서 철학 발전사에 대한 내적 해부를 통하여 마르크스철학변증법의 심층 이론동기 및 진실한 캐리어와 토대에 대한 이

31) 동상서, p.221.
32) 동상서, p.200.
33) 동상서, p.193.
34) 동상서, p.158.
35) 동상서, p.203.

론적인 정리이다. 루카치는 이러한 정리를 통하여 마르크스철학변증법의 발생은 근대 철학이 남긴 이론적 곤경, 즉 주체와 객체, 형식과 내용, 자유와 자연 등 이율배반이란 이 중대한 이론적 도전에 응답한 것과 연계되어 있으며 마르크스철학변증법이 이 이론적 사명을 완성할 수 있었던 관건은 "역사"란 진실한 토대를 발견하였고 마르크스변증법과 역사는 마치 동전의 불가분의 양면처럼 불가분적인 "체용"의 관계를 결성——만약 변증법을 "용"이라고 한다면 역사는 변증법을 지탱하는 "체"이고 변증법은 본질적으로 "역사변증법"이며 역사는 본질적으로 "변증의 역사"이며, 양자의 심층적인 결합은 근대 철학이 남겨놓은 이율배반은 "역사변증법" 또는 "변증의 역사" 중에서 경직된 대립을 잃어버리고 내재적 화해와 통일을 실현했다는 것을 증명하고자 했다.

3. "총체성": "역사"를 캐리어로 한 마르크스철학변증법의 전개

루카치는 마르크스변증법을 "역사"라는 토대 위에 세워 마르크스변증법을 "역사적 변증법"으로서 자연주의와 과학주의 성질의 "자연변증법"을 극복하도록 했다. 이를 토대로 루카치는 그의 마르크스철학변증법에 대한 구체적인 이해를 전개하였는데, 이것이 바로 그의 "총체성"을 핵심범주로 삼으려는 변증법 사상이다.

루카치의 "역사"를 캐리어로 한 변증법의 본질적인 것은 "구체적 총체성"이다. 그는 "역사의 설명에서 경제동기의 중요성을 강조한 것은 마르크스주의와 부르주아 사상의 결정적 차이라고 할 수 없는바, 결정적인 차이는 총체적인 관점이다. 총체적인 범주는 즉 전반이 각 부분보다 우선적이라는 것인데, 마르크스가 헤겔로부터 획득한 그러한 방법의 본질이며 마르크스가 탁월하게 이러한 방법으로 일종의 전연 새로운 과학의 토대로 개변한 것이다.

······ 총체성 범주의 중요성은 과학의 혁명 원칙의 담당자이다."[36] "마르크스에게 있어서 변증법의 요지는 사회를 하나의 정체로 이해하는 것이다."[37] 일체 과학주의와 실증주의자, 일체 기계결정론자들은 바로 그들이 "총체성"을 모르기 때문에 그들은 역사사실과 역사현상을 이해할 수 없고 역사는 더구나 이해할 수 없다. "역사의 한 방면을 표현하는 것과 통일 과정의 역사를 표현하는 것 사이에는 대립이 존재하는바, 이러한 대립은 특수한 역사와 보편적인 역사 사이의 정도 차이의 문제에 그치지 않는 방법과 관점의 충돌이다. ······ 변증 정체관의 중요성은 바로 여기에서 표현되고 있다. 한 역사 사건의 기본적인 개략면모에 대한 묘사는 완전 가능하지만 그 사건의 진정한 본질은 파악하지 못하기에 그리고 그것의 역사정체 중의 역할을 모르기에, 즉 이 역사사건은 통일역사 과정의 한 부분이라는 점을 모른다."[38] "총체성"의 견지 여부에 대한 관점은 마르크스변증법이 과학주의, 실증주의 및 기계결정론과 구별되는 특질이다.

그렇다면 "총체성"이란 무엇인가? 루카치는 자기의 자전서에서 이에 대해 응축된 개괄을 했다. 소위 "구체적 총체성"이란 바로 "역사적(현실 속이기 때문에)으로 지닌 특수 요소의 보편성이다."[39] 이는 "총체성"란 범주는 "역사"라는 이 변증법의 캐리어와 토대와 밀접히 관계되며, "총체성"은 "역사"의 "총체성"이고 "역사"는 "총체성"의 "역사"이며 양자는 불가분하게 내적으로 연계되어 있다.

구체적으로 말한다면 "총체성"은 다음과 같은 몇 가지 함의를 포함하고 있다.

---

36) 동상서, p.27.
37) 동상서, p.28.
38) 동상서, p.13.
39) [匈]盧卡奇:《盧卡奇自傳》, 北京: 社會科學文獻出版社, 1986, p.214.

(1) 정체성: 이는 총체가 여러 단계로 구성된 내적 통일체이며 낱개적인 단계와 요소는 "현실"본신이 아니라 총체의 한 방면 또는 한 개 부분이며 그것이 자체를 해석하거나 설명할 수 없기에 오직 그것은 총체 속에 있을 때만이 그의 진실한 의미가 표현된다. 역사는 바로 이러한 하나의 정체성의 내적 통일체로서 역사는 총체성의 역사이지 잡다하고 무질서한 개별사건의 누적이 아니다. 역사를 인식할 때 반드시 "일체 전문화 작용이 한 변증 과정 중의 제반 방면의 측면으로 상승하거나 하락되면"[40] 직접적, 무중개적 방식으로, 또한 편단적, 낱개로써 역사현상을 처리할 수 없다. "역사는 정체성으로서 개별역사사건의 기계적인 누적도 아니고 역사사건과 상호 대립된 모종 초험적 관찰 원칙도 아니다. 역사정체 본신은 진정한 역사역량이다, …… 만약 이 역량이 개별사실의 현실(인식이기 때문에)에서 분리된다면 부득이 동시에 이러한 사실의 현실성과 그들 사실상의 존재를 말살해야 한다. 이 역량은 바로 이러한 사실과 그들 사실존재의 진실한, 최종적인 기초로서, 그리고 이에 따라 이러한 사실이 개별사실에 대한 인식 가능한 진정한, 최종적 토대인 것이다."[41] 역사의 정체성을 떠난다면 어떤 역사사실과 역사현상일지라도 모두 그 본래의 의의를 잃어버리게 된다.

(2) 동태성과 생성성(生成性): 역사는 하나의 총체로서 항상 과거와 현재, 다시 미래를 향한 유동과 생성 과정 속에 처해 있는바, 어떠한 역사사실과 역사현상도 이러한 총체성의 생성 과정에 처해야 하고 이 총체 과정과 연결되어야 비로소 그 진실한 의의를 구현하고 또 진실하게 터득될 수 있다. "이러한 생성은 이중의 의미에서 이해해야 한다. ① 이러한 생성, 이러한 추세, 이러한 과정 속에서 대상의 진실한 성질은 현시될 수 있다. …… ② 생성도 과거와 미래 사이의 중개이다. …… 인간이 현 시각을 생성으로 이해

---

40) [匈]盧卡奇:《歷史和階級意識》, 北京: 華夏出版社, 1989, p.28.
41) 동상서, p.162.

할 수 있다면 이를 위해 그는 현 시각에서 일부 추세를 간파하고 이러한 추세의 변증대립 중에서 미래를 창조해야 한다. 오직 이렇게 해야만 현 시각 은 비로소 그의 생성 과정에 복종되는 것이다. 오직 자원하여 미래를 창조하 는 그리고 그 사명을 미래를 창하는 데 둔 사람이야말로 비로소 현 시각의 구체 진리성을 간파할 수 있다."[42] 따라서 역사를 이탈하지 않는 동태성과 생성된 총체과정만이 직접적으로 역사사실과 역사현상을 이해할 수 있지 그렇지 않을 경우 소위 역사사실과 현상이란 그 진리성을 잃게 된다.

(3) 혁명성: 루카치는 혁명성이란 변증법의 중요한 특성으로서 "유물변증 법은 혁명적 변증법이다. 이 정의는 아주 중요한바 유물변증법의 본질을 이해하는 데 결정적인 의의가 있다"[43]고 했다. 변증법의 이러한 혁명성 품격 의 지지자는 바로 총체성 범주로서 "총체성 범주의 수요성은 그것은 과학 속의 혁명 원칙과 담당자라는 것이다."[44] 오직 "총체성"의 관점에서 출발하 여야만 비로소 혁명적 의식을 발생하고 혁명적 원칙을 제정할 수 있다. 만약 "총체성" 관점을 상실하여(베른슈타인처럼) 자본주의 사회를 영구적인 존재로 간주하고 자본주의 사회와 총체성의 관계를 간파하지 못하기에 사람들은 단지 숙명론적 태도로 현존상태에 굴복하며 근본적으로 세계를 개변하려는 동기를 산생할 수 없으며, 노동계급의 투쟁도 그 존재의 의의, 필요와 합법 성을 잃게 된다. 오직 무산계급이 "총체성에 대한 갈망"을 안고 자기의 소외 된 현실 및 자기의 역사사명을 인식할 때 그들은 비로소 자각적인 혁명행동 을 통하여 자산계급의 물화구조를 와해하고 진정으로 현존상태를 "혁명화" 할 수 있다.

(4) 인도적 성질: "총체성"은 동시에 규범성과 인문배려로 충만된 개념으

---

42) 동상서, pp.219~220.
43) 동상서, p.2.
44) 동상서, p.27.

로서 역사 발전의 기본 가치 지향과 목적을 의미하는바, 즉 인간이 편면과 분열상태를 극복하고 인간 정체적인 발전을 실현하며 인성의 화해와 온전함에 이르는 것을 의미한다. 자본주의 사회는 "물성화"된 사회로서 그중에 생산적 객체는 전문적 분공으로 지리멸렬한 각 부분으로 분할되었고 이로써 "필연적으로 생산 주체의 분할을 야기하게 된다."[45] 인간은 "기계체계 중에 결합된 하나의 기계 부품이 된다. 그는 이 기계계통은 사전에 이미 존재했으며 자급자족으로서 사람에게 의존하지 않고 자동으로 운행하며 기계의 수요와 상관없이 인간은 기계체계의 법칙에 복종하지 않을 수 없다."[46] "기계화도 개인을 고립된 추상적 원자로 변화시키고 개인의 공작은 더 이상 개인을 직접적이고 유기적으로 연계하는 것이 아니라 개인은 보다 전문적으로 그들의 추상적 기계법칙에 금지된 중재자가 된다."[47] 인간은 파편으로 분열되고 편면화적, 기계화적인 추상적 존재로 전락된다. 이와 상대하여 "총체성"은 전술한 인간의 편면화와 기계화를 극복하고 인간의 전면적인 발전을 실현하여 인성의 조화로운 상태에 도달함을 의미한다. 이러한 의미에서 오직 "총체화"의 범주만이 비로소 물성화의 침식에 저항할 수 있으며, 따라서 그것이 물화를 양기하고 주체와 인도를 선양할 이론적 사명을 담당한다. 이에 대해 루카치는 "물성화는 자본주의 사회에 생활하는 모든 사람의 필연적, 직접적 현실이다. 오직 견정불이한 그리고 끊임없는 반복적인 노력을 통하여 전반 발전 중에 구체적으로 폭로되는 모순과 구체 상관되는 물성화의 존재구조를 파괴하고 이러한 모순이 전반 발전에 대한 의의를 의식해야만 비로소 이러한 물성화를 극복할 수 있다."[48]

---

45) 동상서, p.88.
46) 동상서, pp.88~89.
47) 동상서, p.90.
48) 동상서, p.213.

"정체성", "생성성", "혁명성"과 "인도성"은 루카치 "총체성" 개념의 기본
적인 규정을 구성한다. 이러한 규정에서 자연주의와 과학주의 "변증법"은
소실되었다. 루카치는 만년에 이에 대해 "『역사와 계급의식』의 위대한 성
취의 하나는 바로 '총체성' 범주의 핵심지위를 다시 확립하였다는 데 있다.
이 범주는 마르크스 저작의 시종을 관통하였지만 사회민주당의 기회주의
자의 '과학주의'에 대체되었다"[49]고 자체평가했다. 이러한 규정을 통하여
"총체성"과 "역사" 양자가 루카치 전반 변증법 이론의 두 개의 가장 핵심적
인 개념을 구성하였음을 알 수 있다. 만약 역사개념이 루카치가 변증법을
위하여 찾아 정초한 하나의 견실한 토대와 캐리어라고 한다면 "총체성" 개
념은 바로 이러한 "역사변증법" 내용의 구체적인 전개이다. 이러한 의미에
서 간결하게 루카치변증법 사상의 정수를 개괄한다면, 진정한 의미에서 마
르크스철학변증법은 유독 인류 "역사"를 캐리어와 토대로 하는 "총체성"의
변증법일 수밖에 없다.

4. 변증법과 인간 역사 속의 운명: 루카치변증법 탐색의 이론지취

루카치변증법 사상의 가장 근본적인 몇 가지에 대한 타깃성 있는 논의는
전술한 바와 같다. 루카치의 이러한 변증법적 사고는 모두 심층적으로 하나
의 기본 문제를 중심으로 진행되었는데, 그것은 바로 역사 속 인간의 운명에
대한 탐구이며 역사 속 인간 지위의 답안에 대한 탐구이다.[50] "역사"와 "총체
성"이란 이 두 개 핵심의 범주는 실질적으로 이 기본 문제를 중심으로 전개된

---

49) 동상서, p.12.
50) Torn Rockmore, *Lucacs Today*, Boston, 1988, pp.20~21.

두 개의 측면이다. 바로 이 문제에서 루카치변증법이 탐색하고자 하는 적극
가치와 이론결함이 공동으로 구현되었다. 이를 출발점으로 그의 변증법에
대한 합당한 평가가 가능하게 된 것이다.

　루카치의 "역사" 범주가 표명하려는 것은 "역사는 인간 활동의 결과로서
인간은 역사의 진정한 주인이다"는 것으로서, 인간과 역사 사이의 이러한
변증관계는 변증법의 정수를 구성했다. 이에 대해 루카치는 일단 역사를
주체와 객체, 사유와 존재, 자유와 필연, 내용과 형식 등 모순관계의 통일
로 이해한다면, "인간은 이미 일체 (사회)사물의 척도가 되었다."[51] "한편으
로 역사는 인간 자기활동의 (비록 비자각적이지만) 산물이고 다른 한편으로
역사는 이 활동이 선택한 그러한 형식 및 인간이 자기에 대한(자연과 타인에
대한) 관계가 변혁되는 과정의 연속이다"[52], "역사는 부단히 변혁하는 인류
생활의 객관 형식을 형성하는 역사이다."[53] 인간이 직면한 환경은 인간을
이탈한, 순수한 자연의 것이 아니라 인간의 실천활동을 통하여 창조한 "역
사현실"이다. 그리고 이 역사현실은 인간의 실천활동을 통하여 진일보 개변
되고 승화될 수 있으며 진일보 인간 생존의 새로운 환경을 구성할 수 있다.
역사와 환경은 바로 이러한 내재적 순환관계로서 또한 이러한 순환 속에서
양자의 공동의 비약과 제고를 실현한다. 이러한 의미에서 루카치는 "역사"
라는 이 범주를 통하여 변증법의 진실한 토대를 확립하여 역사 속 인간의
이러한 운명을 현시하는 것이라고 했다. 인간은 비이성적인 "물자체"의 피
동적인 부속물이 아니라 자기 운명의 주인이며 역사 속에서 자기를 생성하
고 생활을 창조하고 미래를 소조하는 역사의 "주체−객체"이다.

　이러한 이해를 토대로 루카치는 제2국제에서 유행하던 자연주의와 과학

51) [匈]盧卡奇:《歷史和階級意識》, 北京: 華夏出版社, 1989, p.199.

52) 동상서, p.200.

53) 동상서, 같은 쪽.

주의의 "변증법"에 대해 강렬한 불만과 비타협적인 항쟁을 표시했다. 그는 그러한 "변증법"은 실질적으로 "물성화"를 대표하는 의식으로서 인간을 기계자연법칙의 수중에 장악된, 감히 한 걸음도 내디디지 못하는 피동적 존재로 간주하면서 인간을 물성화한 현존 사회구조에 굴종시켜 완전히 "인간은 역사 중의 운명"이란 이 지극히 중요한 주제를 상실하며 동시에 인간의 주체의식, 변증법에 내포한 인문배려와 가치 지향을 간과했다. 이러한 의미에서 루카치는 자연주의와 과학주의화한 "변증법"을 격렬히 부정, 비판했는바 그 가장 심층적인 동기는 바로 인간을 역사의 창조자라는 특수한 지위를 구원하고 인간의 주체의식(루카치는 "계급의식"이라고 칭함)을 선양하여 변증법으로 하여금 진정 세계를 개조하고 인간 생명질량을 승화시키는 진실한 역량과 예리한 무기가 되게 했다.

루카치변증법 사상의 다른 한 핵심범주는 즉 "총체성" 범주가 돌출하게 강조하는 것은 인간은 현존세계의 소극적으로 피동적인 복종자가 아니라 능동적으로 세계를 개조하고 미래를 창조하는 주동자이라는 것이다. 기계론자는 현존세계를 영구적, 변경불가적, 반드시 무조건 복종해야 하는 "사실"로 간주하여 미래, "총체성"과의 연계를 철저히 잃어버리고 따라서 실천을 통하여 소외현상을 개변하고 자아해방을 실현하는 의식과 용기를 잃어버렸다. 바로 이러한 입장으로 루카치는 당시 제2국제 내부 즉 베른슈타인 등을 대표로 하는, 마르크스철학을 일종의 기계경제결정론으로 이해하는 숙명론적 경향을 맹렬하게 비판하면서 "총체성" 범주에 대한 회복과 천명을 통하여 무산계급이 계급의식을 깨우치고 이러한 의식의 깨우침 속의 실천행동으로 물성화된 소외현실을 개변하며 자신의 해방을 탐구하려고 시도했다. 루카치는 "중요한 것은 정체성의 요구에 대한 요구가 있어야 하며 행동은 이러한 묘사의 과정의 정체 속에서 목적을 위해 봉사해야 하며"[54],

---

54) 동상서, p.214.

"한 행동에 대한 정확 여부의 판단은 반드시 그것과 전반 과정의 정체적
기능과 연관시켜야 한다. 무산계급 사상은 실천적 사상으로서 그 본신은
강렬한 실천성을 지닌다. …… 무산계급은 역사 과정의 통일된 주-객체로
서, 즉 역사 속의 객관적으로 충분한 사회의식을 지닌 제1주체로서 ……
작용과 그 작용의 정확 여부는 최종적으로 무산계급 의식의 진화가 결정한
다"[55], "낡고 직관적인, 기계적 유물주의는 파악할 수 없는 진리는 무산계
급에게 있어서는 두 배의 진실한, 즉 단지 자신의 행동에 의해서는 자신을
개조하고 해방할 수 없는 …… 그 어떤 개조일지라도 오직 무산계급의 본신
-자유-행동의 산물이라야 비로소 실현할 수 있다."[56] 이러한 의미에서 "총
체성" 범주는 인간이 역사 속에서 주동적으로 자기의 운명을 파악할 것을,
편면적, 협애한 현존상태를 극복하고 인간의 총체적, 구체 생성적, 인문배
려로 충만된 개념을 추구하도록 호소하는 것이다.

　"역사"와 "총체성"이란 루카치의 이 두 가장 핵심적인 범주는 근본적으
로 모두 인간의 현실 생명 및 발전과 내적으로 연계되어 있는 것으로서,
변증법은 "역사"를 캐리어로 실질적으로는 인간 생명의 발전을 위한 캐리
어로서 변증법은 "총체성"을 본질 내용으로 심층적으로는 인간 생명의 "총
체성"의 생성을 가장 높은 귀결점으로 삼는다.

　그렇다면 루카치의 전술한 변증법이 탐색에 대한 반성과 총결을 할 경
우, 오늘날 우리의 변증법 연구에서 진시한 공헌은 우리에게 과연 어떠한
계시를 주었는가? 아직도 존재하며 또 어떤 주장을 펴지 못한 것인가? 어
떤 결함과 부족점이 존재하는가?

　오늘의 변증법적 사고에서 본다면 루카치의 변증법 사상은 적어도 아래
몇 가지 면에서 심각한 계시를 주고 있다.

---

55) 동상서, pp. 214~215.
56) 동상서, p. 225.

우선, 가장 중요한 계시는 루카치가 "변증법의 진실한 토대" 문제에서 표현한 자각적인 추구와 이론의식이다. 이 점에서 루카치는 우리에게 변증법의 토대는 반성이 필요 없는 자명적 문제가 아니라 해명하고 제거하고 반성하고 논증할 필요가 있는 전제성 과제라는 계시를 주었다. 루카치는 그 모든 동시대 사람들과 같이 보다 분명하게 변증법이 처한 무토대 상태, 그리고 이러한 무토대 상태가 초래한 변증법의 진실한 정신의 상실을 발견했다. 이에 대해 그는 강렬한 이론사명감을 갖고 변증법 이론합법성을 구출하려는 이론적 목표를 품고 당시 갖은 변증법을 무근상태로 빠뜨리는 이론적 사조에 심도 있는 분석과 비타협적인 항쟁을 진행했다. 다년 후의 오늘에 이르러 루카치의 이 방면의 자각적인 추구와 꾸준한 노력을 볼 때 우리는 진심으로 그의 아주 예민한 이론적 선견지명에 탄복할 수밖에 없다. 중화인민공화국이 성립된 수십 년을 보기만 해도, 오늘의 대학교단에서 가르치는 "변증법"을 포함하여 루카치변증법의 진실한 토대에 대한 호소와 탐구는 얼마나 역사침투력과 사상통찰력이 있는가를 알 수 있다. 우리는 지금 여전히 변증법의 무근상태에서 파행하고 있으며 여전히 그러한 유속적, 무근적 "변증법 사상"에 얽매여 있다. 걸출한 선행자인 루카치의 변증법의 진실한 토대에 대한 탐구와 확립의 호소는 우리에게 여전히 거대한 격려의 기능을 보이며 오늘날 변증법 연구에 대해서도 생생한, 현실적 의의가 있는 과제이며 우리는 여전히 이 문제에 대한 루카치의 이론적 배려를 진지하게 터득할 필요가 있으며 절실하게 이 문제가 변증법 이론에서 지닌 키스톤 같은 중대한 의의를 터득해야 한다.

다음, 루카치는 자신의 이론탐색을 통하여 "사회역사"를 변증법의 진실한 토대로 확립했는데, 이 이론적 성과는 앞으로 변증법의 진실한 토대라는 이 과제를 이해하는 데 아주 중대한 계시적 의의가 있다. 루카치는 변증법을 "자연변증법"으로 이해하는 데에 명확한 반대를 표했고 변증법의 토대를 인간과 무관한 "자연"의 기초 위에 확립한다면(비록 자기가 만년에 반성한 것처럼 그는 자연의 이해에서 일부 편파가 있었음) 변증법이 근본적으로 "사회역사적 변증법"일 수밖에 없다고 주장했다. 하지만 역사는 근본적으로 인간 실천활동의 결과로서 인간의 생명활동의 전개이다. 따라서 앞서 지적한 것처럼 역사를 변증법의 토대로 하는 가장 심층은 실제적으로 인간의 생명존재와 발전을 토대로 하는 것이며 "총체성"을 변증법의 중심 내용으로 하는 것의 가장 심층은 실제상 인간의 생명의 "총체성" 생성을 변증법의 이론적 귀속으로 삼고 있는 것이다. 따라서 루카치가 사회역사를 변증법의 진실한 토대로 확립했다는 것은, 그가 변증법을 인간 생명존재와 역사 발전의 토대 위에 뿌리내리려고 했다는 선명한 이론의식과 추구를 표현했다. 이 점은 전술한 "변증법의 생존론 토대"에서 기본적으로 일치한 시야를 보였고 고도의 중시를 받아야 할 부분이다.

최후로, 이상의 내용과 밀접한 연관이 있는 것으로서, 루카치의 변증법 연구는 아주 강렬하게 인도주의 정감과 인간의 운명에 대한 고도의 주목을 표현했고, 변증법의 혁명성, 비판성 위도에 대한 고도의 중시를 표현했다. 그는 마르크스변증법 사상 중 장기간 줄곧 간과, 억제되고 폄하를 받은 주체의식과 인문적 배려, 줄곧 담화시키고 심지어는 말살을 당한 변증법의 혁명성과 비판성 향도를 극히 풍부한 개성적 방식으로 충분히 드러내고 천명했다. 루카치의 작업은 실로 거대한 이론용기와 독창정신으로 충만되었는데 설사 오늘에 있어서도 그의 이 방면의 사상성과는 여전히 진지하게 섭취할 가치가 있는 것이다. 장시기 동안 루카치가 격렬한 비판과 부정을 가했던 그러한 자연주의와 과학주의 "변증법"이론이 줄곧 주도적 지위를 점했고 반대로 루카치 등이 더욱 접근했던 마르크스철학에 본원을 두는 변증법 사상은 오히려 "수정주의"로 배척당하고 중시를 받지 못했다. 인간의 존재, 인간의 생명가치, 인간의 운명 등은 정통적인 "변증법"에 의해 문 밖에 막혀 종적을 볼 수 없었다. 만약 루카치가 생전이라면 꼭 『역사와 계급의식』 저서를 손에 들고 불평한 심기로 그러한 이론상황에 맞섰을 것이다. 이러한 의미에

384 제3부 _ 마르크스철학변증법과 현대 서양철학변증법 연구의 대화와 소통

서 현재의 변증법 연구에서 충분히 루카치변증법 사상 속에 내포된 인도주의 정감과 인문주의 배려를 중요시해야 하며 새로운 이론과 시대담론에서 끊임없이 선양하고 빛을 내야 하는 것은 중대한 의의가 있는 이론임무이다.

루카치 변증법 사상의 중요한 이론적 의의와 우리에게 준 계시성을 충분히 긍정한 후 우리는 오늘의 시야에서 루카치 특유의 이론과 역사 담론 때문에 변증법 사고에 깊은 시대적 낙인이 찍혀 있으며 따라서 일부 한계와 부족점을 드러냈음을 알 수 있다. 이러한 국한과 부족점은 두 개 방면에서 뚜렷하게 나타나고 있다. 첫째, 그의 계급의식에 관한 관념으로서 지나치게 농후한 시대적 흔적이 뚜렷하다. 둘째, "총체성"에 관한 관점에서 그는 헤겔에게 과분하게 의존함으로써 아주 농후한 이성형이상학의 정체주의색채가 농후하다. 이는 변증법이 지닌 부정성, 비판성과 개방성 등 내적 이론의 본성이 일정한 정도의 억압을 받게 했다.

첫째 방면에서 루카치가 계급의식을 내세운 것은 주로 제2국제의 경제숙명론과 맞서서 주체의식이 역사, 실천활동에서 지니는 능동적, 적극적 발동과 추진작용을 강조함으로써 이론과 실천의 내적 통일을 실현하기 위해서이다. 이는 확실히 제2국제 수정주의이론의 요해처를 찔렀고 당시의 조건에서 중대한 현실과 이론적 의의가 있음은 물론이다. 하지만 오늘의 시점에서 루카치의 "계급의식"에 대한 지난치 의존은 변증법으로 하여금 극히 농후한 주관주의색채를 표현하게 했다. 이 점은 근대 주체 형이상학의 철학전통이 루카치의 신상에 남긴 뚜렷한 흔적으로서 루카치가 여전히 어느 정도에서는 근대 철학의 이론범식에 국한되었다는 것을 표명한다. 그리고 그는 자본주의사회의 물화구조를 타파하고 인간의 생명의 초월성을 제고하려는 희망을 완전히 무산계급의식의 깨우침에 두었는데, 천진하고 지나친 낙관적이라고 하지 않을 수 없다. 인간의 생명존재 본신은 "이율배반"적 존재로서 물성과 초물성 양자는 인간 생명의 내적 단계로서 모순 쌍방의 어느 한 쪽의 지성과 편면적인 발휘일지라도 모두 진실한 인간의 생명에 대한 와해이다. 이러한

의미에서 자본주의사회는 물성화한 사회로서 물성으로 인성을 대체하여 인간 생명의 추상화를 초래하는데 이는 인간의 진실한 생명에 대한 참해이다. 하지만 이에 대한 극복은 완전히 어느 계급의 각성에 의지할 수는 없고 반드시 인간 생명의 변증적 해명과 변증적 생명지혜를 통하여 획득해야 한다. 따라서 계급의식의 비판을 인간의 생명의식에 대한 비판으로 상승시키고 계급의식의 각성을 인간의 생명의식의 각성으로 상승시키는 것은 물화를 극복하고 인간 생명의 제고를 실현하는 가장 합당한 과정이다.

두 번째 방면에서 루카치는 "총체성" 범주를 제기했는데 그 목적은 이론적으로 근대 철학에 존재하는 주체와 객체, 자유와 필연 등 "이율배반" 문제를 해결하며 동시에 제2국제 사상가들의 경제숙명론에 대항하기 위해서이다. 여기에 "총체성" 범주의 제기와 해명은 중요한 이론적 가치가 있는 것이다. 하지만 루카치는 이 범주에 대해 구체적인 해명에서 헤겔철학 고유의 이성형이상학사유방식의 영향을 너무 깊이 받았기에 강렬한 정체주의 경향을 표현했는데 이 점은 그가 역사를 전후 일관된 통일된 정체로 이해하는 데에서도 표현되었고, 역사 발전의 궁극적인 목표의 추구와 설정에서도 표현되었다. 전자에서 볼 때 루카치는 역사의 존재와 발전 과정은 긴밀히 연관되어 존재하는 통일적 의미에서의 정체였다. 하지만 전반적으로 볼 때 역사의 운동은 여전히 개인을 초월하는 "객관성"을 준수한다. 이러한 객관성은 주로 "사회제도의 객관성"에서 표현되는 바, "이러한 제도는 우선 인간 사이의 경제관계에 대한 통제를 강화하고 진일보 인류관계의 여러 방면에 대한 통제를 한다(따라서 인간을 포함한 자신과 자연의 관계 등도 포함)."[57] 이리하여 발생하는 문제는, 과연 어떻게 이러한 "역사적객관성"과 역사창조자로서의 인간과의 모순을 해결할 것인가? 만약 역사운동이 일종 "객관"적, "정체성"적 법칙을 준수한다면 인간의 자유창조성은 과연 아직 얼마나

---

57) 동상서, p.53.

큰 공간을 점유하는가? "정체성"의 "객관" 역사, 인간, 루카치가 극력 강조하던 계급의식에 직면할 때 무슨 작용을 할 수 있는가? 극히 분명한 것은 "총체성"이 범주에서 루카치는 이 모순에 대한 설득력 있는 대답하기 아주 어렵다는 것이다. 후자에 있어서 루카치는 "총체성"이란 개념에 대한 강조를 통하여 자본주의사회에서 인간이 파편으로 분열되는 물화상황을 극복하여 인간의 "총체성"적 발전을 실현하고자 했는데 전술한 바와 같이 이는 중대한 이론과 현실적 의의가 있는 것이다. 하지만 인간의 "총체성"이 생성과 내적관계를 가지는 한 가지 문제는 역사는 일체 소외의 종극적인 상태의 극복에 도달할 수 있는가? 가령 인간이 과연 모든 소외상태를 극복하고 초월하였다면 역사는 계속 앞으로 연장할까? 역사는 이 때문에 "지선"의 경지에서 발전할 필요가 없게 되는 것은 아닌가? 이러한 문제에 대항 루카치는 만족스러운 답을 하기 어려웠다. 헤겔의 거대한 역사감 배후에 내포한 "비역사"성을 비판할 때 그는 자기도 기실 잠재적인 "비역사성"경향(적어도 이론논리에 이러한 경향이 잠재)을 표현하였다. —— 역사는 반드시 어떤 시점에서 종결 짓고 역사는 가히 완미하고 지선의 경지에 도달할 수 있다.

아주 분명한 것은 양자가 표현한 정체주의는 근본적으로 변증법의 이론본성과 상호 충돌되는 것이며 비판성과 부정성은 변증법의 이론특질이고 비판성과 부정성은 "모순성", "개방성", "생성성" 등에 대한 무조건적인 인가인데, 정체주의경향은 바로 변증법의 이러한 특성과 상호 배리되는 것, 또는 "반변증법" 또는 "반변증법"또는 "비변증법"이라고도 한다. 이 점은 심층적으로 표명하려는 것은 일체 이성형이상학과 공동으로 옹위하는 이론모순과 사상곤경이다. 루카치는 마르크스와 헤겔의 연원을 발견했고 이것은 그의 중대한 공적이었지만 그는 또 너무 이러한 연원에 의존하였기에 철저히 이성향이상학의 속박의 철저히 벗어나지 못함으로써 자기의 중대한 사상한계를 남겼다. 이 면에서 그 후의 아도르노 등과 비교한다면 루카치의 이론은 철저성은 손색이 많이 간다.

마르크스철학변증법의 비판과 부정의 본성과 프랑크푸르트(Frankfurt)학파의 변증법 탐구

1. "순종주의" 의식형태 압박 하의 변증법의 비판과 부정 본성에 대한 수호

프랑크푸르트학파가 이해하고 수용한 변증법이론에서 수많은 대표인물은 "부정적 변증법", 또는 "비판적 변증법"이라고 했는데 그 중 대다수는 아주 자각적으로 비판성과 부정성을 변증법의 기치와 마크로 삼아 그것에 대한 수호와 설명을 자기의 가장 근본적인 이론 임무로 간주했다.

이는 그들이 직면한 이론현실과 이론 적수와 밀접한 연계가 있다. 바로 "긍정성"과 "순종성"을 표징으로 하는 "실증이성"의 이론에 대한 대응으로서 변증법의 "비판성"과 "부정성"위도는 비로소 그들 사고에서 뚜렷한 모습을 보였던 것이다.

소위 "실증이성"이란 "긍정이성"이라고 부르는데 "현존"한 사실을 진리에 대한 긍정으로 간주하고 일체 "현존" 사물을 수용하며 그 어떤 "현존" 사물에 대한 비판과 부정을 반대를 주장한다. 그것은 "특별히 심혈을 기울여 그들 철학의 보수적인 태도와 긍정적인 태도를 강조하는데 그것은 사실에 만족하는 사상으로 그 어떤 사실에 대한 초월과 현존 조건관계에 대한 일탈을 거절한다."[1] 그것은 "정체적으로 부정철학을 전승, 즉 그 어떤 현실을 초험이성에 종속시키는 것을 폐지한다는 것이다. 그리고 그것은 인간들을 보편적으로 유효한 법칙의 통제 하에 중립적인 객체세계로서의 현상을 관찰하고 연구하도록 인도한다. …… 이러한 방식을 통하여 실증철학의 목적은 비판 과정을 비판하려는 것인데 특정한 것에 대한 철학적 부정 및 사실실증의 존엄의 회복을 포함한다."[2] 일언이폐지하면, "사실"에 대한 고수와 복종은 현존사실을 유일한 진실의 존재로 간주하고 따라서 현존하는 "사실"을 위해 변호하는 것이 그의 가장 근본적인 특점이다. 마르쿠제는 "긍정적인 것"(positive)과 "실증주의"(positivism), 이 두 개 개념의 어원학에 대한 고찰로 "'실증주의' 단어가 최초로 사용된 이래 그것은 줄곧 다음과 같은 의미를 포함하고 있었다. (1) 인식은 사실의 경험에 근거하여 유효성을 획득한다, (2) 인식활동은 물리과학을 확정성과 정확성의 모형으로 간주한다, (3) 지식이 진보하려면 반드시 이를 방향으로 삼아야 한다고 믿는다. 이를 출발로 실증주의는 각종 형이상학, 선험론과 유심주의를 몽매주의의 낙후한 사상방식으로 삼아 반대했다. …… 철학사상은 긍정성적 사상으로 변했고, 철학비판은 오직 사회구조의 범위 내에서 진행되며 비실증적 관념을 단순한 현사(玄思), 환상 또는 기담괴론이라고 공격한다"[3]고 개괄한 바 있다.

프랑크푸르트학파의 사상가들은 이러한 "긍정이성"은 당시에 주로 두 파의 대표가 있었는데, 하나는 당시 마르크스주의철학 진영으로서 그들은 "자연주의의 봉공수법의 태도로써 비판적 변증법개념을 대체했다. 사실의 권위에 굴종하고. …… 고정불변한 실제의 질을 수호하고 그 어떤 변증부정의 관점을 반대했다."[4] 베른슈타인, 카우츠키 등은 이러한 "긍정이성"의 전형으

---

1) [美]馬尔庫塞:《理性與革命》, 重慶: 重慶出版社, 1993, p.24.
2) 동상서, p.295.
3) [美]赫伯特·馬尔庫塞:《單向度的人》, 上海: 上海譯文出版社, 1989, p.154.
4) 동상서, p.360.

로서 마르쿠제는 그들의 작법을 "변증법에 대한 수정"이라고 칭했다. 둘째는 당시 유행하던 신구실증주의사조, 올드실증주의자들은 오귀스트 콩트(Isidore Marie Auguste François Xavier Comte, 1798~1857)를 대표로 물리학법칙의 불변성적 보편이론을 실증주의의 진정한 정신이라고 칭하면서 이 이론을 사회이론에 응용하여 사회이론을 신학과 형이상학에서 구출하고 실증과학의 형태를 획득했다. 여기에서 "천명에 맡긴다"는 콩트 저작의 키워드인데 불변의 사회법칙의 찬송에서 직접 발생한 것이다. 진정으로 천명에 맡기는 것, 즉 견정불이하게 자연의 고난을 보상받을 아무런 희망도 없으며 오직 각종 자연현상의 불변법칙에 대한 깊은 감각만 나타낼 뿐이다. 신실증주의자는 경험주의자와 현대수리논리의 결합으로서 그들은 "오로지 존재하는 것만 견지하고 사실의 모증만 견지한다. '세계는 곧 발생하는 일체이고. …… 세계는 사실로 분해한다.' 이것은 현대 경험주의의 관점이다."[5] 하지만 구실증주의든 신실증주의든 그 결국은 "모두 감각경험사실에 그 내원이 있다. …… 이론의 진리성에 대해서는 과학은 관찰과 경험에 맡기고 그것을 최고의 법정으로 간주한다. 일반적으로 일체 영역에서 인식활동의 종점은 모두 성공적으로 감각재료의 출현을 예언하는 것이다."[6]

이러한 것들은 모두 "긍정이성"이 근본적으로 현존상태에 대한 일종의 승인, 복종과 긍정의 이성이며, 일종의 거부와 부정, 초월과 비판의 이성임을 표명한다. 이러한 "긍정이성"은 철학으로 하여금 가장 소중한 것을 잃게 하여 일종의 무료하고 타락한 이데올로기로 전락시켜 모순을 세탁하고 초월성적 폐쇄성 사유를 말살하며 현실에 관철되면 현존권력을 위해 변호하는 노예근성으로 충만된 순종주의 "통치논리"를 대표하게 했다. 현존하는 것이 곧 "합리"한 것이라면, 의의에 대한 평정, 분류와 분리를 통하여 "모순",

---

5) [德]馬克斯·霍克海默:《批判理論》, 重慶: 重慶出版社, 1989, p.137.
6) 동상서, 같은 쪽.

"환상", "월궤(越軌)"의 사상언어를 제거할 수 있다면 "긍정이성"은 곧 "자기를 위해 자족의 세계, 폐쇄적, 동란을 야기하는 외부요소에 대한 엄밀한 방어의 세계를 건립한 것이다."[7] 그들은 철학이 본래 담당해야 하는 "하나의 보다 아름다운 사회에 대한 주목"을 "현재의 사회는 응당 영구불변하는 것의 시도에 대한 증명"으로 양위하고 따라서 자신을 일종의 "사회 진실한 본질을 은닉"하는 "이데올로기"[8]로 전락시켰다. 이러한 철학이 만약 사회정치에 반영된다면 극권주의에 영합하거나 심지어는 무의식간에 그와 연맹을 맺고 그것을 위해 변호하는 사상도구로 전락될 수 있다. 사상은 비인간적 사물의 인성기초에 갈수록 반발하고 완전히 비판의 권력을 포기하였는데 이러한 사상상의 순종주의는 실질적으로 사상본질에 대한 배반이다.

프랑크푸르트학파의 사상가들은 비록 관점이 일치하지는 않지만 전술한 점에서 "공동의 적개심"있다고 할 수 있다. 막스 호르크하이머와 아도르노는 『계몽변증법』에서 인류 "계몽"의 과정의 심층은 사실 "실증이성"이 신화되는 과정이었다고 밝혔다. 이 과정에서 "실증이성"은 완전히 이데올로기화되어서 순종주의적, 인간을 노역하는 통치도구로 전락되었다. 그들은 "계몽이성"은 그 진화과정에서 인간의 물에 대한 숭배를 초래하였는데——"실증이성"은 일체는 모두 사실에 복종할 것을 요구하는 바, 이는 자본주의사회에서는 직접 "상품배물교"로 표현되는데 이러한 물종교는 사회생활의 일체 방면에 영향을 끼친다. 여기에서 인간은 기타의 모든 동물처럼 자기가 속박된 모든 사물을 숭배하면서 이를 대가로 문명의 진보를 획득한다.[9] 인간은 자연에 대한 정복과정에서 명령과 복종을 배웠고 통치에 대한 순종을 배웠으며, 이리하여 자연의 "기계적 진화는 이미 통치기구로 진화"를 정복했다. "실증

7) [美]赫伯特·馬尔庫塞:《單向度的人》, 上海: 上海譯文出版社, 1989, p.164.
8) [德]馬克斯·霍克海默:《批判理論》, 重慶: 重慶出版社, 1989, pp.3~5.
9) 陳學明:《〈西方馬克思主義〉命題詞典》, 北京: 東方出版社, 2004.

이성"은 논리종국으로 발전하였고 드디어 그 반면에 이르러 현대 극권주의 통치를 위해 이데올로기적 토대를 닦아 개인의 자유를 압제하는 유력한 무기가 되었다. 아도르노는 그의 걸출한『부정의 변증법』에서 "긍정이성"이 포함한 "동일성"에 대한 미련과 초래된 독단주의에 대해 격렬한 비판을 가했다. 그는 이 때문에 초래된 부정성 위도의 상실, 그리고 "순종주의"의 통치는 필경 엄중한 정치후과를 초래할 것이라고 지적했다. "최종적으로 제도는 이러한 정도에 도달——이 현상의 낱말은 '일체화'——거기에서 매개 요소의 다른 기타의 요소에 대한 보편적인 의존성은 인과성에 대한 담론이 과거로 넘어가게 만들었다. 철판과도 같은 사회에서 원인을 찾는다는 것은 무의미한 것으로 이 사회 자체가 바로 그 원인이기 때문이다."[10] "격진철인"으로 불리는 마르쿠제의 "긍정이성"의 "순종주의"의 본질에 대하여 격렬한 비판은 주지하는 바인 바, 그는『단향도의 인간』,『이성과 혁명』등 일련의 저서에서 "실증이성" 및 이로써 초래된 사상에 대한 비판성, 혁명서 위도의 상실에 대해 공소함으로써 "긍정이성"이 "사상으로 하여금 만족하게 한 사실, 모든 사실에 대한 초월과 현존조건관계의 일탈에 대한 거절"의 단향성에 대해 고발 비판했는데,[11] 이로써 이 문제를 해결하는 고전 작품으로 간주되었다. 프랑크푸르트 제2대는 하버마스가 대표인데 비록 선배들의 이론경향, 구체적 주장과 아주 큰 차이를 보였지만 "긍정이성"에 대한 자각적인 비판적 태도는 일맥상통하는 것이었다. 하버마스는 일찍 아도르노 등과 같이 유명한 "독일 사회학중 실증주의의 쟁론"에 참여하였고, 일련의 저서 가령『인식과 흥취』,『이론과 실천』,『사회과학의 논리』,『"이데올로기"로서의 기술과 과학』등에서 "실증이성"의 "순종주의"에 대해 심도 있는 비판을 전개하면서, 자각적으로 비판의 사회이론을 "유물주의의 전제아래 이데올

---

10) [德]阿多尔诺:《否定的辯證法》, 重慶, 重慶出版社, 1993, p.265.
11) [美]馬尔庫塞:《理性與革命》, 重慶: 重慶出版社, 1993, p.24.

로기 비판의 형식을 띤"[12]것으로 인정하면서 나아가 "이데올로기 비판"을 과학기술이란 이 현대사회에서 통치적 지위를 차지하고 있는 이데올로기에 대한 비판으로 귀결시켰다.

이상의 논의를 통하여 분명해진 것은 "긍정이성" 및 여기에서 초래된 "순 종주의"는 프랑크푸르트학파 사상가들의 주요한 이론적수라는 사실이다. 유력하게 "순종주의"의 도전을 반격하기 위하여 반드시 강유력한 이론무기 가 필요했다. 바로 이러한 절박한 이론의 수요에 맞추어 변증법 및 내포한 강렬한 비판과 부정의 본성은 프랑크푸르트학파 사상가들이 높은 주목을 받았고 그들은 약속이나 한 듯이 변증법에 구원을 청했으며 변증법의 비판과 부정의 본성에 대한 천명을 실증주의가 대표하는 "긍정이성"에 대항하는 중대한 이론적 책략으로 삼았다. 이리하여 이 심층적인 동기의 지배아래 변증법의 비판과 부정 본성은 유력한 추대를 받아 프랑크푸르트학파 전반 변증법적 사상의 가장 중대한 특색이 되었다.

2. 비판과 부정의 본성: 변증법의 이론 정수

변증법은 실증주의의 "긍정이성"에 대항하는 중대한 이론책략으로서 그 정수와 영혼은 바로 "비판"과 "부정"의 본성인 바, 이를 떠난다면 안심입명 의 근본을 잃어버린 것이 된다. 이는 프랑크푸르트학파 사상가들의 변증법 본성에 관한 기본적인 공적 인식이다.

변증법은 근본적으로 실증주의의 "긍정이성"과 구별되는 특수한 이론적 사유이다. 만약 실증과학이 존중하는 것이 "사실"이라면 그것이 현존하는 세계에서 확정된 대상이 있을 터이고 그렇다면 변증사유는 "이미 주어진

---

12) [德]于尔根·哈貝馬斯:《認識與興趣》, 上海: 學林出版社, 1999, p.55.

질서에서 자기에게 할당된 활동범위가 없으며, …… 과학이 여전히 그러한 이미 주어진 것을 참고할 수 있고, 그것을 위해 도로를 가리키는 사실이 성립될 때 철학은 반드시 자신에게 구조를 청해야 하며 자기의 이론활동에 구조를 청해야 한다. 기타의 규정과 그 강령의 적합정도는 구체 과학을 훨씬 초월한다. …… 철학의 진정한 사회기능은 그것이 유행적인 것들에 대한 비판이다. …… 이러한 비판의 주요 목적은 인류가 현존사회조직의 성원들에게 주입하는 관점과 행위에서 방향을 잃지 않도록 예방하는 것이다. 인류가 반드시 자기의 행위 및 결과사이의 연계를, 자기의 특수한 존재와 일반 사회생활사이의 연계를, 자기의 일상계획과 그가 승인하는 위대한 사상사이의 연계를 볼 수 있도록 해야 한다."[13] "철학의 사회기능은 그 곳에서 찾을 수 없고 오직 비판성 사유와 변증사유의 발전에서 찾을 수 있는 것이다. 철학은 이성을 세계로 도입하려는 조직적이고 견정한 시도로서 논쟁의 관점도 바로 여기에서 발생하는 것이다. 철학은 시기에 맞지 않는, 완고한, 동시에 직접적인 용도가 없는, 사실상 그것은 모든 번뇌의 원천인 것이다."[14] 만약 실증주의의 "긍정이성"이 지성논리의 사유방식을 견지하면서 사상모순의 제거를 요구하며 "'시(是)'와 '응당' 사이의 긴장관계를 자신의 진리의 명의로 이미 확립된 담론영역의 개념성취를 전복하여 모든 객관적, 정확한, 과학적 사상을 배제하려고 한다"면, 변증사상은 "'시'와 '응당' 사이의 비판성 긴장관계를 우선 존재자신구조의 본체론상황으로 이해한다."[15] 그것은 "직접경험의 세계──우리는 자기 생활이 그중의 세계에 있음을 발견──반드시 이해되고 개변되고 심지어 전복됨으로써 그의 실제 면목을 노출해야 한다."[16]

---

13) [德]馬克斯·霍克海默:《批判理論》, 重慶: 重慶出版社, 1989, pp.246~250.

14) 동상서, p.253.

15) [美]赫伯特·馬尔庫塞:《單向度的人》, 上海: 上海譯文出版社, 1989, p.120.

16) 동상서, p.111.

이는 "긍정이성"은 "사실"과 "현존" 상황을 긍정하지만 "변증이성"은 "사실"과 "현존" 상황을 초월하고 비판하며, "긍정이성"은 "현존" 사물을 수용, 순종 심지어 수용하지만, "변증사유"는 "낡은 세계에서 발견한 새로운 세계를 비판한다." 그것은 "유행하는 관점, 행위의 수용에 만족하지 않고, 사색 없이 오직 습관적으로 사회상황을 수용하는 그러한 노력에 불만족하며 비판이란 목적을 그러한 사회생활중의 개체적 관계를 조화하고 그들과 보편적인 관념과 시대적 목적지간의 관계를 조화하려는 그러한 노력이며, 전술한 것들이 발전과정에서 뿌리로 소급하려는 노력이며 현상과 본질을 구분하려는 노력이고 사물의 기초를 고찰하려는 노력이다. 요컨대 진정으로 전술한 각종 사물을 인식하려는 노력인 것이다."[17] —— 만약 "실증이성"이 현존하는 일체가 모두 정지적이고 영구불변한 것이라고 한다면, "변증법은 바로 이러한 사상, 즉 존재하는 일체형식은 모두 본질상의 부정성이 있다는 것이다. 이러한 부정성은 그들의 내용과 운동을 결정한다."[18] "부정성"과 "비판성"은 "변증사유"또는 "변증이성"을 구성하여 "실천이성" 또는 "긍정이성"의 기치와 마크와 구별된다.

이는 동시에 변증법은 실증주의의 "긍정이성"과 근본적으로 구별되는 이론적인 지취임을 충분히 설명하고 있다. 이러한 지취는 반성의 방식으로 "인문해방을 추구"하는 인지지취이다. "현존사실"에 대한 비판과 부정의 목적은 그 어떤 대상에 대한 추상적 견책도 아니고 간단한 원망과 힐책도 아닌, 인간의 생존상태에 대한 은폐를 해제하고 인간 생존상태에 대한 왜곡과 억압을 극복하여 부단히 인간을 속박에서 해방시키는 것이다. 변증법은 근본적으로 인간 오재적인 자연계에 관한 일반성 객관법칙의 "자연변증법"이 아니고, 세계에 관한 "객관논리"도 아닌, 인간이 부단히 자신을 부정하고 인문해

---

17) [德]馬克斯·霍克海默:《批判理論》, 重慶, 重慶出版社, 1989, pp.255~256.
18) [美]馬尔庫塞:《理性與革命》, 重慶: 重慶出版社, 1993, p.27.

방을 탐구하는 비판적 사유이며, "이 이론의 목적은 절대 근근이 지식본신의 증가에 있는 것도 아니다. 그의 목표는 인간을 노역으로부터 해방시키는 것이다."[19] 변증법은 "정확한 정의를 탐구하고 선, 정의, 충효와 지식의 '개념'을 탐구하며 그리하여 전복적 사업이 되는 것이고 따라서 탐구하는 개념은 새로운 성곽을 겨냥한다."[20] 변증법 비판의 지취는 "심사숙고적으로" 인간 교류를 저애하는 근원의 소재에 대한 소급으로서 "체계에 의해 왜곡된 교류의 이론적 틀 안에서" 그 교류에 대한 "봉쇄와 제한"을 폭로함으로써 "자유교류의 장애를 제거"하며 반성의식의 형식으로 인간의 끊임없는 해방을 실현한다. 변증이성의 사명은 "바로 대립현실의 조화이고 진정한 통일체에서 대립을 양기하며 이성의 사명을 실현하는 것인데, 이는 인간의 사회관계에서 상실된 통일체를 재건하는 것을 의미한다."[21] 이러한 모든 논의는 전부 프랑크푸르트학파의 사상가들의 공동한 이론의향은 바로 변증법이 비판과 부정을 자기의 이론화기치와 파크로 삼는 그 근본적인 목적은 인간을 현존상태의 속박에서 초월하도록 하여 인간의 생존소외를 해결하고 현존상태보다 상대적으로보다 좋은 생활을 추구하고 창조하며 인간들로 하여금 시종 미래를 지향하고 자신을 오픈하며 끊임없이 자아초월과 자아창조의 공간을 유지하도록 하는 것이다.

전술한 내용과 관련하여 프랑크푸르트파의 학자들은 진일보 변증법의 이론본성은 근본상 인간 이외의 객관세계의 "일반법칙"에 관한 "과학"이 아니라 인간 사회역사 발전에 관한 비판적 사유라고 했다. 자연계는 "부정"과 "자아부정"에 관계없이 자연물질을 토대로 한 소위 "자연변증법"이며 "변증법"으로 하여금 객관세계에 관한 일반 법칙으로서의 "객관지식체계"가 되

---

19) [德]馬克斯·霍克海默:《批判理論》, 重慶: 重慶出版社, 1989, p.232.

20) [美]赫伯特·馬尔庫塞:《單向度的人》, 上海: 上海譯文出版社, 1989, p.120.

21) [美]馬尔庫塞:《理性與革命》, 重慶, 重慶出版社, 1993, p.41.

게 하였으며 변증법은 이로써 실증화와 지성화되었고 이를 출발점으로 변증법의 비판과 부정본성도 더 이상 운운불가하게 되었다. 오직 인간의 사회역사만이 비로소 "부정"과 "자아부정"을 거론할 수 있는데 이는 인류 역사를 창조하는 실천활동은 근본적으로 자아부정의 본성을 지니고 있기 때문이다. 실천과정에서 "현실의 부정은 역사조건이 되어 형이상학관계상태가 될 수 없는 구체화된 역사조건이 되는 것이다. 환언한다면 그것은 사회의 특정한 역사형식과 상호 연관되는 사회적 조건이 된 것이다."[22] "대상세계"의 '내적 부정성'은 역사 주체——자연과 사회와 투쟁하는 인간——의 산물로 이해된다. 이성이 역사의 이성으로 변한 것이다. 이성은 현존 사회세력을 대표하는 인간과 사물의 기존 질서와 상호 모순된다.(현존 사회역량은 이 질서의 불합리한 특징을 게시함)——'합리적'인 것은 우매, 파괴, 수행(獸行) 및 압박적인 사상행위방식을 감소하기 위함이기 때문이다."[23] 변증법은은 바로 이러한 천부적인 자아부정성의 "사회역사"에 뿌리 내렸고 반성적인 방식으로 그의 자각의식에 도달하며 "변증법은 이 때문에 그 성질로서 역사의 방법이 된 것이다."[24] "모든 변증법의 분석은 반드시 전부 사회역사 과정의 구조에 부합되어야 하며, …… 매 사실은 모두 사회과정의 대립영향을 상대하는 것이고 그들은 변증적 분석에 복종해야 한다."[25] 이러한 의미에서 비판과 부정의 본성은 변증법의 중대한 이론 본성으로서 사물의 억지로 부여한 외재적 속성이 아니라 그 현실캐리어에 뿌리 내린——"사회역사" 속에 내재한 진실한 역량이다(철학은 이 때문에 "사회비판이론"으로 변함).

이상의 논의를 통하여 프랑크푸르트학파의 사상가들은 "비판"과 "부정성"

---

22) 동상서, p.284.
23) [美]赫伯特·馬尔庫塞: 《單向度的人》, 上海: 上海譯文出版社, 1989, p.127.
24) [美]馬尔庫塞: 《理性與革命》, 重慶: 重慶出版社, 1993, p.284.
25) 동상서, pp.284~285.

으로 변증법의 "실증이성"을 구분함으로써 자신의 근본 이론성질의 합법성을 수호하고자 했다. 바로 그 비판과 부정본성의 충분한 발로와 논증으로 인하여 변증법은 비로소 프랑크푸르트학파의 "사회비판이론"에 유력한 이론방법과 사상무기가 되었으며, 프랑크푸르트학파는 "비판"을 이론강령으로 한 사회이론이 가능한 것은 바로 천부적인 "비판"과 "부정"본성의 변증법을 그 견실한 철학적 토대로 삼았기 때문이다.

3. "동일성"을 전복한 독재: 변증법 비판과 부정본성의 실질

변증법의 비판과 부정 본성은 그것이 일체 "동일성" 독재와의 근본적인 대립과 "동일성"이데올로기의 독재에 대한 전복을 표명했으며 개성과 차이성을 위한 공간을 마련했고 변증법 비판과 부정본성의 실질을 구성했다. 이 점에 대하여 프랑크푸르트의 대표인물 아도르노는 극히 심각하고 치밀한 논술을 남겼으며 기타 사상가 마르쿠제, 하버마스 등도 기본적으로 일치한 관점을 보였다. 이러한 탐색은 전반 프랑크푸르트학파가 변증법을 위한 가장 주목할 만한 이론적 공헌의 하나이다.

"동일성"에 대한 미련은 철학사상 일체 "이성형이상학"의 가장 근본적인 특징으로서 철학사상 "형이상학가"들은 항상 스스로 구축한 어떤 "본체론"적 관념을 절대적인 선험원칙으로 간주하고 현실세계의 존재와 운동은 완전히 이 원칙을 준수하고 그에 복종하며 그것을 중심으로 해야 한다고 주장함으로써 "사유"와 "존재" 사이의 완전한 동일을 실현했다. 이러한 "동일성"은 열광적으로 기나긴 서양 철학발전사의 "형이상학의 요지경"[26]을 이루었고 전통철학의 동일성에 대한 독단에 대해 심각한 비판을 가했던 헤겔

---

26) [德]阿多尔諾:《否定的辯證法》, 重慶: 重慶出版社, 1993, p.135.

도 "동일성"에 대한 추구의 충동은 여전히 강력했다. 그의 개념 변증법은 본래 "동일성"의 추구를 특질로 하는 지성 형이상학에 그 취지였는데 그 결과는 "부정을 통하여 그 어떤 긍정적인 것에 도달"[27]하려는 데에 불과했으며 최종적으로는 여전히 "동일성"의 블랙홀에 함몰되고 말았다. 프랑크푸르트학파의 사상가들은 "동일성"사유와 변증사유는 근본적으로 대립되는 사유로서 변증사유는 바로 동일성적 사유에 상대한 것으로서 그에 대한 전복과 반항 속에서 비로소 자신의 특질을 나타낼 수 있는 것이다.

"동일성" 사유는 모순을 해소하는 사유이고 "동일성의 독재"를 전복하는 것으로서 변증법의 "모순정신"을 해방하는 것이다. 인간의 현실생활 및 그 역사 발전은 본래 모순과 이질성, 역사성으로 충만된 과정이지만 "동일성"사유가 추구하는 것은 오히려 모순성을 추상의 동일성으로 귀결하고 이질성을 무차별한 일제성으로 귀결시키며 역사를 "영원재장"성으로 귀결시켜 인간의 현실생활 및 역사 발전을 단향도적, 평면화적인 추상적 존재로 증류시키는 일이다. 모순이 동일성에 의해 와해되고 변증법도 "절대형이상학"에 의해 대체된다. 이러한 의미에서 프랑크푸르트학파 사상가들이 "동일성사유"를 전복하는 것은 변증법의 모순 개념을 구원하는 것이다. 마르쿠제는 이러한 "동일성사유" "단향도적 사유"로, 변증사유를 "쌍향도적 사유"로 개괄하면서 전자의 승리는 후자의 멸망을 의미한다고 했다. 따라서 그는 전자에 대한 비판으로 아래와 같은 결론을 얻었는바, 즉 "만약 변증논리가 모순을 '사상 본성'이 지닌 필연성으로 이해한다면, 이러한 이해를 하는 것은 모순이 사사 대상의 본성에 속하며, 유리가 바로 무리, 비이성적인 것이 바로 합리적이라는 현실에 속하기 때문이다."는 것이다.[28] 그리하여 "부정변증법"으로 세상에 유명한 아도르노는 "동일성사유"의 "비모순성"에 대해 극히 심도 있는

27) 동상서, 서언.
28) [美]馬尔庫塞:《單向度的人》, 上海, 上海譯文出版社, 1989, pp.127~128.

해체를 진행한 후 "변증법은 시종여일한 비동일성에 대한 이해 …… 모순 본신은 도피불가적이고 운명적인 합법성이 있어 사상의 동일성과 모순성은 같이 용접되어 있다. 총체적 모순은 총체의 동일화가 표현한 비진실성일 뿐이다. 모순이 곧 비동일성이다. 양자는 같은 법칙에 복종한다."[29] "동일성으로 모순을 평정할 때 평정이 해결하지 못하는 비동일물의 표현은 바로 변증모순이 조준한 것을 간과하는 것이다."[30]

"동일성사상"은 더욱 "비역사적 사유"로써, "동일성"사상을 전복하는 것은 동시에 변증법의 "역사성" 원칙을 수호하는 것이다. "동일성사유"가 "동일성" 원칙에 이토록 미련을 두는 것은 바로 시간과 역사를 초월하고 "그 어떤 물건이든 모두 예외가 없는 총체"적인 사상체계를 구축하여 그러한 절대적 "영원재장"적 선험원칙을 포획하려는 시도이다. 역사가 평정되면 속인의 시간은 함몰되는 것이다. 푸랑크르트학파의 사상가들은 헤겔의 변증법을 맹렬하게 비판하면서 "헤겔에 대하여 정체는 바로 이성적 정체이고 하나의 봉폐된 관념체계로서 이 과정에서 역사는 존재의 형이상학과정에 의해 부정된다."[31]고 지적했다. 설사 "거대한 역사감"이 유명한 헤겔도 "동일성"사유의 마력 때문에 최종적으로 "비역사성"의 논리결말에 함몰될 지어니, 그러한 본래 형이상학체계의 구축으로 "시간에 대항"하려는 전통철학가는 말할 나위도 없는 것이다. 아도르노는 또 전통철학이 "동일성사유"로써 철학체계의 구축을 지도하려고 시도할 때 "어떤 체계를 막론하고 어떻게 피동적으로 동태적으로 구상을 할지라도 만약 그것이 사실적으로 봉폐된 체계로서 그 영역이외의 그 어떤 것도 용인하지 않는다면 그것은 긍정적 무한성——유한적, 정지적인 것으로 이러한 방식으로 자신을 유지할 수밖

---

29) [德]阿多尔諾:《否定的辯證法》, 重慶: 重慶出版社, 1993, pp.3~4.
30) 동상서, p.157.
31) [美]馬尔庫塞:《理性與革命》, 重慶: 重慶出版社, 1993, p.284.

에 없다."[32] "자신의 불변성속에서 발생한 불변항은 가변항 속에서 박제할 수 없으며 마치 이러한 사람들이 진리를 장악한 것처럼 보인다. 진리는 실질과 결합하면 실질은 변화가 발생한다. 진리의 불변성은 제1철학의 환상"[33]이다. 따라서 동일성사유의 해소가 역사성에 의해 차단될 때만이 비로소 "변증법은 이 때문에 그 성질에 의해 역사의 방법이 된다."는 것을 실현한다.

최후로, "동일성사유"는 아직 차이성, 특수성과 개성적 사유방식을 무시하는 바, 따라서 "동일성사유"의 전복은 차이성, 특수성과 개성적 독립공간을 수호하는 것이다. 형식논리의 방법을 동원하여 부동한 사물사이의 차이성, 개별성과 특수성을 제거하고 그 중에서 공성과 일반성을 추출한 후 이로써 획득한 가장 보편적인 추상개념을 전반 세계를 해석하는 최고의 근거로 삼는 것은 "동일성 사유"가 사물을 파악하는 가장 기본적인 방식이다. 아주 분명한 것은 이러한 사고방식을 운용하면 일체 차이성, 특수성과 개성은 필연적으로 허망하고 부실한 존재가 될 것이며, 일체 이질적인 사물과 속성은 필연코 "동일성"의 선험원칙이란 칼에 의해 독단적으로 잘려버리고 말 것이다. 이와는 근본적으로 달리 변증법이 "진정으로 흥미를 갖는 것은 헤겔이 전통에 따라 표현한 그가 흥미를 느끼지 못하는 것——비개념성, 개별성과 특수성이다."[34] "개념성의 이 방향을 개변하여 그로 하여금 비동일성에 치우치도록 하는 것은 부정적 변증법의 관건이다."[35] "시작부터 변증법의 명칭은 개체가 조금도 완전히 객체의 개념 속으로 진입할 수 없으며 객체는 전통의 충족한 이유율과 상호 모순적인 것이다. …… 그것은 동일성은 진실하지 않은 것, 즉 개념은 표현되는 사물을 궁극적으로 표현할 수 없다는

---

32) [德]阿多尔諾:《否定的辯證法》, 重慶, 重慶出版社, 1993, p.26.
33) 동상서, p.7.
34) [德]阿多尔諾:《否定的辯證法》, 重慶: 重慶出版社, 1993, p.6.
35) 동상서, p.11.

것이다."36) 이러한 의미에서 변증법은 곧 "사유"와 "존재" 사이의 제거불가의
차이성의 "비동일"철학이다.

　프랑크푸르트학파의 사상가들은 비모순성, 비역사성과 비차이성 등 "동
일성사유"의 특성은 근본적으로 모두 사상의 "비판과 부정" 위도에 대한 질
식이라고 간주했다. "모순성"에 대한 전면차단의 사유는 필연코 부정성과
초월성위도의 상실을 초래하며 사상의식은 자신의 "모순"에 이를 수 없이
필연코 "자급자족"의 환상에 머물 것이며, 이 때문에 다른 한 종류의 부동
한 현존상태의 새 생활을 상상할 욕망과 능력을 상실하게 된다. 이리하여
현실에 복종하고 긍정하는, 심지어는 현존상태를 위해 변호하는 것이 필연
코 필연적인 결과가 될 것이다. 이러한 "역사성"을 말살하는 사유도 필연코
현존세계를 고수하면서 현존하는 일체를 영구화적 사유로 만들 것이고 그
사상은 미래를 의식하지 못하고 눈앞의 것을 일체로 생각하면서 현실을 신
성화하고 숭배하며 미래에 대한 갈망을 포기하고 "구세계를 비판하는 과정
에서 신세계를 발견하는" 유토피아정신도 포기하는 것 등은 필연코 불가피
한 결과가 된다. "차이성"을 무시하는 사유는 필연코 동질화된 원칙으로 그
어떤 "NO"의 목소리를 소멸하고 억압하는 사유이며, 일체 "결석된 군력",
일체 "반대파"의 항의의 목소리, 일체 "주류"와 상호 대립하는 사상 모식
등으로서 모두 그의 독재의 강압 하에 침묵을 지키게 된다. 2차 세계대전
특히는 아우슈비츠집중영의 재난은 바로 "동일성 사유"의 내부와 상관된
극단적인 사상후과로서 "종족의 멸종은 절대적 일체화이다. …… 아우슈비
츠집중영은 순수한 동일성의 철학원리는 사망임을 증명하고 있다."37) 여기
에서 일체 부정성과 비판성의 향도는 완전히 존재의 여지가 상실되었음이
분명하게 드러나고 있다.

36) 동상서, p.2.
37) 동상서, p.362.

진정한 변증법은 반드시 "비동일성"에 대한 의식이고 바로 이러한 "비동일성"에 대한 자각의식이 있음으로 말미암아, 비판성과 부정성은 진정 변증법의 내적 본성으로의 가능성이 있는 것이다. 이 점에서 프랑크푸르트의 사상가들은 심지어 "부정성"을 고도로 중시했던 변증법 도사 헤겔도 그저 넘기지 않고 "헤겔의 사상에 있어서 긍정의 물(物)은 부정 속에서 산생한 것이다. …… 헤겔은 변증법의 가장 핵심에는 반 변증법의 요소가 우세를 차지했는데, 즉 그러한 주로 대수에서 마이너스와 마이너스를 곱하여 플러스로 삼는 전통적인 논리이다."[38] 이와 달리 진정한 의미에서의 "부정변증법"은 "부정된 것들 소실될 때까지 모두 부정하는 것이다. 이는 헤겔과의 철저한 결렬이었다."[39] "변증법은 헤겔과 더 이상 화해할 수 없으며 그의 운동은 매 객체와 그 개념사이의 차이에 치우치는 동일성이 아니라 일체동일성을 회의하는 것이다. 그 논리는 와해의 논리로서 인식주체가 우선 직접 대면하는 개념, 준비 완료된 것과 대상화의 형식을 와해한다."[40] 오직 이러한 추호의 보류도 없는 "비동일성"에 대한 의식, 사상만이 비로소 진정으로 자신의 자급자족의 환성을 타파할 수 있고 비로소 끊임없이 자신을 초월, 비판과 부정이 가능하며, 변증법의 비판과 부정 본성도 비로소 철저하게 관철, 실현될 수 있다.

이상에서 프랑크푸르트학파 철학가들의 기타 방면의 풍부한 사상을 무시하고, 그들의 이론관점과 사상경향의 이질성을 차치하고 중점적으로 그들이 변증법문제에 있어서의 하나의 기본 공식, 즉 변증법 비판과 부정본성에 대한 간파를 살펴보았다. 이상의 논의를 통하여 다음 두 개 방면에서 마르크스철학의 변증법에 대한 우리의 이해에 특별히 중요한 의의가 있다

---

38) [匈]盧卡奇:《歷史和階級意識》, 北京: 華夏出版社, 1989, p.156.
39) 동상서, p.157.
40) 동상서, p.142.

고 생각한다.

첫째, 마르크스철학변증법의 비판과 부정 본성은 과연 어떻게 진정으로 관철가능한가 하는 문제이다. 프랑크푸르트학파의 사상가들은, 변증법은 "동일성사유"와 근본적인 구별이 있는 특수한 의식의 형식으로서 만약 변증법의 "비판"과 "부정"이 "동일성"에 이르는 도구와 루트로 이용된다면, 가령 아도르노가 비판한 "부정을 통하여 긍정에 이르는"도구가 될 경우 변증법의 비판과 부정 본성은 필연코 질식과 억압을 당하게 되고 변증법은 최종 역시 필연코 반 변증법의 경향에 의해 상쇄되고 변증법 본래의 혁명적 의의도 최종은 보수적, 그 어떤 현존상태를 위해 변호하는 소극적 입장에 의해 해소된다. 이러한 의의에서 오직 시종 개방의 사상상태를 유지하고 일체 "동일성", "총체성" 역량에 대한 냉철한 방범의식을 유지해야만 변증법의 비판과 부정본성은 비로소 철저히 관철될 수 있다. 프랑크푸르트학파의 사상가들은 이 방면에서 한 공작은 심각하고 깊은 사색의 여지를 남기고 있다.

둘째, 마르크스철학변증법의 비판과 부정의 본성의 견실한 토대와 이론적 지취문제이다. 변증법의 비판과 부정본성은 외재적, 현실세계에 강압적으로 부여한 것이 아니라 현실생활 및 역사 발전에 깊이 뿌리 내린 초월적 지취이고, 그 현실 캐리어에 뿌리 내린——"사회역사"에 내재한 진실한 역량이다. 전술한 바와 같이 프랑크푸르트학파의 사상가들은 대개 변증법을 "사회역사" 본신을 파학하기 위한 특유한 방법으로 이해하며 이 때문에 변증법의 이론캐리어는 "사회역사" 위에 자리 잡은 것이다. 이러한 사상가들은 심지어 변증법과 인간 특수한 생명존재 방식을 내적으로 연계시켜 변증법이 포함한 비판과 부정성의 내적 이론본성을 이해하려고 했다. 마르쿠제가 지적한 바와 같이 "모든 생존하는 생물이 모두 확정되었고 유한적이라고 할지라도 그것(인간을 가리킴)은 살아 있는 주체로서 지니고 있는 때문에 그것은 환경의 제한을 초월할 수 있게 했다.", "(인간) 생명의 과정은 끊임없이 외적 조건을 흡수하여 영구적인 주체의 통일 속에 융합시키는 것이다. 주재와 획득으로 발견된 여러 가지의 확정조건을 통하여, 기타 상호 대립된 일체와 자신의 상호 통일을 통하여 유생명의 존재는 그 자신으로서의 본질을 유지했다. 따라서 생명의 통일체는 직접적으로 '자연적'통일체와, 그리고 지속적인 대립사물운동의 결과를 전승하는 것이다. …… 따라서 생명도 자유의 화신인 것이다. 그것은 대립면의 진정한 통일의 최초의 형식이며 따라서 변증법의 최초의 화신이기도 하다."[41] 이러한 의미에서 "'주체'는 인신론상의 자아와 의식을 의미할 뿐만 아니라 또 일종의 존재방식을 의미, 즉 모순과정에 처해 있는 자아발전의 통일체의 존재방식을 의미한다."[42] 이러한 논의에서 인간의 생명존재 방식과 그 발전 역사는 변증법의 견실한 토대로 간주되고 있으며 이와 관련하여 변증법의 비판과 부정 본성의 근본적인 지취도 반성의식의 형식과 인간 생명의 해방을 추진하는 것으로 이해된다. 그러니까 이러한 이해는 견지가 충분하고 깊은 사색을 자아내게 한다.

---

41) [美]馬尔庫塞:《理性與革命》, 重慶, 重慶出版社, 1993, p.34.
42) 동상서, p.7.

마르크스철학변증법의 이론토대와 "인간의 존재"

동유럽 마르크스철학변증법연구의 기본 지취

1. "인간의 존재" 및 역사속의 자아발견
: 마르크스철학변증법의 진실한 토대

변증법의 진실한 토대는 과연 무엇인가? 변증법이론의 탐색 대상은 과연 무엇인가? 과연 무슨 문제를 해결하려는 것인가?

체코의 철학가 코시크는 이렇게 답했다. "변증법이 탐구하려는 것은 '물(物)자체'이다. 하지만 '물자체'는 평상의 물이 아닌 바, 정확하게 말한다면 근본적으로 무슨 물이 아니다. 철학 연구의 '물자체'는 바로 인간 및 우주속 인간의 위치이다. 환언한다면, 그것은 인간이 역사 속에서 발견한 세계총체와 세계총체속의 인간이다."[1] 이와 유사한 유고슬로비아의 철학가들의 해답은 이러하다. "실질적으로 변증법이 기타 유형의 비판사유와 구별되는 점은 바로 …… 역사에서 인간의 자아실현이다."[2] 이 두 가지 회답은 디테일에서는 부동한 점이 없는바 아니지만 양자 공동 관심의 중점, 즉 변증법의

---

1) [捷克]卡萊尔·科西克:《具体的辯證法》, 北京: 社會科學文獻出版社, 1989, p.191.
2) [南]馬尔科維奇·彼德洛維奇 編:《南斯拉夫"實踐派"的歷史和理論》, 重慶, 重慶出版社, 1994, p.32.

진실한 토대는 근본적으로 인간과 무관한 자연물질세계가 아니라 "인간 존재" 및 역사 속의 자아실현이라는 것이다.

그들이 "자연물질세계"가 아닌 "인간 존재 및 발전 속의 자아실현"이 변증법의 진실한 토대를 구성했다고 주장하는 것은 바로 "인간의 존재" 및 역사 속의 자아의 발전이 지닌 변증법적 본성 때문에, 또는 "인간의 존재" 및 그 역사 발전이 본성적으로 "변증"적이기 때문이다. 이에 대해 코시크는 "인간이 없으면 실재는 믿음성이 없고 바로 그것이 인간의 실재가 아닌 것과 같은 것이다. …… 실재는 인간의 실재이지만 개인은 자연의 일부분이고 그는 자연 속에서 초자연적인 사회——인류의 실재이며 역사를 통하여 우주 속의 자기 위치를 확정한다. 인간은 두 개의 부동한 영역에서 생활하는 것이 아니라. 그는 자기존재의 절반을 역사 속에, 다른 한 절반은 자연 속에 서식하는 것이 아니다. 인간은 어떠한 때이든 모두 동시에 자연 속과 역사 속에 존재하는 것이다. 역사적인 것이기에 사회적인 존재로서 타인이 자연으로 화하고 동시에 자연을 인식하는 것이다."[3] 유고슬로비아 실천파 철학가는 "인간의 존재"는 본질주의가 인정하는 그러한 존재로서의 기존적, 불변적, 고정적인 이상본질이 아니고 존재주의가 인정하는 그러한 근본적으로 존재하지 않으면서, 그 어떤 개별적이고 단일적 구체적인 존재의 본질도 아니며, "변증사유는 엄격한 제한과 상반된 배척의 범주에서 유입한 중개 요소이다. 인간의 본질은 역사의 산물로서 미래 역사 변천의 기초이다. 그것은 객관적으로 존재하는 것이지만 이러한 객관적인 존재는 폐쇄적, 고정적, 불변적 복합체로 표현되지 않고, 인류행위의 개방적, 동태적, 모순적 영역에서 표현된다. …… 따라서 본질은 존재를 통해 진정한 형식으로 드러나며 자신을 형성하고 진일보 발전을 취득한다. 존재는 총체적으로 제한을 받지 않는데 그것이 보편적인 인류구조를 포함하고, 가능한 인

---

3) [捷克]卡萊尔·科西克:《具体的辯證法》, 北京: 社會科學文獻出版社, 1989, p.189.

간의 본질을 포함하고 있기 때문이다."⁴⁾ 이는 인간의 존재와 발전본신은 변증의 "법칙"을 준수하고 변증성은 "인간의 존재"와 발전운동이 고유한 내적 본성이다. 이러한 의미에서 변증법의 이론형태는 단지 반성의식의 형식이 인간의 존재본성에 대한 자각의식의 게시에 불과하며, "인간의 존재" 및 역사 발전은 변증법의 진실한 토대를 구성한다.

인간의 존재 및 역사를 변증법의 진실한 토대로 하는 변증법은 이론 성질상 필연코 "정통"적, "자연물질세계"를 토대로 하는 변증법과 근본적으로 부동한 특점을 드러낸다. 유고슬로비아 실천파의 철학가는 이러한 특징을 다섯 가지 기본 원칙으로 개괄했다. 첫째, "총체성"의 원칙. 여기에서 "총체성"은 분석과 반성이 결여된 공동한 "총체성"도 아니고 부분을 희생하는 것을 전제로 한 추상적 "총체성"도 아니며, 인간 위를 뒤덮고 있는 비인간의 악의 "총체성"도 아니며, "유일하게 진정, 구체적이고 보편적인 '총체성' 관점은 반드시 발전과 해방한 인간의 관점, 즉 실천의 관점이다."⁵⁾ "구체적 '총체성'의 변증관점에서 중요한 것은 총체는 부분을 희생한 전제하의 인정된 실재가 아니라 동태적이며 개방적인 것으로서 인류 실천활동을 통한 것이지 각종 소외구조의 상호 작용에 의해 창조된 것이 아니다."⁶⁾ 둘째, "역사성"의 원칙. 일체 사물과 요소에 대한 이해는 모두 인류 발전의 역사에서 고찰해야지 현상적, 비역사적 태도를 취하지 말아야 한다. 셋째, "자결"의 원칙. "변증법은 그 어떤 딱딱하고 기계적인 결정론을 초월하였다. 역사는 개방적이며 결국은 인간의 활동이다. 인간이 원칙적으로 자신 및 상황을 초월할 수 있다면, 미래의 변천 과정에 대한 예측은 상대적으로 불확정한 것이라는

---

4) 동상서, p.33.
5) [南]馬尔科維奇·彼德洛維奇 編:《南斯拉夫"實踐派"的歷史和理論》, 重慶, 重慶出版社, 1994, p.39.
6) 동상서, p.40.

추정이 가능하다. …… 변증법의 관건적인 범주는 필연성이 아니라 가능성
이며 …… 여러 가지 가능한 미래가 있는바 —— 미래의 상황이 어떠한 존재
인가는 인간의 활동에 의해 결정된다."[7] 넷째, "모순"의 원칙. 변증법의 근본
적인 지취는 인간이 자각적 그리고 상대적으로 자유롭게 사회를 개조하고
스스로 역사를 창조하는 것을 추진하는 것이지 맹목적, 비인간적, 통제 불가
한 이기적 역량의 지배하에 버리는 것이 아니다. 이를 위해 "변증법의 중요한
임무의 하나는 발견에 노력하는 것, 어떤 대립적 역량이 충돌 중에 처해
있으며, 어떠한 역량이 발전과 자유와 인류의 자아실현을 추진하는 것이며,
어떠한 역량이 각종 가장 이상적인 발전 가능성의 실현을 저애하고 방해하는
것인가 하는 것들의 발견에 노력하는 것이다."[8] 따라서 인간의 자아실현을
위해 사상적 역량을 제공하는 것이다. 다섯째, "초월"의 원칙이다. 인간의
생존 발전에 소극적인 역할을 하는 요소들을 초월하고 인간 존재 발전에
적극적인 역할을 하는 요소들을 창조하고 누적하여 인간의 자아해방을 추진
하는 것이다. 이러한 특점은 모두 부동한 측면에서 "인간의 존재 및 발전사에
서의 자아실현"을 게시하였으며 따라서 인간의 존재 안에 뿌리내리고 있으
며, 인간의 존재의 본질적인 규정에 전속되는 것이다.

코지크는 『구체성의 변증법』에서 전술한 내용과 비슷한 관점을 피력했
다. 그는 변증이성의 주요 특징을 아래와 같은 네 개 방면으로 개괄했다.
(1) 초역사적 유리주의 이성과 대립되며 이성의 "역사성"을 강조한다. (2)
유리주의가 인식의 절대성과 영구성을 강조하는 것돠 대립적으로서 변증이
성은 인식의 진보를 "총체화"의 변증 과정으로 간주한다. (3) 변증이성은
이성적으로 사유하고 인식하는 능력임과 아울러 이성은 실재적 과정을 구조
하는, 즉 "자유"를 실현하는 과정이다. (4) 변증이성은 "부정성"으로서 이러

---

7) 동상서, p.46.
8) 동상서, p.48.

한 부정성이 인식하는 매 완성의 절차와 인류자유를 실현하는 매 절차는 모두 발전하는 총체적인 배경 중에서이며 이론과 실천에서 또 부단히 이 절차를 초월한다.[9]

유고슬로비아 실천파와 코시크의 이론사고는 부동한 국가에서 발생되었 지만 그들의 변증법의 이론토대와 이론본성에 대한 해명은 놀랍게도 일치한 것이다. 이는 절대 우연한 것, 공교로운 일치가 아니라 그 어떤 심층적인 원인이 있는 것이다. 현실 생활의 시각에서 본다면 그들이 처한 사회에서 "인간의 존재"가 엄중히 간과된 역사상황은 틀림없이 그 중요한 원인이다. 그들이 제안한 변증법 연구 중에서 "물의 범식"에서 "인간의 범식"으로 전환 하려는 요구는 아주 큰 정도 내에서는 그 현실 생활 지취가 이론에서의 표현 과 반영인 것이다. 이론의 담론 시각에서 본다면 전통적으로 마르크스주의 철학이 이해하는 경직되고, 진부한 교조를 타파하고, 다시 마르크스주의 철학의 이론정신을 해명하는 것은 그들 이론활동 배후에 은폐된 공동적이고 강렬한 동기를 구성한다. 공동의 이론과 현실적 배경은 이론경향에서 상호 호응하고 지지하는 상황을 초래한 것이다. 이 점에 관하여 만약 우리가 중국 개혁개방 이래의 마르크스주의 철학 영역의 기본적인 태세를 고찰한다면 거의 같은 상황이 우리에게서 재연되고 있음을 쉽게 발견할 수 있다.

2. "실천"개념의 본체론적 해석: 마르크스철학변증법의 진실한 토대에 대한 심층적 탐색

동구의 마르크스주의 철학가들은 인간의 존재 및 역사 속의 자아실현이 변증법의 진실한 토대가 된 사실의 가장 근본적인 하나는 "실천"이 인간의

9) [捷克]卡萊尔·科西克:《具体的辯證法》, 北京: 社會科學文獻出版社, 1989, p.75.

가장 자기적인 존재방식을 구성했다는 점이다. 실천개념에 대한 본체론적 해석은 동구 철학가들이 변증법의 진실한 토대를 논증하기 위한 진일보적이고 심층적인 탐색이다.

그들은 "실천"개념에 대한 이해에서 반드시 인간 본체론의 존재방식에서 출발해야 한다고 주장했다. 그들은 "실천"은 절대로 보통 개념이 아닌바, 그것은 "인류특유의 존재방식이다. 따라서 그것은 절대 오직 인류존재의 어떤 방면 또는 어떤 품격을 결정하는 데 그치는 것이 아니라 일체 표상 중에서 인류존재의 본질로 침투한다. 실천은 인간의 정체에 침투되어 총체적으로 인간을 결정한다. 실천은 인간 외적 결정 요소가 아니고 기계와 개는 실천이 없으며 실천을 모른다."[10] 유고슬로비아 실천파의 철학자들은 거의 근사한 표현으로서 실천개념을 이렇게 규정했다. "인류존재의 실체구조와 잠재적인 구조에 대한 진일보의 분류는, 우리를 비판적 변증인류학의 가장 중요한 범주인 실천개념으로 인도했다. 실천은 인간의 활동으로서 그 중에서 인간은 최적의 가능성을 창조했고 따라서 이러한 활동은 목적본신이고 근근이 어떤 기타의 목적에 도달하기 위한 수단이 아니다. 이러한 이상화적인 활동개념은 분명 하나의 규범개념이다. 한 방면으로 그것은 묘사한, 가치 중립의 노동개념과 근본적으로 부동하며, 다른 한 방면으로 실천은 역시 부정적, 소외노동의 개념과 완전히 대립되는 것이다."[11]

그들의 전술한 실천개념에 대한 혹정은 다음과 같은 몇 가지 포인트로 정리할 수 있다.

(1) 인간의 존재에 있어서 "실천"은 특수한, 부문적인 개념이 아니라 인간

---

10) [南]馬尔科維奇·彼德洛維奇 編: 《南斯拉夫"實踐派"的歷史和理論》, 重慶出版社, 1994, p.171.
11) 동상서, p.37.

의 전부 존재의 내적 상관된 본체성 개념으로서 근본적인 의의에서 실천은
바로 인간 자신이며 인간은 곧 실천의 존재물인 것이다. 인간과 인간의 세계
존재의 토대는 바로 실천에 있으며, 인간은 혁명적, 비판적 실천활동에 기대
어 실재를 구축하고 정합하며, 실천은 "실제 활동에서 끊임없이 인간과 세
계, 물질과 정신, 주체와 객체, 산품과 생산 능력의 통일을 건립한다."[12]

(2) 실천은 중립성, 묘사성의 개념이 아니라 규범적, 가치적 개념으로서
인간의 자유자각적인 본래적 생존상태를 지향한다. "실천은 자유로운 보편
적 활동으로서 이러한 활동은 바로 목적 본신이지 기타의 목적에 도달하기
위한 수단이 아니다."[13] "실천(praxis)은 규범적 개념으로서 인류 특유의 이
상적 활동을 지칭하며 이러한 활동이 바로 목적본신으로서 그 기본적인 가
치를 가짐과 아울러 또한 기타 일체 활동 형식의 비판적 표군이다."[14], "실
천은 인간의 대상화와 자연에 대한 주재이자 또 인류자유의 실현이다."[15]

(3) 실천은 인간과 세계의 기초를 구성했을 뿐만 아니라 일반실재를 향
하여 개방하고 인간 외의 "총체성" 존재를 향하여 개방한 본체론 위도이다.
실천활동을 통하여 현실을 구성할 때 인간은 전반 자연계, 전반 "총체성"
우주와 존재론 관계를 건립한다. 이에 대해 코시크는 "비록 실천과정에서
형성된 특유한 인류실재이지만, 인간 외에 독립한 실재는 여전히 어떤 방
식으로 인류실재 속에 존재하는 것이다. 인간이 실천에서 일반실재의 개방
성을 형성하게 된다. 인류 실천구조는 존재의 과정에서 본체론을 가능케
하는 기초로서 존재의 이해를 가능케 한다. …… 인간은 타의 동물성 또는
사회성에 봉폐되어 있지 않는바, 타가 인류학의 존재가 아니기 때문이다.

---

12) [捷克]卡萊尔·科西克: 《具体的辯證法》, 北京: 社會科學文獻出版社, 1989, p.171.
13) [南]馬尔科維奇·彼德洛維奇 編: 《南斯拉夫"實踐派"的歷史和理論》, 重慶出版社, 1994, p.38.
14) 동상서, p.23.
15) [捷克]卡萊尔·科西克: 《具体的辯證法》, 北京: 社會科學文獻出版社, 1989, p.173.

타는 실천의 토대에서 자기를 현시하여 스스로 존재에 대한 이해에 도달했다고 하는 편이 더 나을 것이다. 타는 일종 인류학——우주학의 존재이기 때문이다."[16]

　이상의 세 개 방면은 모두 집중적으로 다음과 같은 점을 표명했는바, 즉 실천은 인간과 인류세계의 가장 본원적 존재의 본체론 범주로서 다음과 같은 문제, 인간은 누구인가? 사회 인류실재는 무엇인가, 이 실재는 어떻게 형성된 것인가? 등에 대한 철학적 답안을 제시한다.[17]

　실천은 인식론 범주가 아니기 때문에 실천을 인식론 범주로 격하시키는 실질은 유속적인 방식으로 본체론 의미의 "praxis(실천)"을 인식론 의의상 "practice(실천)"으로 격하하는 것이다. 아울러 실천개념과 "노동(labor)"을 동등시하면서 실천은 "일을 하는 것"으로, 즉 "조작의 일종, 경영지도의 일종, 사람과 사물을 컨트롤하는 예술"로 간주해서는 안 된다. 이러한 이해는 실천개념으로 하여금 그 본체론 의의상의 목적성과 규범성을 상실하여 조작주의, 공리주의 개념으로 전환된다.

　실천개념이 지닌 본체론적 지위를 명확히 하면 변증법은 "인간의 존재 및 역사 속의 자아실현"에 관한 이론적 사유도 더욱 심도 있는 이론적 근거를 획득하게 된다——인간의 존재 및 그 역사 속의 자아실현이 변증법의 진실한 토대가 된 것은 "인간의 존재"가 실천적 존재의 일종이며 인간의 역사에서의 자아실현은 실천 과정의 자아실현이고 실천은 인간의 존재 및 역사의 자아실현은 심층적인 근거이다. 이러한 의의에서 "인간의 존재 및 역사 속의 자아실현"을 토대로 하는 변증법은 실질적으로 인간의 "실천" 활동을 근원으로 하는 변증법이고 양자는 부동한 측면에서 변증법의 이론적

---

16) 동상서, p.174.
17) 동상서, p.170.

근원에 대해 이론적 해명을 하는데, 이러한 의의에서 변증법은 실질적으로 "실천변증법"이다.

전술한 본체론 성질의 실천활동에 입각한다면 앞에 의논했던 변증법의 제반 중요한 이론 성질과 원칙은 그 본체론적 근원에서 설명을 획득했다. 변증법의 "총체성" 원칙이 가능한 것은 바로 "유일한 진정, 구체와 보편적 인 '총체성'의 관점은 반드시 인간을 발전, 해방하는 관점, 즉 실천의 관점 이기 때문이다."[18] 변증법의 "역사성" 원칙이 가능한 것은 소위 역사는 본 질적으로 인간의 실천활동의 전개에 불과하며 인간은 실천활동을 통하여 역사 속에서 끊임없이 자신을 실현하는 것이다. 변증법의 "자결"또는 "자 유"원칙은 바로 "실천은 인간의 대상화와 자연에 대한 주재이면서 또 인류 자유의 실현"[19]이고 "실천의 변증법"은 바로 "자유의 변증법"이며, 변증법 의 "부정" 또는 "초월" 원칙이 가능한 것은 실천활동은 근본적으로 자아부 정과 자아초월의 본성을 지니고 있기 때문이다. 따라서 추호의 과장도 없 이 변증법의 이론성질과 원칙은 근본적으로 실천활동의 체험인 바, 즉 본 원적인 생존활동의 성질과 원칙이다.

3. 인문해방: 마르크스철학변증법의 이론적 배려

변증법을 인간 본원성의 실천활동 위에서 변증법을 "인간의 존재 및 역 사속의 자아실현"에 관한 이론적 사유로 해석한다면 최종적인 지향은 인간 의 자유와 해방이 된다. 인문해방은 동구 마르크스주의 철학가들이 이해하 는 변증법의 가장 기본적인 이론적 배려를 구성하고 있다.

---

18) [南]馬尔科維奇·彼德洛維奇 編: 《南斯拉夫"實踐派"的歷史和理論》, 重慶出版社, 1994, p.39.
19) [捷克]卡萊尔·科西克: 《具体的辯證法》, 北京: 社會科學文獻出版社, 1989, p.173.

전술한 바와 같이 동구의 마르크스주의 철학가들은 실천을 인간 존재의 "본체론 구조"로 이해했는데 이는 인간은 본질적으로 실천적 존재, 즉 자유로운 창조성 노동에 종사할 수 있고 이러한 활동을 통해 세계를 개조함으로써 그 특수한 잠재적 능력을 실현하며 기타 인간의 수요를 만족시킬 수 있는 존재적 활동이다. 하지만 구체적인 역사조건 아래 인간의 이러한 자유, 자각적인 실천본성의 실현은 저해를 받을 수 있고, 개인의 실체적 존재와 잠재적 본질은 차이가 존재할 수 있으며, 이러한 차이가 바로 "소외"이다. 변증법의 중대한 사명은 바로 이러한 반성의식의 형식이 소외현상에 대해 진행하는 비판성 분석이며 자아실현과 실천의 가능한 전망을 지향하는 것을 과시했다.[20]

이는 변증법의 이론임무는 두 가지 기본적인 방면에서 표현된다. 하나는 현존 소외현상에 대한 비판이고, 다른 하나는 인간의 구체적 "총체성"의 존재에 대한 게시와 현시이다. 만약 전자가 "해폐(解蔽)"라면 후자는 "반본(返本)"이며, 만약 전자가 "거짓을 버리다(去僞)"라면 후자는 "진실을 드러내다(顯眞)"이다.

"해폐"와 "거위(去僞)"의 면에서 본다면 변증법의 이론직책은 인간의 역사성에 대한 비판적 분석을 가하고 역사성의 인간이 직면한 역사적 곤경을 반성하는 것이다. 비록 인간은 본질적으로 자유로운 창자성 실천존재물이지만 현실에서 인간의 존재는 영원히 진선진미의 경지에 도달할 수 없는바, 인간을 속박하고 제압하는 여러 가지 역량은 항상 불가피하게 인간 생존상태의 일부분으로 구성되어 인간의 자아실현 과정과 인간의 자아상실, 궁핍과 소외 과정은 동일한 과정을 이룬다. 이를 위해 동구 마르크스 철학가는 그가 처한 사회의 종종 소외현상에 대해 다방면적인 비판성 반성을 가한다. 유고슬로비아 실천파 철학가들은 당대인을 속박하고 있는 허다한 소외역량 가운

---

20) [南]馬尔科維奇·彼德洛維奇 編:《南斯拉夫"實踐派"的歷史和理論》, 重慶出版社, 1994, p.23.

데 세 가지 소외현상이 가장 대표성을 가지고 있는 것으로 간주한다. 첫째, 관료정치의 통치로서 정치는 인간과 상호 적대시하는 외재적 역량이다. 둘째는 이데올로기의 통치로서 현대 기술의 비속적인 발전은 이미 인간이 통제하기 어려운 역량이 되어 인간을 노예로, 자주설치와 자아주의자로 전락시킬 가능성을 보였다. 유고슬로비아 실천파 철학가들은 집중적으로 사회주의 사회에 존재하는 갖가지 소외현상을 반성했다. 이에 대해 브라니츠키(Predrag Vranicki, 1922~2002)는 "소외의 문제는 사회주의의 중심 문제이다"는 명언을 남겼다. 코시크는 소외현상을 "허위 구체적 세계"로 칭하면서 "인류생활의 평소 환경과 일상 분위기에 충만된 현상의 집합으로 허위적인 구체세계를 구성한다. 이러한 현상은 그 규칙성, 직접성과 자발성으로 행동하는 개인의 의식 중에 침투되어 자주성과 자연성의 외표를 획득한다."[21] 이러한 현상은 네 개 유형이 있는바, 첫째는 "진실의 본질과정의 표면에 드러난 외부현상세계", 둘째는 "조작과 통제하는 세계", 즉 인간의 배물교화 실천의 세계, 셋째는 "일상관념의 세계", 넷째는 "고정객체의 세계"이다. 이러한 모든 것이 "한 폭의 진리와 기편이 상호 어울리는 그림을 구성했다. 여기에 성행하는 것은 애매모호한 것이다. 현상은 본질을 드러내는 동시에 본질을 은폐한다. 본질은 현상 속에서 자기를 현시하지만 그것은 단지 일정한 정도에 그치고 일부 방면이나 측면에 그친다."[22] 여기에서 인간은 진정하고 구체적인 "총체성"을 상실하고 외재적 무명의 역량에 의해 규정, 한정된다.

 "해폐"와 "거위"의 목적은 "반본"과 "현진"에 있다. 소외를 양기하는 하나의 중요한 전제는 바로 인간의 자아의식의 각성이고, 변증법의 다른 한 중요 사명은 이러한 자아의식의 생성을 추진하는 것이다. 그리하여 소외현상에 대한 비판과 고발을 통하여 인문해방의 세계를 지향하고 현시함으로

21) [捷克]卡萊尔·科西克:《具体的辯證法》, 北京: 社會科學文獻出版社, 1989, p.2.
22) 동상서, p.3.

써 인간으로 하여금 현존상태의 유한성을 인식하게 하여 미래를 향하여 자아초월의 공간을 열도록 한다. 철학은 "불가결한 인류활동으로서 사물의 본질, 실재적 구조, '물자체', 실존지유(實存之有) 때문에 직접적, 무중개적으로 자신을 현시하지 않는다. 이러한 의미에서 철학은 물자체를 포착, 물의 구조를 게시, 실재지유(實在之有)를 전시하는 체계적인 비판 작업에 취지를 두는 것이라고 확정할 수 있다."[23] 이러한 의미에서 변증법은 "허위 구체세계에 대한 타파이다. 그것은 물의 세계와 관념세계 속의 배물교화(拜物教化) 인공제품을 용해시키고 그들의 실재를 투시한다."[24] 허위 구체세계에 대한 타파를 통하여 드러낸 "진실세계는 배물교 형식 배후에 예인(曳引)하고 있는 선험존재의 고정된 '진실' 물체세계가 아니라 반대로 진실한 세계에서 사물, 의의와 관계는 사회의 인적 산물로 설정되고 인간 본신은 사회세계의 진정한 주체로 표현된다. 실재세계는 천국의 세속화 환상이 아니고 그 어떤 현성의 시종이 없는 상태의 세속화된 환상도 아닌, 인류와 개인이 그들의 진리 과정을 실현하는 과정, 즉 인간이 인간으로 되는 과정이다. 실재세계와 허위 구체적인 세계는 부동한바, 그것은 진리를 실현하는 세계이다."[25] "변증법과 일상관념의 학구식의 계통화, 낭만화는 근본적으로 대립된다. 진정한 실재의 사유를 정확히 인식하려는 시도는 이 실재에 관한 추상적 도식에 만족하지 않을 것이며, 같은 추상적 관념에도 만족하지 않을 것이다. 그것은 반드시 일상 교류 표면의 자주성을 양기해야 한다. 이리하여 거짓 구체(僞具體)를 양기하여 구체적인 사유에 도달하는 것은 표면세계의 이면에서 진실한 세계를 게시하는 과정이며 현상 배후의 현상법칙을 게시하고 현상 배후의 본질을 게시하는 과정이다."[26] 이러한 "진실"한, "본

---

23) 동상서, p.5.
24) 동상서, p.8.
25) 동상서, p.9.

질"적 세계는 바로 코시크가 지적한 "구체적 총체"세계, 즉 인간이 혁명적 비판적 실천 중에서 자아생성, 자아구축을 실현하는 사회역사 총체는 소외 의 "속인화"를 양기한 세계이다.

변증법은 소외현상에 대한 비판을 통하여 인간에게 인문해방의 세계를 열어주었는데 이는 변증법 이론이 독립적으로 소외세계에 대한 극복을 완 성할 수 있다는 것을 의미하는 것이 아니라 단지 변증법은 반성비판을 할 수 있는 형식으로서 인간의 주체 자아의식을 깨우치고 제고하여 현존상태 의 반성과 고발에서 현실에 입각하고 미래지향의 내적 초월의 사상태도를 생성하게 한다는 것이다. 이러한 자아의식과 사상태도는 이러한 자아의식 을 혁명적, 비판적 실천 속에 실행시킬 수 있는바, 혁명적, 비판적 실천으 로 소외현상을 타파하는 것만이 비로소 인문해방의 현실적인 과정이다.

위의 논의에서 "해폐", "거위"이든 "반본", "현진", "인문해방"이든 모두 변증법의 가장 기본적인 이론적 배려를 보이고 있음을 알 수 있다. 만약 앞에서 논의했던 "인간의 존재 및 그 역사속의 자아실현" 및 본체론 의의에 서의 "실천"을 변증법의 이론토대로 삼는 등 내용과 연관시킨다면, "인문해 방"은 변증법의 이론적 배려로서 필연코 마땅한 의의를 가지며, 인문해방 의 지취는 필연코 인간의 존재와 인간의 실천의 토대에 입각한 변증법의 내적 본성이다.

---

26) 동상서, p.7.

변증법 "대화" 위도의 천명

"실천철학"으로서의 해석학

1. 대화논리: 변증법과 해석학의 심층적 결합점

변증법의 원시적 함의는 "대화"라는 점은 주지하는 사실이지만 전통철학에서 이러한 함의는 절대적 "동일성"의 담론에 의해 질식되거나 또는 추상적으로 "긍정성"과 "동일성"에 도달하는 과정과 교량으로 이해되어 "대화"의 원래 개방성과 유동적 의의는 소실되었다. 이와 반대로 철학해석학은 변증법의 "대화"위도를 구원하여 "대화"로 하여금 이해활동의 가장 기본적인 표현 형식으로 되고 따라서 "진리"본체론 의의상의 존재방식이 되도록 한다. 여기에서 "대화"에 내포된 변증의의는 충분한 전시를 얻게 된다.

철학해석학이 해결해야 할 근본적인 문제는 본체론 의의에서 "진리"는 과연 어떤 방식으로 존재하는가? 또는 "진리"는 과연 어떻게 존재하는가? 그리고 이와 수반되는 것은 이해활동에서 이해자와 역사문본, 과거와 현재, 언어와 존재, 이해와 실재는 과연 어떠한 관계인가 하는 것들이다.

이러한 문제에 대하여 가다머는 『진리와 방법』에서 해석학의 기본 모식은 상호관계의 "대화모식" 또는 해석학의 경험은 선명한 "대화성"이 있는 것이라고 할 수 있는바, 전술한 모든 문제는 반드시 이 "대화모식"에서 탐구해야 한다고 지적했다.

철학해석학이 탄생하기 전 이러한 문제의 해결은 주로 다음 두 가지 방식에 의거했다. 첫째는 과학주의와 객관주의 방식, 둘째는 주관주의와 허무주의의 방식이다. 전자는 이해활동을 곧 "성견"을 포기하여 대상에 대한 순객관적인 파악에 이르는 활동이라고 했다. 그들이 추구하는 것은 이해활동의 "과학성"과 "객관성"으로서 이해자와 이해대상, 과거와 현재, 언어와 존재, 해석자와 역사문본 사이에 단향적인 추향과 복종의 관계가 존재, 즉 이해자 추향과 이해대상의 복종인바, 현재 추향과 과거 복종, 언어 추향과 존재 복종, 해석자 추향과 역사문본 복종이다. 이해활동에서 전술한 관계는 쌍향의 "대화"관계가 아니라 "단향"적인 봉폐의 관계이다. 후자는 문본의 의의는 완전히 이해자의 주관적 의지의 지배를 받으며 이해자는 이해활동 중 절대적 중심지위에 처해 있고 이해활동은 주관성으로 객관성을 극복하는 자아중심의 활동이라고 주장한다. 오크카 베커(Oskar Becker)는 바로 이러한 허무주의인데 "시간적으로 볼 때 작품은 단지 순간적인 존재에 속한다. 그것은 현재는 이 작품이지만 현재 벌써 이 작품이 아니게 된다."[1] 따라서 이해자와 이해대상, 과거와 현재, 언어와 존재, 해석자와 역사문본 사이는 마찬가지로 단향적 추향과 복종의 관계이다. 주관주의와 허무주의의 주장은 비록 과학주의와 객관주의의 방식과 표면적으로는 정면 대립되는 것 같지만 실질적으로 양자는 똑같은 논리를 준수하는바, 즉 이러한 관계는 모두 쌍향적인 "대화"관계가 아니라 "단향"적인 폐쇄의 관계이다.

주관부합과 객관에 복종할 것을 요구하는 주장, 객관적인 복종과 주관에 영합할 것을 요구하는 주장, 양자의 일치성은 모두 지성의 방식으로 "이해"를 단향도적, 단극적 활동으로 간주하지 이해활동의 각종 관계 사이의 변증통일성을 간과한다는 데 있다.

가다머는 "진리"는 단일적 주관 이성활동에 존재하지도 않고, 단일적 객

---

1) [德]漢斯-格奧尔格·加達默尔:《眞理與方法》, 北京: 商務印書館, 2010, p.122.

관주의에 대한 미련에 존재하는 것도 아닌, 오로지 이 양자가 일체로 융합된 변증적 "대화"의 과정 속에 존재하는 것이라고 주장한다.

"진리"는 단일한 주관 이성 가운데 존재하는 것이 아니라는 원인은 "역사성"이 인간의 가장 기본적인 존재본성을 구성하기 때문이고, 이 점은 인간이 자신의 "역사성" 초월하여 철저한 "객관"적 입장에 도달함으로써 문본의 "해석"을 획득할 수 없다는 것을 결정한다. 빌헬름 딜타이(Wilhelm Dilthey, 1833~1911)를 대표로 하는 역사주의자는 인간의 "역사성"에 대한 비자각 때문에 여전히 "과학주의"에 가려 있다. 딜타이는 역사는 실재로 인간 생명의 객관화물 및 표현으로서 전부의 역사유전물은 역사의식에 있어서 단지 인류정신의 자아관조에 불과하다고 했다. 이해의 가능성은 이해주체는 생명으로서 역사실재 원본과 동질적이며, 이해주체는 체험을 통하여 직접 역사실재의 진정한 존재 중에 진입해야 한다. 따라서 역사실제에 대한 객관적 인식에 도달하려면 반드시 우리 시대의 편견을 제거 또는 초월해야 하며 역사 관찰자로서의 시공간의 제한성을 극복해야 한다. 가다머는 딜타이의 이러한 입장이 표현하는 것은 바로 그가 인간의 역사성과 유한성에 대한 무지이며 유한한 역사 개인에게 초역사적 무한한 이해의 통권을 부여한 것으로서 실질적으로는 시의로 충만된 유토피아라고 지적했다. 바로 이 때문에 유한적, 역사적인 존재는 시종 자기의 전통, 자기의 시대를 육성하는 것이며, 자기의 역사 발전을 이탈하여 역사가 규정한 효과적인 역사의식을 획득할 수 없는 데, 즉 자기의 "전견(슨見)"으로 "객관적"으로 역사의 유전물을 이해할 수 없다. 이와 반대로 오직 역사유전물에 대한 해석을 해야만 그 본신의 "편견"은 그 중에 항상 참여할 수 있는 것이다.

진리는 "객관대상" 속에도 존재하지 않는다. 이는 역사문본에서 볼 때 그 의의는 현성의 "영원재장"의 정지 실체가 아닌, 끊임없이 생성되고, 인간으로 현현하는 역사 과정이다. 이해 대상, 즉 문본은 이해자를 향해 오픈한 의의적 구조로서 항상 이해자에 기대를 유지하고, 이해자의 참여를 기대하면서 문본의 의의가 새로운 형태로 보존되고 풍부해지도록 한다. 이러한 의미에서 이해 대상은 단향적 "객관"존재가 아닌 이해자와의 내적 연계를 이루고 쌍향관계 속에 처한 존재이다.

이상의 두 개 방면은 인간이 유전물을 이해할 때, 반드시 진지하게 역사유전물의 목소리에 귀를 기울이면서 문본을 향한 스스로의 오픈상태를 유지하는 한편, 또 스스로의 성견에 충분히 역할을 발휘할 수 있는 여지를 부여하여 더욱 광활한 시야 속으로 진입하도록 해야 한다. 이 과정을 가다머는 기실 "변증법에 대한 문답", 즉 해석자와 역사문본 사이의 일문일답의 반복 과정이라고 했다. 가다머는 해석활동을 "담화"로 비유하면서 진정한 해석활동은 다음과 같이 진행, 즉 해석자가 역사문본을 향하여 끊임없이 질문할 때 문제와 답안은 반드시 문본에서 인출해야 하는 동시에 해석자의 의견과 참여이어야 한다는 것이다. 이러한 의미에서 해석활동은 모험행동이다. 오직 이러한 모험행동을 통해야만 해석자는 비로소 자기의 편면성을 끊임없이 양기하고 문본은 비로소 끊임없이 자기의 진리 요구를 실현할 수 있다. 따라서 문본의 의의는 해석자와 문본의 공동의 공로로서 해석자의 주관억측이거나 또는 문본의 "자재의의" 어느 일방으로 돌릴 수 없는 것이다. 이에 대해 그는 해석학 경험에서도 변증법과 유사한 것들을 발견할 수 있는데, 그 사물 자신의 운동이 그러하다고 했다. 이러한 행동은 일방적인 당하기이고 사건에 대한 이해이다. 즉 "진리"는 과학주의와 객관주의의 "부합"도 아니고 주관주의, 상대주의의 "임의"도 아닌, 오직 이해자와 이해 대상사이의 "대화" 과정에서 생성될 수밖에 없다는 것이다.

이 이해자와 이해 대상 사이의 "대화" 과정 중에 "진리"는 변증적 방식으로 실현될 수 있는데 구체적으로 "대화"는 다음과 같은 특성을 표현한다.

(1) 그것은 "주관이성"과 "객관이성"의 내적 통일이다. "대화" 속에서 주도적 역할을 하는 것은 이해자의 주관의향도 아니고 문본의 순수객관적 현

성존재도 아닌 문제본신의 내적 논리이다. 문제의 논리는 이해자를 초월하는 한편 또 이해 대상도 초월하여 잠재적인 의의가 실현되고 생성토록 한다. 이 점에 대하여 가다머는 "비록 우리는 우리를 말하는 것으로 '진행'하는 담화이지만 실제는 진정한 담화일수록 더욱 담화자 어느 일방의 의지에 따라 진행될 수 없는 것이다. 따라서 진정한 담화는 절대 우리가 의도에 따른 담화일 수 없다. 일반적으로 아마 이것이 다소 더 정확한 것인데, 즉 우리는 담화에 빠져든다는 것, 심지어는 우리는 담화 속에 말려들어갔다고 할 수 있다. …… 담화는 자기의 정신이 있는바 담화 속에서 운용하는 언어도 자신 속에 자기의 진리가 있는 것인바, 이것은 또 언어는 그 어떤 것들을 '폭로'하고 용솟음치게 하여 그것들이 계속 존재하도록 한다."[2]

(2) 그것은 전통성과 개방성의 내적 통일이다. "대화"는 항상 전통적인 토대위에서 미래를 향해 전개되는 것으로서 전통을 떠나고 인간과 역사문본의 역사성을 떠난 것이기에 "대화"는 필요를 상실하고 가능성이 전무한 것이다. 동시에 전통은 폐쇄를 의미하는 것이 아니라 마침 반대로 전통 그리고 규정한 인간과 역사문본의 역사성이 의미하는 것은 이해의 무한한 개방성과 무궁성이며, "전통"은 바로 "개방"이 가능한 전제와 토대이며, "대화"의 과정은 종점이 없다. 이 점에서 철학해석학과 헤겔은 중대한 구별이 있는데, 헤겔의 사변성이 추구하는 것은 무소불포의 "절대"와 "대전(大全)"인바 그는 의식의 운동과 경험은 최종적으로 더 이상 그 어떤 구별과 소외가 없는 "절대지식"을 초래하며 그 경험 변증 과정은 일체 경험의 극복 때문에 종결을 고한다. 이와 달리 철학해석학은 "경험적 변증법은 확정된 지식 가운데서 완성되는 것이 아니라 경험본신이 추진하고, 경험을 향한 개방에서 완성된다."[3] 가다머는 이 문제를 두고 헤겔의 "진무한(眞無限)"에 대한 비판을 가하

2) 동상서, p.493.
3) 동상서, p.319.

면서 솔직하게 자기는 "악무한(惡無限)"의 수호자라고 승인했다. 여기에서 "악무한"은 "대화"가 종결이 없고 진리는 오직 끊임없는 대화속에서만 비로소 끊임없는 생성과 자신에 대한 풍부가 가능하다는 것을 의미한다.

(3) 그것은 "거폐(去弊)"와 "차폐(遮蔽)", "현(顯)"과 "은(隱)"의 내적 통일이다. 인간의 역사본성은 언어의 비논리본성으로서 대화 속에서 진리에 대한 현시는 완전투명이 불가능한 것이며, 진리는 영원히 정체로서의 절대적 재장이 아니라 "거폐"와 "차폐", "현"과 "은"이 동시에 병존하는 영원히 무지경한 역사 중의 재장이다. 대화를 통하여 진리는 인간에게 오픈되고 현현되지만 인간의 유한과 역사본성으로 인하여 그것은 오직 진리에 대한 유한한 터득 속에서 생활한다. 진리는 절대적으로, 정체, 단번에 인간에게 모습을 드러냄이 불가한 것으로서 진리는 인간에게 증명되는 동시에 차폐를 조성한다. "진리"와 "비진리", "재장"과 "부재장", "현"과 "은"은 항상 불가분적으로 연계되어 있는데, 마치 하이데거의 지적처럼 "진리의 본질은 비진리이다."[4] 바로 진리가 지닌 이러한 "역설"에 가까운 성질 때문에 대화는 비로소 반드시 영원히 무종결적으로 진행하고 심화되어 갈 수 있다. 이 점에서 해석학의 변증법과 헤겔의 사상변증법은 또 한번 심각한 차이를 표현했다. 헤겔은 진리가 비록 변증의 발전 과정에서 표현되지만 최후에는 여전히 절대적 자아파악을 실현하고 진리는 최종적으로 철저한 투명상태에 도달한다. 즉 헤겔은 진리의 전개는 비록 변증의 과정에서 표현되지만 진리가 최종적으로 자아의식에 도달할 때 이 변증 과정도 종결을 선고한다는 것이다. 하지만 해석학의 경험에서 진리는 영원히 이러한 아무런 차폐가 없는 자아투명 상태에 도달할 수 없으며 항상 은현(隱現) 이중성의 발생 과정에 처해 있다.

이사의 분석을 통하여 이해자와 이해대상의 대화과정에서 진리는 변증

---

4) 孫周興 選編: 《海德格尔選集》上, 上海三聯書店, 1996, p.228.

적 존재와 운동 형식을 획득했다. 이러한 의미에서 "대화의 논리"는 본질적
으로 "진리" 실현의 논리이며 다라서 해석학 의의상의 "변증논리"이다. 바
로 이러한 "대화논리" 또는 해석학의 "변증논리"에서 변증법과 해석학은 심
충적인 결합을 실현했는바, 즉 "해석학"은 "변증학화", "변증법"은 "해석학
화"된 것이다.

2. 대화변증법: "생활세계"의 이성

대화변증법은 해석학 의미에서의 진리적 전개 과정으로서, 더욱 심중적
인 의미는 그것이 "생활세계"의 이성과 인간과의 "생활세계", 인간본체론
의의의 생존구조와의 내적으로 연계되어 있는 본원성의 실천이성을 충분
히 드러냈다는 데에 있다. 이리하여 대화변증법은 이미 그 어떤 목표에 도
달하는 도구적 수단과 방법이 아니라 인간의 가장 기본, 가장 원시적인 존
재방식이다. 변증법을 해석학에 도입하여 변증법의 해석학화와 해석학의
변증법화를 실현하여 이성으로 하여금 "생활세계"로, 생활실천으로 회귀하
게 하여 가다머의 가장 근본적인 사상지취를 구성했다.

가다머는 철학해석학은 특수한 대상이 있는 "부문철학"이 아니라 보편
성, 기초성의 철학으로서 이러한 보편성과 기초성은 그가 고찰하는 인간의
가장 원시, 가장 기본적인 본체론적 의의의 영역으로서 기타의 영역에 상
대하여 이 영역은 "존재론상의 우선적인 지위"가 있는바, 또는 "제일성"과
"본원성"이 있다고 할 수 있다. 철학해석학에서 "이해"는 이미 근대 과학주
의 의의에서 말하는 "방법"과 "기술"의 함의를 훨씬 초월하여 인간 본체성
의 존재방식, 인간 가장 기초적인 생존 실천활동이 되었다. 이해의 기본모
식은 바로 대화인데 대화는 이 기초적인 생존 실천활동의 발생과 진행을
이해하는 형식이다. 따라서 대화의 실질은 바로 인간 기초성, 본원적인 생

존활동이고, 대화변증법은 이리하여 가장 원초적인 "생활세계"의 실천이성이 되었다.

가다머는 전반 근대 철학을 지배하는 이성은 과학방법으로서의 주관이성과 이론이성이며 이러한 이성은 실질적으로 주관성, 도구성의 이성인바, "주체"와 "객체" 2원대립의 토대 위에 뿌리가 있으며 "추체"로써 "객체"를 파악, 통제하는 것이 그 근본적인 지취이다. 이러한 이성의 입장에 따라 해석학문체를 처리하면 해석학을 일종의 방법론 의의 기술로 조작하게 되는데 그 목적은 현성의 문본에 대한 객관적인 파악에 있다. 가다머는 이러한 과학방법론으로서의 이론이성의 근본적인 폐단은 그것이 인간 "생활세계"의 뿌리, 인간 가장 원초적이고 가장 기본적인 생존경험을 이탈한 것으로서, 근대 이후로 이러한 과학이성은 점점 더 절대적인 지위를 차지하여 이미 직접적으로 "생활세계"이성의 합법적인 지위를 위협하고 있으며, 직접 "실천철학의 정당한 지위를 건드렸고 심지어 실천이성의 교준(校效准)의 의에서의 정당한 지위까지 건드렸다."[5] 인간의 가장 기본적인 생존경험은 그에 의해 추공된 위협 속에 있다.

근대 이래 "생활세계"에 대한 과학방법 의의로서 이론이성의 침범과 주재에 직면하여 가다머는 해야 할 일은 "생활세계"의 이성의 확립과 수호하여 과학적 이성으로써 항거하는 것이었다. 그는 "이성이란 개념이 표시하는 것은 지식과 진리의 전반을 과학적 방법으로서도 파악할 수 없는 반원(半圓)상태이다. …… 진정으로 이성의 덕행은 단지 인류생활의 한 개 반원을 실현하는 것이 아니라, 인간이 오픈한 전반 생활공간을 지배할 수 있고 또한 우리의 일체 과학 능력과 우리의 일체 행동을 지배할 수 있는 것이다."[6] 이를 목적으로 "'해석학'은 우선 그것이 각 과학의 일종 방법론이 아

---

5) [德]加達默尔：《科學時代的理性》, 北京：國際文化出版公司, 1988, p.2.

6) [德]漢斯−格奧尔格·加達默尔：《眞理與方法》, 北京：商務印書館, 2010, p.3.

니라 인간과, 사회존재가 지닌 근본대법과 관련된 것이다. 이는 해석학이 그 무슨 방법학설이 아니라 철학임을 의미한다."[7] 과학방법 의미의 주관이 성과 이론이성의 주술을 제거하고 전 과학의 생활실천 영역의 "생활세계" 이성을 충분히 과시하는 것이 철학해석학의 이론적 사명이 되었다.

『진리와 방법』에서 가다머는 명확하게 철학해석학이 "탐구하는 것은 과학 및 경험방식 문제에 그치는 것이 아니라—— 우리가 탐구하려는 것은 세계경험과 생활실천의 문제이다. 칸트의 말을 빌린다면 우리가 탐구하는 것은 이해가 무엇 때문에 가능한가? 이는 주체성보다 앞선 일체 행위를 이해 하는 문제이고 또한 과학적 방법론 및 그 규범과 규칙에 앞선 문제이다. …… 이해는 주체의 행위방식에 속하는 것이 아니라 조자인 본신의 존재방 식이다. 본서 중의 '해석학'의 개념은 바로 이러한 의미에서 사용되는 것이 다. 그것은 조자인의 근본적인 운동성, 이러한 운동성은 조자인의 유한성과 역사성을 구성하는 것으로서 조자인의 전부 세계경험까지 포괄한다."[8]고 지적했다. 가다머는 이해활동은 인류의 수많은 "활동" 중의 하나인 것이 아 니라 본체적, 기초적인 활동이다. 그것은 인간이 이 세상에서의 일체 활동의 가능성조건을 구성하였는데, 또는 그것은 인간이 이 세상에서의 기타 일체 활동을 그 중의 본원성 활동에 기초했다고 할 수도 있다. 인간의 가장 본원적 인 세계경험은 이러한 본원성의 이해활동 중에서 생성되었으며 본체론 의의 상의 "진리"시야는 바로 이러한 본원성 활동 중에서 전개될 수 있었다.

이해활동의 이러한 본체성의 해석에 토대하여 "대화"라는 이 이해활동 은 자신의 형식을 표현에서도 상응된 기초적인 특수한 지위를 획득하게 되 었다. "대화"는 이미 간단한 언어활동이 아니라 인간의 "생활세계"와 사회 생활의 지속적인 존속의 기본방식으로서, "인생세계"의 가장 원시적인 생

---

7) 동상서, p.2.
8) 동상서, p.6.

존활동으로서 인류 기타 활동이 진행되는 "선험"조건과 약속을 구성했다. "대화"는 공부와 모방할 수 있는 기술이 아니라 인간과의 생활실천 내의 상호 관련되는 "생존성" 활동이다.

　근대 이래 남상된 "주관이성"과 "공구이성"과 상대하여 "대화"는 본원적인 "생존"활동으로서 다음과 같은 중대한 특질을 지닌다.

　(1) 그것은 "주체간"의 피차 개방하는 것이지 "주객"의 2원대립을 특징으로 하지 않는다. 이 점은 앞에서 논의한 바와 같이, "대화"는 비순주관성 활동이 아닐뿐더러 비순객관성 활동도 아니다. 대화를 인도하는 문제는 내적 논리이지 주체 또는 객체의 일방적인 의향에 따르지 않는다. 대화의 결과는 주체가 객체에 대한 소용이지 객체가 주체에 대한 병탄이 아니라 "대화공동체"의 형성 및 존재의의의 생성과 풍부이다. 가다머는 이를 두고 "내가 가리키는 진리는 이러한 진리인데, 이러한 진리는 오직 '너'를 통해야만 나의 가능성이 이루어지고 오직 나를 통해 스스로 무엇을 통보받았는가를 알아야 비로소 가견(可見)이 이루어질 수 있다."[9]고 있다.

　(2) 그것은 순수한 논리성의 구지(求知)행위로서 인간의 생존과 직접적으로 연관되는 실천행위이며 이론적 구지행위는 오직 이해와 대화라는 생존실천행위의 기초 위에서만 비로소 그 "생활세계"의 근거를 획득할 수 있다. "대화"에서 생동하는 활발한 토론은 엄격한 논리이성 방식으로 진행하는 것이 아니라 대화자들이 늘 비논리적으로 사물의 한 방면에서 다른 한 방면으로 진전한다. 대화의 성공 여부를 가늠하는 표준도 논리의 엄밀성이 아니라 대화 속의 생존경험의 형성과 생존의의의 창조이다. 따라서 "대화"에서 인간이 추구하는 것은 대상의 객관적 지식에 관한 것이 아니라 "아(我)"와 "너(你)"를 일체로 융합시킨 동시에 끊임없이 "너"와 "나"를 초월하면서 새로

---

9)　동상서, p.13.

428 제3부_마르크스철학변증법과 현대 서양철학변증법 연구의 대화와 소통

운 존재의의를 창출하는 생존 실천활동이다. 이러한 생존 실천활동은 인류
생활의 가장 기본적인 방면을 구성하여 인류활동의 기타 영역도 모두 반드시
여기에서 그 존재론적 근거를 발견해야 한다.

(3) 더욱 중요한 것은 당대 사회에 관철할 경우, "대화"는 위기 속에 당대
인의 "생활세계"의 근본적인 과정을 재건하는 것이다. 과학기술이 인류생활
에 대한 통치의 심화에 따라 기술의 논리는 우리 생활을 주재하는 절대적
논리가 되었고 인간의 생존과 가장 밀접하고, 인간의 전부의 생활활동 중
가장 기초층면을 구성하는 "생활세계"는 엄중한 위기 속에 처해 있다. 소위
"생활세계"는 "인간의 가장 내적으로 이해하는 가장 심층적으로 공유하는
것인 바 우리 모든 사람들이 분향하는 신념, 가치, 습속으로서 우리 생활체
계의 일체 개념의 디테일의 총화를 구성한다."[10] 기술논리의 팽창은 인간의
이 "생활세계"가 멸망의 위기를 맞게 했다. 이러한 의미에서 가다머가 강조
하는 "대화"는 극히 명확하고 강렬한 실천동기를 지니게 되었다. 즉 인간과
인간사이의 자유로운, 충분하며 개방적인 대화를 통하여 침식된 인간의 "생
활세계"를 재건하여 인류의 단결일치를 실현하는 것이다. 이 점은 가다머의
개괄처럼 "실천은 어떤 사람을 지도하고 있으며 단결 과정에서 활동한다는
것이다. 따라서 단결은 결정성 조건과 전부 사회이성의 토대이다. 헤라클레
이토스를 사람들은 '울기를 즐기는' 철학가라고 부른다. 로고스는 모든 사람
들에게 공동적이지만 사람들은 매 개인인 자기 나름의 이성처럼 행동한다.
이러한 점은 꼭 계속되어야 하는가?"[11] 헤라클레이토스가 더 이상 울지 않도
록 하기 위해 인간은 반드시 자기 나름대로 하는 "주관이성"을 개변하고
주체 간의 "대화이성"으로 대체해야 한다.

---

10) [德]加達默尔:《贊美理論》, 上海三聯書店, 1988, p.56.
11) [德]加達默尔:《科學時代的理性》, 北京: 國際文化出版公司, 1988, p.76.

가다머의 "대화변증법"이 대표하는 것은 "전과학(前科學)"적 실천이성으로서 인간 가장 원시적인 생존경험을 생성하고 이론이성보다 우선적인 본원성 지위를 차지한다.

가다머는 여러 차례 소크라테스와 플라톤이 가장 일찍 변증법을 제기할 때 명확하게 변증법과 기예 및 기타의 유한 전공지식과 구별하였고 인간 존재의 "선(善)"과 내적으로 연계시킨 것이라고 지적했다. 그들에게 있어서 변증법은 활발하고 유동적인 대화로 구현되었으며 대화의 목적은 "선의 지식"에 도달해야 하고 인간은 어떻게 생활의 실천의 지식을 탐구해야 하는가 하는 것이었다. 따라서 "대화변증법"은 순수한 구지활동이 아니라 인간 생존 본신의 활동이다. 가다머는 철학해석학은 바로 이러한 본원적 의미의 변증법적 계승자이고 소크라테스와 플라톤과 같이 "대화변증법"은 "생활세계"의 이성을 현시하고 있으며 이러한 이성은 그 어떤 특수한 이성이 아니라 일체 특수이성이 모두 가능하도록 하는 기초양식의 본원적인 이성이다.

3. 변증법으로 하여금 형이상학과의 분쟁을 이탈하게 하다 : 변증법과 해석학 결합의 중대한 의의

전술한 논의에서 가다머는 본체론의 뿌리에서 출발하여 "대화"를 연결점으로 변증법의 해석학화 및 해석학의 변증법화를 실현했으며 양자의 내적 결합을 완성했음을 알 수 있다. 그렇다면 이러한 내적 결합을 통하여 변증법에서 어떤 새로운 터득을 얻을 수 있는가?

변증법과 해석학의 결합은 변증법이 지닌 중대한 의의에 있어서, 일언 이폐지하면 곧 변증법으로 하여금 형이상학과의 분쟁을 이탈하여 변증법이 지닌 생존론 의의가 충분히 구현하도록 했다는 것이다.

우선, 변증법과 인간 생존 사이에 지닌 본원성 관계가 여기로부터 유력하게 현시되었다.

장시기에 걸쳐 많은 사람들은 변증법을 이해할 때 습관적으로 그것과 헤겔의 개념변증법을 동등시한다. 이러한 범식에서 이해한다면 변증법은 두 개의 현저한 특성을 표현하게 된다. 하나는, 변증법은 항상 전통 형이상학의 사유방식과 연계되어 있는데 비록 헤겔의 개념변증법은 전통 형이상학을 극복하고 초월하는 중대한 책략이지만 개념적 변증운동은 최종적으로 형이상학 실체에 달하는 것에 이용되는 수단과 공구였으며 반변증법적 폐쇄성은 최후에는 변증법의 개방성과 생성성(生成性)을 전승했다. 헤겔의 방대한 사상체계가 대표하는 것은 바로 개념변증법과 전통 형이상학의 결합으로서 이는 헤겔이 전통 형이상학의 종결이며 동시에 또 전통 형이상학의 집대성자로 되게 했다. 다른 하나는, 변증법이 개념적 논리본능의 깊은 속박 아래 논리적이고, 인간의 "생활세계"를 멀리 떠난, 사변적 추상왕국으로 만들었고 그 내포된 생존론의의 및 인간의 "생활세계"와의 관계도 깊이 감추어져 버렸다.

하지만 철학해석학과의 결합을 통하여 변증법의 전술한 약점은 유력하게 극복되었다. 철학해석학은 해석학 경험을 인간의 가장 기본적인 생존경험으로 이해하고 "대화"의 변증법의 원초적 의의가 지닌 본체적 생존실천 의의를 회복했다. 바로 앞서 이미 분석한 바와 같이 개념화적 변증법과 달리 "대화변증법"은 순수논리적인 것이 아니라 논리에 앞선 "생활세계"의 이성이다. "대화"는 인간 본체론 의의에서의 생존방식으로서 대화활동의 전개는 곧 인간의 원시적 세계경험의 생성과정이다. 따라서 변증법은 우선 개념성과 논리성이 아니라 생활성과 실천적이다. 변증법의 진정한 캐리어는 추상적 개념왕국에 존재하는 것이 아니라 인간 본원성의 생존활동 가운데 존재한다. 철학해석학과의 관통을 통하여 변증법은 이미 완전히 지식론과 개념론의 이론범식을 초월하여 진정 생존론본체론 범식에 진입했다. 이러한 의미에서 변증법과 해석학의 내적 결합은 변증법이 원시적인 경지를 전개하여 변증법이 인간의 생존방식이란 가장 절실한 토대를 확보하도록 했다.

이와 관련하여 변증법은 인간의 생존방식에 토대를 두고 "생활세계"의 이성으로 이해되며 따라서 변증법은 봉폐된 개념체계, 개방성과 생성성을 피면하여 진정 변증법의 가장 지기적인 본성이 되었다. 이 점은 전술한 바와 같이 인간이 대화 형식을 통하여 생활공동체를 형성하는 과정이며, 동시에 가장 기본적인 세계경험을 형성하는 과정이다. 이 과정은 항상 대화 속에서 미래를 향한 무한한 개방을 유지하고 그 어떤 종점도 없으며, 이는 인간의 "생활세계"와 인간의 생존의의는 형성적, 기완적인 실체통일성을 지니지 않으며 대화실천 속에서 끊임없이 창조의 가능성을 생성한다는 것을 말해준다. 이리하여 헤겔은 이러한 사변성의 개념변증법을 무소불포함적인 "대전(大全)"으로 인도했는데 이로써 효과적인 극복을 얻었다.

다음, 해석학과의 내적 결합을 통하여 변증법은 내포된 제반 모순관계를 새로운 근간에서 동태적인 통일을 실현했다.

주관성과 객관성, 역사성과 초월성, 유한성과 무한성 등은 철학사에서 아주 중대한 모순관계이다. 지성 형이상학은 양자택일, 양극대립의 지성사유 방식에 한하여 이러한 모순관계를 처리할 때 비단 이러한 모순관계의 내적 통일을 실현할 수 없을 뿐만 아니라 오히려 점점 더욱 첨예한 충돌과 분열 속으로 빠져든다. 역사상 변증법 이론은 이러한 모순을 통일하려고 시도했지만 자신의 이론근간에 대한 진정한 자각이 결핍하였기에 이러한 통일에 깊은 독단론의 흔적을 남겼다. "자연물질"을 토대로 하는 "자연물질 변증법"에서 이러한 모순관계는 강제적으로 "물질"이란 블랙홀에 던져져 물질의 존재운동 본신이 전술한 모순관계의 통일을 구현했다고 선고했다. "사유와 존재의 모순관계"를 토대로 하는 "지식론" 형태의 변증법에서는 이러한 모순관계를 "사유와 존재"라는 이 기본 모순관계의 각종 부동한 연장으로 이해하면서 사유와 존재 모순의 해결에 따라 이러한 모순은 모두 해결되는 것이라고 선고 했다. 이러한 두 가지 형태의 변증법에서 주관성과 객관성,

역사성과 초월성, 유한성과 무한성 등 모순은 모두 환원론(또는 "자연물질"로 환원되거나 또는 "사유"와 "정신"으로 환원)의 독단적인 방식으로 표면상의 통일을 실현한 것에 불과한데, 이러한 통일은 모두 무토대적인 것이다.

하지만 변증법은 철학해석학과의 결합을 통하였기에 그중의 모순관계는 오히려 내적 통일을 실현한다. 앞서 지적한 바와 같이 철학해석학의 앞에서 고전해석학 중의 과학주의와 역사주의이든 아니면 주관주의와 허무주의 입장이든 모두 주체와 객체, 유한성과 무한성, 역사성과 초월성의 2원대립을 그 이론적인 전제로서 삼고 철학해석학은 인간의 역사성의 본체성에 대한 이해를 통화여 "대화"를 결합점으로 해석자와 역사문본 사이에 변증통일의 관계를 건립했다. 이로써 해석자와 역사문본 사이의 관계는 순수한 주관해석관계도 아니고 비순수한 객관종속 관계도 아닌 해석자와 역사문본 사이의 존재론 관계로 전환되었다. 즉 해석활동은 문본을 파악하는 "자재의의"적 과정 또는 해석자의 주관성 활동이 아니라 해석자와 역사문본이 시야 융합 속의 공동 "재기래(在起來)"의 변증 과정이다. 이 과정에서 주관성과 객관성, 역사성과 초월성, 유한성과 무한성 등 모순관계는 모두 "대화"란 이 변증활동의 내부에 상관되는 두 개 방면에 불과하며 대화활동의 꾸준한 전개의 과정이며, 동시에 이러한 모순은 동시에 현시되고 동시에 꾸준히 내적 통일을 실현하는 과정이다. 이는 해석학은 "대화"를 통하여 인간본체성, 시원성의 생존방식을 이해하며 전술한 모순관계의 변증적 통일을 위해 견실한 토대를 확립한 것이다.

마지막으로, 해석학의 내적 결합을 통하여 변증법이 지닌 실천적 의의를 아주 선명한 형식으로 구현했다.

소위 변증법이 지닌 실천의의란 변증법이 인간의 현실 생활에서 지니게 되는 계발과 교화 역할을 가리킨다. 전술한 바와 같이 변증법은 가장 원초적인 의미에서 "선"의 생활은 어떤 것인가와 어떻게 "선"의 생활에 통달할 것인가 하는 것과 내적으로 연관되는 것이며 따라서 그 시작부터 인간의 생활 실천과 극히 밀접한 관계가 있다. 하지만 이러한 함의는 후에 발전과정에서 점차 은폐되었고 변증법은 실천이성과 인간의 생활 실천과의 관계로서 오직 이재 왜곡적 방식을 통해서만이 현시할 수 있었다. "자연물질변증법"과 "지식론" 성질의 개념변증법에서 변증법은 물질세계의 일반 법칙에 관한 세계모식이론 또는 사유와 존재의 통일을 실현하는 개념사변체계가 될 수 있는데, 이 양자는 모두 변증법이 생활 실천을 멀리 한, 뿌리 없이 표류하는 추상이론이 되게 하며 생활 실천과 마치 무관한 듯한 "이론이성"이 되게 한다. 하지만 철학해석학과의 내적 결합을 통하여 변증법이 지닌 생활 실천의 의의는 은폐에서 구출되어 "생활세계"로의 회귀를 실현했다. 이 점은 앞서 지적한 바와 같이 해석학과의 내적 결합에서 "대화변증법"은 이미 더 이상 지식적, 방법적 이론이성이 아니라 본체론 의의에서의 "생활세계"의 이성 또는 실천이성으로서 인간을 실천으로 인도하는 실천지식으로서 인간을 "선"의 생활로 인도하는 실천적 지취를 표현하며 이론이성보다 우선적인 기초지위를 확보했다. 이러한 의미에서 가다머는 비로소 철학해석학을 아리스토텔레스 실천철학의 계승자로 간주하였고 이를 과학주의 시대에 기술이성의 균형을 찾는 "생활세계"의 이성으로 삼았다.

이상의 세 개 방면은 기실 모두 부동한 면에서 한 가지를 설명하고 있는 바, 즉 철학해석학과의 결합을 통하여 변증법은 진정 자신에로 회귀——인간 본체론 의의에서의 생존방식으로, 현실 생활 실천과 생활세계에로 회귀하였다. 이는 변증법에 대한 가다머 철학해석학의 가장 근본적인 공헌이라고 해야 할 것이다.

참고문헌

《马克思恩格斯选集》第1—4卷，人民出版社1995年版。

《马克思恩格斯全集》第42卷，人民出版社1979年版。

《马克思恩格斯文集》第1—10卷，人民出版社2009年版。

《费尔巴哈哲学著作选集》下卷，生活·读书·新知三联书店1962版。

[德]黑格尔：《逻辑学》上，商务印书馆1974年版。

[古希腊]亚里士多德：《形而上学》，商务印书馆1983年版。

[美]赫伯特·马尔库塞：《单向度的人》，上海译文出版社1989年版。

[德]H.赖欣巴哈：《科学哲学的兴起》，商务印书馆1991年版。

[美]特雷尔.卡弗：《马克思与恩格斯：学术思想关系》，中国人民大学出版2016年版。

[德]黑格尔：《小逻辑》，商务印书馆1980年版。

贺麟：《黑格尔哲学讲演集》，上海人民出版社1986年版。

[德]马丁·海德格尔：《存在与时间》，生活·读书·新知三联书店1987年版。

[德]马丁·海德格尔：《林中路》，上海译文出版社1997年版。

孙周光 选编：《海德格尔选集》下，上海三联书店1996年版。

[俄]Л.В.柯普宁：《作为认识论和逻辑的辩证法》，华东师范大出版社1984年版。

[美]M.怀特 编著：《分析的时代》，商务印书馆1987年版。

[德]黑格尔：《哲学史讲演彔》第4卷，商务印书馆1978年版。

《列宁全集》第38卷，人民出版社1959年版。

《列宁全集》第55卷，人民出版社2017年版。

[英]卡尔·波普尔：《猜想与反驳》，上海译文出版社 1986年版。

顾准：《顾准文集》，贵州人民出版社1994年版。

王路：《逻辑的观念》，商务印书馆2008年版。

叶秀山：《思·史·诗》，人民出版社1988年版。

[美]理查德·罗蒂：《后哲学文化》，上海译文出版社 1992年版。

[加]马里奥.本格：《科学的唯物主义》，上海译文出版社1989年版。

孙正聿:《哲学通论》, 辽宁人民出版社1998年版。

[美]理在·罗蒂:《哲学和自然之镜》, 生活·读书·新知三联书店1987年版。

[法]阿多尔诺:《否定的辩证法》, 重庆出版社1993年版。

[德]H-G.伽达默尔:《摧毁和解构》, 载《哲学译丛》, 1991年第5期。

[德]H-G.伽达默尔:《黑格尔与海德格尔》, 载《哲学译丛》, 1991年第5期。

《俞吾金集》, 学林出版社1998年版。

邓晓芒, 《思辨的张力》, 湖南教育出版社1992年版。

[德]恩斯特·卡西尔:《人论》, 上海译文出版社1985年版。

[法]尼采:《偶像的黄昏》, 湖南人民出版社1987年版。

刘放桐 等 编著:《新编现代西方哲学》, 人民出版社2000年版。

俞宣孟:《本体论研究》, 上海人民出版社2005年版。

[美]W.T.司退斯:《黑格尔哲学》, 中国社会科学出版社1989年版。

邹化政:《黑格尔哲学统观》, 吉林人民出版社1991年版。

张世英:《自我实现的历程》, 山东人民出版社2001年版。

[美]T.S.库恩:《科学革命的结构》, 上海科学技术出版社1980年版。

高清海:《高清海哲学文存》第2、6卷, 吉林人民出版社1997年版。

[德]马克斯·舍勒:《人在宇宙中的地位》, 贵州人民出版社1989年版。

余源培:《"要照辩证法办事"——论辩证法在马克思主义中的地位和在新时期的功能》,
    载《学术界》1996年第1期。

[南]马尔科维奇, 彼德洛维奇 编:《南斯拉夫"实践派"的历史和理论》, 重庆出版社1994
    年版。

包利民:《生命与逻各斯》, 东方出版社1996年版。

刘小枫:《现代性社会理论绪论》, 上海三联书店1998年版。

王干才:《哲学观念变革简论》, 西北大学出版社1994年版。

[德]黑格尔:《精神现象学》上下卷, 商务印书馆1987年版。

[英]史蒂文·卢克斯:《个人主义: 分析与批判》, 中国广播电视出版社1993年版。

[西]何·奥·加塞尔:《什么是哲学》, 商务印书馆1994年版。

北京大学哲学系外国哲学史教研室 编译:《西方哲学原著选读》上卷, 商务印书1987
    年版。

[英]G.B.柯费尔德:《智者运动》, 兰州大学出版社1996年版。

[苏]米·亚·敦尼克 等 编:《古代辩证法史》, 人民出版社1986年版。

李泽厚:《批判哲学的批判》, 人民出版社1979年版。

[波兰]科拉柯夫斯基:《马克思主义的主流》, 远流出版事业股份有限公司1992年版。

[古希腊]柏拉图:《巴曼尼得斯篇》,商务印书馆1982年版。

[古希腊]柏拉图:《理想国》,商务印书馆1986年版。

[德]康德:《实践理性批判》,商务印书馆1999年版。

[德]康德:《纯粹理性批判》,商务印书馆1960年版。

[德]马丁·布伯:《我与你》,生活·读书·新知三联书店1986年版。

黄克剑:《心蕴》,中国青年出版社1999年版。

[德]施太格缪勒:《当代哲学主流》,商务印书馆1986年版。

黄克剑 等 编:《牟宗三集》,群言出版社1993年版。

[德]孙志文:《现代人的焦虑和希望》,生活·读书·新如三联书店1994年版。

[美]理查德·J.伯恩斯坦:《超越客观主义和相对主义》,光明日报出版社1992年版。

[美]道格拉斯·凯尔纳、斯蒂文·贝斯特:《后现代理论》,中央编译出版社1999年版。

[法]埃德加·莫兰:《迷失的范式:人性研究》,北京大学出版社1999年版。

张博树:《现代性与制度现代化》,学林出版社1998年版。

[美]弗莱德·R.多尔迈:《主体性的黄昏》,上海人民出版社1992年版。

[匈]卢卡奇:《历史和阶级意识》,华夏出版社1989年版。

张志扬:《缺席的权力》,上海人民出版社1996年版。

王岳川 等 编:《后现代主义文化与美学》,北京大学出版社1992年。

[法]让-弗朗索瓦·利奥塔:《后现代状况》,湖南美术出版社1996年版。

[法]让-弗朗索瓦·利奥塔:《非人》,商务印书馆2000年版。

[德]卡尔-奥托·阿佩尔:《哲学的改造》,上海译文出版社1997年版。

[美]L.J.宾克莱:《理想的冲突》,商务印书店1983年版。

王南湜:《从领域合一到领域分离》,山西教育出版社1998年版。

[美]A.麦金泰尔:《德性之后》,中国社会科学出版社1995年版。

[英]约翰·穆勒:《论自由》,商务印书馆1959年版。

[德]孔汉思、库舍尔:《全球伦理》,四川人民出版社 1997年版。

[美]诺曼·莱文:《辩证法内部对话》,云南人民出版社1997年版。

[德]马克斯·霍克海默:《批判理论》,重庆出版社1989年版。

[捷克]卡莱尔·科西克:《具体的辩证法》,社会科学文献出版社1989年版。

[德]汉斯-格奥尔格·加达默尔:《真理与方法》下卷,上海译文出版社1999年版。

[德]H-G.伽达默尔:《伽达默尔论黑格尔》,光明日报出版社1992年版。

[德]H-G.伽达默尔:《伽达默尔论柏拉图》,光明日报出版社1992年版。

[德]H.G.伽达默尔:《科学时代的理性》,国际文化出版公司1988年版。

[德]汉斯-格奥尔格·加达默尔:《哲学解释学》,上海译文出版社1994年版。

[德]胡塞尔:《哲学作为严格的科学》，商务印书馆1999年版。

[德]埃德蒙德·胡塞尔:《欧洲科学危机和超验现象学》，上海译文出版社1988年版。

《胡塞尔选集》，上海三联书店1997年版。

[英]维特根斯坦:《哲学研究》，生活·读书·新知三联书店1992年版。

[德]于尔根·哈贝马斯:《后形而上学思想》，译林出版社2001年版。

[德]哈贝马斯:《交往与社会进化》，重庆出版社1989年版。

[德]哈贝马斯:《交往行为理论》第1—2卷，重庆出版社1994年版。

[德]尤尔根·哈贝马斯:《认识与兴趣》，学林出版社 1999年版。

[德]E.卡西勒:《启蒙哲学》，山东人民出版社1988年版。

[英]吉尔比:《经院辩证法》，上海三联书店2000年版。

[美]托马斯·内格尔:《人的问题》，上海译文出版社 2000年版。

[美]汉娜·阿伦特:《人的条件》，上海人民出版社1999年版。

[法]雅克·德里达:《马克思的幽灵》，中国人民大学出版1999年版。

张西平:《历史哲学的重建》，生活·读书·新知三联书店1997年版。

[美]理查德·沃林:《存在的政治》，商务印书馆2000年版。

衣俊卿:《历史与乌托邦》，黑龙江教育出版社1995年版。

[德]古茨塔夫·勒内·豪克:《绝望与信心》，中国社会科学出版社1992年版。

[英]安东尼·吉登斯:《超越左与右》，社会科学文献出版社2000年版。

[德]卡尔·雅斯贝尔斯:《时代的精神状况》，上海译文出版社2008年版。

[德]卡尔·雅斯贝尔斯:《现时代的人》，社会科学文献出版社1992年版。

[德]马克斯.霍克海默、特奥多·阿多尔塔:《启蒙辩证法》，重庆出版社1990年版。

[英]F.A.哈耶克:《致命的自负》，中国社会科学出版社 2000年版。

宋国诚:《马克思的人文主义》，桂冠图书股份有限公司1990年版。

[荷]泰奥多·德布尔:《胡塞尔思想的发展》，生活·读书·新知三联书店1995年版。

石元康:《从中国文化到现代性:典范转移?》，生活·读书·新知三联书店2000年版。

[加]查尔斯·泰勒:《现代性之隐忧》，中央编译出版社2001版。

[美]丹尼尔·贝尔:《资本主义文化矛盾)，生活·读书·新知三联书店1989年版。

[法]让-保罗·萨特:《辩证理性批判》，安徽文艺出版社1998年版。

[法]萨特:《存在与虚无，生活·读书·新知三联书店1987年版。

倪梁康:《现象学及其效应》，生活·读书·新知三联书店1994年版。

[美]边沁:《道德与立法原理导论》，商务印书馆2000年版。

[美]赫伯特·施皮格伯格:《现象学运动》，商务印书馆1995年版。

[荷]C.A.冯·皮尔森:《文化战略》，中国社会科学出版社1992年版。

洪谦主 编：《现代资产阶级哲学论著选辑》，商务印书馆1982年版。

张世英：《进人澄明之境》，商务印书馆1999年版。

张祥龙：《从现象学到孔夫子》，商务印书馆2001年版。

张祥龙：《海德格尔思想与中国天道》，生活·读书·新知三联书店1996年版。

李永炽：《世纪末的思想与社会》，万象图书股份有限公司1993年版。

赵汀阳：《一个或所有问题》，江西教育出版社1998年版。

Brenkert, George G, *Marx's Ethics of Freedom*, London, 1983.

Buck-Morss, Susan, *The Origin of Negative Dialectics*, Sussex, 1977.

Deleuze, Gilles, *Anti-Oedipus,* Minneapolis, University of Minnesota Press, 1983.

Edward Cess, *Religion and Contemporary Western Culture*, Abingdon press, 1967.

Faucault, *Michel: The Order of Things, Tavistock Publications*, London, 1970.

Filthy, *Selected Writing*, Cambridge University Press, 1976.

Findlay, J.N, *Hegel: A Re-Examination*, New York, 1976.

Fredric James, *The Political Unconscious*, Cornell University Press, 1981.

Fromm, Erich, *Marx's Concept of Man*, New York, 1966.

Gadamer, *Hegel's Dialectic, Translated by P. Christopher Smith*, Yale University Press, 1976.

Habermas, *Theory and Practice*, Cambridge, Polity, 1986.

J. Derrida, *Margins of Philosophy*, trans, by A. Bass, Chicago, 1982.

James Miller, *Game, History, and Human Existence: From Marx to Merleau-Ponty,* Berkeley, Los Angels, 1979.

James P Carse, *The Finite Games and Infinite Games*, New York, 1987.

Jay, Martin, *Dialectical Imagination*, Boston, 1973.

Karel Kosik, *Dialectics of Concrete*, Boston, D. Riede, 1976.

Norman, Richard, *Hegel, Marx and Dialectic: A Debate*, Sussex, 1980.

Schultz, Alfred, *The Structure of the Life Word*, trans, By Richard M. Zander, Evanston, 1973.

Sher, Gerson S, *Marxist Humanism and Praxis*, New York, 1978.

Solomon, Robert C, *In the Spirit of Hegel*, New York, 1983.

저자

허라이(賀來)

길림대학교 철학사회대학 교수, 박사생 지도교수, 길림대학교 인문학부 학부장,
교육부 길림대학교 중점연구기지 "철학기초이론연구센터" 부주임.
중국 교육부 장강학자 특별 초대교수, 국가 "만인계획" 철학사회학과 리더 인재,
중공중앙선전부 문화명인 즉 "4개 제1회" 이론 인재, 국가 인력지원과사회보장부 "신세기 백천만인
재" 국가급 인재계획 입선.
국무원 제8회학과평의조 철학학과 구성원, 교육부 철학전공 교학지도위원회 부주임, 길림대학교
학술위원회 부주임 등 역임, 철학기초이론 연구 영역에 주력, 학술저서 10여 부, 권위성 학술간행문
에 논문 160여 편 발표.

옮긴이

권혁률(權赫律)

길림대학교 외국어학원 교수, 박사생 지도교수, 중한관계연구센터 주임.
중국 교육부 비통용학과전공 교학지도위원회 위원,
길림성 비통용학과전공 교학지도위원회 부주임, 중국조선-한국문학연구분회 부회장,
중국(조선)한국어교학연구학회 부회장, 길림성 비교문학학회 부회장, 길림성 외국어학회 부회장.
한국문학, 중한문학 비교연구, 동방문학 연구 등 영역의 학문연구와 활동에 주력.

변증법의 생존론적 토대

2024년 1월 26일 초판 1쇄 펴냄

지은이 허라이
옮긴이 권혁률
펴낸이 김흥국
펴낸곳 도서출판 보고사

책임편집 이순민
표지디자인 김규범

등록 1990년 12월 13일 제6-0429호
주소 경기도 파주시 회동길 337-15 보고사
전화 031-955-9797(대표), 02-922-5120~1(편집), 02-922-2246(영업)
팩스 02-922-6990
메일 kanapub3@naver.com / bogosabooks@naver.com
http://www.bogosabooks.co.kr

ISBN 979-11-6587-655-5   93100
ⓒ 권혁률, 2024

정가 30,000원

이 저서는 길림대학교 제1회 학술저서번역지원에 의해 수행되었음.